ABÉCÉDAIRE

DU

Contentieux en matière de Douane

PAR

ARTHUR BAGOT

Receveur des Douanes.

LIBRAIRIE OBLIN ET BERGER

46, Rue Saint-Yves, 46, BREST (FINISTÈRE).

ABÉCÉDAIRE

DU

Contentieux en matière de Douanes

ABÉCÉDAIRE

DU

Contentieux en matière de Douane

PAR

ARTHUR BAGOT

Receveur des Douanes.

LIBRAIRIE OBLIN ET BERGER
46, Rue Saint-Yves, 46, BREST (FINISTÈRE).

—

(Tous droits réservés).

PRÉFACE

Plusieurs raisons portent le service à délaisser cette branche si importante du Contentieux, sans laquelle cependant — à moins d'adopter la consigne d'un systématique aveuglement — sans laquelle ne saurait se comprendre la Douane, puisque le rôle principal de cette grande Administration est d'assurer la rentrée régulière des droits ; or qui dit « droits » dit et dira toujours fatalement « fraude à combattre ».

C'est d'abord la crainte de s'attirer des *histoires*. d'encourir le ressentiment de gens que l'on est appelé à fréquenter journellement.

N'essayons point de réfuter de tels préjugés, malheureusement plus répandus qu'on ne le pense chez des agents peu dignes du nom de douaniers et qui restent au-dessous de toute intéressante critique.

Ensuite c'est l'insuffisance absolue de certains serviteurs que rebute l'extrême délicatesse de toute affaire contentieuse et qui n'essaient même pas de triompher par le travail de leur coupable infériorité.

Enfin c'est le dédale de lois et d'instructions dans lequel les débutants se sentent noyés dès leur entrée en scène.

Ces deux dernières difficultés pourraient n'être que passagères et illusoires si MM. les Officiers astreignaient les Chefs de poste à faire, tous les huit, quinze jours, de même que pour la théorie militaire, des cours spéciaux roulant exclusivement sur des questions contentieuses, cours où seraient posés des cas variés, discutés des points sujets à doutes, où le service toucherait du doigt toutes les éventualités qu'il est exposé à rencontrer, où toute chose trouverait une solution immédiate et très pratique.

Que de fois n'entendons-nous pas, au contraire, le sous-officier qui dirige la Brigade se borner à dire au préposé nouvellement admis : « Vous allez prendre la faction à tel endroit, de telle heure à telle heure, » sans entrer dans aucun détail sur les particularités du métier. Application tant soit peu barbare du vieux proverbe *Aide-toi le Ciel t'aidera*. Alors, de deux choses l'une : ou l'agent novice « laisse courir », comme l'on dit vulgairement, ou il tranche dans le grand avec un brio qui lui procure sans tarder la douce satisfaction de lier connaissance avec toutes les foudres de l'univers.

« Ce qu'il nous faudrait, me confiait un jour un Brigadier très consciencieux, très épris de la partie, c'est un Guide élémentaire comme *b*, *a*, *ba* et en même temps complet, qui nous indiquerait la façon d'agir dans tel cas particulier, en deux mots, et qui nous mènerait droit et sûrement au but. »

Et comme je lui citais plusieurs petits ouvrages déjà bien lancés, ne me répondait-il pas, avec un geste intraduisible, mais que je revois encore : « Hé ! oui, je les ai, ces bouquins : ils sont parfaits, je n'en disconviens pas ; ils sont même, pour tout dire, trop parfaits puisqu'ils n'indiquent pas comment faire... »

Comment faire ! le grand mot est lâché.

Devons-nous, dans telle circonstance, arrêter un fraudeur ? où caser les marchandises, les moyens de transport, lorsque le bureau est fermé ? à qui s'adresser dans certains cas relevant d'autres Administrations ? quelles premières formalités remplir parfois, si nous nous trouvons écartés de tout bureau et engagés dans une affaire épineuse ?

Il n'y a pas à se le dissimuler, en effet, la plupart des préposés demandent à être conduits par la main.

Longtemps j'ai reculé devant les difficultés de cette entreprise ; car pétrir en un moule si réduit une matière tellement complexe me semblait passer les limites de la présomption, chaque phrase, chaque mot même devant être indéfiniment soumis à la coupelle, pesé comme le sont au trébuchet les plus précieuses matières.

A tout hasard cependant je me suis décidé à jeter sur papier le canevas de ce redoutable travail ; puis, à mesure que se déroulait chaque perspective nouvelle, ma tâche de barbacole me paraissait de plus en plus facile pour ne pas dire attachante, et je me disais : « pourquoi pas ? »

Depuis lors, talonné sans relâche par l'ambition d'en venir à mes fins, de chapitre en chapitre, de page en page, j'ai promené de mon mieux ma petite lampe en murmurant la formule magique « Fiat lux ».

A mes camarades de m'apprendre si le but proposé est atteint.

Fos-sur-Mer (Bouches-du-Rhône),
novembre 1902.

Arthur BAGOT.

PRINCIPES GÉNÉRAUX

Deux employés des Douanes [1] ou « autres citoyens français *majeurs* [2] » suffisent pour constater une infraction aux lois et règlements de Douane et rédiger le procès-verbal qui en est la suite.

Le procès-verbal est un acte qui établit soit un fait frauduleux tenté ou consommé [3], soit une infraction aux lois ou règlements (décrets, ordonnances) institués pour assurer le bon ordre public.

Le service des Douanes n'est pas seulement chargé de constater les infractions commises contre les lois et règlements qui régissent tout spécialement sa partie, mais encore certaines contraventions propres à d'autres administrations (Contributions Indirectes, Enregistrement, Postes, Ponts et Chaussées) ou qui sont poursuivies au nom de la société (Ministère public — représenté par les Procureurs).

La liste de ces diverses infractions figure au Tableau des délits et contraventions dont chaque bureau ou corps de garde est pourvu.

Si les agents appartiennent au service actif, il n'est pas indispensable que, pour constater une infraction, ils soient revêtus de leur uniforme : il est même des cas où cet uniforme pourrait les trahir ; mais, en toute hypothèse, ils doi-

---

[1] Agés de 20 ans et commissionnés.

[2] C'est-à-dire âgés de 21 ans accomplis.

[3] La loi punit la *tentative* de versement frauduleux (c'est-à-dire d'importation en contrebande) des mêmes peines que l'acte lui-même ; mais, pour que cette « tentative » puisse être ainsi punie, trois conditions sont indispensables : 1° qu'il y ait eu commencement d'exécution ; 2° que ce commencement d'exécution ait été interrompu par des circonstances indépendantes de la volonté de l'auteur ; 3° que le délit tenté ait été possible.

vent être porteurs de leur commission, et ils ne peuvent refuser d'exhiber cette pièce à un contrevenant ou un délinquant qui leur en fait la demande.

Les demi-soldiers et ceux des surnuméraires qui ne sont pas commissionnés [1] peuvent, de même que les femmes visiteuses dans les douanes où cette fonction existe, participer aux saisies, à condition que ces saisies soient constatées par deux autres agents commissionnés ou deux citoyens français *majeurs*.

A supposer donc qu'un agent se trouve seul en service au moment où une infraction se produit. il doit tout d'abord, si la personne fautive refuse de l'accompagner au corps de garde ou au bureau,

soit appeler son sous-officier de garde, si ce dernier se trouve à proximité.

soit le faire appeler par une autre personne, si la surveillance ne lui permet pas de s'éloigner,

soit requérir l'assistance de la force publique (gendarmes, agents de police, gardes-champêtres), de militaires, voire de simples citoyens, si le corps de garde est à grande distance et que le coupable fasse mine de regimber.

Cependant un seul préposé peut poursuivre la fraude dans les conditions spécifiées ci-après à la Première partie de cet ouvrage « *Poursuites à vue.* »

Les agents ou citoyens, dûment requis par un préposé en fonctions de lui prêter assistance, ne peuvent refuser leur concours sous peine d'être poursuivis en justice et condamnés à une amende [2].

Des militaires ou gendarmes qui, dûment requis par un préposé de lui prêter assistance en cas d'infraction, refuseraient leur concours, seraient passibles de peines disciplinaires. Il suffirait que l'agent, abandonné à ses seules forces, et mis peut-être par ce seul fait dans l'impossibilité de don-

---

[1] Depuis 1898 (voir circ. 2933) les surnuméraires qui ont atteint leur vingtième année sont admis à prêter serment.

[2] Amende de 6 à 10 francs inclusivement (art. 475 du Code pénal).

ner suite légale à une affaire, indiquât à ses chefs le nom des personnes réquisitionnées en vain, le numéro du régiment du militaire ou tout autre indice propre à fixer sur l'identité de ces hommes.

En pratique, il est inadmissible qu'un gendarme *verbalement* requis, par un préposé de service, de lui prêter main-forte, oppose un refus à cette demande. Cependant, en théorie, tout réquisitoire doit être fait par écrit, daté et signé.

Ce réquisitoire s'établit sur papier libre. La forme suivante nous semble pouvoir être utilement adoptée :

> En vertu de l'article 14 du titre XIII de la loi du 22 août 1791, le soussigné X***, préposé des Douanes, à........................, en service à............... (tel endroit), commune de................., requiert M. Y***, gendarme à..................., de lui prêter main-forte pour poursuivre séance tenante (ou à telle heure du matin ou de l'après-midi, si cette réquisition est faite par avance, en cas d'insuffisance de personnel) une infraction à la loi du............... (ou simplement aux lois de Douane).
>
> A........................... le........................... 190 .
>
> (Signature.)

Le plus souvent, surtout s'il s'agit d'infractions de peu d'importance, l'auteur de cette infraction consent à accompagner le service jusqu'au corps de garde voisin. Dans ce cas, le préposé et son sous-officier se rendent avec le contrevenant jusqu'au bureau où le Receveur décide quelle suite il convient de donner à l'affaire.

Distinction entre les divers genres d'infractions. — L'auteur d'une simple infraction à des mesures d'ordre intérieur ou de police maritime, l'auteur d'une importation ou tentative d'importation illicite de marchandises exemptes de droits et de taxes intérieures ou tarifées à moins de 25 francs[1] les 100 kilogr., — infractions punies de simples

---

[1] La loi dit *20 francs et plus les 100 kilogr.;* mais, comme il y aurait lieu d'ajouter à ces 20 francs les deux décimes et le

peines pécuniaires et relevant du Juge de paix cantonal — porte le nom de *contrevenant*. Le *délinquant* ou *prévenu* est celui qui, *seul ou accompagné de complices, avec ou sans résistance, violences, voies de fait* envers les agents, effectue ou tente une introduction illicite de marchandises prohibées [1] ou tarifées à 25 francs et plus les 100 kilogr.. ou soumises à des taxes intérieures, — infractions à poursuivre devant le tribunal correctionnel du chef-lieu d'arrondissement, et qui comportent, outre l'amende et la confiscation, des peines corporelles (emprisonnement) ; c'est encore celui qui, armé [2] ou pas, se rend coupable envers les agents du délit de rébellion [3]. Enfin, en cas de rébellion [3] ou de contrebande à main armée, c'est-à-dire si trois des personnes en cause sont pourvues d'armes [2], de rébellion [3] ou de contrebande avec attroupement de plus de vingt personnes *même non armées*, les coupables deviennent justiciables de la Cour d'assises pour *crime de rébellion*, en vertu de l'article 209 du Code pénal.

---

4 p. 100 additionnels dont sont passibles les droits de Douane, pour plus de simplicité nous continuerons à conserver, dans le corps de cet ouvrage, la formule « 25 francs et plus », conforme à la réalité, puisque le tarif général, sur lequel repose cette indication, a été établi avec les taxes additionnelles précitées.

[1] Prohibées absolument (lettre A de la liste n° 1 de l'annexe), c'est-à-dire partout en France, ou même localement si le bureau dont dépend la Brigade qui constate l'infraction n'est pas ouvert à l'introduction de la marchandise irrégulièrement transportée.

[2] On entend par « armes » les fusils, pistolets et autres armes à feu, les sabres, épées, poignards, massues ou autres instruments tranchants, perçants ou contondants. Ne sont réputés armes ni les couteaux fermant et servant habituellement aux usages ordinaires de la vie, ni les cannes ordinaires sans dards, ni ferrements, à condition qu'on ne s'en serve pas pour tuer, frapper ou blesser ; au cas contraire, ces objets, — ainsi, du reste, que les ciseaux de poche, — rentreraient dans la catégorie des armes.

[3] Attaque, résistance accompagnées de violences, voies de fait envers les préposés en fonctions. La rébellion peut exister en dehors même d'un acte de contrebande, c'est-à-dire alors même que le coupable n'effectue pas un transport illicite de marchandises.

A QUI DOIT-ON DÉCLARER PROCÈS-VERBAL ? — A celui qui transporte ou conduit l'objet de fraude, sans avoir égard au propriétaire de la marchandise, et que ce transporteur ou conducteur soit un civil ou un militaire (voir ci-après *Première partie, Chapitre II*, pour les fraudes constatées à bord des navires de l'Etat); — à celui qui se rend coupable d'une infraction quelconque, alors même qu'il n'y a pas transport irrégulier d'objets de fraude[1]; — à celui qui a fait une fausse déclaration, tendant à frustrer le Trésor; — au commis ou fondé de pouvoir chargé de représenter par procuration un négociant; — au commissionnaire, à l'agent d'une compagnie maritime ou de chemins de fer coupable de quelque infraction dans le cours de son service; — à celui qui se rend *volontairement* complice en prêtant la main à une manœuvre de contrebande, en la facilitant, en recélant *de plein gré* la marchandise. Tout dépend de chaque cas spécial.

Les complices sont ceux qui, non-seulement ont aidé à perpétrer ou tenter une opération de contrebande, à commettre un acte répréhensible aux yeux de la loi, mais encore les assureurs, entrepreneurs de la fraude; c'est enfin toute personne ayant intérêt au succès d'une opération préjudiciable à l'Etat.

Il appartient au Receveur ou autre employé spécialement chargé des poursuites, d'intenter, s'il y a lieu, une action judiciaire contre les complices non encore connus lors d'une opération de contrebande, de même que contre les personnes civilement responsables (père[2], mari, patron, capitaine de navire, armateur, professeur, commettant, selon que l'infraction a été commise par un mineur[3], une femme mariée,

---

[1] C'est-à-dire infractions telles que opposition, trouble à l'exercice des fonctions des préposés, — défaut de déclaration de gros des navires à leur arrivée dans les ports, — refus de laisser viser un livre de bord, d'exhiber un connaissement ou un manifeste (là où cette exhibition est prescrite), de se soumettre à la visite des préposés à bord des navires entrant dans les ports ou en sortant, etc.

[2] Ou la mère, après le décès du père.

[3] Habitant avec son père ou sa mère.

un ouvrier, domestique, matelot, élève, commissionnaire ou mandataire *fautif au su, à l'insu même* [1] *ou pour le compte* des personnes avec lesquelles les auteurs de l'acte répréhensible habitent ou qui les emploient).

RESPONSABILITÉ DES COMMUNES POUR CERTAINS DÉLITS. — Voir ci-après *Première partie, Chapitre Ier*.

L'AUTEUR D'UNE INFRACTION A AGI SOUS L'EMPIRE DE MENACES, VIOLENCES, OU MÊME SOUS L'EMPIRE D'UNE CONTRAINTE MORALE A LAQUELLE IL LUI ÉTAIT IMPOSSIBLE DE RÉSISTER ; IL A AGI DANS UN ACCÈS DE FOLIE : DÈS LORS, EST-IL PASSIBLE DES CONDAMNATIONS PRONONCÉES PAR LA LOI ? — Non, mais il faut, au premier cas, que la victime de l'infraction mette le service sur la trace des vrais coupables auxquels incombe, à partir de là, toute la responsabilité de l'acte frauduleux. Au second cas, la folie doit être ou manifeste ou constatée médicalement. Ces divers points ne pouvant être éclaircis, le plus souvent qu'après enquête, le service doit donc, s'il y a eu introduction frauduleuse, commencer par saisir les marchandises, déclarer procès-verbal, puis, suivant que l'infraction comporte ou non emprisonnement, arrêter les coupables (voir ci-après, pages 8 et 9 dans quels cas cette arrestation s'impose), ou simplement leur enjoindre de venir au bureau.

DÉCLARATION DE PROCÈS-VERBAL. — S'il s'agit d'une simple omission de formalité, d'une infraction dénuée de conséquences et que le fautif soit une personne estimable, bien connue, le service peut simplement lui laisser entendre que telle irrégularité commise l'a placée sous le coup de poursuites judiciaires et qu'il est de son intérêt de venir chez le Receveur donner à cette affaire une solution immédiate et à l'amiable. Mais il se présente aussi des cas où les coupables

---

[1] Cette responsabilité cesse si les personnes civilement responsables peuvent prouver qu'elles ont tout fait pour empêcher l'acte qui donne lieu à la responsabilité.

refusent d'entrer en accommodement et prennent même la fuite, après avoir abandonné entre les mains des préposés la marchandise constituant la fraude. Comme alors il importe de verbaliser, il serait fâcheux, à tous les points de vue, que les paroles du service pussent donner prise à la moindre critique. Les agents doivent donc, en de telles éventualités, s'entourer de toutes les garanties que leur procure la loi et déclarer procès-verbal d'une façon catégorique.

Cette formalité débute, si le [contrevenant, prévenu, etc.] est présent, par les questions : « *Vos noms ? — prénoms ? profession ? — âge ? — domicile ?* » Si la personne en faute refuse de fournir ces détails et que tout moyen persuasif échoue, force est au service de lui enjoindre de venir devant le maire, le commissaire de police ou le Procureur de la République à qui il appartient d'établir l'identité du sujet récalcitrant. A ce moment, des complications graves sont à prévoir : l'individu peut s'opposer par la violence aux mesures de rigueur qui le menacent, en venir même aux voies de fait. Dès lors, si la sûreté personnelle des agents est très sérieusement compromise, ceux-ci peuvent à la dernière limite faire usage de leurs armes.

S'il s'agit de marchandises transportées frauduleusement par charrette et que le conducteur rebelle suive la même route que les préposés, les difficultés envisagées au paragraphe qui précède pourraient être conjurées si, les préposés étant en mesure de régler leur pas sur celui de l'attelage, ils le suivaient à courte distance jusqu'au poste de gendarmerie le plus rapproché. Là, sur réquisition, l'identité du quidam s'établit sans ombre d'ennui.

De fausses indications de nom ou domicile peuvent encore tendre à égarer toute action judiciaire. Ce cas, assez rare, peut se présenter en campagne pour saisies n'entraînant pas arrestation des coupables. Le procès-verbal ayant été établi d'après les indications erronées fournies, le Receveur, en l'absence des sujets fautifs, obtient un jugement *par défaut*: puis, dès que l'enquête à laquelle le service se livre, a permis de retrouver les coupables, plainte est adressée au Procureur de la République pour obtenir justice du double méfait : infraction de Douane, et outrage à des agents dans l'exercice de leurs fonctions.

Admettons finalement que tout se soit passé sans complications et que la personne en cause ait répondu *de plano* à l'interrogatoire des agents. La formule à employer alors par ces derniers pourrait être jetée à haute voix comme suit :

> Nous vous déclarons procès-verbal [et, s'il y a lieu, arrestation de votre personne], saisie de la marchandise [et, si la loi violée le prescrit, des moyens de transport .... et des objets ayant servi à masquer la fraude]. Nous vous sommons de nous accompagner au bureau de M...................., Receveur des Douanes à....................¹, qui sera constitué dépositaire des objets saisis, pour y assister à la rédaction du rapport que nous allons y rédiger séance tenante [ou à telle heure légale avant ou après midi], à la description des objets saisis, pour entendre lecture de ce rapport et en recevoir copie.

Il va de soi que, pour les contraventions n'entraînant pas saisie de marchandises, les sommations se réduiraient à :

> Nous vous déclarons procès-verbal et vous sommons de nous accompagner au bureau de M...................., Receveur des Douanes à....................¹, chez qui nous rédigerons notre rapport à telle heure légale avant ou après-midi. Nous vous sommons d'assister à la rédaction dudit procès-verbal, d'en entendre lecture et recevoir copie.

Les agents qui omettraient, ne fût-ce qu'une de ces mentions, s'exposeraient à voir le procès-verbal déclaré nul en justice.

Si le coupable prend la fuite, l'une ou l'autre des formules qui précèdent doit lui être lancée à haute voix.

ARRESTATION DES PRÉVENUS. — En dehors du cas spécial envisagé ci-dessus (refus de donner son nom), on ne doit

---

¹ Bureau le plus voisin du lieu de la saisie, en raison du plus ou moins de temps qu'il faut pour s'y rendre.

procéder à l'arrestation immédiate des prévenus pour fraudes douanières que si la loi transgressée comporte peine
d'emprisonnement et que le fraudeur ait été surpris *en flagrant délit*, c'est-à-dire important directement de l'étranger des marchandises de contrebande [1].

Dans les circonstances spécifiées au paragraphe qui précède, il y a toujours lieu de procéder à l'arrestation quand
on a affaire à des contrebandiers de profession, à des vaga-
bonds, à des gens sans aveu ou sans domicile connu, enfin
en cas de rébellion [2].

L'arrestation, s'il y a lieu de l'appliquer, est exercée également à l'égard des femmes, des étrangers, des mineurs.
Par contre, on n'arrête généralement pas les personnes connues offrant des garanties d'honorabilité, les commerçants
établis, les voyageurs. Presque toujours ces dernières affaires
sont immédiatement solutionnées au bureau par transaction ou soumission contentieuse, actes qui interrompent,
qui suspendent pour mieux dire, toute poursuite devant les
tribunaux.

Où et devant qui doit être conduit un prévenu constitué prisonnier ? Et s'il se déclare incapable de faire la
route... — On doit le conduire sans retard devant le Procureur... ou le Juge de paix voisin... ou le Chef de la Brigade de gendarmerie la plus proche, selon les localités et
les moyens de communication.

Au Procureur on remet l'original du procès-verbal, et, en

---

[1] Notamment des tabacs, poudres à feu, allumettes ou spiritueux,
et ce sans avoir égard au poids de la charge transportée.
Un autre genre d'infractions — excessivement rare, hâtons-nous
de le dire, — peut encore motiver l'arrestation préventive immédiate : c'est le défaut d'identité, en nature ou en espèce, reconnu
à la vérification d'objets présentés en douane pour obtenir un passavant de circulation. Si les objets ainsi présentés sont sans valeur
aucune, ne sont qu'un simple simulacre destiné à favoriser, par
voie de substitution, une introduction frauduleuse, si, d'autre part,
le déclarant n'a pas de domicile connu ou ne peut fournir caution,
il y a lieu de le constituer prisonnier.
[2] Voir ci-dessus page 4, note 3, ce qu'on entend par rébellion.

échange, il délivre au service récépissé du prisonnier. Au Juge de paix ou au Chef de gendarmerie on remet une simple copie du procès-verbal, en les priant de viser l'original, après y avoir mentionné la remise tant du prévenu que de ladite copie. Si — chose fort improbable — un refus était opposé au service par l'un ou l'autre de ces fonctionnaires, les agents devraient constater ce refus par un procès-verbal administratif sur papier libre, procès-verbal qu'ils transmettraient à leur Directeur afin d'obtenir justice de ce procédé (art. 49 du Code d'instruction criminelle).

Ajoutons qu'un prévenu incarcéré peut être mis en liberté sous caution ou même sans garantie ; mais cette facilité est subordonnée à un ordre des chefs.

Si le prévenu arrêté déclare qu'il lui est impossible de faire la route à pied, les préposés doivent obtenir un véhicule ou une monture quelconque. D'après les règlements, ce genre de réquisition doit être fait par les Maires. Le *bulletin de demande* que le service établit dans ce but spécifie qu'il s'agit *d'un prévenu pour infraction aux lois de Douane*, afin de bien déterminer à qui incomberont les frais. Les débours rentrent dans la catégorie des « dépens » que le jugement doit mettre à la charge de la partie condamnée ; ils sont provisoirement avancés par le Receveur, agissant au nom du Receveur principal, agent comptable.

Mais il est à prévoir que le service se trouve dans un endroit désert et loin de la résidence du Maire. En ce cas, rien ne nous paraît faire obstacle à ce que les préposés prennent l'initiative de réquisitionner directement une monture, un véhicule, quitte à régulariser ultérieurement ces détails.

CONFISCATION DES MARCHANDISES. — DES MOYENS DE TRANSPORT. — DES OBJETS AYANT SERVI A MASQUER LA FRAUDE. — Lorsqu'il y a simultanément confiscation des marchandises de fraude et des moyens de transport, aucune difficulté ne peut exister puisque l'attelage ou véhicule, également saisi, est employé presque toujours à conduire la marchandise jusqu'au bureau ou port voisin. La seule complication à prévoir est celle résultant du vol ou de la destruction volontaire de l'objet du délit. Certains contrevenants ou délinquants, espérant pouvoir échapper à toute poursuite en supprimant la preuve palpable de leur acte, trouvent très logique de briser ou jeter à l'eau la marchandise sur laquelle porte l'infraction. Cet expédient, pas plus que la soustraction de l'objet du délit, ne peut entraver l'action judiciaire, ni même la rédaction du procès-verbal. Les préposés se bornent — si c'est possible — à recueillir les tessons ou débris de toute sorte propres à éclairer le Receveur sur la quantité ou la nature de l'objet qui aurait motivé une saisie, et consignent tous ces indices sur leur procès-verbal. Si cependant rien ne peut fixer sur ces divers points, le procès-verbal peut mentionner tout bonnement, à titre de commencement de preuve, les soupçons des agents, les attestations verbales qu'ils ont pu recueillir.

On entend par « moyens de transport » les chevaux [1], mulets, ânes, etc. — les locomotives, tenders, wagons et le matériel roulant des chemins de fer, — les voitures de tous genres (charrettes, tombereaux, haquets et brouettes compris), — les vélocipèdes à une ou plusieurs roues, les automobiles, — les bateaux de toute taille affectés à la mer, aux fleuves, aux rivières, — les malles, caisses, barils, — bref tout ce qui sert de véhicule ou de récipient à la contrebande.

Si la loi violée le prescrit, on saisit au même titre que l'objet de fraude lui-même, les marchandises ou objets quelconques qui ont servi à masquer ledit objet de fraude : par exemple, un ballot de tissus ou vêtements à l'intérieur duquel se trouveraient dissimulés du café, du thé, du tabac, etc. Il n'y a pas à se préoccuper du plus ou moins de valeur de ces enveloppes. On les fait conduire au bureau ou port le plus voisin du lieu de la saisie [2] avec les moyens de transport. Là, le soin de leur garde, ou, s'il y a lieu, de la mise en fourrière des animaux, incombe au Receveur.

Les marchandises prohibées à titre absolu (voir lettre A de

---

[1] Un cheval ou mulet servant de monture à un individu porteur de l'objet de contrebande est saisissable. Par contre, il n'y a pas lieu de saisir les voitures des voyageurs, si leurs bagages contiennent quelques petits objets prohibés, ni, par suite, d'exiger caution ou consignation pour la valeur de ces moyens de transport.

[2] Voir la note de la page 8.

la liste n° 1 de l'annexe ci-après) sont conservées au bureau du Receveur jusqu'à ce que la Direction ait décidé s'il convient de les vendre pour la réexportation, ou de les détruire [1]. Les marchandises non prohibées d'une façon absolue sont ultérieurement soit restituées aux contrevenants ou délinquants en vertu de transaction, soit vendues au profit de la saisie, s'il y a eu clause d'abandon [2].

Nous avons dit que le bureau ou port où les marchandises de contrebande et les objets accessoires devaient être conduits était celui le plus rapproché (en raison de la durée du trajet) du point où la saisie a été effectuée. Cependant si une saisie est faite aux portes d'une ville et qu'il se trouve en cette ville un bureau de Douane, c'est à ce dernier bureau que les marchandises confisquées doivent être conduites, même si ledit bureau est plus éloigné qu'un second bureau situé en dehors de la ville.

CONTRAVENTIONS PRONONÇANT LA SIMPLE CONFISCATION DE MARCHANDISES. — Lorsqu'il s'agit de produits faiblement taxés et n'entraînant pas saisie des moyens de transport, une grosse difficulté peut naître : le contrevenant, sommé de conduire les marchandises au bureau, s'y refuse. Alors le service n'a qu'un parti à prendre : après avoir déclaré à l'individu procès-verbal et saisie de sa marchandise, il doit, soit transporter lui-même l'objet qui a motivé l'affaire, soit, si le poids, les dimensions de la marchandise ou la distance rendent ce transport impossible, voire trop pénible, la garder en consigne jusqu'à ce que l'un des préposés ait pu obtenir dans le voisinage, par voie de réquisition, un véhicule quelconque.

Les frais de ce véhicule restent à la charge du contrevenant : c'est encore affaire de bureau. Le fournisseur du

---

[1] Les allumettes doivent, dans tous les cas, être détruites. Les tabacs sont versés à la Régie à qui il appartient de déterminer s'ils sont ou non susceptibles d'emploi.

[2] Pour les phosphores, voir circ. 3053 de 1899 et ci-après, Troisième partie, chap. Ier.

véhicule doit s'entendre à cet égard avec le Receveur poursuivant.

**Marchandises non saisissables abandonnées par les frau-
deurs.** — Ces marchandises sont *provisoirement* déposées
au bureau, jusqu'à ce qu'un jugement de condamnation à
l'amende encourue ait créé, au profit de la Douane, titre
exécutoire permettant la vente des marchandises ainsi abandonnées. Il est dressé tout d'abord un inventaire de ces
objets par les soins des saisissants et du Receveur dépositaire. Copie de cet acte est adressée au Directeur. La suite
regarde le service sédentaire.

Rédaction du procès-verbal. — **Présence des chefs.** —
Si l'officier de Brigade habite une localité autre que celle
où se passe l'affaire, sa présence à la rédaction du procès-
verbal n'est pas indispensable, le Receveur étant juge très
pertinent de ce qu'il convient de faire ; mais cet officier doit
être immédiatement avisé par le Chef de poste des résultats
de la saisie et des suites qui y ont été données.

Le Brigadier ou le Sous-Brigadier — quand l'affaire s'est
passée à la résidence même — accompagne parfois au bureau
les saisissants dans le seul but de veiller à ce que leur procès-
verbal (s'il y a lieu de verbaliser, ce dont le Receveur décide)
ne contienne que des détails absolument sincères et précis.

Toute altération des faits allégués pourrait, en effet, exposer les agents à des poursuites pour « crime de faux ».

On ne doit faire figurer au rapport comme « saisissants »
que les seuls vrais auteurs de la saisie matérielle. Si d'autres
agents ont été appelés à prêter main-forte ou à aider au
simple transport de la marchandise, ils ne peuvent figurer
à l'acte qu'au titre « d'intervenants »[1].

**A quel moment et par qui les procès-verbaux doivent-
ils être rédigés ?** — L'accomplissement d'un service nou-

---

[1] Ainsi lorsqu'un agent, se trouvant seul, est obligé de requérir
le concours d'un de ses camarades pour rédiger un procès-verbal
et lui donner force légale, lui seul figure comme saisissant ; le
second préposé n'a droit qu'au titre d'intervenant.

veau entre la constatation d'une affaire contentieuse et la
rédaction de l'acte qui en est la suite entachant de nullité ce
procès-verbal, il est formellement prescrit aux saisissants de
s'occuper *de suite* du soin de verbaliser. Naturellement, si le
bureau est fermé à l'heure où ils s'y présentent, ils attendent
la réouverture *sans divertir à d'autres actes* et leur procès-
verbal relate la cause de ce retard involontaire. On agit
pareillement encore si le trajet considérable entre le lieu de
la saisie et le bureau s'oppose à ce que les préposés y arrivent
le jour même.

**Le procès-verbal peut être établi même les jours
fériés.**

Si les agents sont personnellement incapables de rédiger
le rapport et qu'aucun de leurs sous-officiers ne les assiste,
le soin de cette rédaction incombe au Receveur qui consigne
scrupuleusement et dans leur ordre chronologique chacun
des faits exposés par les agents.

Étant responsable de tout vice de forme dans les procès-
verbaux, le Receveur a tout intérêt à ce que ces actes soient
établis avec un soin extrême.

Infractions multiples. — Une affaire contentieuse peut
parfois, selon la nature des faits, donner ouverture à plusieurs condamnations devant un même tribunal ou devant
des tribunaux différents. Par exemple, un contrebandier
peut, tout en introduisant en fraude des marchandises
prohibées ou passibles de taxes très élevées (tribunal correctionnel) commettre un acte d'opposition en refusant d'obéir
à l'injonction du service d'avoir à arrêter son attelage ou sa
monture (tribunal de paix); — un capitaine de navire peut
débarquer illicitement des marchandises prohibées (tribunal
correctionnel) qui ne sont pas inscrites au manifeste (tribunal de paix).

Si la double infraction relève *d'un même tribunal*, on peut,
sur un procès-verbal unique, requérir l'application de la
plus forte peine, en spécifiant naturellement chaque infraction et en rappelant *autant que possible* chacun des textes
de lois violés. Ces textes, nous l'avons déjà dit, figurent au
Tableau des délits et contraventions, à la suite de chaque
cas particulier.

Si, au contraire, il s'agit d'affaires justiciables de deux tribunaux distincts et d'affaires donnant matière, comme au premier des exemples cités plus haut, à des condamnations toutes différentes, il convient de dresser autant de procès-verbaux qu'il y a de juridictions diverses, en établissant tout d'abord celui des procès-verbaux qui doit être déféré au Juge de paix, en raison de la brièveté des délais accordés pour obtenir jugement. Ce jugement doit être rendu, en effet, s'il n'y a pas transaction, avant l'expiration des vingt-quatre heures qui suivent la clôture du procès-verbal, tandis que, dans les instances correctionnelles, l'assignation à comparaître ne peut être donnée que pour la plus prochaine audience, ou pour une audience subséquente, ce qui permet de disposer de trois à quatre jours ou davantage.

Dans le second exemple cité, comme deux tribunaux différents ne peuvent prononcer simultanément confiscation d'une même marchandise, des mêmes moyens de transport (saisissables en vertu de chaque cas d'infraction), la Douane devrait se porter partie civile devant le tribunal correctionnel et n'établir qu'un seul procès-verbal invoquant les divers textes de lois simultanément enfreints.

Si les agents sont en mesure de rédiger un procès-verbal d'après leurs propres moyens, ils peuvent toujours établir sur les lieux mêmes de la saisie, ou immédiatement après leur retour au poste, la première partie de ce rapport appelée « premier contexte ». Ce contexte doit être signé par les agents verbalisateurs ou tout au moins par deux d'entre eux. Lorsque le prévenu est présent, il est préférable de lui délivrer séance tenante copie de ce premier contexte, avec sommation « d'avoir à se rendre tel jour, à telle heure légale, à tel bureau, chez M........, dépositaire futur, pour assister à la description des objets saisis et à la clôture du procès-verbal. »

Il est même des circonstances où la rédaction du procès-verbal s'impose sur les lieux mêmes de la saisie, par exemple en cas de saisie à domicile ou à bord.

Cette alternative de se trouver exposé d'un jour à l'autre, à dresser procès-verbal nécessitant, de la part de tout agent, la connaissance parfaite de certaines formalités juridiques rappelons en quelques lignes les indications *essentielles* que doit contenir un procès-verbal pour être valide :

1° *La date de la rédaction* [1], et même l'heure où cette rédaction commence. Ce dernier détail, quoique non indispensable, est préférable.

2° *L'Administration à la requête de laquelle on rédige* (Douanes, Contributions Indirectes, Enregistrement et Domaines, Ponts et Chaussées, Postes) — *ou à la requête du Ministère public représenté par M. le Procureur de la République à.. ...*, selon chaque cas spécial détaillé dans le corps de cet ouvrage.

3° *Nom, prénoms, domicile et grade de l'agent chargé de poursuivre l'affaire.* — C'est plus spécialement le Receveur de la localité où siège le tribunal à saisir de l'affaire, ou mieux encore le Receveur principal dont dépend le bureau chargé d'engager les poursuites.

4° *Nom, prénoms, qualité et demeure* [2] *d'au moins deux des verbalisants;* de chacun d'eux serait préférable, si les verbalisants sont au nombre de plus de deux. Puis l'on peut ajouter que ces agents étaient porteurs de leur commission.

5° *Exposé chronologique clair et succinct des faits ou circonstances qui ont motivé le procès-verbal.* — Notamment : date précise et lieu — aussi exact que possible — où la saisie ou contravention a été constatée (dans le rayon ; ou hors du rayon, après poursuite à vue) ; causes de l'affaire ; espèce, poids (approximatif) ou nombre des objets saisis ; attitude, réponses, etc. des contrevenants ou délinquants. Cet exposé ne doit contenir aucune insinuation malveillante, aucun terme blessant, même s'il s'agit de contrebandiers de profession : c'est une simple relation très fidèle de ce qui s'est passé.

6° *Textes des lois ou décrets violés.* — Cette mention n'est pas imposée par la loi : mais l'Administration a prescrit de la porter.

7° *Mention de la déclaration, qui a été faite au contrevenant ou délinquant, du procès-verbal, et, selon les cas, de l'arresta-*

---

[1] En toutes lettres, sur l'original.

[2] Nom de la commune ou même simplement du hameau où la Brigade est établie.

tion de sa personne, de la saisie des marchandises... des moyens de transport... et des objets ayant servi à masquer la fraude; mention de la sommation qui lui a été faite de suivre le service à tel bureau [1], chez M.........., Receveur particulier des Douanes, qui doit être constitué dépositaire de tels objets saisis, pour y assister à la description de ces objets, entendre lecture du rapport et en recevoir copie.

Nota. — Lorsque le procès-verbal est établi en deux contextes, ici s'arrête la première partie, rédigée sur les lieux mêmes (voir à l'annexe le modèle n° 3).

8° *Heure d'arrivée au bureau désigné.* — Toujours « heure légale ».

9° *Reconnaissance des objets saisis, leur description* d'après les termes du Tarif .... poids, mesure, dimensions, nombre, valeur, signalement des bêtes [2], etc., selon chaque cas spécial, *en présence (ou en l'absence) du prévenu et conjointement avec le Receveur M.... qui en a accepté le dépôt.*

10° *Citation du (ou des) contrevenant* [3] *à comparaître le.....* (jour férié ou pas), *à telle heure légale de.... avant (ou après) midi* [4] *par-devant le Juge de paix à ...* (canton dont dépend soit le bureau où l'infraction a été commise, soit celui où les objets saisis ont été déposés), *au lieu ordinaire de ses séances (ou simplement en son prétoire).* S'il s'agit d'affaire de compétence correctionnelle, le procès-verbal mentionne qu'il a été déclaré au prévenu qu'il sera cité ultérieurement, dans la forme et les délais voulus, à comparaître par-devant le tribunal correctionnel séant à .... (le chef-lieu d'arrondissement).

---

[1] Voir ci-dessus p. 12 § 2.

[2] Voir circulaire n° 1833, de 1840 (annexe).

[3] Et même, si on le juge préférable, pour les cas civils, citation des personnes civilement responsables (voir ci-dessus page 5 § 3), lorsque l'infraction a été commise par un mineur, un ouvrier, un domestique, etc.

[4] Le délai fixé pour la comparution ne peut dépasser, si peu que ce soit, les 24 heures après l'heure de la clôture du procès-verbal. On ne peut même assigner pour neuf heures avant midi le lendemain, si le procès-verbal est clos à neuf heures du matin. Dans ce cas, il faudrait tout au moins assigner pour huit heures et demie.

10° *bis* ...*Pour s'ouïr condamner à...* (pénalités que comporte chaque affaire — copier textuellement ces pénalités).

11° *Lorsque la marchandise saisie n'est pas prohibée à la consommation, offre, à haute voix, au prévenu de main-levée c'est-à-dire d'enlèvement de rentrée en possession) sous caution solvable ou en consignant la valeur* [1] — *évaluée de gré à gré à la somme de..... — des moyens de transport saisissables qui ont servi à introduire cette marchandise. Si, au* contraire, il s'agit de produits prohibés, même localement [2], cette offre devient facultative. On peut, de même, proposer main-levée des marchandises objet de la fraude, et de celles qui ont servi à masquer la fraude, si l'entrée de ces marchandises n'est pas interdite. *Dans tous les cas, spécifier la réponse du prévenu* [3].

12° *Mention de lecture du rapport au contrevenant ou délinquant, même s'il est étranger et ne comprend pas le français, ou mention de l'affichage immédiat* [4] *d'une copie de ce procès-verbal, en cas d'absence du (ou de l'un des) prévenu* [5]; *sommation de signer l'acte, refus ou consentement du prévenu* [5] (*ou refus de tel prévenu* [5], *consentement de tel autre*); *remise immédiate d'une copie à chaque prévenu* [5] *ou affichage immédiat* [4], *si le prévenu ou l'un des prévenus* [5] *refuse de recevoir copie.*

---

[1] La valeur est celle qu'ont les produits analogues sur les marchés intérieurs en France. Pour les tabacs à fumer et à mâcher, le prix est uniformément fixé à 12 fr. 50 le kilogramme; il est de . 50 francs le kilogramme pour les cigares et cigarettes.

[2] Il s'agit des marchandises qui ne peuvent être introduites que par certains bureaux spécialement désignés. (Lettres B, C, E, F, de la liste n° 1 de l'annexe).

[3] Les Receveurs principaux sont même autorisés à donner main-levée pure et simple des moyens de transport saisissables lorsque la fraude a peu d'importance et que l'arrangement provisoire de l'affaire est garanti par une somme suffisante.

[4] Affichage très ostensible, à la porte extérieure du bureau, sur la voie publique. Naturellement la lecture à haute voix n'est pas indispensable, si le prévenu est absent.

[5] On emploie le mot « contrevenant » s'il s'agit d'une contravention simple.

13° *Clôture du procès-verbal* (voir les modèles de l'annexe), en désignant l'heure légale et le lieu de cette fin de l'acte.

14° *Signature de l'acte original par deux au moins des saisissants et par le Receveur dépositaire.* Mais il n'est pas indispensable que le procès-verbal soit écrit en entier de la main même des saisissants.

Il va sans dire que, s'il s'agit d'une contravention ne comportant pas confiscation de marchandises, par exemple pour les cas d'opposition, d'omission de formalité, la partie relative à la saisie (n°° 9° et 11° ci-dessus) ne doit pas entrer dans le cadre du procès-verbal.

————

Les procès-verbaux (original et copie) doivent être établis sur formules spéciales dites « timbrées à l'extraordinaire » déposées dans chaque bureau [1]. L'empreinte de ce timbre *au recto* ne doit être ni altérée, ni couverte d'écriture. Outre l'original de l'acte, réservé à l'Administration, l'on établit autant de copies qu'il y a de prévenus présents, ou une unique copie pour l'affichage si tous les prévenus font défaut.

En cas d'omission d'un détail, ce détail peut être porté en marge ou à la fin de l'acte, à l'aide d'un renvoi dûment signé ou parafé par les signataires. Ce renvoi, s'il est reporté en fin de l'acte, doit, en outre, être approuvé, et, s'il a trait à quelque formalité indispensable sous peine de nullité du procès-verbal, il faut qu'il soit écrit des mêmes main et encre que le corps de l'acte. On procède de même pour les mots interlignés, pour les surcharges, additions de mots reportés en marge ou à la fin.

Les mentions habituelles sont les suivantes : *Rayé tant de mots nuls ci-contre, ci-dessus ou à telle ligne.... Rayé telles lignes, tels mots nuls.... Approuvé tant de mots interlignés ci-contre, ou ci-dessus à telle ligne.* Dans cette énumération, chaque mot composé, c'est-à-dire formé de deux, trois

————

[1] Les procès-verbaux dressés à la requête du Ministère public sont établis sur papier libre, puis timbrés et enregistrés en débet.

parties reliées par un ou des traits d'union ne compte que pour un seul mot.

AFFIRMATION. — Le procès-verbal, une fois établi suivant les formes tracées ci-dessus, doit être affirmé devant le Juge de paix, ou, à défaut, devant le Maire [1], en cas d'absence ou de refus du Juge de paix ou de ses suppléants, ou en cas de force majeure. Le Juge de paix qui reçoit l'affirmation peut être indifféremment le Juge dans le ressort duquel est situé le bureau du Receveur poursuivant, ou, — si la marchandise a été exceptionnellement déposée en un bureau autre que celui du Receveur poursuivant, — le Juge dont relève le bureau du Receveur dépositaire de cette marchandise.

Si l'infraction a été commise par un Juge de paix, cette circonstance n'est pas une raison pour que ce Juge refuse de recevoir l'affirmation des agents. Un Juge ne peut non plus refuser de recevoir l'affirmation sous le seul prétexte que le lieu de la saisie ne dépend pas de sa circonscription.

L'affirmation doit être faite par deux au moins des saisissants qui ont signé le procès-verbal et constaté l'infraction soit simultanément, soit successivement en cas de poursuite à vue. L'acte d'affirmation s'applique à toutes les circonstances consignées au procès-verbal, que ce rapport comprenne un ou plusieurs contextes ; il est le complément *indispensable* du procès verbal, mais rien n'oblige le Juge à l'écrire en entier de sa main ; le point essentiel est qu'il donne lecture de l'acte, le signe et fasse signer par les deux agents qui sont venus requérir la formalité.

Le délai légal assigné pour affirmer un procès-verbal est de trois jours, s'il s'agit d'instances correctionnelles ; il est de 24 heures (à partir de l'heure de la clôture du procès-verbal), s'il s'agit d'affaires relevant des tribunaux de paix. Ce délai peut précéder, ne fût-ce que de quelques minutes, l'heure fixée pour la comparution, mais il ne doit jamais la dépasser, sous peine de nullité de l'acte.

---

[1] Dans ce cas, le procès-verbal doit rappeler le motif qui a contraint les agents à requérir l'assistance du Maire.

Minuties. — Il est admis que si la fraude offre peu d'importance, n'est pas accompagnée d'incidents graves et que l'auteur de l'infraction ne soit pas en récidive [1], les objets transportés (même s'il s'agit de tabacs introduits en petites quantités par des voyageurs [2]) soient simplement confisqués et inscrits comme *minuties*, c'est-à-dire « bagatelles ».

Dans les localités où un bureau existe, ces objets sont immédiatement remis au Receveur qui les inscrit sur un registre spécial ; mais, dans les postes éloignés, ces minuties sont portées au registre de travail, avec indication du nom du coupable, pour permettre, au besoin, d'établir la récidive en cas de procès-verbal ultérieur. Tous les huit jours, même plus souvent si le poids des objets saisis excède 25 kilogrammes, ces minuties sont transférées sans frais au bureau le plus voisin où les objets non sujets à dépérissement ou détérioration restent en dépôt jusqu'à ce que la valeur des divers lots permette d'en faire la vente après jugement définitif.

En principe, si la valeur de l'objet introduit en fraude paraît suffisante pour couvrir les frais d'une affaire judiciaire (environ 12 à 15 francs), il est recommandé de dresser procès-verbal. Cependant, en cas d'importation d'objets de fraude par la voie de la Poste, si les produits ont une valeur inférieure à 50 francs, et que le procès-verbal doive être rédigé contre inconnus, le service peut se borner à inscrire la marchandise aux minuties.

Refus de paiement des droits. — Les petites quantités de marchandises que des voyageurs transportent ostensiblement et déclarent *même verbalement*, mais pour lesquelles ils refusent de payer les droits, peuvent être renvoyées immédiatement à l'étranger.

---

[1] La récidive est la réitération d'un acte illégal (fraude, délit, etc.).

[2] Pour les moyens de transport, voir ci-dessus, page 11, note 1.

PREMIÈRE PARTIE

Frontières Maritimes

CHAPITRE Ier

Service de Côte et de Route

(Rebats, Contre-rebats, Rondes, Ambulances, Embuscades.)

Absence de congé de Navigation. — *Le congé de navigation* est une pièce de Douane qui accompagne tout bateau, tout navire naviguant en mer, dans les rades ou rivières soumises à la surveillance du service. Cette pièce est valable pour un an, date pour date ; au bout de ce délai, elle doit être renouvelée si le bateau continue à naviguer, quels que doivent être le nombre et la durée des traversées subséquentes.

Sont seuls dispensés de congé les navires et embarcations de l'État, les canots ou chaloupes dépendant de bateaux ou navires francisés [1] : ces derniers sont, en effet, déjà pourvus de congés.

Si le congé n'est pas représenté au service lors de la mise en mouvement du bateau, ou s'il est périmé, cette infraction donne lieu à la *confiscation du bâtiment, et à une amende de 100 fr., déc., demi-déc. et dép. en sus* [2]. (Tribunal de paix). — Lois à invoquer au procès-verbal : *Lois du 27 vendémiaire an II, art. 5, et du 6 mai 1841, art. 20.*

---

[1] Les bâtiments francisés sont munis d'un brevet de francisation établi sur parchemin et signé par le Ministre des Finances. Cet acte leur confère les privilèges de la nationalité française.

[2] Décimes, demi-décime et dépens en sus. Abréviation fréquemment usitée au cours de cet ouvrage.

Naturellement lorsque le congé d'un navire est arrivé à terme pendant une traversée, aucun moyen répressif ne doit être employé. Il importe seulement que le service s'assure, avant le nouveau départ du bâtiment, si la pièce a été renouvelée au bureau.

Si le patron d'un bateau dont le congé est échu s'obstine à faire fi des avis officieux du service, il va de soi qu'on ne doit pas hésiter à lui déclarer procès-verbal et à s'opposer au départ de ce bateau.

Absence ou altération des marques des navires. — Tout navire ou bateau susceptible d'être francisé, c'est-à-dire dépassant deux ou dix tonneaux de jauge nette [1], et qui navigue en mer, dans les rades, rivières, étangs, canaux communiquant avec la mer jusqu'aux limites de l'inscription maritime, doit porter à la poupe l'indication de son nom et du quartier maritime auquel il est immatriculé : cette mention en lettres d'au moins 8 centimètres de hauteur, peintes en blanc sur fond noir.

Par exception, les yachts appartenant à des sociétés nautiques nationales peuvent remplacer le nom du port d'attache par deux étoiles blanches apparentes, l'une précédant, l'autre suivant le nom du bateau.

L'absence, la rature, l'altération ou la dissimulation de ces marques sont punies d'une *amende de 100 à 300 fr. si le bâtiment est armé au long cours, de 50 à 100 fr. s'il est armé au cabotage, de 10 à 50 fr. s'il est armé à la petite pêche* (Tribunal correctionnel). — Invoquer au procès-verbal le *décret du 19 mars 1852, art. 6.*

Ces infractions sont constatées à la requête du Commissaire de l'Inscription maritime ou à celle du Procureur de la République (Ministère public). Les procès-verbaux, établis sur papier libre par les agents qui ont constaté le fait et signés par eux, doivent être affirmés, sous peine de nullité, dans les trois jours de leur clôture, devant le Juge de paix du canton ou l'un de ses suppléants, ou devant le Maire (l'adjoint, si le Maire est absent) du lieu où le délit a été

---

[1] Deux tonneaux pour les bateaux armés pour la pêche ou le bornage ; dix tonneaux pour les bateaux de plaisance. Le tonnage est indiqué par les papiers de bord.

constaté ou du lieu habité par l'agent chargé des poursuites (Commissaire de la Marine ou Procureur, avons-nous dit). Après avoir été timbrés et enregistrés *en débet*, et ce dans les quatre jours de leur clôture, au bureau de l'Enregistrement, ils sont adressés pour les suites opportunes soit au Commissaire de la Marine, soit au Procureur.

Balisage. — En dehors du cas où un bâtiment, se trouvant en danger de perdition, serait dans la nécessité de recourir à tous moyens extrêmes, l'amarrage d'un navire, bateau ou d'une embarcation sur un feu flottant, une balise ou une bouée non destinée à cet usage, le mouillage d'une ancre dans le cercle d'évitage d'un feu flottant ou d'une bouée sont punis d'une *amende de 10 à 15 fr., déc., demi-déc. et dép. en sus, sans préjudice d'un emprisonnement de 5 jours au maximum (de 10 jours en cas de récidive)* [1]. — Trib. de paix pour les cas simples, correctionnel en cas de récidive. — Loi à invoquer : *Loi du 27 mars 1882, art. 1 et 2 — art. 6 pour la récidive.*

La destruction, la dégradation ou l'abatage *intentionnel* d'un feu flottant, d'une balise ou bouée sont punis d'une *amende de 100 à 500 fr., déc., demi-déc. et dép. en sus, outre un emprisonnement de 6 mois à 3 ans (art. 5 de la même loi).* — Mêmes tribunaux. — Si donc un capitaine ou patron de bateau (de Douane aussi bien que de commerce) a involontairement ou accidentellement dégradé, déplacé, coulé un feu, une balise ou bouée, il est tenu, sous peine d'amende et d'emprisonnement, d'en faire déclaration au maître ou capitaine de port, et ce dans les 24 heures de son arrivée au premier port français. (Voir *art. 3* de la loi précitée).

Constatées par la Douane, ces infractions ne donnent jamais lieu à l'arrestation préventive des délinquants. Le service se borne à dresser procès-verbal de l'incident. Cet acte peut être établi par un seul agent. Fait sur papier libre, il énonce la date et l'heure exactes de la constatation, le lieu de rédaction, les nom, prénoms, qualité et domicile de l'agent qui verbalise, du délinquant (âge aussi de ce der-

---

[1] Voir ci-dessus, p. 21, note 1, ce qu'on entend par récidive.

nier), ainsi que des témoins, s'il y en a, le détail des faits (lieu, jour, heure de l'incident) avec indication de l'ouvrage d'art détérioré ou détruit. Il est affirmé [1] dans les trois jours de sa clôture soit devant le Juge de paix du canton, soit devant le Maire de la commune, puis adressé par le Chef de poste (sous-brigadier, brigadier, patron, etc.) à l'Ingénieur des Ponts et Chaussées à qui incombe le soin de faire timbrer et enregistrer l'acte, ainsi que d'exercer les poursuites utiles. Copie de ce rapport est adressée à la Direction par la voie hiérarchique.

Boissons. — La Douane prête son concours à l'Administration des Contributions Indirectes pour la surveillance des transports de boissons passibles de taxes intérieures. Ces boissons comprennent, outre les spiritueux (trois-six ou esprits, eaux-de-vie diverses, rhum, absinthe, amer et liqueurs), les vins, cidres, poirés et hydromels. Aucun de ces liquides ne peut circuler sans être accompagné d'une expédition de Régie (acquit-à-caution, congé, laissez-passer, passe-debout) prise à la recette buraliste ou au bureau d'octroi, expédition précisant la nature du liquide et les conditions de son transport [2]. Les agents de Douane, après reconnaissance sommaire ou détaillée des liquides, — selon les circonstances, selon aussi les instructions reçues et les moyens de contrôle dont ils disposent, — visent les expéditions présentées et les inscrivent sur un carnet *ad hoc* (6 B).

Des bulletins 6 C, adressés ensuite directement par le Chef de poste au Directeur régional des Contributions Indirectes, justifient du concours du service.

Si les expéditions ne sont pas exhibées à première réquisition ou s'il y a fraude ou contravention, c'est-à-dire défaut d'identité [3] entre les liquides représentés et les expéditions

---

[1] Dressés par un officier, les procès-verbaux de ce genre sont dispensés de toute affirmation.

[2] Pour les vins ordinaires, une expédition n'est nécessaire que s'il s'agit de quantités de 3 litres ou plus. (Circ. n° 3146, de 1900).

[3] Exemples de défauts d'identité : 1° L'expédition de Régie mentionne du rhum et vous reconnaissez de l'absinthe ; 2° la contenance des récipients est manifestement fausse ; 3° le degré (si vous

qui les accompagnent, enfin s'il y a irrégularité dans les conditions du transport, ces boissons sont *confisquées*, et, faute de caution solvable, les *moyens de transport retenus préventivement* pour sûreté de l'amende [1].

Pénalités et textes à invoquer aux procès-verbaux :

1° Pour spiritueux : *Amende de 500 à 5.000 fr. (Lois des 28 avril 1816, art. 17 et 19 ; 23 avril 1836 ; 28 février 1872, art. 1, et 21 juin 1873, art. 6.)* De plus, et d'après *l'art. 12 de la loi du 21 juin 1873*, en cas de fraude dissimulée sous vêtements, ou au moyen d'engins disposés pour l'introduction ou le transport frauduleux d'alcools ou de spiritueux, soit à l'entrée, soit dans un rayon de 10 kilomètres à partir de la limite de l'octroi (villes de 100.000 âmes et au-dessus), ou de 5 kilomètres (villes de moins de 100.000 âmes), d'un lieu sujet au droit d'entrée, les délinquants encourent une peine correctionnelle de *6 jours à 6 mois d'emprisonnement*.

2° Pour vins, cidres, poirés, hydromels : *Amende de 200 à 1.000 fr.* et dépens (*minimum de 500 fr. en cas de récidive*). Lois des 28 avril 1816, articles 17 et 19 ; 23 avril 1836 et 21 juin 1873, art. 7.

Toutes ces infractions relèvent du *tribunal correctionnel*.

Si les boissons sont surprises voyageant irrégulièrement dans le rayon des Douanes, c'est-à-dire dans une zone, parallèle à la côte, de 10 kilom. de profondeur, on verbalise :

A la requête de l'Administration des Douanes lorsque les liquides proviennent manifestement d'importation (arrivée directe de l'étranger), et cette constatation résulte de flagrant délit, de poursuite à vue, d'aveu des prévenus ou de toute autre preuve certaine [2]. Dans ce cas, l'on invoque les péna-

---

avez reçu ordre de le contrôler) ne répond pas à celui indiqué sur le titre de mouvement.

[1] Pour les transports illicites d'alcools, on procède également à l'arrestation des délinquants s'ils n'ont pas de domicile connu ou fixe, ou si l'on présume qu'ils essaieront de se soustraire par la fuite aux conséquences de leur délit.

[2] Rentrerait également dans cette catégorie d'affaires (contrebande douanière) un débarquement de spiritueux — même accom-

lités applicables aux *importations en contrebande de marchandises passibles de taxes intérieures.* (Voir ci-après, p. 38).

A la requête de l'Administration des Contributions Indirectes dans les autres cas.

Dans la première hypothèse, on rédige d'après la méthode tracée ci-dessus, pages 16 et suivantes ; dans la seconde, on suit de préférence la méthode de rédaction particulière à la Régie. (Voir ci-après à l'annexe le *modèle n° 5*).

Lorsqu'on verbalise à la requête des Contributions Indirectes, les marchandises autres que les boissons faisant partie du chargement sont laissées à la disposition du voiturier. Une fois le procès-verbal rédigé au bureau de Douane le plus proche, puis affirmé, l'on remet l'affaire entre les mains du Receveur des Contributions Indirectes pour suites ou transaction.

Au cas où la saisie, faite dans ces conditions, serait accompagnée d'*opposition* simple de la part des délinquants, de *menaces*, d'*injures*, de *trouble sans acte*, un second procès-verbal doit être dressé, à la requête de la Douane, de ce nouveau genre d'infraction. (Voir ci-après page 44 et *modèle n° 4 de l'annexe*). Si, au contraire, il y a *voies de fait*, *violences*, le procès-verbal établi à la requête de la Régie, spécifiant ces griefs aggravants, requiert contre les prévenus, outre les pénalités applicables au délit *Boissons*, l'application des *lois des 22 août 1791 et 4 germinal an II, pour outrages subis dans l'exercice des fonctions.* A supposer enfin que la gravité des faits classe l'affaire dans les instances criminelles, le Procureur de la République exerce les poursuites nécessaires au vu de la *plainte* ou de la *copie du procès-verbal* que le service lui adresse à cet effet.

Chasse. — Voir ci-après *Gibier*, à la Troisième partie, Chapitre Ier.

---

pagnés d'expédition de Régie — sur un point du littoral où n'existerait pas de bureau, attendu que seuls les agents du service sédentaire ont qualité pour recevoir les déclarations d'importation et procéder à la visite qui en découle.

Circulation de nuit, *à terre, dans la distance de 10 k. des côtes, rives des fleuves, rivières et canaux qui conduisent de la mer dans les ports intérieurs, mais seulement jusqu'au point où il existe des bureaux de Douanes, des étoffes de toute espèce, toiles de coton blanches, teintes ou peintes, toiles de nankin, mousselines, de la bonneterie et rubanerie, des sucres* [1], *cafés et autres denrées coloniales, poissons salés, cotons filés, tabacs en feuilles et fabriqués.* — Cette infraction donne lieu à la *confiscation des marchandises et à une amende de 500 fr., déc., demi-déc. et dép. en sus,* en vertu de la *loi du 8 floréal an XI, art. 85* (Tribunal de paix).

Il s'agit ici de la simple circulation irrégulière [2], sans que rien permette d'établir l'introduction frauduleuse. *L'importation en contrebande* est, en effet, passible de pénalités autrement graves, relevant des tribunaux correctionnels.

Congé des navires. — Voir ci-dessus *Absence de congé.*

Débarquements et dépôts frauduleux dans le rayon. — Le rayon maritime est une bande de terre, large de 10 kilomètres, qui suit toutes les sinuosités des côtes, comme une sorte d'épais profil. Remontant l'embouchure des cours d'eau importants, parallèlement aux deux rives, il décrit, autour du bureau de Douane le plus avancé vers l'intérieur, un cercle — toujours de 10 kilomètres de portée — qui lui permet de passer d'une berge à l'autre. La ligne terminale de cette bande vers l'intérieur des terres est fictive, c'est-à-dire que rien ne la décèle au regard. Aussi, étant donné que la surveillance de la Douane s'exerce simplement dans l'étendue de cette parcelle du territoire, pourrait-il naître parfois des controverses au sujet de savoir si une saisie a été effectuée hors ou en dedans de cette zone. Prévoyant cette difficulté, la loi a décidé que si un individu, à qui procès-verbal aurait été déclaré pour transport frauduleux dans le rayon, vient à prétendre que la saisie a été

---

[1] La loi porte : *sucres raffinés, bruts, tête et terrés.*

[2] C'est-à-dire sans expédition de Douane autorisant ce transport.

opérée en dehors de ce rayon, il est astreint à faire à ses frais le toisé des 10 kilomètres qui peuvent séparer le rivage du lieu de la saisie.

Ce principe posé, il est de règle qu'aucun transport de marchandises ne peut s'effectuer d'une rive à l'autre d'un même cours d'eau qu'en vertu d'un passavant ou d'une quittance de Douane justifiant l'origine des produits. Hâtons-nous d'ajouter qu'en pratique il est usé d'une grande tolérance pour les approvisionnements de ménage des diverses localités qui bordent les estuaires ou les embouchures des fleuves ou rivières — approvisionnements qui, d'ordinaire, ne méritent plus même le nom de marchandises [1]. Cependant, en cas de preuve ou même de soupçon bien fondé d'abus, il va sans dire que le service ne devrait pas hésiter à recourir aux moyens répressifs.

Les échanges ou communications entre les ports et les îles *très voisines* du littoral s'effectuent dans des conditions identiques. Pour les îles situées à grande distance, l'admission de leurs produits en franchise n'est autorisée que sur justification de leur origine (passavants de rivière ou de cabotage et acquits-à-caution, pour les îles où un service de Douane est établi ; certificats des Maires pour les autres îles). — Voir ci-après, chap. v.

Pour la Corse, voir au chapitre précité l'article réservé à cette île.

Même avec pièces justifiant leur origine et leur régime, les marchandises tant nationales qu'étrangères ne peuvent être débarquées que dans l'enceinte des ports déterminés par la loi ou sur les points du littoral spécialement désignés par les chefs, après demande des intéressés (voir ci-dessus page 27, note 2). En outre, ces débarquements ne doivent être effectués qu'en présence des commis, préposés d'écor ou sous la surveillance des brigades, et ce dans les heures

---

[1] Ces approvisionnements peuvent circuler librement. Seuls les sucres et cafés en quantités supérieures à 10 kilogrammes, les tabacs et les boissons restent astreints soit au passavant de Douane, soit à la pièce de Régie.

légales [1]. Autorisées en dehors de ces heures ou hors de l'enceinte des ports, — toujours sur demande des intéressés, — les opérations relatives aux importations donnent matière, au profit des agents du service actif qui les suivent, à des indemnités spéciales que le commerce verse à la caisse du Receveur.

Ces restrictions ne s'appliquent pas évidemment aux navires, qui, par suite d'avaries graves, de naufrage ou échouement, se trouvent dans la nécessité de mettre à terre provisoirement, ou définitivement, en un endroit quelconque, tout ou partie de leur cargaison ; mais, pour obtenir cette dérogation à la règle, les capitaines sont tenus de justifier sans retard de l'événement par un rapport de mer en due forme. Le service veille alors à ce qu'aucune marchandise ne soit détournée de sa destination ; au besoin, il escorte la cargaison jusqu'aux magasins qui doivent servir de dépôt, puis il exige que les formalités de déclaration soient remplies au plus tôt près du Receveur voisin.

Hormis ce cas exceptionnel, tout débarquement ou transport sur la côte, tout transbordement de marchandises (même exemptes de droits) sans un permis du service sédentaire, est illicite et donne lieu à l'application des pénalités suivantes, graduées d'après la gravité des faits :

Débarquement sans permis de marchandises exemptes de droits ou dont les droits ne s'élèveraient pas à 3 francs : *Retenue préventive de partie des marchandises pour sûreté de l'amende ; amende de 50 fr., déc., demi déc. et dép. en sus.* — Loi à invoquer au procès-verbal : *Loi du 22 août 1791, titre II, art. 13 et 30* (Tribunal de paix).

Débarquement sans permis de marchandises donnant ouverture à un droit d'au moins 3 francs : *Confiscation des*

---

1 Ces heures sont les suivantes :

1° Opérations suivies par le service sédentaire : du 1er avril au 30 septembre — de 7 heures matin à midi et de 2 heures à 7 heures soir ; du 1er octobre au 31 mars — de 8 heures matin à midi et de 2 heures à 6 heures soir (sauf dans les localités où ces heures ont été modifiées par décret).

2° Opérations effectuées sans visite, sous la simple surveillance des brigades : du 1er avril au 30 septembre — de 5 heures matin à 8 heures soir ; du 1er octobre au 31 mars — de 7 heures matin à 5 heures soir.

marchandises ; amende de 100 fr., déc., demi-déc. et dépens en sus. — *Même loi : art. 13 du titre II* (Tribunal de paix).

Transbordement dans une rade ou en dehors de l'enceinte d'un port sans permis régulier : *Mêmes pénalités qu'au cas précédent.*— *Même loi, titre II, art. 13, et titre XIII, art. 9.* — Tribunal de paix. (Si la marchandise est exempte de droits ou ne comporte qu'un droit inférieur à 3 francs, l'amende est réduite à *50 francs : Même loi, titre II, art. 30.*)

Déchargement, même avec permis, hors des heures fixées par la loi, de marchandises tarifées ou non : *Confiscation des marchandises déchargées ; dépens.* — Tribunal de paix.— Lois à invoquer : *Lois des 22 août 1791, titre XIII, art. 9, et 4 germinal an II, titre VI, art. 1er.* (Si la marchandise est prohibée à quelque titre que ce soit ou si elle est tarifée à 25 francs et plus par 100 kilogrammes ou soumise à des taxes de consommation intérieure, on applique, suivant les cas, les pénalités relatives aux *importations en contrebande.* (Voir ci-après, p. 33.)

La marchandise peut être, en effet, prohibée d'une façon absolue (voir lettre A de la liste n° 1 de l'annexe), et, dès lors, son introduction pour la consommation n'est permise par aucun point du territoire français. Si son admission est réservée à certains bureaux (voir listes 1 et 2 de l'annexe), importée ailleurs, elle est considérée comme *prohibée localement.* Enfin, si certaines restrictions ont été établies en ce qui concerne le mode d'emballage de cette marchandise, le tonnage des navires transporteurs, etc., elle devient *prohibée conditionnellement,* et le service considère cette marchandise comme *prohibée d'une façon absolue,* du moment que les restrictions spéciales n'ont pas été observées.

Quant aux produits passibles de taxes intérieures, ils sont désignés par la lettre D à la liste n° 1 de l'annexe.

Ces préliminaires étant acquis, énumérons tout d'abord les pénalités auxquelles peuvent donner lieu les divers cas d'importations frauduleuses :

Importation sans déclaration de marchandises exemptes de droits : *Amende de 100 fr., déc., demi-déc. et dép.* (Tribunal de paix). — *Loi du 16 mai 1863, art. 19.*

Importation sans déclaration ou importation sans déclaration exacte quant à la nature, par les bureaux de terre ou de mer, de marchandises prohibées à quelque titre que ce soit (absolument, localement ou conditionnellement) imposées à 25 francs et plus par 100 kilogrammes ou soumises à des taxes de consommation intérieure[1] : *Confiscation des marchandises, des moyens de transport et des marchandises servant à masquer la fraude ; amende égale à la valeur[2] des objets introduits en fraude, mais sans pouvoir être au-dessous de 500 fr., déc., demi-déc. et dépens, emprisonnement de 3 jours à un mois (Tribunal correctionnel).— Lois des 28 avril 1816, articles 41, 42 et 43 ; 21 avril 1818, titre VI, article 37, et 2 juin 1875, art. 1 et 4.*

Importation en contrebande (c'est-à-dire dépôt ou circulation dans le rayon sans expédition valable) de marchandises prohibées, tarifées à 25 francs et plus par 100 kilogrammes, ou dont la prohibition a été remplacée par des droits postérieurement à la loi du 24 mai 1834[3], ladite importation commise hors de l'enceinte des ports de commerce :

1° Par une réunion de moins de trois individus : *Confiscation des marchandises et des moyens de transport, ainsi que des objets ayant servi à masquer la fraude ; amende solidaire égale à la valeur[2] des marchandises, mais sans pouvoir être au-dessous de 500 francs, déc., demi-déc. et dépens ; emprisonnement de 3 jours à 1 mois (Tribunal correctionnel). — Lois des 28 avril 1816, titre V, art. 41, 42 et 43 ; 21 avril 1818, art. 34 et 37[4], et 2 juin 1875, art. 4.*

2° Par une réunion de trois individus et plus jusqu'à six inclusivement : *Mêmes confiscation et amende qu'au cas qui précède : emprisonnement de 3 mois à 1 an (Tribunal correctionnel). — Lois des 28 avril 1816, titre V, art. 41, 42 et 44 ; 21 avril 1818, art. 34 et 37[4], et 2 juin 1875, art. 4.*

---

[1] Y compris les sels étrangers.

[2] Prix courant en France.

[3] Voir lettre D de la liste n° 1 de l'annexe.

[4] Lorsque l'infraction est commise dans l'enceinte d'un port, il y a lieu de remplacer les articles 34 et 37 de la loi du 21 avril 1818 par l'art. 2 de la loi du 2 juin 1875 ; si elle a pour théâtre les frontières de terre, on invoque, au lieu des articles précités, l'art. 41 de la loi du 28 avril 1816.

3° Par une réunion de trois individus ou plus à cheval ou de plus de six à pied : *Confiscation des marchandises, des moyens de transport et des objets ayant servi à masquer la fraude ; amende solidaire de 1.000 francs, si l'objet de la fraude n'excède pas cette somme, ou du double de la valeur des marchandises confisquées, si cette valeur excède 1.000 fr., déc., demi-déc. et dép. ; emprisonnement de 6 mois à 3 ans* (Tribunal correctionnel). — *Lois des 28 avril 1816, art. 48 et 51 ; 21 avril 1818, art. 34 et 37* [1], *et 2 juin 1875, art. 4.*

Transport en contrebande, par voiture, de marchandises prohibées et de celles qui sont tarifées à 25 francs et plus les 100 kilogr. ou soumises à des taxes de consommation intérieure [2] : *Mêmes pénalités qu'au cas précédent* (Tribunal correctionnel). — *Lois des 28 avril 1816, art. 48 et 51 ; 21 avril 1818, titre VI, art. 37, et 2 juin 1875, art. 3 et 4.*

Si les fraudeurs étant au nombre de trois ou plus, l'un d'eux (ou plusieurs d'entre eux) est porteur d'armes en évidence ou cachées [3], la contrebande est dite *à main armée* et entraîne, outre les pénalités relatives aux importations en contrebande, des peines corporelles variables suivant les cas prévus par les articles 210 et suivants du Code pénal. Les agents, lorsqu'ils verbalisent, requièrent, outre les pénalités énumérées aux cas spéciaux d'importation en contrebande, l'application des articles 2 et 3 de la loi du 13 floréal an XI ; ensuite, c'est l'instruction judiciaire préparatoire qui défère l'instance soit au Tribunal correctionnel, soit à la Cour d'assises, suivant la gravité des faits.

Poursuites à vue. — Certaines circonstances, telles que l'éloignement, l'absence momentanée d'un des agents qui sont de service, empêchent parfois les préposés de saisir des marchandises débarquées en contrebande au moment

---

[1] Voir note 4 de la page qui précède.

[2] Y compris les sels étrangers.

[3] Voir ci-dessus, page 4, note 2, dans quel sens on doit prendre ce mot « armes ».

même où elles sont mises à terre. Dans ce cas, s'ils ont vu, de loin, le débarquement se produire, ils doivent *poursuivre à vue* l'objet de la fraude jusqu'à ce qu'ils aient pu l'atteindre.

Ces sortes d'affaires entraînent les pénalités suivantes :

1° S'il s'agit de marchandises tarifées dont le droit serait inférieur à 3 francs : *Retenue de partie de ces marchandises pour sûreté de l'amende*. Cette amende, rappelée au procès-verbal, est de *50 francs, déc., demi-déc. et dép.* (Tribunal de paix). — Invoquer la *loi du 22 août 1791, titre II, art. 13 et 30, et titre XIII, art. 35.*

2° S'il s'agit de marchandises tarifées dont le droit serait au moins de 3 francs : *Confiscation des marchandises; amende de 100 francs, déc., demi-déc. et dép.* (Tribunal de paix). — Invoquer la *loi du 22 août 1791, titre II, art. 13, et titre XIII, art. 35.*

3° S'il s'agit de marchandises prohibées à l'entrée (absolument ou même localement — voir ci-dessus, page 32) ou dont la prohibition a été levée postérieurement à la loi du 24 mai 1834 (voir lettre B de la liste n° 1 de l'annexe), de marchandises tarifées à 25 francs et plus par 100 kilogrammes (lettre H de la même liste), de marchandises soumises à des taxes intérieures (lettre D de la même liste), *les pénalités encourues sont celles relatives à une importation en contrebande, et l'on applique, suivant les cas, les pénalités rappelées aux pages 33 et 34 ci-dessus.*

La poursuite à vue peut être faite et certifiée par un seul préposé, à condition qu'un camarade arrive à temps pour effectuer la saisie et rédiger le procès-verbal qui en découle. Elle doit être ininterrompue, c'est-à-dire qu'en s'y livrant on ne doit se laisser distraire en aucune façon de la tâche entreprise, ni vaquer à aucune autre occupation. Le fait d'avoir perdu momentanément de vue l'objet de fraude, par suite d'accidents de terrain, ne rend pas nulle cette poursuite, puisque même elle peut être légalement faite d'après de simples traces ou en suivant la piste des contrebandiers.

Quel est le terme de la poursuite à vue ? — Les opinions sont partagées à cet égard. D'aucuns prétendent qu'en cas de poursuite à vue sans interruption, *seules les marchandises prohibées, celles tarifées à plus de 25 francs par 100 kilo-grammes, celles soumises à des taxes intérieures peuvent être saisies à quelque distance que ce soit dans l'intérieur du territoire,* tandis que si cette poursuite a pour objet des marchandises autres, c'est-à-dire tarifées à moins de 25 fr. par 100 kilogr., etc, la saisie n'en peut être effectuée que dans le rayon.

Cependant, le Tableau des délits et contraventions n'a fait aucune distinction entre les marchandises de droits différents pour ce qui a trait à la poursuite à vue : *vues péné-trer en France,* dit-il, *par les frontières de mer et suivies sans interruption;* d'autre part, le Recueil méthodique des lois et règlements de Douane, souverain juge en la matière, rappelant cette théorie de Trolley : que *toute marchandise tarifée qui entre en France sans payer de droits est une mar-chandise de contrebande* ou *de fraude,* laisse entendre que ce dernier avis prévaudrait, le cas échéant, sous cette réserve que le procès-verbal établisse *que la marchandise* (quelle qu'elle soit) *saisie hors du rayon, a été suivie constamment à vue par les employés saisissants depuis ce rayon.*

Cependant, pour éviter toute difficulté d'interprétation des lois, le mieux serait encore que le service, incertain — comme cela arrive le plus fréquemment — sur la nature de la marchandise débarquée, apportât assez de célérité dans sa poursuite pour rejoindre les fraudeurs avant qu'ils aient franchi les limites du rayon. Alors aucune controverse ne serait à craindre.

Ici surgissent à l'envi les innombrables difficultés aux-quelles se trouvent exposés les agents d'exécution. Nous essaierons donc de prévoir et résoudre au mieux de leurs intérêts les principales de ces complications :

Que faire, en cas d'éloignement excessif du bureau ou du corps de garde, des bateaux ayant servi de moyens de trans-port ? — La loi ne permettant pas d'éluder la clause por-tant saisie des moyens de transport, lorsque cette saisie est la conséquence même de l'opération de contrebande, l'em-barcation saisie sur un point isolé d'une côte ne peut être abandonnée. Le prévenu devant accompagner le service au bureau ou au corps de garde, sa barque risquerait d'être enlevée par un tiers peu scrupuleux ou démolie par un coup de mer. Trois solutions nous semblent possibles : 1° Laisser au prévenu le soin de conduire la barque et les marchandises saisies jusqu'au plus prochain bureau, sous escorte des préposés qui prennent place dans cette embarcation. On objectera que nombre de préposés ne supportent pas la mer ; alors : 2° s'il se trouve quelque habitation à proximité, les agents pourraient constituer provisoirement gardien du bateau un riverain offrant toutes garanties d'honorabilité, puis faire la route à pied avec le prévenu et les marchandises. (Pour le transport, voir page 12 ci-dessus). Si ce moyen est adopté, il est nécessaire de mentionner au procès-verbal les nom, prénoms, qualité et domicile du gardien provisoire : 3° enfin l'un des saisissants peut rester à la garde de l'embarcation, tandis que l'autre accompagne au corps de garde ou au bureau le (ou les) prévenu jusqu'à ce qu'il soit possible d'envoyer au préposé resté sur le terrain un renfort qui lui permette de rejoindre son camarade et le prévenu, afin de participer à la rédaction du rapport.

Des esprits en quête d'arguties opposeront encore que le trajet, effectué par un seul agent, en compagnie de.... peut-être plusieurs individus exaspérés par la saisie et ses conséquences, peut offrir de gros inconvénients. Dans cette alternative, le préposé n'a-t-il pas ses armes pour imposer respect, sans compter la faculté de réquisition (voir page 2 ci-dessus). Au demeurant, *s'il est de toute impossibilité* d'adopter l'une ou l'autre de ces solutions, mieux vaudrait, à notre humble avis, amarrer simplement (en un endroit de la côte où ils ne risqueraient pas d'être emportés par les flots) les moyens de transport, partie accessoire de l'infraction, puisque même l'absence (destruction) de l'objet du délit n'invalide pas l'affaire.

Au moment où le service arrive en vue d'une plage, il voit une embarcation débarquer un ou plusieurs colis que des particuliers s'empressent d'enlever. Que doivent faire les préposés à l'égard du bateau ? — Les agents étant à certaine distance, ignorent naturellement si le (ou les) colis débarqué contient des produits faiblement taxés (de l'huile, par exemple), entraînant simple confiscation de la marchandise et amende, ou des alcools, tabacs, allumettes, denrées coloniales, qui, outre l'amende, donnent lieu à confiscation des marchandises, des moyens de transport et à l'arrestation des prévenus. Dans cette incertitude, ils doivent procéder, autant que possible, à la retenue du bateau jusqu'à ce qu'ils soient fixés sur le degré de gravité de l'infraction; car, en somme, la Douane est toujours fondée à supposer qu'un versement frauduleux n'a pas pour objet des marchandises passibles de droits modiques : ce serait courir trop de risques pour un bénéfice dérisoire.

Si le bateau importateur des marchandises côtoie le littoral et que le personnel soit assez nombreux pour le suivre à vue, la saisie de cette embarcation est valable, lors de son atterrissage sur un point quelconque de la côte. Si, au contraire, les matelots qui l'occupent font force de rames vers le large et que les agents ne soient — comme c'est le cas le plus fréquent — qu'au nombre de deux (chiffre matériellement indispensable pour constater la saisie des marchandises emportées par les contrebandiers), ils n'ont que la ressource de *sommer les fugitifs de réatterrir*, et, s'il n'est pas tenu compte de cette injonction, de leur déclarer à haute voix procès-verbal (voir ci-dessus, page 8), afin de réserver tout recours de l'Administration contre eux, *complices*, au cas où ils seraient ultérieurement connus. Le procès-verbal dressé à la suite de ces divers incidents relate naturellement tous les indices propres à fixer sur l'identité et la destination des fugitifs : par exemple, « nos soupçons portent sur *tant* de matelots qui se sont dirigés vers tel navire ancré ou louvoyant à telle distance approximative de la côte ».

Les préposés ayant réussi à s'emparer des moyens de transport, ou ayant renoncé à les atteindre, se mettent à la poursuite de la contrebande ; mais les fraudeurs, ayant devancé les agents, entrent dans une maison et y déposent leur charge. La saisie est-elle encore possible ? — La loi dispose que, en cas de poursuite à vue, « les préposés peuvent faire des recherches dans les maisons situées *dans l'étendue du rayon* pour y saisir les marchandises de contrebande *et autres* [1], mais seulement

---

[1] C'est-à-dire toute marchandise importée sans expédition.

dans le cas où, n'ayant pas perdu de vue lesdites marchandises, ils seraient arrivés au moment où on les aura introduites dans lesdites maisons. Si alors il y a refus d'ouverture des portes, ils pourront les faire ouvrir en présence d'un juge ou d'un officier municipal du lieu, qui, dans tous les cas, devra être appelé pour assister au procès-verbal ». (Loi des 6-22 août 1791, titre XIII, art. 36.)

Ces visites domiciliaires peuvent, dans la circonstance, être faites de nuit comme de jour et sans qu'il y ait lieu de se préoccuper du chiffre de la population de la localité où les marchandises ont été déposées. Si même il s'agit de marchandises prohibées ou tarifées à plus de 25 fr. les 100 kilog. ces visites peuvent être faites à quelque distance que ce soit dans l'intérieur, c'est-à-dire hors du rayon, à condition que le procès-verbal mentionne : 1° que ces marchandises ont franchi la limite du rayon et que les préposés les ont poursuivies, sans que ce transport ni cette poursuite aient été interrompus, jusqu'au moment de l'introduction des marchandises dans une maison ou autre bâtiment ; 2° que ces marchandises étaient dépourvues, au moment de la saisie, de l'expédition qui était nécessaire pour les transporter ou faire circuler dans le rayon. (Voir loi du 28 avril 1816, titre IV, art. 39.)

Si l'habitant de la maison dans laquelle les marchandises de contrebande ont été introduites consent librement à l'entrée des préposés, à la suite de la fraude, l'assistance d'un officier public, — destinée à sauvegarder l'inviolabilité du domicile privé, — est superflue lors de la saisie : cette assistance ne devient nécessaire que pour la rédaction du procès-verbal, lorsqu'il est commencé sur les lieux mêmes.

Quels sont les officiers publics qui peuvent être réquisitionnés, s'il y a refus d'ouverture de la part des habitants de la maison ? — C'est l'un ou l'autre des fonctionnaires suivants : le juge de paix, le commissaire de police, le maire ; en l'absence ou en cas de refus du maire, l'adjoint (ou l'un des adjoints) ; en l'absence ou en cas de refus de l'adjoint, le premier conseiller municipal[1] ; en l'absence ou en cas de

---

[1] Le premier dans l'ordre du tableau.

refus de tous ces officiers civils, un officier de gendarmerie, voire un agent militaire.

Dans le cas peu probable où tous les fonctionnaires requis refuseraient un concours auquel ils sont tenus de par la loi, la théorie prescrit aux agents de cerner la maison où la fraude a été introduite, puis de signaler les agents coupables à l'autorité supérieure dont ils relèvent (parquet, préfecture) pour obtenir un autre délégué ; mais toutes ces démarches perdent un temps précieux ; parfois même elles sont impossibles dans certaines localités. Aussi est-il permis aux agents de passer outre à leurs perquisitions, dans les cas urgents et sérieux.

Comment doit être fait le réquisitoire ? — Sur papier libre, — daté et signé. Il doit mentionner la loi qui le motive. Il est établi en double expédition : original destiné au service, copie pour l'officier public qui vise l'original. On y mentionne, s'il y a lieu, l'absence ou le refus du fonctionnaire primitivement requis. (Voir le modèle n° 3 de l'annexe).

Si l'habitant de la maison, qui a reçu la contrebande, refuse d'ouvrir sa porte aux préposés assistés d'un officier public, à quel parti se résoudre ? — Il faut requérir un serrurier, ou, s'il n'en existe pas dans la localité ou le voisinage, faire sauter la serrure, puis pénétrer de force dans la maison.

Que doit-on faire si, l'accès d'une maison étant refusé aux agents, la matière du délit est détruite tandis que l'un des préposés va requérir, pour entrer, l'assistance d'un officier public ? — Les préposés, aussitôt entrés dans la maison, doivent rechercher les vestiges de la matière du délit pour bien déterminer les pénalités, suivant la nature du produit, et afin de pouvoir évaluer la valeur de la marchandise détruite.

Objets saisis par les préposés, puis repris de vive force par les fraudeurs. — Le procès-verbal doit requérir, outre l'amende spéciale à la nature du délit, la confiscation des objets soustraits ou le payement de leur valeur approximative. Une copie de ce procès-verbal, adressée au Procureur à titre de plainte, permet à ce magistrat d'ouvrir sans retard l'enquête nécessaire.

Si, après une poursuite à vue, les préposés ne pouvant avoir accès sur-le-champ dans une habitation, située hors du rayon, où des fraudeurs ont pénétré avec leur charge, l'ont tenue cernée et, qu'embusqués dans le voisinage, ils voient ensuite les fraudeurs sortir porteurs de leurs marchandises, peuvent-ils encore à ce moment effectuer la saisie ? — Oui, à condition que les marchandises transportées à nouveau soient bien les mêmes que celles primitivement surprises en circulation irrégulière dans le rayon.

Le contrebandier, ayant déposé sa charge dans une maison, sort et fait mine de s'éloigner : doit-on l'arrêter à sa sortie ? — Si, — comme le cas n'est pas rare, — les préposés ignorent la nature des marchandises introduites en fraude, ils ne peuvent naturellement que sommer l'individu coupable d'assister aux perquisitions qu'ils comptent faire et lui demander ses nom, prénoms, profession et domicile. Ces détails sont-ils refusés, naturellement l'arrestation s'impose. De même, si les préposés savent que la marchandise est prohibée, ou s'il s'agit de spiritueux, le fraudeur qui essaie de se dérober par la fuite aux conséquences du délit doit être immédiatement constitué prisonnier. Au cas où cependant il réussirait à s'échapper, malgré les efforts du service pour le retenir, procès-verbal lui serait déclaré (voir ci-dessus, page 8, pour les sommations à faire) et le receleur (habitant de la maison où la matière du délit est déposée) entrerait en cause, sauf à lui à dévoiler ultérieurement le vrai coupable et à diriger contre lui, s'il y a lieu, les poursuites judiciaires opportunes.

Où le procès-verbal doit-il être rédigé en cas de saisie à domicile ? — Dans la maison même où la marchandise a été déposée, s'il n'y a pas opposition de la part des coupables (voir ci-après page 43). Au cas contraire, on doit verbaliser au plus prochain bureau. Lorsqu'on établit le procès-verbal dans la maison même, là aussi l'on procède à la description des marchandises saisies. Ces marchandises ne sont transportées au bureau le plus proche qu'en cas de prohibition absolue, ou si le prévenu ne peut fournir caution solvable pour leur valeur. On doit laisser au prévenu l'initiative d'offrir de conserver la garde, sous caution solvable, des marchandises non prohibées : cette offre ayant été accueillie par le service, le délinquant devient responsable du dépôt.

Transport des marchandises prohibées ou des marchandises pour lesquelles le prévenu n'a pu fournir caution solvable. — Le (ou les) prévenu ayant été régulièrement sommé d'assister à l'enlèvement et au transport des marchandises saisies, cette opération peut être effectuée en son absence. Pour les conditions du transport, voir ci-dessus, page 12.

Doit-on arrêter les délinquants à domicile même et immédiatement, s'ils ont encouru la peine d'arrestation préventive pour leur acte de contrebande ? — Non. Dans ce cas spécial, l'emprisonnement ne résulte que d'un jugement définitif. Cependant, si les auteurs du délit ou leurs complices se livraient à des voies de fait sur la personne des préposés, cet acte entraînerait leur arrestation immédiate.

Doit-on verbaliser simultanément contre le (ou les) transporteur des marchandises de fraude et contre le receleur ? [1] — Oui, le receleur est passible des mêmes condamnations que le fraudeur lui-même, s'il résulte de son concours qu'il est intéressé ou complice dans l'acte de contrebande et même s'il a agi *sans intérêt aucun,* par complaisance ou camaraderie, simplement pour narguer le service ou pour faciliter une introduction frauduleuse.

Si le receleur a agi sous l'empire de la violence, de menaces, il lui est toujours facile, étant assigné en justice par suite du procès-verbal, d'obtenir justification des faits imputés. Ses déclarations peuvent même être d'une grande utilité à la Douane et lui permettre d'atteindre les vrais coupables.

La femme d'un receleur, si elle n'a pas participé à l'acte de fraude, n'est point solidaire des condamnations encourues par son mari qui a facilité une opération de contrebande. Si, au contraire, c'est elle qui a agi de sa propre

---

[1] Le receleur est celui qui donne asile à la fraude, qui la cache ou simplement la reçoit chez lui.

autorité, en l'absence et à l'insu de son mari, et sans ordre préalable de sa part, elle seule devient responsable de la participation volontaire à un délit.

Quels sont les motifs qui dispenseraient de la rédaction d'un procès-verbal à domicile, après saisie ? — 1° L'opposition accompagnée de violences, voies de fait, ou le danger sérieux résultant pour les agents de l'attitude tant des fraudeurs que de leur entourage ; 2° le consentement implicite du (ou des) prévenu à accompagner les agents au bureau pour assister à la rédaction de leur rapport ; 3° le fait que le local n'est pas une habitation [1] ; 4° le manque d'instruments de pesage ou de mesurage pour description des objets saisis [2].

Un simple rassemblement de curieux au dehors, les récriminations du (ou des) délinquant ne sont pas des raisons suffisantes pour empêcher de verbaliser à domicile.

Si l'on est contraint d'établir le procès-verbal au bureau le plus voisin, il est nécessaire de spécifier dans cet acte pourquoi on n'a pu rédiger à domicile.

Quand il s'agit de marchandises prohibées, dont la garde ne peut être laissée au prévenu sous caution, il y a lieu (également à moins d'impossibilité résultant d'un des empêchements relatés ci-dessus), il y a lieu de dresser dans la maison même un premier contexte de saisie et description des objets ; les détails relatifs au transport, au dépôt, sont consignés ensuite sur le second contexte établi en présence et sous la responsabilité du Receveur. Les sommations à faire au prévenu sont celles énumérées ci-dessus, page 8. Ce genre de procès-verbal est établi suivant le modèle n° 3 de l'annexe.

Quelle valeur doit-on attribuer aux objets saisis ? — C'est la valeur qu'ils auraient sur les marchés intérieurs en France. Pour les tabacs, voir ci-dessus page 18, note 1.

---

[1] Ainsi, quand on a fait une saisie dans une église, chapelle, usine, dans un entrepôt ou salorge, rien n'oblige à verbaliser sur les lieux mêmes.

[2] On pourrait cependant se borner à donner, au premier contexte, l'évaluation des marchandises, si elles doivent être transportées au bureau et confiées à la garde du Receveur.

Opposition aux recherches des préposés. — Si les préposés étant assistés d'un officier municipal, le (ou les) prévenu ou l'habitant de la maison dans laquelle la fraude a été introduite s'oppose à l'entrée des agents dans cette demeure ou à leurs perquisitions intérieures, ce fait constitue une opposition qui rend les coupables passibles des pénalités édictées par la *loi du 4 germinal an II, titre IV, art. 2 : Amende individuelle de 500 francs, déc., demi-déc. et dép.* (Tribunal de paix). Des *injures adressées aux agents, le trouble apporté à l'exercice de leurs fonctions* seraient punissables des mêmes peines pécuniaires, en vertu de la *loi du 22 août 1791, titre XIII, art. 14* (Tribunal de paix). Au cas où la résistance serait accompagnée de voies de fait (coups), cet outrage constituerait un délit ou un crime comportant, outre des peines pécuniaires proportionnées à la gravité des faits, des peines corporelles. Ces événements sont constatés : soit par un procès-verbal régulier, réclamant des tribunaux compétents application des textes de lois et peines pécuniaires rappelés ci-dessus pour *opposition* ou *trouble, injures,* et, en sus, application des *articles 209 à 212 et 214 du Code pénal,* soit par une *plainte* adressée, par l'entremise des chefs [1], au Procureur de la République qui exerce alors telles poursuites que de droit. Cette plainte est établie sur papier libre : elle requiert application des lois ainsi que des articles du Code pénal précités.

Un procès-verbal peut-il constater à la fois un délit de contrebande et les oppositions, trouble, actes de rébellion qui en sont la suite ? — Oui ; mais, comme nous l'avons déjà dit (page 14, *Infractions multiples*), s'il s'agit de faits relevant de tribunaux différents — tribunal de paix pour opposition simple, injures, trouble ou menaces ; tribunal correctionnel pour délit d'importation frauduleuse de marchandises prohibées ou passibles de droits élevés, — il est préférable d'établir deux procès-verbaux distincts.

Trouble apporté à l'exercice des fonctions des préposés par

[1] Sous enveloppe fermée, sans contre seing. Aucune taxe postale n'est due.

des personnes autres que les auteurs de la fraude. — Sont coupables de cette infraction ceux qui se livrent à des commentaires désobligeants, à des critiques acerbes, qui, s'immisçant dans une affaire contentieuse, se montrent hostiles en gestes ou *paroles* envers les agents en fonctions [1], enfin qui, par leurs allées et venues, importunent le service dans l'accomplissement de sa tâche. Le trouble peut donc exister en dehors de toute injure ou menace. Si ces deux derniers griefs se greffent sur les précédents, la faute n'en est que plus accentuée. Les agents adressent tout d'abord à ces personnes importunes une sommation catégorique et définitive d'avoir à se retirer ou de cesser toute démonstration malveillante; si elles s'obstinent à ne pas tenir compte de cette injonction, procès-verbal doit leur être déclaré. Ce procès-verbal ne pouvant être dressé *de suite* le plus souvent, à cause de l'affaire urgente de contrebande, on en diffère la rédaction jusqu'à l'heure où les agents doivent avoir rallié le corps de garde ou être rendus au bureau. Dans tous les cas, les sommations légales (voir ci-dessus, page 8) doivent être faites. Articles du Code pénal à rappeler au procès-verbal : *228 et 230 pour trouble sans résistance ; 209 à 233 pour résistance, violences, voies de fait.* Rappeler également les textes et pénalités spéciaux aux cas d'*opposition*, de *trouble* qui donnent lieu à l'amende de *500 francs.*

Ce n'est que si les circonstances l'exigent impérieusement que l'on doit verbaliser uniquement pour *injures.* D'autre part, provoquer ces injures exposerait les préposés à une demande en dommages-intérêts de la part des personnes offensées.

Responsabilité des communes. — Des passants ou autres, attirés par le bruit, forment un rassemblement devant la maison où la fraude a été cachée, font cause commune avec les contrebandiers, pillent ou aident à soustraire les marchandises et se livrent à des violences sur la personne des agents. — Cha-

---

[1] Les agents ne cessent d'être en fonctions que lorsqu'ils sont rentrés chez eux. Le trajet entre le poste et leur domicile est considéré comme service.

cune des communes dont les habitants ont *volontairement*
participé à ces délits ou crimes est civilement responsable
des dommages qui en résultent ; chacune est tenue de payer
à l'État une amende égale au montant des condamnations
encourues pour l'acte de contrebande, sans préjudice des
dommages-intérêts à allouer aux agents maltraités ou à
leurs veuves, s'il y a eu homicide [1]. Ces condamnations et
dommages sont prononcés par le tribunal civil, au vu des
procès-verbaux de la Douane ou des Maires, ainsi que des
autres pièces établissant les violences et incidents.

Si aucun habitant de la commune qui a servi de théâtre
à la bagarre ou émeute n'a pris part au délit ou crime, cette
commune n'encourt naturellement aucune responsabilité,
mais il faut qu'elle prouve : qu'il s'agissait de personnes
étrangères à son territoire ; qu'elle ne disposait pas de police
ou de force armée suffisante pour rétablir l'ordre, ou qu'elle
a pris toutes les mesures en son pouvoir pour prévenir
l'échauffourée et en faire connaître les véritables auteurs.
D'ailleurs, les habitants de cette commune qui peuvent établir en justice n'avoir eu aucune participation au délit ou
au crime de rébellion ont toujours le droit d'exercer recours
contre les seuls coupables.

Une enquête, dirigée dans les vingt-quatre heures par les
Maires ou conseillers municipaux, détermine la gravité des
faits, les culpabilités. De leur côté, les agents des Douanes
constatent l'affaire par un procès-verbal pour *attaque, résistance (pillage, s'il y a lieu) avec violences et voies de fait.*
Requérir application : 1° *des articles de lois spéciaux au cas
de contrebande ;* 2° *des articles 209 à 212 et 214 du Code pénal*
pour les sévices subis ; 3° *de l'article 6 du titre IV de la loi
du 10 vendémiaire an IV*, pour la complicité des communes.
Bien spécifier les divers incidents. Ce procès-verbal est
adressé, à titre de plainte, et par l'intermédiaire des chefs,
au Procureur qui, au vu de cet acte et du procès-verbal
(facultatif celui-là) des agents municipaux, provoque l'ap-

---

[1] Même si les préposés ou leurs familles ne sont pas domiciliés
dans la commune sur le territoire de laquelle l'événement a eu
lieu.

plication des peines encourues et engage, s'il y a lieu, les poursuites criminelles qui en dérivent.

Dans les cas complexes de trouble suivi de voies de fait, il est même préférable d'établir un procès-verbal distinct pour *injures, mauvais traitements* (voir ci-dessus, p. 44, les textes et pénalités à invoquer), puis une plainte (même page) pour *blessures, voies de fait, homicide*, qui rendent leurs auteurs passibles du tribunal correctionnel ou de la Cour d'assises [1].

Visite domiciliaire infructueuse. — Celui au domicile duquel des perquisitions ont été faites sans amener la découverte d'aucune fraude a droit à une indemnité de 24 francs, indépendamment des dommages-intérêts résultant de la visite, s'il y a eu dégâts.

Enlèvements d'eau de mer.

— En dehors des minimes quantités d'eau de mer qu'on pratique et *par simple tolérance du service*, les riverains puisent de loin en loin pour la cuisson des coquillages [2], tout enlèvement d'eau de mer par ou pour des particuliers est subordonné à une demande spéciale et à une autorisation des chefs. Cette formalité s'applique notamment aux enlèvements d'eau de mer destinés aux bains à domicile, aux salles d'hydrothérapie, à l'ostréiculture, aux établissements de zoologie [3], à des usages agricoles tels que l'arrosage des terres, fumiers, grains, engrais, de la nourriture du bétail.

Les certificats médicaux produits à l'appui des demandes des personnes en traitement doivent fixer approximativement les quantités à enlever quotidiennement ou par semaine. Aucune limite n'est imposée sur ce point, pas plus que pour les eaux demandées par les agriculteurs ; mais le service a pour mission de s'assurer qu'il n'y a pas abus, et notamment que les eaux enlevées ne servent pas à d'autres usages que ceux déclarés.

Les quantités expédiées à des habitants de l'intérieur doivent être accompagnées de *congés de circulation*.

---

[1] Cette plainte s'établit sous forme de procès-verbal.

[2] Aucun règlement ne sanctionne cette tolérance.

[3] Viviers, aquariums.

Quant aux propriétaires ou gérants d'établissements publics qui désirent puiser à la mer d'une façon continue, à l'aide de pompes, ils sont tenus de spécifier, sur leur demande d'autorisation, qu'ils s'obligent à donner au service accès dans leur établissement *de jour, de nuit*, quand les agents le jugeront à propos, et sans assistance d'un officier municipal.

Tout usage irrégulier de l'eau de mer dans ces établissements serait considéré comme *fabrication non autorisée* et réprimé comme tel (voir ci-après, IIe partie, chap. IV).

Les eaux de mer destinées à la préparation du pain ou à des usages alimentaires peuvent être enlevées après déclaration au bureau, délivrance d'un permis et après constatation des quantités puisées. Le droit de consommation est perçu, dans ce cas, sur un poids moyen de 2 kilogr. 700 par hectolitre d'eau.

Si des personnes sont surprises transportant une faible quantité d'eau de mer sans autorisation ou pièce d'accompagnement, l'on peut, pour éviter toute affaire contentieuse, se borner à faire répandre cette eau. Si, au contraire, on se trouve en présence d'un sérieux enlèvement, ou que cet enlèvement soit effectué de nuit, clandestinement, sur un point écarté des côtes, ou encore que le transporteur soit connu pour se livrer assidûment à ces opérations, faisant fi des injonctions formelles du service, il importe de recourir à la stricte application de la loi.

Les contrevenants sont conduits avec leurs attelages et leurs produits devant le Receveur qui préside à la rédaction du procès-verbal ou termine l'affaire par soumission-transaction, suivant les circonstances.

Si le contrevenant étant connu des préposés, refuse de les suivre, on lui déclare procès-verbal (voir p. 8 pour les *sommations*), mais en lui laissant sa liberté, puis l'on saisit la denrée et les moyens de transport pour les conduire au bureau.

Les contraventions de ce genre répondent à quatre chefs distincts :

Transport dans le rayon de 15 kilomètres [1] des marais

---

[1] Voir ci-dessus, p. 29, de quelle manière se détermine le rayon.

salants, côtes maritimes ou rivières affluentes à la mer de sel ou matières salifères non accompagnés d'expédition de Douane :

1° Par moins de trois individus non en récidive [1]. — *Confiscation du sel et des moyens de transport ; amende individuelle* [2] *de 100 fr., déc., demi-déc. et dép. (Trib. de paix).* — Textes à invoquer au procès-verbal : *Décrets des 11 juin 1806, art. 1er ; 25 janvier 1807, art. 2 ; 6 juin 1807, art. 1er, et loi du 17 décembre 1814, art. 29 ;*

2° Par un ou plusieurs individus en récidive. — *Confiscation du sel et des moyens de transport ; amende individuelle de 200 à 500 fr., déc., demi-déc. et dép. ; emprisonnement de 15 jours au moins et de 2 mois au plus (Trib. correctionnel). — Décrets des 11 juin 1806, art. 1er ; 25 janvier 1807, art. 2, et loi du 17 décembre 1814, art. 31 ;*

3° Par une réunion de trois individus et plus. — *Mêmes pénalités et tribunal qu'au cas précédent. — Décrets des 11 juin 1806, art. 1er ; 25 janvier 1807, art. 2, et loi du 17 décembre 1814, art. 30 ;*

4° Avant le lever ou après le coucher du soleil, quand l'expédition n'en porte pas la permission expresse. — *Mêmes pénalités et tribunal qu'au premier cas. — Décrets des 11 juin 1806, art. 1, 7 § 2 et 16 ; 25 janvier 1807, art. 2 ; 6 juin 1807, art. 1er ; lois des 24 avril 1806, art. 57, et 17 décembre 1814, art. 29.* Si le (ou les) contrevenant est en récidive, on applique le n° 2 ; si les contrevenants sont au nombre de 3 ou plus, on applique le n° 3 ci-dessus.

Enlèvements, transport et dépôt de sablons [3] et

---

[1] La récidive est établie soit au moyen d'un jugement précédent ne remontant pas à plus de 12 mois de date, soit par une transaction *enregistrée* intervenue dès après un jugement et avant que ce jugement ait été signifié au contrevenant.

[2] Si un contrevenant est accompagné de sa femme ou de son fils mineur, il n'est dû qu'une seule amende. Le maître également n'est pas passible d'une amende individuelle, mais solidaire de celle prononcée contre son domestique ou ouvrier.

[3] Les sables qu'utilisent les sauniers sous le nom de *mouée* ou *coupe à sel* ne jouissent pas de ce bénéfice parce qu'ils contiennent une trop forte proportion de sel.

sable de mer brut destinés à servir comme engrais. — Les sables marins contenant une assez forte proportion de sel, des mesures ont dû être prises pour empêcher qu'ils ne servissent à la fabrication clandestine de cette denrée. Les cultivateurs qui désirent donc faire usage de sablons et sables de mer bruts doivent obtenir du Maire de leur commune un certificat [1], valable pour une année, attestant qu'ils possèdent ou gèrent telles terres, qu'ils doivent employer pour le transport des sablons tant de voitures et de chevaux.

Tout transport de sablons sans le certificat précité entraîne *confiscation des matières saisies et des moyens de transport, et une amende de 100 francs, déc., demi-déc. et dép.* — (Trib. de paix.) — *Ordonnance royale du 19 mars 1817, art. 3; loi du 24 avril 1806, art. 57; décret du 11 juin 1806, art. 16, et loi du 17 décembre 1814, art. 29.*

Si le certificat des Maires n'est pas représenté aux agents à toute réquisition, les contrevenants sont *passibles d'une amende de 10 francs, doublée en cas de récidive, déc., demi-déc. et dép.* (Trib. de paix.) — *Ordonnance royale du 19 mars 1817, art. 2.*

A leur arrivée à destination, les sablons doivent être soit directement mélangés aux terres qu'ils sont appelés à fertiliser, soit versés sur ces terres en plein champ ou déposés dans des étables, écuries, bergeries, soues, après avoir été mélangés à du fumier. Le défaut d'accomplissement de ces prescriptions exposerait les agriculteurs à une *amende de 100 francs, déc., demi-déc. et dép.* (Trib. de paix), en vertu de l'*ordonnance royale du 19 mars 1817, art. 5.*

Epaves. — Toute marchandise, tout débris provenant de navires naufragés, tout objet jeté sur les côtes par la mer doit être déclaré [2] par le sauveteur aussitôt que la chose trouvée a été mise hors de l'atteinte des flots. Le plus souvent cette déclaration est faite tout d'abord à la Douane dont

---

[1] Pour le modèle de ce certificat, voir la circulaire transmissive de l'ordonnance du 19 mars 1817.

[2] Une déclaration verbale suffit.

le personnel est constamment sur le terrain. Le service, après s'être assuré que les objets recueillis sont en lieu sûr, avise sans retard de l'incident ses chefs immédiats (Capitaine, Receveur), ainsi que le Commissaire ou syndic de la Marine de la circonscription [1]. Une rigoureuse surveillance est exercée sur les marchandises de valeur, passibles de droits élevés ou de taxes intérieures, et leur emmagasinage est opéré par les soins et sur débours de la Marine qui doit alors remettre à la Douane une clef du lieu de dépôt. Ces marchandises doivent être ultérieurement réexportées ou soumises aux droits, lors de la vente ou de l'abandon aux sauveteurs par la Marine. Jusque-là personne n'en peut disposer. Un Juge même qui prononcerait la remise pure et simple des objets prohibés sauvetés serait passible du *payement de la valeur de ces marchandises et d'une amende de 500 francs, déc., demi-déc. et dép.* — (Compétence civile. Tribunal supérieur à celui qui a ordonné la remise.) — *Loi du 22 août 1791, titre VII, art. 6.* Quant aux épaves de médiocre valeur ou représentant des droits insignifiants (madriers et planches brisés, ferrures rouillées et autres menus objets dont les frais de transport absorberaient le prix vénal et au-delà), en pratique on les laisse à la garde du sauveteur lui-même, s'il offre de sérieuses garanties d'honorabilité ; les pièces volumineuses telles que billes, mâts, restent de même déposées sur un point de la côte où s'exerce fréquemment la surveillance des préposés.

Il peut se faire que des marchandises ou objets provenant de naufrages ou d'épaves soient détenus (ou transportés) sans autorisation du service ; d'autres objets — pris en charge — peuvent être soustraits. Alors on verbalise à la requête du Ministère public (voir ci-dessus, page 24) et l'on remet, dans le jour, au Juge de paix le plus voisin, ou au Procureur, le procès-verbal constatant les faits et les délin-

---

[1] Si la Marine élevait la prétention d'agir sans l'intervention de la Douane dans les questions « épaves et naufrages », les préposés verbaliseraient pour infraction à la loi des 6-22 août 1791, titre VII, art. 1er et 2, et rendraient compte immédiatement aux chefs de l'incident.

quants *arrêtés*. Lois à invoquer : *Loi du 22 août 1791, titre VII, art. 7 et arrêté du 27 thermidor an VII, art. 6.*

Cependant l'on peut s'abstenir d'arrêter les délinquants si aucun doute ne s'élève sur leur identité et qu'aucune circonstance aggravante n'ait accompagné le délit. Le procès-verbal établi pour constater le cas de vol ou de détention illicite doit spécifier que « l'administration se réserve, s'il y a lieu, tous droits ultérieurs relativement à la poursuite de l'infraction résultant d'*importation ou circulation frauduleuse dans le rayon de marchandises... prohibées... ou passibles de taxes intérieures... ou tarifées à 25 francs et plus les 100 kilogrammes,* » car si le Juge ou le Procureur refusait de donner suite au procès-verbal d'arrestation, sous prétexte que les preuves manquent, le service verbaliserait aussitôt pour infraction aux lois de douane. En cas d'importation flagrante, mieux vaudrait même constater l'infraction par un procès-verbal de douane.

Si, d'un autre côté, l'enlèvement des objets sauvetés a eu lieu à l'insu de tous, le soin de faire les enquêtes et les visites domiciliaires qui en peuvent découler, ce soin appartient au Juge de paix ou à son remplaçant.

Déchargement d'un navire naufragé. — Si, lors du déchargement d'un navire échoué ou en détresse, des individus, sommés de se retirer, refusent de le faire, ou s'immiscent, sans autorisation expresse, dans les opérations de sauvetage, on procède comme au cas de *vol ou détention illicite,* en invoquant au procès-verbal les *art. 4 et 5 de l'arrêté du 27 thermidor an VII.*

Correspondances trouvées à bord des navires naufragés. — Si le Consul de la nation à laquelle appartient le navire a qualité pour assister au sauvetage et que les lettres découvertes soient destinées à l'étranger, le service peut, sur la demande de ce Consul, lui remettre ces lettres, contre reçu ; mais si ces lettres sont destinées à la France, elles doivent être déposées, sous la même surveillance du service, au plus prochain bureau des Postes, où le Receveur de ce bureau en donne reçu.

Hardes et malles des équipages. — Elles doivent être,

après visite, et, s'il y a lieu, acquittement des droits sur les objets neufs ou provisions de route, laissées entre les mains de la Marine qui se charge de les restituer aux ayants-droit ou à leur famille.

Epaves sauvetées en mer par un navire. — Ces épaves doivent être manifestées et déclarées comme s'il s'agissait de produits trouvés sur le littoral. Non déclarées et découvertes à bord, elles donneraient lieu à l'application des pénalités relatives aux *Omissions aux manifestes* (voir ci-après, page 73, § 3). Les procès-verbaux dressés à cet effet doivent mentionner, outre les lois relatives à cette contravention douanière, les circonstances constitutives de l'infraction à l'art. 19, titre IX, livre IV de l'ordonnance de 1681 de la Marine. *(Sauveteurs infidèles.)*

Tabacs. — Les tabacs provenant de sinistres maritimes sont incinérés sur place, s'ils sont reconnus absolument inutilisables. Le service justifie cette destruction à l'aide d'un procès-verbal administratif sur papier libre. Si les tabacs sont jugés propres à la fabrication, ils sont immédiatement dirigés (par acquit-à-caution) sur la manufacture nationale la plus voisine.

Pillage à force ouverte et introduction en fraude de marchandises sauvetées. — Si le fait est flagrant, il est rédigé un procès-verbal ordinaire de saisie pour *importation en contrebande* (voir ci-dessus, page 33). La commune sur le territoire de laquelle le pillage s'est accompli est civilement responsable du dommage causé tant aux propriétaires de ces marchandises qu'à l'État pour les droits fraudés. Les procès-verbaux des agents municipaux et autres renseignements servent de base aux enquêtes et poursuites à exercer par le Ministère public (Procureur).

En l'absence d'un procès-verbal régulier — bien difficile à établir si le méfait n'a pas été flagrant, — le service peut poursuivre le délit par toutes les voies que le droit commun autorise [1] et réclamer, dans la plainte qu'il adresse à cet

---

[1] Les principaux modes de preuves ainsi autorisés par la loi pour

effet au Procureur, l'application des pénalités spéciales à l'infraction, suivant la nature des marchandises et le montant des droits dont le Trésor a été lésé.

Extraction de sables non salifères, de pierres et autres matières provenant des plages maritimes.

— Sur certains points du littoral que leur situation même protège suffisamment contre l'envahissement des eaux, l'extraction des pierres, sables, est libre ; en d'autres endroits, les extractions sont, soit interdites, soit sujettes à autorisation. Les Conducteurs ou autres agents des Ponts et Chaussées peuvent utilement renseigner la Douane sur ces détails.

La personne qui a obtenu autorisation d'exploiter des sables ou matériaux doit être munie d'une carte, et elle ne peut refuser de représenter cette carte à toute réquisition des agents des Douanes. Elle est tenue, en outre, d'observer les conditions imposées par cette carte en ce qui concerne le nombre d'hommes à employer pour l'extraction, le tonnage du bateau, et à ne s'en servir que pendant tel délai déterminé.

Dans tous les cas d'extraction irrégulière, les agents doivent tout d'abord inviter les délinquants à cesser leurs travaux. S'il n'est pas tenu compte de leur injonction, ou si la personne interpellée refuse de communiquer sa carte, les préposés se bornent à prendre note de ses nom, prénoms, profession et domicile. Ils dressent (sur papier libre) un rapport sommaire des faits, en précisant le genre d'opérations relevé à la charge des travailleurs. Ce rapport est transmis aux chefs qui en font parvenir copie au Préfet et à l'Ingénieur en chef des Ponts et Chaussées, ce dernier demeurant chargé de donner à l'affaire les suites qu'elle peut comporter.

Passagers. — Le plus souvent — et c'est, du reste, la règle. — les passagers amenés directement à quai ou en vue du port, par les navires, débarquent sous les yeux du service

---

la recherche de la fraude résultent de l'aveu des coupables, do dépositions des témoins, des correspondances découvertes.

et sont escortés jusqu'à la salle ou au lieu de visite. (Voir ci-après Troisième partie, chapitre 1er.) Nous n'envisagerons donc ici que le cas très exceptionnel où des passagers sont débarqués ou embarqués clandestinement en des endroits déserts du littoral.

Les voyageurs de mine ou allure suspecte, ou inconnus, qui ne peuvent exhiber de passeport ou de papiers réguliers sont arrêtés, puis conduits devant l'officier de police judiciaire (Commissaire de police, Juge de paix, Maire ou Adjoint) le plus voisin, ou devant la gendarmerie. Les procès-verbaux établis pour constater ce genre d'infractions sont dressés à la requête du Procureur de la République, par application de la *loi du 29 juillet 1792, art. 4 :* ils doivent être établis sur papier libre, puis timbrés et enregistrés *en débet* (dans les quatre jours) au bureau de l'Enregistrement.

Et si un individu, sommé d'exhiber un passeport ou ses papiers, s'y refuse. — Ce fait constitue *Opposition à l'exercice des fonctions des préposés* (voir ci-dessus, page 44, les textes de lois à invoquer ; mais ici l'amende de 500 francs n'est pas due aux préposés, parce qu'il s'agit d'une simple mesure de police).

Espions. — Toute autre nécessité de service cède devant le devoir d'*arrêter* un espion.

Réfractaires, déserteurs, échappés de prison, personnes frappées d'un mandat d'arrêt. — On les conduit simplement à la brigade de gendarmerie la plus voisine. Le chef de cette brigade donne aux préposés copie du procès-verbal qu'il dresse pour constater tant l'incident que la remise entre ses mains de l'individu arrêté.

Débarquements clandestins de passagers hors de l'enceinte des ports. — Ces manœuvres donneraient lieu, outre les mesures qui précèdent, aux divers moyens répressifs suivants :

Contre le conducteur de l'embarcation — procès-verbal pour *débarquement sans permis* (voir ci-dessus page 31), si des bagages ou marchandises ont été mis à terre ;

Contre le capitaine du navire transporteur — procès-verbal pour *Omission au manifeste* (voir ci-après p. 73, § 3), si les passagers ou objets débarqués n'ont pas été mentionnés à ce manifeste.

En outre, si le navire n'a pas été admis à la libre pratique par l'agent sanitaire (brigadier, receveur buraliste des Douanes ou agent spécial), une action distincte pourrait être encore intentée contre le capitaine pour violation des règlements sanitaires, par application de la *loi du 3 mars 1822 et du décret du 22 février 1876*. On conduit immédiatement le délinquant devant l'agent sanitaire qui donne à l'affaire la solution qu'elle mérite (transaction ou poursuite).

L'agent sanitaire, quand il y a lieu de verbaliser, rédige à la requête du Ministère public (voir ci-dessus, page 55), puis arbitre, à titre provisoire et d'après un tarif spécial, le montant de l'amende à consigner par le contrevenant, ainsi que le payement des frais du procès-verbal. La somme versée est immédiatement déposée à la caisse du Receveur des Douanes, chargé de la perception des droits sanitaires. Le contrevenant peut encore, s'il le préfère, se libérer provisoirement, en présentant une caution solvable. Au cas où il refuserait ces conditions, le capitaine ou maître de port, avisé de l'infraction, ajournerait la délivrance du billet de sortie du navire jusqu'à ce qu'il ait été justifié de l'accomplissement de l'une ou l'autre des formalités qui précèdent.

Pour la suite des infractions relatives aux règlements sanitaires, voir le décret du 4 janvier 1896, titre 14, art. 127 et 128.

Pêche. — 1° **Pêche fluviale.** — La pêche [1], la vente, le transport et le colportage du poisson d'eau douce dans le temps où la pêche est interdite sont passibles des pénalités édictées par la *loi du 31 mai 1865*, sans préjudice des condamnations douanières, si le poisson provient de l'étranger (voir à la liste n° 3 de l'annexe, *importation du prohibé*).

Dans les cas les plus ordinaires, le service se borne à conduire les délinquants et l'objet du délit devant le Maire ou l'officier de police judiciaire le plus voisin, et, dès lors, ce

---

[1] Même à la ligne flottante, tenue à la main.

fonctionnaire applique telles mesures de répression que la matière comporte.

Indépendamment de ce genre d'infractions, les agents de Douane peuvent constater toute manœuvre irrégulière le long des rivières et cours d'eau situés dans le rayon de leur surveillance : emploi de filets n'ayant pas les dimensions déterminées, — pêche à des heures indues, — emploi d'engins ou de substances prohibés (herbes, drogues, explosifs, armes à feu), — barrage ou détournement des rivières. Toutes ces contraventions sont constatées à la requête du Ministère public (voir ci-dessus, page 24), en vertu des *arrêtés* qui prescrivent ces mesures.

En ce qui concerne la dimension des poissons, des limites ont été imposées pour mettre obstacle à la trop rapide destruction des espèces. Ces dimensions, au-dessous desquelles ils ne peuvent être pêchés, achetés, vendus, transportés, exportés ou employés à un usage quelconque, sont les suivantes :

Saumons	$0^m 40$ long.	Mesures prises de l'œil à la naissance de la queue.
Soles, plies et flets	0 10 —	
Anguilles	0 25 —	
Autres poissons	0 14 —	

Écrevisses.	à pattes rouges. $0^m 08$ long.	Mesures prises de l'œil à l'extrémité de la queue déployée.
	à pattes blanches $0^m 06$ —	

Les périodes d'interdiction de la pêche sont fixées comme suit (décret du 5 septembre 1897, art. 1er) :

Pour le saumon [1] — du 30 septembre exclusivement au 10 janvier inclusivement ;

Pour la truite, l'ombre-chevalier — du 20 octobre exclusivement au 31 janvier inclusivement [2] ;

---

[1] Cette interdiction s'applique, pour le saumon, à tout lieu de pêche : dans les rivières, fleuves, étangs, canaux où l'eau est salée, en mer, le long des côtes.

[2] Cependant les truites et saumons destinés à Paris peuvent être

Pour le lavaret — du 15 novembre exclusivement au 31 décembre inclusivement ;

Pour les autres poissons, les grenouilles et les écrevisses — du lundi qui suit le 15 avril inclusivement au dimanche qui suit le 15 juin exclusivement. Si le lundi qui suit le 15 avril est un jour férié, l'interdiction est retardée de 24 heures.

Ces périodes peuvent être modifiées selon les nécessités de chaque région, soit partiellement, soit temporairement, par arrêtés préfectoraux.

Les Préfets et Sous Préfets peuvent également autoriser l'introduction, le transit et la sortie, pendant la période de l'interdiction, des diverses espèces de poissons destinées à un département où la pêche est encore ouverte. Les formalités d'expédition sont du domaine du service sédentaire : le n° 45 des Notes explicatives du Tarif officiel en donne le détail. Se rapporter également à cette même note pour ce qui touche l'admission des poissons de réservoirs ou d'étangs et des saumons conservés par un procédé de congélation.

Frontière d'Espagne : pêche dans la Bidassoa. — Le soin de poursuivre les délits de pêche dans la Bidassoa est spécialement dévolu aux commandants des navires de l'État ou à leurs délégués, aux patrons des annexes des stationnaires, aux gardes-pêche commissionnés à cet effet. La Douane se borne le plus souvent à signaler à ces autorités les infractions qui pourraient leur échapper, ou, lorsqu'elle en est requise, à prêter aux agents spéciaux son concours pour la répression des contraventions (saisie des filets prohibés, des poissons ou des coquillages n'ayant pas les dimensions prescrites, ou pêchés pendant la période d'interdiction).

2° **Pêches maritimes.** — Les barques et bateaux français employés à la pêche côtière peuvent débarquer en franchise de tous droits et où bon leur semble toute espèce de poissons, crustacés, coquillages provenant exclusivement de leur pêche ; mais les produits pêchés par des étrangers ou

---

importés du 15 avril au 15 juin. L'expédition en a lieu sous le régime du transit, avec dispense de certificat d'origine.

provenant de pêches étrangères sont, sauf les exceptions ci-après, passibles de droits et ne peuvent, dès lors, être débarqués que dans les ports ou sur tel point du littoral autorisé, après accomplissement des formalités de déclaration, dépôt ou acquittement de droits au bureau le plus voisin.

Est admis en franchise en France :

1° Le poisson pêché dans la rade du Figuier et dans la Bidassoa par les pêcheurs espagnols de Fontarabie et d'Irun, sous la condition expresse que ces pêcheurs apportent eux-mêmes leur poisson sur la rive française, dans leurs embarcations munies de leurs filets et apparaux ;

2° Le poisson pêché par des étrangers résidant en France et admis à domicile dans notre pays, mais seulement six mois après la date du décret qui leur accorde cette faveur du domicile. Le droit à l'immunité est retiré aux pêcheurs qui, à l'expiration du délai de trois ans de séjour, ne poursuivent pas leur naturalisation ;

3° Le poisson pêché sur les côtes de Tunisie par des équipages et bateaux immatriculés dans un port français, sous condition que ce poisson soit importé en France directement [1] par navires français et avec certificat de la Douane tunisienne constatant l'origine et la nature des produits, le nombre et le poids des colis.

Les bateaux pêcheurs belges que le mauvais temps ou des avaries obligent à relâcher dans un port français, y peuvent également débarquer en franchise les quantités de poisson dont la vente est nécessaire pour leur ravitaillement et la réparation de leurs avaries. Le service, avant d'autoriser cette facilité, s'assure de la nécessité de la relâche, et fixe, d'après le chiffre de l'équipage, la quantité de poisson admissible.

Pêcheurs anglais. — Il est interdit aux pêcheurs anglais d'importer eux-mêmes en France les poissons qu'ils ont pêchés dans les mers communes situées entre la France et la

---

[1] Ou après transbordement à La Calle, sous la surveillance incessante de la Douane de ce port.

Grande-Bretagne. Cette importation ne peut être effectuée que par des bateaux non pêcheurs [1]. Si donc des engins découverts à bord des navires importateurs ou d'autres indices faisaient supposer à la Douane qu'elle a affaire à des navires pêcheurs, elle devrait s'opposer au débarquement du poisson et aviser du fait le Commissaire de la Marine qui prendrait telles mesures que de droit.

Pêche à la dynamite. — En certains arrondissements maritimes, des mesures répressives ont dû être adoptées pour empêcher la trop rapide et complète destruction du poisson par des procédés illégaux tels que l'emploi de la dynamite. Les agents des Douanes sont habilités par le décret du 11 avril 1900 à constater ces infractions. Les procès-verbaux qu'ils dressent à cet effet requièrent application du *décret du 5 novembre 1891* qui porte interdiction d'employer la dynamite comme procédé de pêche [2]. Établis sur papier libre et affirmés, dans les trois jours de leur clôture, par l'agent verbalisateur, devant le Juge de paix [3], ces rapports sont transmis par la voie hiérarchique au Commissaire de l'Inscription maritime du quartier compétent.

Huîtres. — Il est interdit de vendre ou exposer sur les marchés des huîtres de moins de cinq centimètres de diamètre [4]. Toute contravention à cette disposition doit être poursuivie à la requête du Ministère public, par application de la *loi du 9 janvier 1852, art. 7 et 14, des décrets des 30 mai 1889, art. 2 et 5, et 13 août 1890, art. 1er* [5].

---

[1] Cependant, en cas de relâche forcée, la Marine peut autoriser par écrit et exceptionnellement le débarquement du poisson apporté par des navires pêcheurs.

[2] Un seul agent peut verbaliser : par exemple, le chef de la brigade ou le patron de l'embarcation de Douane qui a constaté l'infraction avec des camarades de service.

[3] Ou son suppléant. En cas d'absence de ces fonctionnaires, le Maire (ou l'adjoint) pourrait aussi recevoir cette affirmation.

[4] Au-dessus de cette dimension, elles peuvent être vendues, achetées, transportées et colportées en toute saison.

[5] Les procès verbaux peuvent être dressés sur papier non timbré. Ils doivent être signés, à peine de nullité, puis affirmés dans

Les huîtres de taille inférieure à celle précitée ne sont admises que pour les établissements ostréicoles. Lorsqu'elles sont importées de l'étranger, le service en assure l'arrivée à destination par un acquit-à-caution qui doit être déchargé par la Douane, la Marine ou l'autorité municipale. Si les huîtres n'étaient pas représentées, les soumissionnaires de l'acquit seraient passibles des pénalités édictées par les *articles 7 et 14 de la loi du 9 janvier 1852*, dont le Procureur de la République provoquerait l'application, sur rapport spécial du bureau de départ des produits.

Exportation des huîtres du Bassin d'Arcachon. (Voir ci-après, p. 89).

Pour ce qui concerne la circulation des huîtres dans la rade de Brest, aux termes du *décret du 14 août 1872, art. 1er*, « aucun transport d'huîtres par mer ou par terre ne peut avoir lieu dans cette rade ou dans une zone de quatre kilomètres alentour sans un bulletin signé soit du capitaine des gardes-pêche, soit d'un syndic ou d'un garde maritime du littoral de ladite rade, agissant dans leurs circonscriptions respectives. — Les huîtres provenant de l'extérieur de la rade et de ses affluents doivent être accompagnées de bulletins, factures ou connaissements destinés à constater leur provenance ». Les procès-verbaux que les agents des Douanes pourraient dresser, en vertu de l'*art. 2 du même décret*, pour constater toute infraction à ces prescriptions, sont établis dans des conditions identiques à celles détaillées au troisième paragraphe et à la note 5 de la page qui précède.

Pour plus amples renseignements, consulter les circulaires nos 70, de 1852, et 2041, de 1890, notamment pour ce qui a trait à la *saisie* et à la *vente* des coquillages transportés irrégulièrement.

Pêche du corail sur les côtes algériennes et tunisiennes. — (Voir ci-après, chap. v).

---

les trois jours de leur clôture par-devant le Juge de paix du canton ou l'un de ses suppléants, ou par-devant le Maire ou l'adjoint soit de la commune de la résidence de l'*agent* verbalisateur, soit de celle où le délit a été commis. L'enregistrement et le visa pour timbre de ces actes se fait *en débet*, dans les quatre jours qui suivent le jour de leur clôture.

Police du roulage. — Lorsque le conducteur d'une voiture quelconque affectée au transport de voyageurs, de marchandises, ou simultanément aux deux usages, a enfreint l'un des règlements énumérés ci-dessous, le service se borne à constater le fait par un simple rapport sur papier libre, suivant le modèle n° 8 de l'annexe. Ce procès-verbal doit, à peine de nullité, être affirmé, dans les trois jours de sa clôture, devant le Juge de paix du canton, ou devant le Maire ou l'adjoint de la commune soit de l'agent verbalisateur (cet acte peut, en effet, être rédigé par un seul agent), soit du lieu où la contravention a été constatée, *timbré et enregistré en débet* dans les trois jours de sa date ou de son affirmation (également à peine de nullité), et adressé dans les deux jours de l'enregistrement au Préfet ou Sous-Préfet de l'arrondissement, qui le transmet, dans les deux jours de sa réception, au Juge compétent.

Ces diverses infractions ne comportent ni arrestation des contrevenants, ni retenue des équipages :

1° **Voitures de toute sorte.** — Emploi de moyeux et d'essieux en dehors des formes et dimensions légales. — Textes à invoquer : *Loi du 30 mai 1851, art. 2 et 4, et décret du 10 août 1852, art. 1er.*

Emploi de clous à tête de diamant aux bandes des roues, ou de clous formant saillie de plus de 0m005. — *Même loi, art. 2 et 4 ; même décret, art. 2.*

Emploi de chevaux en nombre plus grand que celui prescrit par la loi. — *Même loi, art. 2 et 4 ; même décret, art. 3.*

Circulation d'une voiture pendant les jours de dégel. — *Même loi, art. 2 et 4 ; même décret, art. 7.*

Défaut de plaque. — *Même loi, art. 2 et 7 ; même décret, art. 16.*

Usage d'une plaque portant un nom ou un domicile faux ou supposé. — Déclaration inexacte de nom ou de domicile par le conducteur d'une voiture trouvée dépourvue de plaque. — *Loi du 30 mai 1851, art. 8.*

Dégradations, faites en présence des employés des Douanes, à une route ou à ses dépendances, par la faute, la négligence ou l'imprudence d'un conducteur de voiture. — *Même loi, art. 9.*

Refus d'obtempérer à la sommation faite par les agents pour la visite de la voiture. — *Même loi, art. 10.*

Outrages ou violences envers les fonctionnaires ou agents chargés de constater les délits ou contraventions en matière de roulage. — *Même loi, art. 11, et Code pénal, art. 224 à 230.*

Refus d'un conducteur de voiture de se ranger à sa droite à l'approche de toute autre voiture. — *Même loi, art. 2 et 5, et décret du 10 août 1852, art. 9.*

Stationnement sans nécessité sur la voie publique d'une voiture attelée ou non attelée. — *Même loi, art. 2 et 5, et décret du 10 août 1852, art. 10.*

2° Voitures ne servant pas au transport des personnes. — Largeur du chargement excédant 2ᵐ50. — Textes à invoquer : *Loi du 30 mai 1851, art. 2 et 4, et décret du 10 août 1852, art. 11.*

Emploi de colliers ayant plus de 0ᵐ90 largeur. — *Même loi, art. 2 et 4 ; même décret, art. 12.*

Réunion, en un même convoi, d'un trop grand nombre de voitures. — *Même loi, art. 2 et 5 ; même décret, art. 13.*

Violation des règles prescrites tant pour la conduite des voitures que pour le nombre de conducteurs par convoi. — *Même loi, art. 2 et 5 ; même décret, art. 14.*

Circulation de nuit d'une voiture isolée ou marchant en tête d'un convoi sans être pourvue d'un falot ou d'une lanterne allumée. — *Même loi, art. 2 et 5 ; même décret, art. 15.*

3° Voitures des messageries. — Absence d'une machine agissant sur les roues de derrière, d'un rabat et d'une chaîne d'enrayage. — Textes à invoquer : *Loi du 30 mai 1851, art. 2 et 6, et décret du 10 août 1852, art. 27.*

Circulation de nuit sans lanterne allumée. — *Même loi, art. 2 et 6 ; même décret, art. 28.*

Excédent de voyageurs par compartiment. — *Même loi, art. 2 et 6 ; même décret, art. 29 et 30.*

Non-représentation d'une feuille de route, ou présentation d'une feuille de route inexacte. — *Même loi, art. 2 et 6 ; même décret, art. 31.*

Nota. — Les amendes, qui varient, suivant les cas, entre un minimum de trois francs et un maximum de deux cents francs, sont prononcées par les tribunaux administratifs ou en correctionnelle, au vu des procès-verbaux requérant application des textes ci-dessus.

Vélocipèdes et automobiles. — Tout vélocipède ou appareil analogue (automobiles et motocycles) doit porter d'une façon apparente autant de *plaques de contrôle* qu'il comporte de places. Ces plaques, délivrées par les percepteurs, doivent être fixées aux machines de la manière suivante :

Vélocipèdes ordinaires et vélos à moteur mécanique à une place : *plaque unique sur le tube de direction ;*

Vélos ordinaires, à deux, trois places : *une plaque sur le tube de direction ; chacune des autres plaques sur le tube diagonal du cadre qui supporte la deuxième, la troisième selle, et ainsi de suite ;*

Vélos à moteur mécanique à deux places : *deux plaques sur le tube de direction, l'une au-dessus de l'autre ;*

Vélos à plus de deux places : *autant de plaques que de places, fixées les unes au-dessus des autres sur le tube de direction ;*

Vélos attelés à une voiturette-remorque ou munis d'un avant-train à une place : *deux plaques sur le tube de direction ; avant-train à deux places : trois plaques sur le tube de direction, et ainsi de suite.*

Chaque plaque est frappée, par l'Administration des Monnaies et Médailles, d'un poinçon [1] qui est apposé dans le cartouche circulaire placé à la partie inférieure de la plaque ; elle doit porter, dans le cartouche rectangulaire encadré par la moulure : les nom, prénom, adresse des possesseurs ou loueurs [2] du vélocipède, ou le nom de l'Administration à laquelle appartient la machine.

---

[1] Effigie allégorique de la République, placée de profil et ornée d'un casque ailé.

[2] Et en outre, pour les loueurs, un numéro d'ordre donné par l'Administration des Contributions indirectes.

Les étrangers qui font un voyage en France peuvent circuler librement sur vélocipèdes ou automobiles sans plaques pendant trois mois, à condition d'être porteurs d'un permis de circulation (sur papier timbré à o fr. 6o), délivré par la Douane, et qu'ils sont tenus de présenter à toute réquisition du service. Si la durée de leur séjour en France dépasse trois mois, ils sont astreints aux formalités légales décrites ci-dessus.

Est en contravention le possesseur d'un vélocipède qui circule : sans plaque de contrôle ; — avec un nombre de plaques inférieur à celui des places de son appareil ; — avec une plaque d'un modèle autre que celui temporairement fixé [1] ; — avec une plaque d'un modèle différent de celui que comporte sa machine [2] ; — avec une plaque ne portant pas le poinçon de l'État, ou portant un faux poinçon, ou dépourvue des indications de nom, prénom et adresse ; — avec une plaque non apparente ou non fixée à l'endroit réglementaire.

Est également en contravention : la personne domiciliée à l'étranger qui circule sans permis ou avec un permis périmé ; le loueur de vélocipèdes qui a mis en circulation un appareil dont la plaque ne porte pas ses nom, prénom, adresse et numéro d'ordre.

La Douane est investie du droit de verbaliser dans tous les cas qui précèdent ; mais il lui est recommandé d'exercer sa surveillance avec tact et ménagements, pour que son contrôle ne puisse être taxé de vexatoire.

Les procès-verbaux sont établis identiquement de la même manière que dans les cas de contravention à la police

---

[1] Modèle des marques : sur plaques modèle A pour vélos ordinaires mus par l'action des pieds : *1900* ; — sur plaques modèle B pour vélos à moteur mécanique : *Motocycle 1900* ; — sur plaques modèle C pour vélos appartenant à des Administrations publiques ou à des fonctionnaires exemptés de la taxe : *1900, Service public*. Seuls les agents inférieurs des brigades qui font obligatoirement usage de vélocipèdes pour un service permanent et habituel bénéficient de l'exemption de l'impôt.

[2] Par exemple, une contravention résulterait de l'emploi, par un tricycle à pétrole, d'une plaque modèle A au lieu de la plaque modèle B qui lui est propre.

des voitures (voir modèle n° 8). Il n'y a lieu ni d'arrêter les contrevenants, ni de saisir ou même retenir la machine voyageant d'une façon irrégulière.

Protection des lignes télégraphiques.

— Si le service, lors de ses tournées, constate que des détériorations ont été faites aux lignes télégraphiques situées en dehors des voies ferrées, il en donne immédiatement avis soit au Maire de la commune, soit au chef de la brigade de gendarmerie, ou encore au Receveur du bureau télégraphique voisin, en faisant connaître l'endroit précis où le dégât a été commis et en signalant les individus suspects qui rôdaient aux abords des lignes.

Refus de passage sur les propriétés riveraines.

— La mission même de la Douane de poursuivre et rechercher la fraude dans une certaine étendue des côtes, cette mission serait illusoire si le service se trouvait arrêté dans ses marches le long du littoral par des obstacles ou terrains dont l'accès lui serait interdit. Aussi les préposés ont-ils le droit de circuler librement, de jour et de nuit, à *mer haute*, sur le rivage ou sur les falaises, même en traversant les propriétés des riverains. Si les terrains privés enclavant la côte sont vastes et enclos de hautes murailles, il est de toute nécessité que le propriétaire ménage aux agents un sentier intérieur de servitude et leur fournisse une clef des différentes portes qui pourraient barrer ce sentier. Au cas où ce chemin subirait certaines dégradations à la suite des allées et venues des agents, quelques corvées d'hommes disponibles remédieraient à ces détériorations.

Celui qui refuse passage au service sur un terrain contigu à la plage, lorsque l'état de la mer (à son plein ou démontée) rend la grève impraticable, se rend coupable d'*Opposition* (voir ci-dessus, page 44, les pénalités applicables). En présence d'un refus de ce genre, mieux vaut ne pas s'obstiner à franchir le terrain contre le gré du propriétaire — à moins qu'une impérieuse nécessité de service ne l'exige. Déclarer simplement procès-verbal et rentrer de suite au poste, ou se rendre au bureau pour établir l'acte contentieux.

Textes de lois à invoquer : *Lois des 22 août 1791, titre XIII, art. 14, et 4 germinal an II, titre IV, art. 2.*

S'il y a violence ou voies de fait de la part des contrevenants, appliquer les textes spéciaux (page 44).

Refus de subir la visite des agents. — (Voir ci-après IIIe partie.)

Tentative de contrebande. — Que la *tentative* de contrebande ait pour théâtre un port ou la côte, la loi la punit au même titre que l'acte frauduleux lui-même si, comme nous l'avons déjà laissé entendre plus haut (page 1, note 3), cette tentative a été accompagnée de certaines conditions propres à caractériser l'intention coupable.

Par exemple, une embarcation qui, sous les yeux du service embusqué, quitte la côte, accoste un navire ancré ou louvoyant au large, puis revient avec des marchandises non accompagnées d'expédition de Douane qui sont saisies pendant le trajet, dans la zone de 20 kilomètres en mer, ce bateau commet une importation frauduleuse, bien que ses marchandises n'aient pas encore été débarquées.

Des préposés ou matelots de Douane donnent la chasse à un bateau suspect. L'équipage de ce bateau, se voyant gagné de vitesse, jette à la mer des ballots pour ne pas les laisser tomber entre les mains du service. Quoique la Douane n'ait pu reconnaître la nature des marchandises détruites, elle verbalise comme au cas précédent.

Enfin si le service découvre une embarcation inconnue échouée sur une plage, hors de l'enceinte du port, et que tout laisse soupçonner qu'elle a contribué à une introduction frauduleuse, l'incident fait l'objet d'un procès-verbal sur papier libre rappelant les circonstances de cette trouvaille et les indices propres à amener la découverte de la fraude. Ce rapport est transmis, s'il y a lieu, au Procureur pour enquête judiciaire.

Vélocipèdes. — (Voir ci-dessus *Police du roulage*.)

Vol d'épaves. — (Voir ci-dessus *Épaves*.)

CHAPITRE II

Service des quais, ports.

Dans les ports, le service actif a pour mission principale d'assurer, par sa surveillance constante, la rentrée régulière des droits sur les marchandises imposées à leur arrivée de l'étranger ou sur celles qui, originaires de France, sont — principalement les sels — passibles de taxes intérieures. Si ces marchandises sont destinées à l'entrepôt, le préposé par sa présence met obstacle à tout détournement en cours de transport. Il veille, en outre, à la régularité des opérations commerciales, s'assure que les chargements et déchargements sont effectués en vertu de déclarations dites *permis*, délivrées au bureau et dans les heures fixées par la loi (voir ci-dessus, page 31, note 1), qu'aucun navire n'élude la visite à l'arrivée, ou ne sort sans être muni de pièces régulières, que le congé de navigation imposé aux bâtiments français n'est pas périmé, que les capitaines des navires étrangers ont, au départ, le passeport réglementaire, que les navires qui ont pris des marchandises sont en mesure de produire, suivant les cas, des passavants, acquits, connaissements et toujours un manifeste [1]. Il assure le maintien de l'ordre, et, par sa vigilance, garantit le territoire des épidémies, des contagions sur le bétail, du phylloxéra et autres maladies végétales. Il coopère, sous la direction des employés de bureau, à la reconnaissance — pesage ou comptage — des marchandises, au jaugeage des bateaux.

Le préposé étant là pour bien dire constamment sous la

---

[1] Sont seuls dispensés de manifeste : les bateaux qui se livrent à la pêche côtière; ceux faisant le bornage (c'est-à-dire naviguant dans un rayon de quinze lieues à partir de leur port d'attache); ceux qui font la navette entre le continent et les petites îles voisines pour l'approvisionnement des habitants.

main de ses sous-officiers, peut, à toute minute, leur rendre compte du moindre fait éveillant sa méfiance et en recevoir une solution rapide. Cependant il importe qu'il connaisse les grandes lignes de ses droits et devoirs, afin d'éviter tout mécompte, le cas échéant.

Retraçons-lui donc, en quelques pages, les principales règles du service qu'il est appelé à assurer.

Un navire, venant d'un pays étranger, arrive en vue du port et est signalé. — Ce navire étant astreint, d'après les règlements sanitaires, à une visite préalable à toute opération, demande en premier lieu à être admis *à la libre pratique*. L'agent sanitaire se rend à bord, se fait représenter la patente, s'assure, par un *interrogatoire*, de l'état sanitaire de l'équipage — et des passagers, s'il y en a, — puis, si tout est en règle, autorise le navire à communiquer librement[1]. Les lois sanitaires exposent, et à juste titre d'ailleurs, à des pénalités tellement rigoureuses qu'il est excessivement rare qu'un capitaine se risque à les enfreindre; cependant nous avons vu le cas se produire. Tantôt le capitaine du navire se laisse corrompre par la promesse d'un large gain et transporte sur un point isolé de la côte un passager suspect (personnage politique ou autre); tantôt il débarque hâtivement des personnes non comprises au rôle de l'équipage, espérant ainsi éluder la perception du droit de quai.

Il appartient à l'agent sanitaire de réprimer ces abus. (Voir ci-dessus, page 56, le mode de constatation de ces affaires.)

Le navire a donc été admis à la libre pratique. — Les préposés se rendent aussitôt à bord pour procéder à la visite, c'est-à-dire reconnaître, d'après les indications du manifeste, la nature du chargement, la provenance, les re-

---

[1] S'il y a des malades à bord, ou s'il s'est produit, pendant la traversée, des cas suspects, ou si le navire arrive de régions infectées par des maladies épidémiques, une quarantaine est imposée, voire une visite médicale, selon les ordres reçus des autorités sanitaires.

tants de provisions et prendre, sur les papiers de bord, les divers détails nécessaires pour l'inscription de l'entrée du bâtiment, entrée qui se porte sur un registre spécial.

Si le manque d'eau dans le port ne permet pas au navire d'accoster les quais, cette visite peut être faite au large, mais alors le capitaine est tenu de fournir aux préposés l'embarcation indispensable à leur conduite à bord et à leur retour.

Les capitaines des navires de commerce ne peuvent refuser de recevoir les préposés, *même de nuit*, à leur bord, dans les ports, rades, à l'embouchure et dans le cours des rivières; ils sont astreints de leur ouvrir, s'ils le demandent, les chambres, armoires, écoutilles, caisses, balles, tonneaux, etc., pour qu'ils les visitent, le tout sous peine d'une *amende de 500 fr., déc., demi-déc. et dép.*, par application des *lois des 22 août 1791, titre XIII, art. 8, et 4 germinal an II, titre II, art. 8.* (Tribunal de paix.)

Il n'est pas nécessaire que le capitaine du navire assiste lui-même à cette visite; la présence d'un seul homme majeur [1] de l'équipage suffit. Dès lors, s'il y a refus de laisser procéder à la visite, les préposés n'ont pas à insister. Ils se bornent à prendre les papiers du navire et se retirent en déclarant un procès-verbal qu'ils vont rédiger au bureau, suivant les formes légales.

Navires de l'Etat. — Les vaisseaux et autres bâtiments de guerre entrant dans les ports ou rades, ou en sortant, montant ou descendant les rivières, peuvent être également visités *de jour* par les préposés. Le refus, par les commandants ou officiers d'état-major, d'accompagner le service dans sa visite à bord *avant le coucher du soleil*, constituerait infraction aux *lois des 22 août 1791, titre XIII, art. 10, et 4 germinal an II, titre II, art. 8,* comportant *amende de 500 fr., déc., demi-déc. et dép.* (Tribunal de paix.)

Dans tous les cas de découverte de fraude sur un bâtiment de l'Etat, s'il n'y a pas soumission-transaction immédiate, le procès-verbal dressé contre le commandant ou

---

[1] C'est-à-dire âgé de 21 ans accomplis.

capitaine, civilement responsable, requiert jugement dans le délai légal ; mais il est sursis aux poursuites jusqu'à ce que l'autorité maritime ait fait connaître le résultat de ses investigations. Cependant, si l'auteur de l'infraction est connu, le procès-verbal est établi directement contre le coupable, et le capitaine n'intervient que comme civilement responsable.

Rappelons que les délits de rébellion commis par les marins de l'État envers les préposés des Douanes sont justiciables des tribunaux civils. Il en est de même pour les injures, violences.

Il est recommandé de n'user qu'avec une extrême réserve de ce droit de visite à bord des navires de l'État, et que si l'on a de graves soupçons contre les équipages. Les navires de guerre étrangers ne doivent être visités que sur ordres spéciaux du ministère.

Paquebots-poste. — Les visites faites à bord de ces navires amènent aussi parfois la découverte de marchandises de fraude. Là, comme au cas précédent, si le coupable n'est pas connu, le capitaine, responsable, et actionné par le procès-verbal ou la soumission contentieuse, verse immédiatement à la Douane le montant des condamnations encourues.

Les visites à bord des navires ne doivent jamais être prolongées à l'excès ; mais il importe que le service s'assure si des cachettes n'existent pas entre les cavités des armoires, si même aucun objet n'est suspendu, sous l'eau, aux flancs ou à l'arrière du bâtiment. Même lorsque l'on fait des recherches à bord à la suite d'avis de fraude, on ne doit pas hésiter à perquisitionner même sous les planchers ou vaigrages volants.

Le service, arrivé à bord, se fait représenter les papiers du navire.

Ces papiers sont :

Pour les navires de commerce français : — L'acte de francisation, — le congé, — l'inventaire, — le manifeste, — le livre de bord, — puis, si le navire est chargé, le (ou les) connaissement ou chartes-parties ;

Pour les navires de commerce étrangers : — L'acte de nationalité, — le manifeste, — le livre de bord, — puis, si le navire est chargé, le (ou les) connaissement [1].

CONGÉS DES NAVIRES. — (Voir ci-dessus, page 23.)

MANIFESTE. — Le manifeste est l'état ou le relevé général de la cargaison et des vivres des bâtiments de commerce. Il ne doit y avoir à bord qu'un seul manifeste; — ce manifeste doit être signé *par le capitaine;* — il peut être rédigé soit en français, soit dans la langue que parle le capitaine : — il doit indiquer *la nature* de la cargaison, les *marques* et *numéros* des colis, les conditions exactes de l'emballage, et rappeler, en outre, les quantités des diverses provisions de bord et tous les objets non repris à l'inventaire du matériel naval. Copie de ce manifeste doit être remise aux préposés, s'ils le demandent, dès que le navire pénètre dans les eaux françaises, à partir de vingt kilomètres des côtes. Le refus de délivrer cette copie serait considéré comme un acte d'*Opposition* (voir ci-dessus, page 44) et puni comme tel.

Au vu du manifeste, le service s'assure sommairement si les marchandises et provisions répondent effectivement à celles indiquées (nombre, nature, marques, numéros) et, après avoir spécialement numéroté chaque article sur ledit manifeste, vise cette pièce *ne varietur* immédiatement au-dessous de la dernière ligne, afin d'empêcher toute modification ultérieure dans le corps ou à la suite de cet acte.

Si le capitaine ne peut représenter de manifeste, si les préposés découvrent à bord quelque objet important non inscrit à ce manifeste, si enfin la marchandise représentée

---

[1] Lorsque le navire étranger arrive d'un autre port français, il est, en outre, muni d'un passeport et de quittances de navigation qui doivent être déposées au bureau.

L'acte de nationalité des navires étrangers est simplement communiqué au service qui y puise les indications utiles ; quant à l'acte de francisation et au congé des navires nationaux, ils doivent être déposés au bureau par les capitaines, courtiers, lorsque la déclaration de gros est faite.

est reconnue d'une *nature* différente de celle mentionnée au manifeste, il y a lieu de déclarer procès-verbal en invoquant les textes de lois suivants :

1° Absence ou non-exhibition de manifeste. — *Lois du 4 germinal an II, titre II, art. 1 et 2, et du 22 août 1791, titre II, art. 4.* (Tribunal de paix.) — Pénalités : *Payement d'une somme égale à la valeur* [1] *des marchandises non manifestées ; amende de 1.000 francs, déc., demi-déc. et dép. ; retenue préventive du bâtiment et des marchandises pour sûreté de l'amende* [2].

2° Omission au manifeste. — *Lois du 4 germinal an II, titre II, art. 2, et du 22 août 1791, titre II, art. 4.* (Trib. de paix.) — Pénalités : *Payement d'une somme égale à la valeur des marchandises omises ; amende et le reste comme au cas précédent* [2].

3° Différences entre les marchandises et le manifeste : *Mêmes textes de lois que pour l'omission.* (Trib. de paix.) — *Payement d'une somme égale à la valeur des marchandises différentes ; le reste comme au cas n° 1* [2].

En outre, si le manifeste présente comme colis unique plusieurs ballots ou autres colis fermés réunis de quelque manière que ce soit, cet assemblage pouvant faciliter la fraude, *le fardeau est confisqué* et le capitaine passible d'une *amende de 100 francs, déc., demi-déc. et dépens*, par application de la loi du *27 juillet 1822, art. 16.* (Tribunal de paix.)

Si un déficit est reconnu entre le nombre de colis manifestés et celui existant effectivement, il y a lieu de requérir l'application des pénalités prononcées par la loi du 22 août 1791, *titre II, art. 22*, soit une *amende de 300 francs par colis manquant, déc., demi-déc. et dép.* (Tribunal de paix), et alors le

---

[1] Valeur au cours des marchés intérieurs en France, c'est-à-dire à l'acquitté.

[2] Si la marchandise est prohibée à quelque titre que ce soit (voir ci-dessus, page 32), la contravention entraîne *Confiscation des marchandises et des moyens de transport* (navire) *et une amende de 500 francs, déc., demi-déc. et dép.* (Tribunal de paix.) — Lois à invoquer : *Lois du 22 août 1791, titre V, art. 1er, du 4 germinal an II, titre II, art. 10, et du 27 mars 1817, art. 15.*

navire est *préventivement retenu* pour sûreté de cette amende [1].

Dans tous les cas envisagés ci-dessus où la loi prescrit la saisie d'une marchandise non manifestée ou différente de celle inscrite au manifeste, il y a lieu de faire procéder au débarquement de cette marchandise, qui est transportée au bureau, à moins qu'elle ne soit trop volumineuse ou que le capitaine ne consente à transiger sur-le-champ. Le navire est gardé en consigne jusqu'à ce que l'affaire ait reçu une solution près du Receveur. Hâtons-nous d'ajouter que ces sortes d'affaires sont le plus souvent terminées par soumission-transaction, en raison des garanties offertes par les capitaines de navires.

LIVRE OU JOURNAL DE BORD. — Les capitaines, tant français qu'étrangers, sont tenus d'exhiber à la Douane leur livre ou journal de bord. C'est un registre sur lequel les capitaines consignent tous les événements marquants de leurs traversées, tout ce qui peut justifier des avaries ou des retards dans la route accomplie [2]. Deux au moins des agents de service apposent leur visa sur ce livre directement en dessous de la dernière ligne du rapport de mer pour empêcher toute addition à cet acte ; cette formalité remplie, ils restituent le journal au capitaine.

Un refus d'exhiber le livre de bord, quel que fût le prétexte sur lequel se baserait ce refus, constituerait *opposition* et rendrait le capitaine passible de l'amende de *500 francs* (voir ci-dessus, page 44). Avoir soin d'invoquer au procès-verbal, outre le texte de la loi spéciale au cas d'opposition, l'application de l'*art. 7 de la loi du 2 juillet 1836*.

CONNAISSEMENTS. — Le connaissement est une pièce commerciale établissant quels sont les propriétaires ou consigna-

---

[1] Si le colis manquant a été volé ou jeté à la mer, par suite de gros temps, le capitaine, pour obtenir justification du déficit, doit produire un procès-verbal d'avaries sanctionné par le tribunal, ou fournir la preuve du vol.

[2] Ou même simplement retracer la route suivie, pour justifier l'origine de marchandises transportées.

taires d'une marchandise. Le plus souvent, cet acte, dans les cas d'importation, existe en deux expéditions : l'une entre les mains du capitaine (français ou étranger) du navire qui transporte cette marchandise ; l'autre, parvenue, par la voie de la poste, au destinataire de la cargaison, qui la produit au Receveur lors de sa déclaration de détail.

Il ne nous appartient pas de nous étendre ici sur les différents cas d'application du timbrage de ces pièces : les détails que la matière comporte ont été suffisamment exposés dans les Observations préliminaires du Tarif, n°ˢ 558, 559 et 567, auxquelles nous renvoyons le lecteur. Qu'il nous suffise de dire que le connaissement doit être représenté à toute réquisition des agents, pour qu'ils s'assurent de la validité de ces actes, surtout si le navire arrive, soit des colonies françaises où il existe un timbre officiel, soit d'un autre port dans lequel il a relâché volontairement ou par force ; car, dans les cas de relâche, les règlements prescrivent de timbrer le connaissement au premier port d'arrivée en France.

La non-exhibition, par les capitaines, des connaissements dont ils doivent être porteurs serait passible d'une *amende de 100 à 600 fr., déc., demi-déc. et dépens.* (Tribunal de paix.) — Verbaliser à la requête de l'Administration des Douanes, par application de la *loi du 30 mars 1872, art. 3 et 6.*

Voir ci-après, page 93, pour les contraventions relatives aux connaissements créés en France et aux timbres des pièces produites en Douane.

Correspondances. — Les lettres ou paquets (autres que ceux de la cargaison), dont le capitaine ou les hommes de l'équipage sont porteurs, doivent être immédiatement remis au bureau des Postes le plus proche. Si le service, en faisant ses recherches à bord, découvre, dissimulés en quelque endroit, des lettres ou objets dont le transport est spécialement réservé à l'Administration des Postes[1], il verbalise à la requête de cette Administration. Ce procès-verbal est établi sur papier libre[2] (en double expédition), selon le modèle

---

[1] Voir ci-après III° partie, Chap. 1°. *Lettres* ou *papiers.*

[2] Ou sur formules n° 453 (anc. 697) fournies par le service des Postes.

n° 6 de l'annexe. Après avoir été affirmé par les saisissants [1], il est remis, avec les objets saisis, au Receveur des Postes le plus voisin, qui a pour mission d'y donner les suites opportunes, de faire viser pour timbre et enregistrer l'original.

Pour les journaux, il peut y avoir, en outre, une action de Douane distincte, si la propagation en France de ces gazettes ou journaux a été interdite (voir ci-après, III° partie, chapitre I°, articles « lettres », « livres »).

Poudres. — Les capitaines qui possèdent à bord, pour l'usage du navire, de fortes quantités de poudres que, du reste, ils ont manifestées, sont tenus de les déposer dans les magasins de l'État ou de la Régie, au cours des vingt-quatre heures qui suivent le dépôt du manifeste ou de la déclaration au bureau. Faute de remplir cette obligation, les capitaines encourraient une *amende de 500 francs, déc., demi-déc. et dép.* (Tribunal de paix), par application de la *loi du 13 fructidor an V, art. 31.* Si ces poudres n'ont pas été déclarées [2] ou manifestées, il est verbalisé contre le capitaine pour infraction aux lois *du 22 août 1791, titre V, art. 1er, du 4 germinal an II, titre II, art. 10 et du 27 mars 1817, art. 13,* prononçant la *confiscation des marchandises et des moyens de transport,* et une *amende de 500 francs, déc., demi-déc. et dépens* (Tribunal de paix).

---

[1] Circ. 1087, de 1828. — Selon Adrien Frault (Manuel postal), ces procès-verbaux sont dispensés de l'affirmation ; — ils peuvent être dressés par un seul agent ; — ils font foi simplement jusqu'à preuve du contraire. D'où résulte que l'Administration des Postes pourrait donner suite à un procès-verbal établi dans de telles conditions.

Il n'est rédigé qu'un procès-verbal à la charge d'une même personne, quel que soit le nombre des objets illicitement transportés. Si le contrevenant réclame copie de l'acte, cette copie doit lui être délivrée. Les deux exemplaires du rapport sont remis au Receveur des Postes qui, après enregistrement, les transmet à son Directeur. Cet enregistrement devant être fait d'urgence, dans un *délai de quatre jours à partir du jour de l'établissement des procès-verbaux,* la plus grande célérité doit être apportée dans la remise de ces actes.

[2] On doit préciser, dans les déclarations, l'espèce, la composition et la qualité des poudres et munitions.

Ces poudres doivent être reprises par les capitaines, lors de leur départ, ou abandonnées par écrit. La Douane ne délivre les papiers de bord que quand l'une ou l'autre de ces conditions a été remplie (voir circ. 3103, de 1900). Si les intéressés ne peuvent ou ne veulent se conformer à ces conditions, dans le délai maximum d'une année qui leur est accordé, les poudres sont vendues pour la réexportation. Celles qui ne trouvent pas acquéreur sont détruites. Cette destruction est constatée par procès-verbal administratif établi sur papier libre et signé par deux agents au moins.

Provisions de bord. — Non manifestées, elles donnent lieu à l'application des mesures répressives prononcées pour *omission au manifeste* (voir ci-dessus, page 73). Manifestées, elles sont, ou laissées à la libre disposition des équipages jusqu'à l'issue du déchargement, s'il s'agit d'un navire français, ou pendant toute la durée du séjour du navire dans le port, s'il s'agit d'un bâtiment étranger. Cependant, lorsque les quantités de denrées coloniales (principalement le tabac) excèdent les proportions d'un approvisionnement normal, partie de ces provisions est laissée aux capitaines, et le reste, soit mis sous clef ou cachets à bord, soit tenu en dépôt au bureau ou au corps de garde : on renouvelle l'approvisionnement de l'équipage au fur et à mesure des besoins, pour plusieurs jours. Une soustraction, qui serait constatée sur les quantités mises sous cachet à bord, constituerait un versement frauduleux à la charge du capitaine.

Restants de provisions de bord. — (Voir ci-après, p. 85.)

Importation par les navires de marchandises prohibées.

— Il peut se faire qu'à l'arrivée dans un port, un navire ait dans ses cales des marchandises prohibées absolument, localement ou conditionnellement (voir ci-dessus, page 32) destinées à la consommation, au transit, à l'entrepôt, alors que le bureau devant lequel il se présente n'est pas ouvert à ce genre d'opérations, — ou encore que le navire, chargé de certaines marchandises, n'ait pas le tonnage minimum [1] requis pour légitimer l'existence à bord de ces marchandises.

---

[1] Voir notes 2 et 3 de la page 79.

En pratique, si toute intention de fraude doit être écartée, on se borne à ne pas permettre le débarquement jusqu'à ce que les intéressés aient obtenu du Directeur l'autorisation exceptionnelle nécessaire, et à s'assurer, en cas de refus du Directeur, que le navire repart pour l'étranger avec toutes les marchandises apportées.

Dans les ports d'entrepôt réel, ouverts à l'importation des marchandises non prohibées (lettre b de la liste n° 2), on fait mettre en dépôt à la Douane les marchandises prohibées si, importées par bâtiments de 100 tonneaux de jauge brute et au-dessus, elles n'excèdent pas le dixième de la valeur du chargement et qu'elles aient été régulièrement manifestées par *nature*, *espèce*, *qualité*, et l'on fait souscrire au capitaine ou au consignataire l'engagement cautionné de les réexporter dans un délai de quatre mois. — Au cas où la *nature* seule des marchandises prohibées serait portée au manifeste des navires (de plus de 100 tonneaux ou de moins de 100 tonneaux), le dépôt en serait effectué en Douane à fin de réexportation par le même navire, s'il retourne à l'étranger, ou sinon par le premier navire de tonnage réglementaire (n° 51 des Observations préliminaires du Tarif). Si, enfin, les marchandises prohibées excèdent le dixième de la valeur du chargement, ou si elles sont importées *volontairement* dans un port non pourvu d'entrepôt réel, le navire est contraint de *reprendre immédiatement la mer*, quels que soient son tonnage et la façon dont les marchandises aient été manifestées.

Ces deux dernières solutions sont appliquées également dans les ports d'entrepôt du prohibé (lettre c de la liste n° 2), lorsque les marchandises sont insuffisamment décrites au manifeste, ou importées par navires de moins de 40 tonneaux de jauge brute.

Si cependant l'intention de fraude est évidente, ou qu'on se trouve en présence de capitaines qui, précédemment avertis, ne tiennent aucun compte des observations du service, il conviendrait d'user d'une certaine rigueur et de verbaliser par application des divers cas suivants :

Ports non ouverts a l'importation du prohibé [1]. — Importation, hors le cas de relâche forcée, par des bâtiments

---

[1] Ces prohibitions ne s'appliquent qu'aux marchandises, car les

jaugeant moins de 100 tonneaux (jauge brute) des marchandises énumérées ci-après sous les lettres A, B de la liste n° 1 :

1° Lesdites marchandises déclarées. — *Amende de 1.000 fr., déc., demi-déc. et dépens ; retenue préventive du navire et de toute sa cargaison pour sûreté de l'amende (Tribunal de paix). — Textes à invoquer : Lois des 9 février 1832, art. 22 et 23, et 5 juillet 1836, art. 3 ;*

2° Lesdites marchandises non déclarées. — *Confiscation des marchandises, des moyens de transport et des marchandises servant à masquer la fraude ; amende égale à la valeur des objets introduits en fraude, mais sans pouvoir être au-dessous de 500 francs, déc., demi-déc. et dépens. Emprisonnement de 3 jours à 1 mois. — (Tribunal correctionnel.) — Lois des 28 avril 1816, art. 41, 42 et 43, 21 avril 1818, titre VI, art. 37, et 2 juin 1875, art. 1 et 4.*

PORTS OUVERTS A L'IMPORTATION DU PLOMBÉ [1]. — Importation, hors le cas de relâche forcée, par des navires de moins de 40 tonneaux [2] (jauge brute) des mêmes marchandises qu'au cas précédent :

1° Lesdites marchandises déclarées. — *Mêmes pénalités qu'au n° 1° du cadre ci-dessus. (Tribunal de paix.) — Lois des 9 février 1832, art. 22 et 23, et 5 juillet 1836, art. 3 et 7 ;*

2° Lesdites marchandises non déclarées. — *Mêmes pénalités et textes qu'au n° 2° du cadre ci-dessus.*

Importation, hors le cas de relâche forcée, par des navires de moins de 40 tonneaux [3] (jauge brute) des marchandises reprises sous la lettre C à la liste n° 1 de l'annexe :

---

provisions ou échantillons qu'importent les voyageurs, les marchandises non prohibées à titre absolu qui proviennent de naufrages, épaves, et celles énumérées au n° 37 des Observations préliminaires du Tarif, peuvent être admises, sur simple payement des droits, par tous les bureaux.

[1] Voir la note de la page qui précède.

[2] Minimum de tonnage obligatoire : voiliers, 40 tonneaux ; vapeurs, 24 tonneaux. A Bayonne, ce tonnage est réduit à 30 tonneaux pour les voiliers et à 18 tonneaux pour les vapeurs.

[3] 24 tonneaux pour les navires à vapeur. A Bayonne et dans les ports de la Méditerranée, le tonnage de rigueur est réduit à 30 tonneaux (voiliers) et à 18 tonneaux (vapeurs). Ce tonnage est même

1° Lesdites marchandises *déclarées*. —*Amende de 500 francs, déc., demi-déc. et dép. ; retenue préventive du navire et des marchandises pour sûreté de l'amende. (Tribunal de paix.) — Lois des 21 avril 1818, art. 36, et 5 juillet 1836, art. 7 ;*

2° Lesdites marchandises non *déclarées*. — On applique les pénalités applicables aux *absences de manifeste, omission au manifeste, différences entre les marchandises et le manifeste,* suivant les cas. — (Voir ci-dessus, page 73.)

Saisies a bord. — Les diverses éventualités exposées à l'article qui précède mettent parfois le service dans l'obligation de verbaliser à bord. Si donc le déchargement ne peut s'effectuer de suite, ou qu'en raison du trop grand éloignement du bureau, les marchandises ne puissent être débarquées et transportées le même jour à ce bureau pour y être décrites, la reconnaissance sommaire des colis a lieu à bord même et l'on relate, sur le procès-verbal [1], au fur et à mesure de l'opération, le nombre, les marques et numéros de chaque ballot ou colis. A chaque fin de vacation, l'on donne copie de ce rapport au capitaine ou à l'homme chargé par lui de le représenter ; puis, si la suite de l'opération est remise, soit à une autre heure de la même journée, soit au lendemain, le service appose des cachets sur les panneaux, portes, ferrures donnant accès dans la cale (navires pontés), des plombs ou cachets sur les colis [2]. Ces cachets sont apposés même si le chef de la brigade locale trouve utile de placer un factionnaire à bord. Le procès-verbal relate l'apposition de ces scellés ou cachets, leur nombre, l'état où le ser-

---

encore réduit à 20 tonneaux (voiliers) et à 12 tonneaux (vapeurs) à Bayonne pour les marchandises qui proviennent du littoral situé entre cette ville et le cap Finistère, et, dans les ports de la Méditerranée, pour les marchandises importées des côtes d'Espagne sur la Méditerranée.

[1] Si ce procès-verbal est établi sur papier libre, faute de formules timbrées à l'extraordinaire, on doit le faire soumettre ultérieurement à la formalité du timbre de dimension.

[2] De même, au bureau, lors de la description définitive des objets saisis, toute suspension de l'acte de visite comporte double cachetage des colis (par le Receveur et par la partie en cause).

vice les retrouve en reprenant le déchargement, ainsi que les circonstances de leur enlèvement [1].

Le capitaine est sommé de se rendre au bureau pour y assister, à telle heure légale précise, à la description définitive des objets saisis, puis, si la loi violée prescrit la confiscation des moyens de transport (navire, au cas présent), on déclare cette confiscation au capitaine.

A l'égard des saisies faites à bord des bateaux non pontés, le procès-verbal doit simplement mentionner le nombre des colis, l'espèce des marchandises, leur poids total.

S'il y a opposition (voir ci-dessus, p. 43) à ce que le rapport soit rédigé sur le navire même, les préposés se retirent au bureau pour verbaliser, et rappellent à leur rapport l'*opposition qui leur a été faite*. Dans ce cas, le navire est retenu jusqu'à solution de l'affaire. La suite regarde le Receveur.

DÉBARQUEMENT DE PASSAGERS ET DE BAGAGES. — Ces opérations peuvent être effectuées dès l'arrivée du navire, après admission à la libre pratique, et avant même la déclaration sommaire au bureau.

Si la visite n'a pas lieu sur le quai, le service actif accompagne les voyageurs jusqu'au lieu désigné pour la visite, afin qu'aucune marchandise ne puisse être introduite en fraude.

Pour la visite, voir ci-après, IIIe partie, chap. 1er.

A partir de ce moment, le factionnaire a pour rôle de veiller à ce qu'il ne soit débarqué quoi que ce soit du navire sans une déclaration ou *permis* des bureaux. Cependant, dans certains ports desservis par des lignes de vapeur à service régulier et rapide, il est admis que les marchandises puissent être mises à terre avant la délivrance des permis, au vu du manifeste, et sous la seule surveillance des préposés, puis transportées dans un local situé sur les quais et agréé par l'Administration. Ce local est considéré comme le navire lui-même, en vertu d'un engagement cautionné souscrit par les capitaines et les représentants des Compagnies

---

[1] La rupture de ces scellés rendrait les coupables passibles du Code pénal.

intéressées, engagement par lequel ils acceptent la responsabilité de toutes les infractions, relatives aux manifestes, qui pourraient être constatées à la sortie de ces locaux. C'est ce qu'on nomme le régime des *tentes*. A part cette exception, à part également les cas de mise à terre par suite d'avaries justifiées et de détresse (voir ci-dessus, p. 31), le déchargement des marchandises ne peut être effectué qu'après la double déclaration de *gros* et *en détail*, faites celle-là par le capitaine, par un courtier à ce autorisé, ou encore par le consignataire de la cargaison, celle-ci par le destinataire des marchandises, ou par un commissionnaire, un délégué, un fondé de pouvoir.

DÉCLARATION DE GROS. — Elle doit être faite dans les 24 heures de l'entrée des navires. Les dimanches et jours fériés ne comptent pas dans ce délai. Les bâtiments sur lest, et ceux en relâche volontaire ou forcée, y sont aussi astreints, du moment qu'ils entrent et jettent l'ancre dans le port, et alors même qu'ils séjournent moins de 24 heures dans ce port [1].

Toutes les infractions relatives au défaut de déclaration sommaire ou de gros relèvent du tribunal de paix. Elles entraînent : 1° pour les navires chargés ou sur lest arrivés à destination, une *amende de 500 francs, déc., demi-déc. et dépens*. — Textes à invoquer : *Loi du 22 août 1791, titre II, art. 5* [2] ; 2° pour les navires en relâche volontaire, ayant pour destination un autre port de France : *même amende qu'au cas n° 1 (même loi, titre II, art. 4), avec retenue préventive du bâtiment* [3] *et des marchandises pour sûreté de l'amende* [2] ; 3° pour les navires en relâche forcée : *même*

---

[1] La relâche volontaire est celle qui dépend du bon plaisir, du caprice d'un capitaine, ou qui a pour but de permettre de prendre des ordres commerciaux, tandis que la relâche *forcée* résulte de gros temps, manque de vivres, avaries.

[2] Cependant s'il s'agit de marchandises exemptes de droits ou dont les droits seraient inférieurs à 3 francs, les contrevenants seraient condamnés à 50 francs d'amende, pour sûreté de laquelle somme partie des marchandises pourrait être retenue *(invoquer dans ce cas l'art. 30, du titre II de la loi précitée)*.

[3] La simple retenue des papiers de bord des navires français suffit d'ordinaire : naviguer sans ces papiers exposerait, en effet, les capitaines à de nouveaux cas de contravention.

amende qu'au cas n° 1 (même loi, titre VI, art. 1 et 3), avec confiscation des marchandises et retenue préventive du bâtiment pour sûreté de l'amende.

Comme pour les infractions aux manifestes, les négligences dont l'exposé précède sont le plus souvent traitées au bureau par voie de soumission-transaction.

DÉCLARATION EN DÉTAIL. — Elle doit être faite au bureau, dans les trois jours de l'arrivée des marchandises (voir Observations préliminaires du Tarif n°ˢ 65 à 78 inclusivement).

Lorsque toutes les formalités imposées par la loi ont été remplies au bureau, le déchargement s'effectue au vu des indications de la déclaration sur laquelle le Receveur ou autre employé sédentaire a porté le *« bon à enlever », « bon à débarquer et à tenir en consigne », « bon à peser ou à suivre intégralement »*, selon l'importance des droits, ou le plus ou moins de créance ajouté à l'exactitude de cette déclaration.

Les diverses irrégularités auxquelles la reconnaissance des marchandises pourrait donner matière sont du ressort des employés de bureau.

Il serait peut-être bon d'ajouter que certains produits, passibles de taxes intérieures, ne peuvent être livrés au commerce, même après acquittement des droits de Douane, que sur production d'une pièce de Régie (acquit, congé, passe-debout). Ces produits sont spécialement désignés sous la lettre D à la liste n° 1 de l'annexe.

DÉBARQUEMENT EN DEHORS DES HEURES LÉGALES. — (Voir ci-dessus, p. 31.)

DÉBARQUEMENT SANS PERMIS. — (Voir ci-dessus, p. 31.)

TRANSBORDEMENTS ET TRANSPORTS PAR ALLÈGES. — Dans certains ports de la Manche et de l'Océan, les mortes eaux empêchent parfois les navires de fort tonnage d'atteindre les quais pour y décharger leurs marchandises. Alors le commerce, pour éviter à ces navires des avaries ou des retards préjudiciables à ses intérêts, demande à alléger, c'est-à-dire à débarrasser le bâtiment de son excès de charge, à l'aide de pontons, bacs, radeaux ou bachots quelconques. Ces transports sont autorisés, s'il y a nécessité, après accomplissement des formalités ordinaires et sous certaines mesures de surveillance concertées entre les parties intéressées. Les marchandises ainsi débarquées sont, soit enlevées sous les yeux d'un factionnaire, soit déposées en un coin des quais où elles demeurent en consigne jusqu'au moment de la vérification, si le service sédentaire juge ce contrôle nécessaire.

Les transports par allèges, effectués sans permis, donneraient lieu aux pénalités suivantes :

1° Marchandises tarifées : *Confiscation des marchandises ; amende de 100 francs, déc., demi-déc. et dépens* (Tribunal de paix.) — *Loi du 22 août 1791, titre XIII, art. 11 ;*

2° Marchandises prohibées à quelque titre que ce soit ou tarifées à 25 francs ou plus les 100 kilogr. ou soumises à des taxes de consommation intérieure : On applique les condamnations énumérées ci-dessus, p 33 et 34, nᵒˢ 1, 2, 3, suivant les circonstances ; mais, au lieu de la loi du 21 avril 1818, applicable aux opérations effectuées hors de l'enceinte des ports, on requiert application de la *loi du 2 juin 1875, art. 2,* spéciale aux opérations frauduleuses commises dans l'enceinte des ports.

Débarquements d'objets de fraude par les équipages pendant le séjour des navires dans les ports — Si, durant le séjour d'un navire dans un port, un ou plusieurs des hommes de l'équipage débarquent des objets en fraude, les mesures répressives sont celles énumérées ci-dessus, pages 32, 33 ou 34. Il va de soi que tout ce qui a été dit plus haut, pages 34 et suivantes, à propos des poursuites à vue, trouve également application ici. Les auteurs de l'infraction accompagnent le plus souvent les préposés au bureau où une solution immédiate est donnée à l'affaire. Le capitaine du navire intervient comme civilement responsable.

Pour les contraventions relatives aux tabacs, cartes à jouer, poudres à feu et allumettes, voir la IIIᵉ partie, chapitre 1ᵉʳ.

Contre-visite. — Dès que le navire a vidé ses cales, une contre-visite est faite, afin de reconnaître si aucun objet n'y a été dissimulé. Les recherches des agents amènent parfois la découverte de marchandises : de ce chef, le capitaine est passible des pénalités prononcées pour *omission au manifeste* (voir p. 73 ci-dessus).

RESTANTS DE PROVISIONS DE BORD. — Nous avons dit que les équipages étrangers pouvaient consommer leurs provisions pendant toute la durée de leur séjour dans les ports français, en raison des difficultés qu'ils pourraient rencontrer dans leur ravitaillement. Il n'en va pas de même des navires français. Une fois leur déchargement terminé, seules les provisions dont l'origine nationale est justifiée par permis d'embarquement réguliers sont laissées à la disposition des capitaines ; le reste est soumis aux droits ou réexporté, soit par le même navire, soit par un autre bâtiment partant pour l'étranger. Si le navire doit aller prendre charge pour l'étranger dans un autre port de France, et que le capitaine préfère conserver à bord ses restants de provisions étrangères non consommées lors de la contre-visite, il lui est délivré un acquit-à-caution par lequel il s'engage à représenter lesdites provisions intactes au moment de son départ du second port pour l'étranger. La violation de cet engagement exposerait le soumissionnaire et sa caution aux pénalités rappelées à la III⁰ partie de cet ouvrage, sous la rubrique « Transit ». Ce genre d'affaires, signalé par rapport spécial, dès la rentrée de l'acquit *non déchargé* ou *incomplètement déchargé*, se traite sur conclusions des chefs appelés à examiner les circonstances.

Le navire charge pour l'étranger. — C'est là ce qu'on nomme une opération d'exportation. Cette fois encore l'embarquement des marchandises ne peut se faire qu'en vertu de permis délivrés par les bureaux — et dans les heures légales (voir ces heures ci-dessus, page 31, note 1).

La mise à bord d'une marchandise différente en *espèce* ou *qualité* de celle portée au permis entraînerait contravention : *Amende de 100 fr., déc., demi-déc. et dépens* (Tribunal de paix.) — *Loi du 16 mai 1863, art. 19.*

L'embarquement sans permis donnerait lieu à une *amende de 50 fr., déc., demi-déc. et dép., et à la retenue préventive des marchandises pour sûreté de l'amende* (Trib. de paix). — *Loi du 22 août 1791, titre II, art. 13 et 30.*

Envisageons les formalités applicables à certaines marchandises spéciales.

Allumettes. — Les allumettes vendues par l'État pour l'exportation doivent être accompagnées : 1° d'un acquit-à-caution de Régie; 2° d'un laissez-passer; 3° d'une commande. Les colis sont scellés du plomb des Contributions indirectes. La Douane du bureau de sortie se fait représenter les expéditions, s'assure de l'intégrité du plombage, du nombre de colis, et effectue des pesées d'épreuves [1]; puis elle régularise l'acquit, porte sur le laissez-passer l'attestation de sortie, et conserve le laissez-passer, ainsi que le bulletin de commande, pour les renvoyer sans retard à la Direction, par la voie hiérarchique.

Les exportations d'allumettes revêtues des marques ou vignettes de Régie ne sont assujetties à aucune des formalités rappelées ci-dessus.

Pour les infractions relatives aux « allumettes », voir ce mot ci-après à la III° partie, chap. 1°.

Beurre et viandes salées. — Les beurres salés et les viandes (porc et bœuf) salées embarqués avec demande de remboursement (drawback) de la taxe de consommation du sel acquittée lors de la confection de ces denrées, sont accompagnés de permis spéciaux dits *de primes*. (Voir pour les détails que ce sujet comporte les Observations préliminaires du Tarif, n°° 449 à 452 inclusivement.) Toute fausse déclaration tendant à obtenir drawback pour des produits qui n'y auraient pas droit motiverait la *confiscation des marchandises présentées et une amende égale au montant du drawback réclamé, déc., demi-déc. et dépens.* (Tribunal de paix.) — *Loi du 21 avril 1818, art. 17, § 1°.* Une fausse déclaration dans la valeur, l'espèce, le poids des beurres ou viandes salés, pour obtenir un drawback supérieur à celui qui est dû, serait punie d'une *amende égale au triple de la somme que la fausse déclaration aurait pu faire allouer en sus de ce qui était réellement dû, déc., demi-déc. et dépens.* (Tribunal de paix.) — *Lois des 5 juillet 1836, section II, art. 1° et 6 mai 1841, art. 10.*

Boissons. — Les boissons (*vins et spiritueux*), exportées avec décharge des taxes de consommation intérieure, doivent

---

[1] En cas de soupçon d'abus, la vérification devrait être complète.

être accompagnées d'expéditions de Régie qui, rappelées sur les permis de Douane, restent entre les mains des agents, pour faire ensuite retour, après visa, au service des Contributions indirectes. Le défaut d'identité d'une boisson ainsi présentée motiverait les pénalités énumérées ci-dessus, p. 27.

Bières. — Les bières sont soumises en France à un droit intérieur proportionné à leur densité sous un certain volume, droit qui est restitué aux fabricants (brasseurs) lorsque ces bières sont expédiées de France à l'étranger ou aux colonies. Le transport de ces liquides jusqu'au port d'embarquement ou jusqu'à la frontière est assuré par un acquit-à-caution de Régie et par le plombage ou cachetage des colis. L'empreinte des plombs, cachets ou autres marques étant indiquée ou reproduite sur le titre de mouvement qui accompagne les produits, à l'arrivée au point fixé pour la sortie, l'acquit de Régie est remis à la Douane qui admet conforme (sans ouverture des colis) ou procède à la visite (par épreuves ou intégrale), selon que le scellement est intact ou pas. Si même il y a soupçon d'abus, des échantillons peuvent être prélevés sur les liquides par le service, en vue d'une analyse de contrôle par le laboratoire de la circonscription.

Les acquits, revêtus des certificats de visite, de mise à bord ou de passage à l'étranger, sont renvoyés, après décharge, au service des Contributions indirectes, selon la méthode ordinaire.

Vins vinés. — Ces liquides, dont le degré a été relevé par addition d'une minime quantité d'alcool pur, afin d'en assurer la conservation, sont accompagnés d'acquits-à-caution imprimés en rouge. Les fûts qui les contiennent doivent porter, outre un numéro d'ordre, le mot EXPORTATION, ou les lettres EXP, ou EX, ou simplement E. Si la Régie a jugé que le genre de l'opération nécessitait plombage des fûts et que la Douane reconnaisse la rupture des plombs ou cachets apposés, on ne doit pas donner décharge pour les quantités contenues dans ceux des fûts qui ont les scellés brisés, mais il convient de rédiger un *procès-verbal adminis-tratif* [1] que l'on annexe à l'acquit-à-caution de Régie. Dès

---

[1] Sur papier libre.

lors, l'Administration des Contributions indirectes statue.

Si la vérification fait ressortir des différences en moins dans le degré, ces différences sont constatées par procès-verbal rédigé de concert avec les employés des Contributions indirectes.

Bougies et chandelles. — Les bougies ou cierges de toute espèce fabriqués avec de l'acide stéarique ou toute autre matière (paraffine, cire, cire minérale, blanc de baleine, etc.) et les chandelles à mèche lissée, tressée ou moulinée chimiquement préparée [1] sont assujettis à une taxe intérieure de 30 fr. les 100 kilogr. qui est perçue par la Régie — ou par la Douane pour le compte de la Régie [2].

La loi (30 décembre 1873) exonère de cet impôt les articles du genre de ceux spécifiés ci-dessus, lorsqu'ils sont exportés par les fabricants soumis à l'exercice de la Régie, ou par les marchands pourvus d'une licence. Lorsque cette immunité est réclamée par les ayants-droit, le transport des marchandises auxquelles s'applique la dispense d'impôt est assuré par un acquit-à-caution de Régie, et la Douane a pour mission de décharger cet acquit, une fois l'exportation consommée.

La sortie de ces produits est réservée aux seuls bureaux ouverts au transit.

Le plombage est facultatif.

S'il y a plombage, le service peut simplement s'assurer de l'intégrité de ce plombage et peser les colis par épreuves. Au cas où la marchandise serait exceptionnellement munie de vignettes de Régie et que les colis aient été ouverts, il est du devoir de la Douane de s'assurer si les timbres de ces vignettes ont été oblitérés par le service des Contributions indirectes.

---

[1] Par suite, les chandelles de suif à mèche non tressée et les chandelles de résine ne sont pas passibles de cette taxe.

[2] A l'importation, cette taxe intérieure est perçue par la Douane, quand il s'agit de faibles quantités déclarées pour la consommation. Dans ce but, les bureaux compétents sont pourvus de vignettes de Régie qui, apposées en échange de la taxe, sont destinées à légitimer le transport des boîtes ou paquets de chandelles ou de bougies.

Lorsque, au contraire, les caisses ou colis n'ont pas été plombés, la vérification doit être poussée plus loin et même être complète (pesage), si l'envoi n'est pas accompagné d'une note de détail.

En cas de différences, la Douane se borne à refuser la décharge des acquits, ou à les décharger « sous réserves », laissant ainsi les soumissionnaires sous le coup des engagements souscrits.

Des mesures analogues sont appliquées aux acides stéariques exportés en nature à la décharge des comptes des fabricants.

Chevaux et bétail. — Les chevaux, bêtes de somme et le bétail [1] ne peuvent être exportés par mer que par certains bureaux spéciaux (lettre N de la liste n° 2 de l'annexe), et après visite sanitaire. Dans les autres ports, le service doit s'opposer à leur embarquement, à moins qu'une autorisation exceptionnelle n'ait été accordée par les Directeurs.

Dynamite. — (Voir ci-après, II° partie, chap. III.)

Huîtres. — L'exportation des huîtres de moins de 0^m05 diamètre provenant du bassin d'Arcachon est interdite en tout temps. L'exportation des mêmes mollusques ayant plus de 0^m05 de diamètre n'est permise qu'en dehors de la période comprise entre le 15 mai et le 1er septembre de chaque année (décret du 4 mai 1892). Les préposés de Douane ont qualité pour rechercher et constater toute infraction à ces règles. En cas d'exportation illicite, il est verbalisé à la requête du Ministère public, dans la forme tracée ci-dessus page 60, par application des *décrets des 30 mai 1889, art. 3, et 13 août 1890, art. 1er*.

Ouvrages d'or et d'argent. — (Voir ci-après, II° partie, chap. III.)

Poudres. — Si aucun arrêté du Ministre de la guerre n'en suspend la sortie, les poudres à feu de toute espèce [2], desti-

---

[1] Les animaux destinés à la nourriture des équipages peuvent être embarqués dans tous les ports indistinctement.

[2] Autres que les poudres de chasse achetées aux prix de vente

nées à l'armement des navires ou au commerce maritime, peuvent être exportées *par tous les ports de mer*, sur demande des négociants, armateurs, indiquant, soit le nombre de bouches à feu ou armes dont disposent les navires, soit les contrées auxquelles ces poudres sont destinées. La déclaration des intéressés est visée par le Commissaire de marine du lieu de l'armement ou de l'embarquement. Le transport de ces poudres donne lieu à la production d'un acquit-à-caution de Régie, indiquant les délais, la route à suivre. Cette pièce doit accompagner les matières explosives jusqu'à leur exportation définitive. En attendant ce moment, elles restent déposées dans les magasins des entrepôts nationaux. Les agents des Douanes veillent à ce que la totalité des poudres énoncées dans les acquits soit exportée, et ils en délivrent certificat sur ces acquits. Les poudres ainsi expédiées ne peuvent en aucun cas être réimportées.

Saccharine. — (Voir ci-après, II° partie, chap. III.)

Sels. — Les sels d'origine française peuvent être exportés par tous les ports, mais rien que par navires jaugeant brut 25 tonneaux au moins (voiliers) ou 15 tonneaux (vapeurs). Le transport, du lieu de production au point d'embarquement, est garanti par un acquit-à-caution de Douane ou de Régie (voir ci-après II° partie, chapitre IV, article 1ᵉʳ, « acquits-à-cautions »), à quelles pénalités exposerait le défaut de décharge de cet acquit.

Sucres. — **Tabacs.** — **Végétaux, raisins, marcs de raisins.** — (Voir ces mêmes mots ci-après à la II° partie, chap. III.)

Vinaigres, compositions à base de vinaigre, acide acétique. — Les vinaigres de toute sorte[1] — pour la table, la parfumerie, la toilette, — les articles de parfumerie et préparations alimentaires[2] à base de vinaigre et les acides acé-

---

de l'intérieur et revêtues des marques de Régie, poudres dont la sortie n'est pas prohibée.

[1] Vinaigres d'alcool de betteraves, bois, pommes de terre, vinaigres de bière, de cidre, de grains, de poiré, de vin — purs ou aromatisés.

[2] Moutardes, conserves de fruits, légumes, viande, poisson.

liques non dénaturés sont soumis en France à une taxe de consommation intérieure. Cette taxe, proportionnée au degré acétique des produits, est perçue par le service des Contributions indirectes ; elle n'est pas applicable aux liquides ou préparations qui sont *exportés des fabriques ou des entrepôts soumis à l'exercice de la Régie.* Le transport des produits appelés à bénéficier de l'exemption de cet impôt est assuré par un acquit-à-caution de Régie que la Douane du bureau de sortie [1] est appelée à décharger, après reconnaissance des marchandises et constatation de leur embarquement ou passage à l'étranger.

Provisions de bord. — De même que pour toute marchandise, les embarquements de provisions de bord ne peuvent se faire que sous le couvert d'un permis qui sert à la liquidation du droit de statistique.

Réexportations. — Les marchandises détaillées à la liste n° 1 de l'annexe sous les lettres A, B, C, et celles dont le droit d'entrée excède 10 p. 100 de la valeur ne peuvent être réexportées que par navires d'un tonnage minimum de rigueur [2]. Ces restrictions ne concernent pas les denrées

---

[1] Pour les moutardes, la sortie ne peut avoir lieu que par les bureaux ouverts au transit.

[2] Dans les ports de la Manche et de l'Océan (Bayonne excepté), le tonnage minimum de rigueur est de 40 tonneaux (voiliers) et de 24 t. (vapeurs), sauf exceptions qui peuvent être accordées, à Saint-Malo et à Nantes, par les Directeurs. A Bayonne, s'il s'agit des marchandises reprises sous la lettre C à la liste n° 1 de l'annexe, le tonnage minimum est de 20 t. (voiliers) et de 12 t. (vapeurs) pour les envois faits à destination des côtes d'Espagne situées en deçà du cap Finistère, — de 30 t. (voiliers) et de 18 t. (vapeurs) dans les autres cas, sauf réduction à 20 ou à 12 tonneaux, s'il ne se trouve pas dans le port des navires de 30 ou 18 tonneaux.

Dans les ports de la Méditerranée (autres que Marseille), s'il s'agit de marchandises reprises sous les lettres A, B, à la liste n° 1 de l'annexe, le tonnage minimum est de 40 t. (voiliers) ou de 24 t. (vapeurs). A Marseille, les réexportations ayant pour but l'Es-

coloniales (tabacs, sucre, café, thé, poivre) réexportées d'entrepôt à titre de simples provisions de bord. Ces denrées, si elles viennent en transit d'un autre bureau, sont accompagnées d'un acquit-à-caution. Le service sédentaire s'assure de l'intégrité des cordes et plombs, soumet — si bon lui semble — les colis au pesage, puis fait établir un permis de réexportation qui permet le transport des provisions jusqu'au navire. Si des déficits, soustractions sont constatés sur les colis présentés, on applique les cas de contravention énumérés ci-après à la IIIe partie « *Transit* », suivant les éléments de l'infraction. Si, pendant le séjour du navire dans le port et avant la mise à la voile, le service constate que partie des denrées de réexportation embarquées, mises sous clef et cachets, a été enlevée, il se borne à constater, au dos de l'acquit, que telle quantité a été trouvée en déficit, laissant ainsi les soumissionnaires sous le coup de leurs engagements. *Non-rapport du permis régularisé d'embarquement de marchandises réexportées d'entrepôt* (n°s 145 ou 155 du Tableau des délits). Cependant les signataires du permis de réexportation n'encourraient aucune poursuite si les auteurs du délit venaient à être découverts, ou si la tentative d'introduction frauduleuse était établie ; car alors les coupables seraient poursuivis conformément aux règles applicables aux cas d'importation frauduleuse.

Lorsque toutes les opérations d'embarquement sont terminées, le service vise et annote en conséquence les permis, puis le capitaine ou son courtier, muni de ces permis et des connaissements, fait au bureau l'expédition du navire.

---

pagne ou l'Italie peuvent être faites par voiliers de 3o t. ou vapeurs de 18 t. — S'il s'agit de marchandises figurant sous la lettre c à la liste n° 1 de l'annexe, ou de marchandises dont le droit d'entrée représente plus de 10 o/o de la valeur, les réexportations à destination des côtes d'Espagne situées dans le bassin de la Méditerranée peuvent être faites par navires de 2o t. (voiliers) ou de 12 t. (vapeurs) ; pour toute autre destination, les navires doivent jauger au minimum 3o t. (voiliers) ou 18 t. (vapeurs).

Ainsi que pour les restrictions de tonnage à l'importation, il s'agit du tonnage brut.

Connaissements et autres documents commerciaux sujets aux timbres.

— La Douane n'a pas à s'immiscer dans le timbrage des connaissements créés en France [1]. Elle s'assure simplement si toutes les prescriptions légales ont été observées (apposition de timbres au prix voulu [2], désignation du nombre de connaissements [3]), et oblitère ces timbres, s'ils n'ont pas été revêtus de la griffe du chargeur ou de l'expéditeur. Le défaut de timbre, l'emploi de timbres mobiles n'ayant pas la forme légale, ou l'emploi desdits timbres en dehors des conditions imposées, donneraient lieu à un procès-verbal rédigé à la requête de l'Administration de l'Enregistrement (voir modèle n° 7 de l'annexe).

DÉFAUT DE TIMBRE. — *Amende de 50 francs par connaissement contre le chargeur, déc., demi-déc. et dépens ; seconde amende d'égale somme à exiger, personnellement et sans recours, du capitaine et de l'armateur ou de l'expéditeur du navire (Tribunal civil). — Loi du 30 mars 1872, art. 6.*

EMPLOI ILLICITE DE TIMBRES. — *Amende de 50 francs, déc., demi-déc. et dépens (Même Tribunal). — Même loi, art. 7.*

Le procès-verbal doit être *immédiatement* transmis au Receveur de l'Enregistrement le plus voisin. Si le contrevenant a refusé de signer le procès-verbal ou de verser l'amende imposée, on annexe à ce procès-verbal la pièce qui a motivé la contravention. Le Receveur d'Enregistrement se charge alors des poursuites subséquentes.

Mêmes errements sont suivis (quand des chartes-parties, polices d'assurances, quittances [4] ou autres titres quelcon-

---

[1] Toutefois, en cas de non timbrage, le service des bureaux peut procéder à cette formalité, mais alors procès-verbal est rédigé contre celui qui présente la pièce non timbrée.

[2] 2 francs en principal pour l'exportation ; soit 2 fr. 40 avec les décimes.

[3] Quatre originaux au minimum. Si ce nombre de quatre est dépassé, chaque connaissement supplémentaire représenté au service doit être pourvu d'un timbre de 0 fr. 60 (décimes compris), les 2 fr. 40 du timbre apposé sur l'original destiné au capitaine comprenant les 1 fr. 80 applicables aux trois autres originaux, à raison de 0 fr. 60 par exemplaire.

[4] Pour sommes supérieures à 10 francs.

ques, signés ou non signés, comportant libération, reçu ou décharge, ayant été exhibés, le service constate que ces pièces ne sont pas pourvues du timbre de dimension qui leur est propre. Les chartes parties et polices d'assurances non timbrées donneraient lieu au *payement du droit de timbre fraudé et à une amende de 25 francs à la première infraction, de 50 francs à la seconde et de 100 francs à chacune des autres récidives, déc., demi-déc. et dépens* (Tribunal civil). — *Lois des 22 frimaire an VII, art. 65, et 6 prairial an VII, art. 4 et 5 ; décrets des 16 messidor an XIII, art. 1 et 2, et 3 janvier 1809, art. 1er.* Pour les autres titres non timbrés, il y aurait *amende de 50 francs, déc., demi-déc. et dépens* (Tribunal civil), d'après la *loi du 23 août 1871, art. 18 et 23.*

Au contraire, la non-exhibition à la sortie, par les capitaines, des connaissements dont ils doivent être porteurs constitue une infraction *douanière.* Elle rend les contrevenants passibles d'une *amende de 100 à 600 francs, déc., demi-déc. et dépens* (Tribunal de paix). — *Loi du 30 mars 1872, art. 3 et 6.*

Congé. — Si ce titre est périmé, le Receveur le renouvelle avant le départ du navire. (Voir ci-dessus, p. 23).

Passeport. — Aux navires étrangers le Receveur délivre un passeport, pièce qui justifie que toutes les formalités ont été accomplies.

Manifeste. — A tous les navires — même sur lest — expédiés à destination de l'étranger, on fait produire un manifeste spécifiant la nature du chargement, les provisions de bord, etc. Cette pièce doit être représentée, pour visa, aux préposés, avant le départ du bâtiment. S'il y a refus [1] ou impossibilité de produire ce manifeste, on verbalise par application de la *loi du 5 juillet 1836, section II, art. 2* (Tribunal de paix). — *Amende de 500 francs, déc., demi-déc. et dépens ; retenue préventive du navire pour sûreté de l'amende.*

---

[1] Refus formel, mauvais vouloir.

Opposition à la délivrance des papiers de bord des navires en partance. — Des tiers peuvent s'opposer à ce que l'expédition d'un navire soit faite en Douane. Emanant des particuliers, ces oppositions doivent être appuyées d'un *jugement régulier stipulant exécution.* Si cette dernière condition n'est pas remplie, les Receveurs doivent refuser de viser l'exploit qui leur est présenté à cet effet. L'opposition étant sanctionnée par un acte légal, le Receveur déclare au capitaine ou à l'armateur du navire que les papiers ne lui seront délivrés qu'après qu'il aura rapporté mainlevée de cette opposition, puis prévient de l'incident le chef de la brigade locale pour qu'il empêche, si besoin est, le départ furtif du bâtiment. Les préposés peuvent même, s'ils en sont requis, assurer *vi et armis* l'effet de cette mesure, comme agents de la force publique.

Les capitaines et maîtres de port ont également la faculté de requérir le concours de la Douane en ce qui touche le départ des navires en contravention aux règlements de police maritime. Leur demande doit être faite par écrit, sur papier libre, datée et signée, énoncer en vertu de quels textes de règlements ils réquisitionnent, enfin spécifier qu'eux seuls doivent assumer toute la responsabilité de cette démarche.

Par contre, la Douane n'est pas tenue de donner suite aux sommations ou oppositions qui pourraient lui être signifiées au nom d'un Consul, pour cas d'application de ses lois consulaires à des capitaines étrangers.

Cela posé, si un navire quitte le port sans être muni de ses quittances ou autres expéditions, il encourt la *confiscation de ses marchandises et une amende de 100 francs* [1], *déc., demi-déc. et dépens* (Tribunal de paix). — *Loi du 22 août 1791, titre II, art. 13.*

Le capitaine du navire, faisant fi des injonctions du service, pense éviter toute poursuite en prenant le large. Si,

---

[1] Réduite à 5o francs si la marchandise est exempte de droits ou si les droits (de statistique, seuls exigibles actuellement) ne s'élèvent pas à 3 francs. Dans ce cas, l'on ajoute sur le procès-verbal l'art. 3o au texte de loi précité. Partie des marchandises peut être retenue jusqu'à ce que ladite amende ait été consignée, ou qu'il ait été fourni caution solvable de la payer.

dès lors, aucun moyen de l'atteindre ou de le faire suivre n'est à la disposition des préposés, il suffit de déclarer procès-verbal au capitaine dont le nom est suffisamment connu. Le procès-verbal, et le jugement qui en découle, établissent tous les droits de l'Administration pour les poursuites à exercer ultérieurement.

CABOTAGE. — Donnons maintenant brièvement un aperçu des règles auxquelles sont astreints les navires caboteurs, c'est-à-dire qui naviguent de port français à port français.

Le grand cabotage est celui qui s'effectue entre les ports de la Méditerranée et ceux de l'Océan Atlantique, de la Manche ou de la mer du Nord et *vice versa*.

Le petit cabotage n'a lieu qu'entre ports d'une même mer (y compris, dans la Méditerranée, les transports entre la Corse et la France continentale).

Le bornage — dont la définition a été donnée ci-dessus, page 68, note 1 — ne peut être entrepris que par bateaux jaugeant 25 tonneaux ou moins [1].

Le petit cabotage et le bornage sont dispensés, en temps ordinaire, de la visite sanitaire, et, par suite, des droits qui en dérivent ; le grand cabotage, au contraire, y est astreint.

Le manifeste ni le connaissement ne sont imposés aux bateaux borneurs. En cas de chargement, ils ne sont assujettis qu'à un simple passavant dit *de rivière*.

Les autres navires tombent sous la loi commune. Ils doivent notamment avoir, à l'arrivée, un manifeste (même étant sur lest) et, s'ils sont chargés, des passavants [2] ou acquits-à-caution [3], suivant la nature de leurs cargaisons,

---

[1] Il s'agit de la jauge spéciale déterminée par les Ordonnances des 18 novembre 1837 et 18 août 1839.

[2] Dans les envois faits pour le compte des services de la Guerre, de la Marine, ou des autres départements ministériels, par navires tant de l'État que du commerce, le passavant est remplacé par un état ou relevé des marchandises, visé par les autorités militaires ou maritimes.

[3] Acquits-à-caution pour les sels, l'acide arsénieux.

ainsi que des connaissements *timbrés*, indépendamment de leurs papiers de bord dont l'énumération a été donnée ci-dessus, p. 71 et 72.

L'absence ou le refus d'exhiber le manifeste, l'omission de certaines marchandises audit titre, le refus de présenter aux préposés le livre de bord ou le connaissement, le défaut de déclaration de gros constituent autant de cas de contravention qu'il est inutile de repasser en revue.

Boissons. — (Voir ci-dessus, p. 26.)

Régime des tentes. — (Voir ci-dessus, p. 81.)

S'il y a déficit sur le nombre de colis énoncés au manifeste, on peut, à moins de soupçons d'abus, se dispenser de verbaliser et faire souscrire au capitaine un engagement cautionné de s'en rapporter à la décision de l'Administration. L'expédition de cabotage est annotée pour la quantité reconnue en moins.

Les excédents sont également traités, le plus souvent, par voie de soumission contentieuse ; mais, en cas de fraude justifiée, on devrait verbaliser pour *Omission au manifeste.*

Débarquements. — Ils s'effectuent en vertu des passavants, ou des permis D n° 24 délivrés au vu des acquits relatifs aux sels ; mais l'application de ces mesures incombe presque exclusivement au service sédentaire. Les cas contraventionnels assez rares et qui, sauf de bien rares exceptions, sont terminés par soumission contentieuse, peuvent se résumer en déficits ou excédents supérieurs au 20e des quantités déclarées, en défaut d'identité. Ces excédents donnent lieu à la *confiscation des quantités de marchandises trouvées en surplus et à une amende de 500 francs, déc., demi-déc. et dépens* (Tribunal de paix). — *Loi du 8 floréal an XI, art. 76.* Quant aux déficits (au-dessus du 20e) et défauts d'identité dans l'espèce ou la qualité des marchandises [1], comme ils peuvent souvent provenir d'erreurs dans l'établissement des manifestes, ils sont constatés, d'ordinaire, au

---

[1] On ne tient pas compte des déficits reconnus sur les grains et farines.

bureau, par une simple soumission cautionnée de s'en rapporter à la décision de l'Administration. Dans ce cas, la marchandise est laissée à la libre disposition des intéressés.

Passavant oublié. — Si un passavant ne peut être représenté en même temps que la marchandise qu'il concerne, par exemple par suite d'oubli de cette pièce au bureau de départ, le Receveur fait souscrire au capitaine un engagement cautionné de s'en rapporter à la décision de l'Administration et autorise l'enlèvement de la marchandise.

Passavant périmé. — Enfin un passavant ou acquit peut être périmé, c'est-à-dire que le nombre de jours fixé pour le trajet se trouve dépassé, par suite de gros temps, avaries, calme même, éprouvés en cours de traversée. Dans ce cas, le retard est justifié par un rapport de mer en due forme, sous peine pour le capitaine de voir ses marchandises traitées comme étrangères et ses acquits ou passavants rester sans décharge.

Sels. — En cas d'excédent [1], déficit [2], soustraction ou substitution constatés lors de la vérification des sels expédiés sous acquit-à-caution, il y a *confiscation du sel et des moyens de transport, amende de 500 à 5.000 francs, et payement du double droit sur le sel pur transporté ou soustrait à la surveillance* (Tribunal correctionnel). — *Ordonnance royale du 26 juin 1841, art. 19, et loi du 17 juin 1840, art. 10 et 14.* En cas de récidive, le maximum de l'amende est prononcé, et cette amende peut même être portée jusqu'au double. S'il y a présomption ou certitude de fraude, on doit verbaliser ; sinon, faire souscrire au déclarant une soumission cautionnée et rendre immédiatement compte de l'affaire aux chefs.

Lorsqu'un déficit absorbe au-delà du boni, s'il n'y a ni rapport d'avaries, ni avaries régulièrement constatées et *admises* [3], ce déficit est assimilé à une soustraction et réprimé

---

[1] Supérieur aussi au 20ᵉ du poids brut total, pour les sels expédiés en vrac par mer.

[2] Déficit dépassant le boni légal de 3 ou 5 °/. qui figure sur les acquits-à-caution.

[3] Par un procès-verbal administratif, sur papier libre.

comme tel ; alors la confiscation est prononcée et le droit calculé sur une quantité de sel égale à celle non représentée. Dans ce cas, il y a lieu de requérir application des textes rappelés au paragraphe qui précède, et de dresser procès-verbal au déclarant, sauf à lui à exercer des poursuites, s'il y a lieu, contre le capitaine ou l'expéditeur. Du reste, comme ces affaires — rares, en somme, — atteignent presque toujours des commerçants établis, le Receveur tâche d'y remédier dès le début par une soumission contentieuse. La décharge de l'acquit formule également des réserves pour les différences reconnues ; par exemple : « *Déficit de.... kilogrammes, pour lequel l'Administration se réserve tous droits et actions ultérieurs, s'il en est ainsi décidé* ».

Embarquements. — Si un caboteur prend charge, les cas suivants peuvent se produire :

1° Les marchandises présentées à l'embarquement ne sont pas de même espèce ou qualité que celles portées au passavant qui autorise l'opération ;

2° Le chargement étant vérifié, déficit est reconnu, ledit déficit excédant le 20ᵉ de la quantité déclarée.

Pour le premier cas, la loi *(8 floréal an XI, art. 75,)* prononce la *confiscation des marchandises présentées ; le payement, à titre de confiscation, d'une somme égale à la valeur* [1] *des objets portés dans la déclaration ; une amende de 500 francs, déc., demi-déc. et dépens* (Tribunal de paix) [2].

Pour le second, qui pourrait faciliter l'introduction en fraude de marchandises étrangères en quantités équivalentes à celles non présentées à l'embarquement, il y a lieu de réclamer le *payement, à titre de confiscation, d'une somme égale à la valeur* [1] *des quantités manquantes ; une amende de 500 francs, déc., demi-déc. et dépens* (Tribunal de paix). — *Même loi qu'au cas précédent, art. 74.*

---

[1] Prix courant commercial.

[2] Rappelons que le service a droit de constater un déficit au cabotage non seulement sur les quais, après enregistrement de la déclaration, mais encore après la vérification et aussi longtemps que le navire est dans le port. *(Loi du 4 germinal an II, titre II, art. 8.)*

Quant aux excédents de poids, en pratique, ils sont, soit laissés à terre, soit régularisés par la production d'un passavant ou acquit supplémentaire. Toutefois, s'il y a intention de fraude, on appliquerait les pénalités applicables aux excédents (de colis — de poids au-dessus du 10e ou du 20e) à l'importation.

En dehors de ces quelques infractions, toutes les irrégularités à prévoir pour congés de navires, connaissements et autres pièces assujetties au timbre, manifeste et livre de bord, ont été envisagées plus haut. La plupart de ces contraventions atteignent le capitaine du navire : le service étant en possession des papiers de bord, il est toujours facile de décider ce capitaine à venir traiter l'affaire au bureau. Ce n'est, au surplus, que dans les circonstances graves, et s'il y a fraude réelle, qu'il convient de verbaliser. Tel serait le cas si des expéditions, présentées par un capitaine, étaient altérées (grattées, surchargées) ou falsifiées. De là pourraient découler deux actions : celle de la Douane pour « importation frauduleuse » ; celle du Ministère public pour « crime de faux ». Les expéditions, signées et parafées par les saisissants, avec la mention *ne varietur*, sont annexées au procès-verbal [1], lequel contient sommation faite à la personne coupable de le signer et sa réponse. Le prévenu est alors immédiatement conduit devant le Procureur de la République ou l'officier de police judiciaire le plus voisin, à qui le procès-verbal est remis avec les pièces arguées de faux. A ce procès-verbal l'on requiert application de la *loi du 9 floréal an VII, titre IV, art. 4, de l'art. 106 du Code d'instruction criminelle, des art. 147 et 148 du Code pénal*, sans préjudice des poursuites à intenter, au nom de la Douane, pour infraction à telle loi d'importation (n°s 1, 4 ou 32 du *Tableau des délits et contraventions* — voir liste n° 4 de l'annexe, — suivant la qualité des marchandises dont l'introduction frauduleuse a été tentée), et l'on rappelle bien explicitement la nature des altérations subies par les documents remis entre les mains du service. Les marchandises auxquelles s'applique le faux sont saisies et confisquées.

---

[1] Voir ci-dessus, page 60, note 5, quelles sont les autres conditions de validité de ces procès-verbaux.

Restriction. — Le cabotage étant réservé aux seuls navires nationaux, le transport entre ports français, par des bâtiments étrangers, de voyageurs, de marchandises nationales [1] ou nationalisées par le payement des droits constitue une très grave infraction punie de la *confiscation des bâtiments et cargaisons, d'une amende de 3.000 fr. à infliger solidairement et par corps aux propriétaires, consignataires et agents des bâtiments et cargaisons, capitaines et lieutenants, déc., demi-déc. et dépens* (Tribunal de paix). — *Loi du 21 septembre n793, art. 3 et 4.*

Sur les quais ou dans les ports, les préposés courent enfin les risques d'avoir à constater les délits ou contraventions dont le détail suit :

Changement, sans déclaration préalable, d'un navire dans sa forme, son tonnage, son nom, postérieurement à la délivrance de l'acte de francisation. — Cette infraction est punie d'une *amende de 6.000 fr., déc., demi-déc. et dépens, de l'interdiction, pour le contrevenant, d'exercer aucun emploi, ni de commander aucun bâtiment français* (Tribunal de paix). — *Loi du 27 vendémiaire an II, art. 15 et 21.*

Enlèvements d'eau de mer. — (Voir ci-dessus, p. 47).

---

[1] On doit considérer comme opération de cabotage illicite et réprimer comme telle le transport en France de marchandises embarquées dans un port français, puis ramenées dans un autre port français par un navire étranger qui a fait escale à l'étranger.

En revanche, le transport, par un navire étranger, de fûts vides, pris dans un port français pour être chargés dans un autre port, n'est pas regardé comme cabotage. Egalement si, par suite d'avaries graves, un bâtiment français se trouvant à l'étranger, ne peut garder à bord sa cargaison, les marchandises peuvent, sur autorisation du Consul de France, être transbordées sur un navire étranger, puis ramenées en France par ce navire ; mais le débarquement ne peut être effectué que sur autorisation du Directeur, et après production d'un certificat du Consul de France qui a autorisé ce transbordement exceptionnel et nécessaire.

Entrepôts : 1° **Entrepôts fictifs** [1]. — Mutation de magasin non autorisée [2] de marchandises. — Cette contravention motive le *simple payement immédiat des droits* par le soumissionnaire des marchandises. Le service sédentaire procède par voie de contrainte, en vertu de la *loi du 8 floréal an XI, art. 15.*

Soustraction absolue de marchandises, y compris les sels. — *Payement du double droit, indépendamment d'une amende pouvant s'élever au double de la valeur des marchandises soustraites, déc., demi-déc. et dépens* (Tribunal de paix). — *Même texte qu'au cas précédent.*

2° **Entrepôts réels** [3] (prohibé et non prohibé) : Soustraction de marchandises pour toute autre cause que force majeure indépendante de la volonté de l'entrepositaire. — Ce cas est considéré comme « importation sans déclaration ou en contrebande » (voir ci-dessus, p. 32 et 33). S'il s'agit de marchandises passibles de faibles droits, l'on invoque le cas de « débarquement sans permis » (voir ci-dessus, p. 31).

3° **Entrepôts spéciaux** pour eaux-de-vie de genièvre, tafias, raisins de Corinthe, thé, foulards, croisés des Indes et crêpes de la Chine : — Soustractions et versements illicites dans la consommation : *Confiscation de la marchandise ou de sa valeur ; amende de 300 fr. et du double de cette somme en cas de récidive, avec privation de la faculté de l'entrepôt ou de fabrication, déc., demi-déc. et dépens* (Tribunal de paix) — *Loi du 19 octobre 1791, art. 5.*

Marques des navires. — (Voir ci-dessus, p. 24.)

Sels. — **Dépôts frauduleux.** — (Voir ci-après, p. 111.)

---

[1] C'est-à-dire tenus sous la seule clef du commerce.

[2] A Marseille, on accorde un délai d'un mois pour faire la déclaration de changement de magasin.

[3] Entrepôts tenus sous la double clef de la Douane et du commerce.

Vente, don, prêt ou autre disposition des congés et actes de francisation [1] des navires ; usage de ces actes pour d'autres services que celui du bâtiment pour lequel ils sont accordés. — *Confiscation des sommes énoncées au cautionnement [2] du propriétaire du navire, outre les autres condamnations prononcées par la loi, suivant les cas ; dépens* (Tribunal de paix). — *Loi du 27 vendémiaire an II, art. 16.*

Selon la nature des infractions et les pénalités encourues, les préposés déclarent saisie des marchandises... des moyens de transport, etc. En tout état de choses, après avoir fait au contrevenant, délinquant, les sommations légales, ils se replient immédiatement sur le corps de garde ou le bureau pour rendre compte de l'événement à leurs chefs et voir statuer sur les suites contentieuses.

---

[1] En cas d'altération d'un brevet de francisation, l'on doit retenir le navire jusqu'à ce que la justice en ait donné mainlevée et verbaliser à la requête du Ministère public (voir ci-dessus, page 60, note 5).

[2] Registre N n° 1 : 20 fr. par tonneau de jauge, si le navire jauge moins de 200 tonneaux ; 30 fr. par tonneau de jauge, si le navire jauge de 200 à 400 tonneaux ; 40 francs par tonneau de jauge, si le navire jauge plus de 400 tonneaux (art. 11 de la loi du 27 vendémiaire an II).

CHAPITRE III

Croisières.

Le service maritime a des attributions un peu plus restreintes que le personnel des brigades terrestres en ce sens que, le plus souvent hors des ports, il est spécialement affecté à l'observation des côtes, à la poursuite de la contrebande, à la police de la navigation et de la pêche, au maintien des règlements de police sanitaire. Cependant, si l'état de la mer interdit toute sortie, les sous-patrons et matelots participent parfois aux opérations des ports, aux ambulances intérieures, d'où nécessité pour eux de connaître les droits et devoirs généraux des préposés. Ce qui a été dit aux deux précédents chapitres trouve donc encore ici sa raison d'être, et il ne nous reste plus qu'à ajouter quelques considérations sur les croisières et les éventualités qu'elles peuvent amener.

La surveillance des embarcations de Douane s'exerce dans toute l'étendue du rayon maritime qui se prolonge en mer jusqu'à 20 kilomètres des côtes, en une ligne fictive parallèle à chaque sinuosité du littoral. Au-delà de cette distance s'ouvre le territoire neutre. Une saisie effectuée sur ce territoire ne serait valable que si la Douane y avait *suivi sans interruption* un bâtiment chargé de fraude, venant de l'intérieur du rayon.

L'embouchure des cours d'eau est également soumise à l'action du service, jusqu'au dernier bureau placé à l'intérieur.

Dès qu'un navire pénètre dans le rayon, la Douane se met à portée de voix, et, si le navire est inconnu, arraisonne le capitaine, pour être fixé sur la provenance. Si, dès lors, il est établi que le bâtiment arrive de régions contaminées par une maladie contagieuse, ou a des malades à bord, le service doit s'opposer à toute communication avec la terre jusqu'à ce que l'agent sanitaire ait prescrit les mesures à prendre au point de vue des visites médicales ou quarantaines, selon les instructions qu'il a reçues à cet effet. (Violation des règlements sanitaires, voir ci-dessus, p. 56.)

Le navire ayant été admis à la libre pratique, la Douane se rend à bord et vise le manifeste [1], dont la production est obligatoire dans le rayon maritime (voir ci-dessus, p. 73, « Absence de manifeste »). S'il le juge à propos, le service demande au capitaine une copie — mais non une traduction — de ce manifeste, et le capitaine est tenu de déférer à cette réquisition, sous peine d'infraction à la *loi du 4 germinal an II, titre II, art. 3*, qui le rendrait passible de l'amende encourue pour *Opposition (500 francs, déc., demi-déc. et dépens. — Tribunal de paix)*. Ce refus devrait être constaté par un procès-verbal à rédiger au bureau.

Au contraire, le *simple refus d'exhiber un manifeste* ne constitue *opposition* que si le capitaine d'un navire refuse en même temps de recevoir les agents de Douane à son bord et ne veut point permettre les visites sommaires.

Rien n'obligeant un capitaine étranger à traduire en français les énonciations de son manifeste, en pratique, quand surtout le navire a pour destination le port même dont dépend la péniche, les matelots se bornent à viser l'original du manifeste [1]. Ils visent également le livre de bord (voir ci-dessus, p. 74).

Pour la visite à bord (voir ci-dessus, p. 69 et suivantes).

A l'égard des yachts de plaisance, il est usé de grandes tolérances [2], et le service s'assure simplement si aucune communication illicite n'a pas lieu avec le littoral au point de vue sanitaire, si tous les passagers débarqués reviennent à bord, car un débarquement de passagers astreindrait le navire au paiement d'un droit de quai.

---

[1] En ayant soin de barrer tous les blancs, de façon à rendre impossible toute modification ultérieure de cet acte.

[2] Naturellement ces bâtiments sont dispensés de manifeste, s'ils n'ont à bord aucun passager, aucune marchandise à débarquer.

Si le service remarque dans le rayon un navire de moins
de 100 tonneaux, à l'ancre sans nécessité, ou louvoyant
d'une manière anormale, alors surtout qu'aucune circonstance de force majeure — telle qu'avaries, gros temps,
vents contraires, fuite d'ennemis en temps de guerre — ne
justifierait ces manœuvres, il se rendrait à bord, demande-
rait le rapport de mer et ferait les perquisitions légales.
Si alors il découvrait sur ce navire des marchandises prohibées (tabacs, poudre, allumettes), il en déclarerait la *saisie*,
ainsi que la confiscation du bâtiment. Cette contravention
rendrait, en outre, le capitaine passible d'une *amende égale*
à la valeur des marchandises, sans pouvoir être au-dessous de
500 francs, déc., demi-déc. et dépens. (Tribunal de paix.) —
Lois des 4 germinal an II, titre II, art. 7 ; 17 décembre 1814,
art. 15, et 27 mars 1817, art. 13.

Si le procès-verbal ne peut être rédigé à bord (voir ci-
dessus, p. 80), les sommations légales seraient adressées au
capitaine (voir p. 8). Avant tout, il serait procédé à la saisie
des marchandises (ou à leur escorte jusqu'au port). Le procès-verbal devrait soigneusement établir les présomptions
d'intention frauduleuse.

En admettant que le navire, apercevant le service, ferait
mine de virer de bord et de prendre le large, cette circonstance seule démontrant *tentative frauduleuse*, la Douane devrait donner la chasse à ce navire, et, si celui-ci ne tenait
pas compte de son injonction « d'avoir à s'arrêter », hisser
son pavillon et sa flamme, en appuyant cette démonstration
d'un coup de feu en l'air, pour bien indiquer qu'elle est
décidée à faire preuve de rigueur. Au besoin même, une
décharge serait tirée dans la voilure ou la coque du bâtiment. Il serait peu admissible qu'en présence de cette attitude le capitaine s'obstinât à continuer sa route.

Supposons enfin que le capitaine, une fois le procès-
verbal dressé, s'inscrive en faux contre ce procès-verbal, en
prétextant que des vents contraires l'obligeaient à serrer la
côte. Alors le service annexerait à son procès-verbal une
attestation, délivrée par la Marine ou par les pilotes, certifiant qu'à telle date, telle heure, l'état du temps et de la
mer permettaient de tenir le large.

Les autres éventualités des arrivages ont été énumérées
au chapitre précédent. Ajoutons simplement que tout

transbordement [1] dans une rade ou en dehors de l'enceinte d'un port sans permis régulier donne lieu à la *confiscation des marchandises transbordées et à une amende de 100 fr., déc., demi-déc. et dépens.* (Tribunal de paix.) — Loi à invoquer : *Loi du 22 août 1791, titre II, article 13, et titre XIII, art. 9.*

A la sortie des navires, il appartient également au service maritime de s'assurer si les capitaines ont entre les mains toutes les expéditions relatives à leur cargaison, ainsi que leurs papiers de bord, si les produits prohibés, les denrées coloniales de réexportation ou marchandises de primes existent intégralement à bord (ou sont accompagnés de permis, dans le cas où le navire devrait faire escale en un autre port français).

Avaries faites aux navires. — 1° **Avaries faites à des embarcations de Douane.** — Si l'auteur du dommage ne consent à souscrire immédiatement un engagement écrit de faire réparer à ses frais l'intégralité de l'avarie, le Receveur, agissant au nom de l'Administration, doit, dans les vingt-quatre heures de l'événement, lui faire signifier par huissier une demande d'indemnité. Il est bon que cette demande réserve ou requière condamnation solidaire du *capitaine* ou *patron de bateau*, auteur du dégât, et *de l'armateur*, civilement responsable. Une instance judiciaire est alors ouverte, au plus tard dans le mois, près du Tribunal de commerce, contre les deux intéressés en cause.

Lorsque l'armateur n'est pas connu, la Douane renouvelle ses réserves à son égard dans l'assignation donnée au capitaine, demande au Tribunal acte de ces réserves, puis, dans le mois .où elle est légalement réputée connaître cet armateur, elle exerce son recours contre lui.

Si l'avarie a été le fait d'un bâtiment de l'Etat, un rapport spécial de l'incident doit être établi et signé par chacun des agents de la Douane et de la Marine qui commandent les embarcations venues en collision. Au cas où le

---

[1] Mise à bord d'un autre navire ou bateau quelconque.

représentant de la Marine refuserait de remplir cette formalité, une assignation légale lui serait notifiée, comme au paragraphe précédent.

2° **Avaries faites par des embarcations de Douane.** — Si l'agent responsable de l'avarie ne consent à prendre, avec l'approbation de ses chefs, l'engagement de faire réparer à ses frais l'intégralité du dommage, une instance judiciaire est ouverte contre lui devant le Tribunal civil.

Balisage. — (Voir ci-dessus, p. 25.)

Épaves. — (Voir ci-dessus, p. 50).

CHAPITRE VI

Sels et Salaisons.

Impôt. — Les sels, de quelque origine qu'ils soient, ne peuvent être livrés à la consommation en France que sous paiement d'un droit intérieur de 0 fr. 10 par kilogr. [1]

Si les sels proviennent de l'étranger et des colonies françaises régies par des tarifs spéciaux, ils sont, en outre, soumis tout d'abord à la perception du droit de Douane à l'importation.

Sont exonérés de cette taxe de consommation : les sels exportés ; ceux destinés à la grande et à la petite pêche, à des établissements industriels déterminés par décrets spéciaux, aux fabriques de soude, aux usages agricoles, aux salaisons de la marine de l'Etat ; ceux qui doivent être affectés, sur autorisation spéciale, aux constructions navales et à l'approvisionnement des habitants des îles françaises voisines du continent [2], *mais non soumises au régime des Douanes* ; enfin ceux consommés par les habitants des localités situées entre le Croisic et le Pouliguen.

Boni. — Pour couvrir la perte que les sels éprouvent par suite de leur fonte naturelle, il est accordé — mais seulement aux sels français livrés à la consommation, soit à la sortie directe des marais salants, soit après mise en entrepôt

---

[1] En Corse, le droit est réduit à 0 fr. 075 le kilogr. ; dans le pays de Gex et la Haute-Savoie, il est de 0 fr. 02 le kilogr. Pour cette dernière destination, l'acquittement du droit est fait au point d'extraction de la denrée.

[2] Notamment : Hoédic, les îles Chausey, l'île aux Moines, Ouessant, Molène, l'île de Seins, les Glénans, dans l'Océan ; Port-Cros et l'île du Levant, dans la Méditerranée.

dans un autre port, — une remise ou boni de 3 ou de 5 kil.
par 100 kilogr., suivant le mode d'expédition de la denrée
et le déchet plus ou moins considérable qu'elle doit éprouver en raison de son transport (voir n° 437 des Observations
préliminaires du Tarif).

Marais salants ou salins. — Aucun marais salant ne
peut être ouvert qu'en vertu d'un arrêté du Ministre des
Finances, sur demande de l'intéressé, après enquête et
moyennant les engagements prescrits par la loi relativement
à la construction des salins et à leur exploitation (décisions
administratives des 3 mars et 6 mai 1842).

Un marais salant doit être construit de façon à permettre
la surveillance du service ; les préposés y ont droit d'accès
à toute heure et sur toute partie du terrain. Mettre obstacle
à ces visites constituerait un acte d'*opposition* (voir ci-dessus,
p. 44).

Il est interdit d'établir, dans l'enceinte des marais salants,
aucune fabrique autre que des raffineries de sel pour raffinage du sel marin brut, ou pour la production du sulfate
de soude par évaporation des eaux-mères, et ces fabriques
ne peuvent recevoir que les sels obtenus dans les marais
salants dont elles font partie [1].

Si accidentellement du sel était récolté sur des terrains
non soumis à la surveillance du service, ce sel devrait être
détruit à mesure de sa production et sous les yeux des préposés.

Aucune quantité de sel ne peut être extraite des marais
salants, ni circuler dans le rayon spécial de 15 kilom., sans
déclaration préalable et délivrance, par le service, d'un titre
de mouvement (acquit-à-caution, congé, passavant, quittance de droits) spécifiant les conditions exactes du trans-

---

[1] Les sels bruts étrangers ne peuvent être raffinés dans les marais salants en vue de la mise à la consommation. Par contre, si
un marais n'a pas produit de sel depuis plusieurs années, l'Administration peut autoriser exceptionnellement l'envoi sur ce marais
de sels provenant d'un autre établissement analogue, sous les conditions ordinaires du cabotage.

port[1]. Cette pièce doit être exhibée aux agents à toute réquisition. Si les conditions imposées pour le transport n'ont pas été scrupuleusement observées, il y a contravention (voir ci-dessus, p. 49).

Nous avons dit que le rayon sur lequel s'exerce, pour les sels, la surveillance du service, est de 15 kilom. des marais salants, côtes maritimes ou rivières affluentes à la mer. Dans toute l'étendue de cette zone, que ce soit en campagne ou dans les rues d'une localité (quelle qu'en soit la population), tout transport frauduleux doit être réprimé.

Les agents ont même le droit d'effectuer, en cas de soupçon de fraude, des visites domiciliaires dans le rayon précité, pour rechercher les dépôts irréguliers de sels ; mais ces visites ne peuvent être faites sans l'assistance d'un officier municipal (voir ci-dessus, p. 39) — entre le lever et le coucher du soleil, si la maison est habitée — et que dans les communes de moins de 2.000 âmes[2] agglomérées. S'il est découvert dans ces lieux une quantité de sel supérieure à 50 kilogr., dont le payement des droits ne peut être justifié par une expédition valable, ce sel est *confisqué* et le contrevenant passible d'une *amende de 100 fr., déc., demi-déc. et dépens* (Tribunal de paix). — *Décret du 11 juin 1806, art. 1er ; lois des 24 avril 1806, art. 57, et 17 décembre 1814, art. 29 et 32.*

Cabotage des sels. — Le cabotage des sels est réservé aux navires français. Ces navires peuvent charger à la fois *pour plusieurs ports français différents* (mais non simultanément pour ports français et étrangers), à condition qu'il existe un bureau de Douane à chacun de ces ports et que chacun des lots différents soit accompagné d'un acquit-à-caution spécial. La cargaison est considérée, au point de vue

---

[1] Une tolérance a cependant été accordée pour les petites quantités de sels destinées à l'approvisionnement des familles. Si ces quantités ne dépassent pas 4 kilogr., elles peuvent circuler sans expédition en deçà de la ligne des bureaux placés près des lieux de production et dans le rayon.

[2] Hameaux et écarts non compris ; mais les hameaux et écarts dépendant d'une ville de plus de 2.000 âmes sont soumis aux obligations des localités inférieures au chiffre précité.

du bord, comme ne formant qu'une masse unique. Si ce chargement a pour destination un port géré par un brigadier buraliste, l'intéressé fait une demande (sur papier timbré) à l'adresse du Directeur, pour être autorisé à débarquer exceptionnellement dans le port secondaire, en s'engageant à remplir les formalités de déclaration et d'acquittement de droits au bureau du Receveur auquel ressortit le brigadier buraliste.

Dans tous les cas où les sels n'ont pas payé la taxe de consommation sur les lieux mêmes de production, le transport en est assuré par un acquit-à-caution. Cet acquit n'est délivré que sur soumission cautionnée du chargeur portant engagement de payer, en cas de non-rapport de l'acquit dûment déchargé, le double droit, à titre d'amende, sur la quantité expédiée [1].

(Voir, pour les autres conditions du transport, p. 98 ci-dessus, et Observations préliminaires du Tarif, n°⁸ 443 à 448.)

Sels expédiés sur l'intérieur. — La surveillance de la Douane s'exerce encore, pour les sels, sur les fleuves ou rivières remontant vers l'intérieur jusqu'à 15 kilom. au-delà du dernier bureau. Dans le cas où un navire chargé de sel doit se servir d'une allège, les préposés assistent au transbordement et escortent le convoi jusqu'au dernier bureau vers l'intérieur où le sel est, soit livré à la consommation immédiate, soit entreposé. La denrée est accompagnée d'un acquit-à-caution, si le sel n'a pas acquitté le droit à sa sortie des marais salants ; au cas contraire, d'un congé.

Au-delà du rayon vers l'intérieur, les préposés n'ont pas à s'immiscer dans les questions d'avaries ou de sinistres que peuvent éprouver, en cours de route, les bâtiments ou les cargaisons.

Les questions de transports et de dépôts frauduleux de sel sont à peu près les seules que les agents soient exposés à

---

[1] Cette soumission peut être souscrite soit au bureau de chargement de la denrée, soit — au préalable — au bureau de destination qui alors avise de cette formalité le port où le sel doit être chargé.

rencontrer dans leurs tournées autour ou le long des marais salants. Toutes les formalités relatives aux entrepôts, décharge des acquits, armements, sont plutôt du ressort du service sédentaire et résultent d'instructions spéciales. En revanche, les opérations de petite pêche (salaisons en mer, à terre ou en ateliers) étant fréquemment dévolues aux brigades, et parfois sur des points des côtes très écartés des bureaux, il importe que les préposés soient fixés sur les difficultés que peut présenter cette matière.

Petite pêche. — Les sels destinés à la salaison des produits de la petite pêche française sont, nous l'avons dit, exonérés du payement de la taxe de consommation [1] ; mais c'est sous la réserve qu'ils soient pris en charge au bureau voisin, et que le préparateur du poisson s'engage, par une soumission cautionnée, à en faire un judicieux emploi.

Ces sels peuvent être : 1° des sels français extraits des marais salants ou salins, des entrepôts généraux ou spéciaux ; 2° des sels étrangers pris dans les entrepôts [2].

A leur départ des marais salants ou des entrepôts pour les lieux de pêche, les sels doivent être accompagnés d'un acquit-à-caution. La reconnaissance, au lieu de destination, ayant fait ressortir des différences appréciables (excédents ou déficits), doit-on verbaliser ? — Oui, si une soustraction ou une substitution en cours de route est évidente. Au contraire, s'il s'agit d'un simple manquant attribuable à l'humidité de l'air, à la manipulation ou à d'autres raisons admissibles, le Receveur peut se borner à faire souscrire au déclarant un engagement cautionné de s'en rapporter à la décision de l'Administration, et décharger l'acquit sous réserves. Lorsque, par exception, le service se trouve contraint de verbaliser, il doit invoquer les textes et pénalités rappelés ci-dessus, p. 98.

---

[1] Si, par exception, l'on faisait usage de sels acquittés, le droit de consommation déjà versé ne pourrait être remboursé.

[2] Ces sels doivent acquitter les droits d'importation (droit réduit ou droit normal, suivant le genre de pêche — voir Observations préliminaires, n° 498).

Salaisons en mer. — Tout patron de barque qui désire se livrer à des salaisons en mer doit faire au bureau une déclaration préalable. Il lui est alors délivré un certificat qui lui permet d'obtenir, dans les entrepôts ou sur les marais salants, et ce après souscription d'une soumission cautionnée, les quantités de sel jugées nécessaires. Au dos de ce certificat, le service inscrit, à la suite les uns des autres, les divers acquits délivrés.

Les maîtres (patrons) de bateaux qui font la pêche du hareng et du maquereau doivent être munis d'un livret de pêche qu'ils sont tenus de représenter à toute réquisition des agents, et sur lequel le service consigne ses diverses observations. Il leur est délivré un passavant pour justifier l'origine et l'emploi de leurs sels.

Pour les autres armements, on emploie l'acquit-à-caution.

Ces passavants ou acquits-à-caution doivent être toujours représentés au service dès qu'il en fait la demande, que ce soit à terre, à bord ou en mer, sous peine de *confiscation des salaisons, du sel trouvé à bord, des moyens de transport et d'une amende de 100 fr., déc., demi-déc. et dépens* (Tribunal de paix). — Textes à invoquer :

1° Pour absence d'expédition en mer et à bord : *décret du 11 juin 1806, art. 16 et 51, et loi du 17 décembre 1814, art. 29 ;*

2° Pour absence d'acquit à l'arrivée dans les ports : *Même décret, art. 16 et 50 ; mêmes loi et articles.*

Les acquits et passavants servent à la décharge (partielle ou totale) des sels, en proportion des quantités de produits de pêche rapportés, et d'après les allocations fixées par les règlements. (Voir Observations préliminaires, n° 506.)

A leur retour de mer, les patrons de bateaux déclarent tout d'abord à la Douane la quantité de sel neuf et de poisson qu'ils rapportent, et représentent leur acquit-à-caution ou passavant. La non-déclaration du sel neuf est punie de la *confiscation du sel, d'une amende de 100 francs, du triple droit du sel, déc., demi-déc. sur les amendes et dépens ; le bâtiment est préventivement retenu pour sûreté de ces amendes* (Tribunal de paix). — *Même décret qu'au cas qui précède, art. 53 et 54 ; même loi, art. 29.*

Cette déclaration peut être verbale, s'il s'agit de barques effectuant la salaison en vert le long des côtes. Si, au contraire, ce sont des bateaux armés pour la pêche en haute mer, la déclaration *de gros* (voir ci-dessus, p. 82) est obligatoire, avec production d'un manifeste.

La déclaration ayant été faite, le poisson est débarqué en présence du service, et soumis à la vérification (pesage ou comptage). Une opération analogue est faite pour les sels restants, puis l'acquit est déchargé au verso des quantités de sels que représente le poisson. Cette décharge peut être faite partiellement dans un port, partiellement dans un autre ; mais l'apurement du compte tenu au bureau pour chaque patron a lieu au bureau de départ des navires pêcheurs.

Le défaut de proportion entre les quantités de poisson salé représentées et celles de sel employées entraîne *une amende de 100 francs, le payement du triple du droit dont le sel non représenté eût pu être frappé, déc , demi-déc. sur les amendes, dépens, enfin la retenue préventive du bâtiment pour sûreté de l'amende* (Tribunal de paix).— *Décret du 11 juin 1806, art. 53 ; loi du 17 décembre 1814, art. 29.*

Généralement on ne verbalise pas pour des différences (excédents ou déficits) ne dépassant pas 5 o/o du nombre de barils de sel ou de poissons déclarés. Les différences supérieures à ce chiffre comporteraient, en principe, l'application des pénalités rappelées ci-dessus, p. 73. pour *différences au manifeste* ; mais, à moins de circonstances aggravantes, même ce dernier défaut de proportion, s'il n'y a pas soupçon de fraude, peut être simplement constaté au bureau par une soumission (cautionnée) contentieuse de s'en rapporter à la décision de l'Administration à laquelle il en est référé.

Cependant si les excédents reconnus sont importants et ne peuvent être attribués à une économie, tout indiquant d'une façon péremptoire que le bateau a communiqué frauduleusement avec l'étranger, ces excédents seraient *saisis* et application serait faite au patron du bateau du régime répressif applicable aux *absences de manifeste* [1] (voir ci-dessus, p. 73), ou, si le manifeste existait, aux *fausses déclarations d'origine*, soit :

---

[1] Amende de 1.000 francs et payement d'une somme égale à la valeur des quantités de poissons salés importées en excédent de celles attribuées par les règlements.

1° **Droit éludé de moins de 12 francs** : *Amende de 100 francs, déc., demi-déc. et dépens ; retenue préventive de la marchandise pour sûreté de l'amende (Tribunal de paix). — Loi du 22 août 1791, titre II, art 21.*

2° **Droit éludé de 12 francs ou plus.** — *Confiscation de la marchandise ; par ailleurs mêmes amende, juridiction et texte qu'au cas précédent, sans préjudice des pénalités spéciales au sel dont l'emploi régulier n'est pas justifié.* (Voir p. 116, § 3 ci-dessus.)

Les sels restant à bord à l'issue de la campagne de pêche sont, soit soumis aux droits, soit réintégrés dans les entrepôts ou sur les marais salants, après déclaration au bureau.

Il est rendu compte à l'Administration des déficits sur règlement de comptes.

Nota. — Dans tous les cas où il y a lieu de recourir à l'application rigoureuse de la loi, procès-verbal est déclaré au patron du bateau, avec sommation de se rendre au bureau. Les sels ou salaisons y sont également transportés, si la loi enfreinte en prononce la confiscation, à moins que le capitaine en fraude ne consente à offrir transaction immédiate.

Salaisons à terre ou en ateliers. — Nul ne peut employer, à la préparation du poisson, du sel non soumis aux droits s'il n'y est spécialement autorisé et ne dispose d'un local réunissant les conditions imposées par la loi : ce sont là points à discuter par le service sédentaire. (Voir décret du 30 octobre 1816, art. 5.)

Tous ceux qui, sans déclaration préalable, emploient du sel à la salaison, de poissons ou qui ont un dépôt de sel dans les lieux où se font ces salaisons, doivent justifier qu'ils ont acquitté les droits, ou qu'ils en ont garanti le payement par une soumission cautionnée. A défaut de cette preuve, ils encourent *la confiscation du sel et des salaisons, et une amende du double des droits fraudés, déc., demi-déc et dépens* (Tribunal de paix). — *Décret du 11 juin 1806, art. 40, et loi du 17 décembre 1814, art. 29.* Les mêmes pénalités seraient applicables à un saleur [1] qui introduirait dans ses ateliers des poissons de pêche étrangère. Le procès-verbal à rédiger

---

[1] Ou à son représentant (fondé de pouvoir, gérant d'usine).

dans ce sens pourrait conclure, en outre, à l'application des mesures répressives prononcées par la *loi du 17 décembre 1814, art. 29 et l'ordonnance royale du 30 octobre 1816, art. 13*, soit abus de la profession de saleur pour faire la fraude ou une spéculation illicite. Ce dernier manquement à la loi entraîne, *outre les peines que comporte l'infraction reconnue, la privation de la franchise accordée pour les salaisons, pendant un espace de temps qui ne peut être moindre que deux ans, ni supérieur à quatre. En cas de récidive, la privation du privilège de saleur est prononcée pour toujours* (Tribunal de paix).

L'accès des ateliers et magasins régulièrement installés ne peut être refusé au service ; ce fait constituerait *Opposition*. (Voir ci-dessus, p. 44.)

Avant de recevoir du sel, le saleur doit faire, au bureau, une déclaration pour indiquer le genre de salaisons qu'il se propose d'entreprendre. Il souscrit un engagement cautionné de n'employer ce sel qu'à la salaison du poisson déclaré, et d'après les proportions fixées par les règlements. Dans l'enceinte où se trouvent les ateliers de salaison, il ne peut être détenu de sels autres que ceux spécialement destinés à la préparation du poisson. Cette infraction, ainsi que celle résultant de la vente des sels destinés à la préparation du poisson pendant la durée des salaisons, *est punie d'une amende de 100 francs, du triple des droits fraudés, déc., demi-déc., sur les amendes et dépens. En cas de récidive, privation de la franchise accordée pour les salaisons* (Tribunal de paix). — *Décret du 11 juin 1806, art. 45, loi du 17 décembre 1814, art. 29, et ordonnance royale du 30 octobre 1816, art. 6.* Même après la clôture des opérations, cette vente est interdite, sous les mêmes peines, à moins que le saleur ne puisse justifier du payement de l'impôt sur les sels vendus.

Une personne étrangère à un atelier de salaisons ne peut habiter dans l'enceinte de l'établissement, si cet atelier comporte un entrepôt spécial. De plus, aucun magasin (de gros ou en détail) pour la vente des sels acquittés — c'est-à-dire des sels ayant payé l'impôt — ne peut être établi à moins de 25 mètres de distance d'un atelier de salaisons : *même amende qu'au cas précédent* (Tribunal de paix) ; *mêmes articles des mêmes loi et décret, et art. 7 de la même ordonnance royale*, et la personne fautive ne pourrait se soustraire à ces pénalités qu'en transférant ou écartant son magasin à la distance légalement fixée.

Les sorties des sels destinés aux ateliers sont effectuées au vu d'un permis délivré au bureau, et établi pour telle quantité que le saleur juge nécessaire. Ces sels, une fois pesés et mesurés, sont pris en charge au compte du saleur, qui doit justifier de leur emploi régulier par une représentation ultérieure de poissons salés. Les proportions de sel allouées varient suivant le mode de préparation (salaisons en vrac, en barils, en boîtes), et suivant que cette salaison doit être faite à sec ou en saumure. Ces quantités sont basées sur la déclaration du saleur et les allocations réglementaires. (Voir n° 506 des Observations préliminaires.)

Le sel ayant été laissé à la libre disposition du saleur, il lui appartient d'en assurer l'emploi judicieux et régulier, d'après les proportions imposées. La surveillance du service, à l'égard des préparations, peut n'être que temporaire. L'essentiel est que les agents tiennent un compte rigoureux des livraisons de sel et des sorties de poisson, qu'ils s'assurent, par des apparitions fréquentes et inopinées dans les ateliers, que les préparations sont convenablement faites [1], enfin que les sels livrés ne sont pas détournés de leur véritable affectation. Par suite, si quelque personne, en communication avec les ateliers ou entrepôts, est surprise transportant sans expédition une quantité de sel, quelque minime qu'elle soit, il est verbalisé simultanément contre elle et contre le saleur : cette fraude entraîne la *confiscation du sel, le payement du triple droit sur le sel soustrait ; une amende individuelle de 100 francs pour extraction de l'atelier et circulation illicite simultanées* (Tribunal de paix). — Textes

---

[1] Si les agents s'apercevaient que des salaisons ou même des poissons frais laissent à désirer et qu'ils ne pourraient servir sans danger à l'alimentation, ils devraient en aviser le Maire, qui prendrait telles mesures qu'il jugerait utiles. Lorsque ces produits douteux sont reconnus malsains, les agents, assistés de la police locale, les font détruire sous leurs yeux. Les salaisons soumises à cette mesure ne donnent lieu à la décharge, au compte ouvert, d'aucune quantité de sel. Cependant, s'il s'agit de harengs salés livrés comme engrais à l'agriculture, on peut les admettre, lors du règlement du compte, en décharge du sel qu'ils représentent, à condition qu'aucun doute ne s'élève sur la régularité de l'opération.

à invoquer au procès-verbal : *Décrets des 11 juin 1806, art. 45 et 46, 25 janvier 1807, art. 2, et ordonnance du 30 octobre 1816, art. 6.*

Dans le cas de saisie dans un atelier de salaisons, il n'est pas nécessaire que le procès-verbal soit rédigé sur place. Les préposés saisissent le sel et somment le transporteur et le saleur de se rendre de suite au bureau, ou le lendemain... à telle heure légale... pour assister à la rédaction du procès-verbal, etc. (Voir ci-dessus, p. 8, pour les sommations.)

Si, au contraire, il y avait lieu de saisir dans une maison, à la suite d'un transport de sel suivi à vue, il serait nécessaire d'observer les formalités rappelées ci-dessus, p. 39 et 40.

A chaque sortie de salaisons, le saleur fait une déclaration. Le service procède à la reconnaissance (pesée *au net*, ou dénombrement des caisses, paniers), et délivre un passavant pour assurer le transport des produits dans le rayon. Les sels sont imputés ensuite en décharge au compte ouvert tenu au bureau, d'après les constatations du service.

Si, au cours des opérations, les agents reconnaissent quelque manœuvre irrégulière, telle que supposition de salaisons qui n'ont pas été faites, ou substitution à des poissons pressés, dans les barriques ou barils, de matières étrangères (pierres, bois), même de sel neuf ou sec [1], le tout pour couvrir un déficit de sel, ou pour aider à une introduction frauduleuse de sel, ils devraient déclarer procès-verbal au saleur, avec sommation de les accompagner au bureau. Les condamnations applicables à ce genre d'infractions sont : *amende de 100 francs, triple des droits fraudés, déc., demi-déc. sur les amendes, dépens. En cas de récidive, privation de la franchise accordée pour les salaisons (Tribunal de paix). — Décret du 11 juin 1806, art. 45 et 46, et loi du 17 décembre 1814, art. 29.*

Lorsque la campagne de pêche est terminée, ou à la clôture de chaque spécialité de salaison, l'atelier est recensé. Les sels non employés [2] sont réintégrés en entrepôt ou sou-

---

[1] Ces irrégularités ne pourraient être découvertes que par une visite inopinée, ou par le sondage des barils.

[2] Si le saleur présentait des sels mélangés de sable, le service refuserait de les admettre en décharge, constaterait le déficit par

mis au droit de consommation et le résultat de ces opérations est constaté par un procès-verbal spécial (formule S 53) que le saleur signe et dont il reçoit copie.

Si le saleur, par sa mauvaise volonté, sa nonchalance ou un refus (positif ou déguisé) de fournir aux agents ce qui leur est nécessaire, les met dans l'impossibilité d'effectuer un recensement, le service déclare procès-verbal pour *Opposition* et se retire sans retard au bureau pour rédiger cet acte et faire arrêter le compte du saleur. Une autre répression atteindrait le saleur s'il refusait, à l'issue des opérations, de submerger immédiatement et en présence du service, les sels immondes dits *ressels* et *saumures*, provenant de la salaison de poissons [1], les sels neufs mélangés de sels immondes en quelque proportion que ce fût, qu'il ne serait pas dans l'intention de livrer à des usages agricoles. Ce refus le placerait, en effet, sous le coup des pénalités rappelées ci-dessus, p. 119, § 5 (Tribunal de paix). *Même décret, art. 45 ; mêmes loi et articles et ordonnance du 30 octobre 1816, art. 1ᵉ.*

Une fois le compte arrêté et la balance établie entre les quantités sels livrées et celles que représente le poids du poisson salé sorti des ateliers ou y existant lors du recensement, s'il y a déficit, c'est-à-dire si le poids du sel neuf livré est dépassé par le poids du sel représenté en salaisons, il y a défaut de proportion, et cette nouvelle contravention est punie *d'une amende de 100 francs, du payement du double des droits fraudés, déc., demi-déc. sur les amendes et dépens. — Décret du 11 juin 1806, art. 43.* Le recouvrement de ces amendes est poursuivi, s'il y a lieu, par voie de contrainte, mode de procédure réservé aux Receveurs.

Le contrevenant est invité à accepter le résultat par signature d'une feuille de recensement. S'il refuse, mention en est faite, en rappelant les raisons fournies, et l'Administration statue ; mais, s'il y a mauvaise foi, il est préférable de verbaliser, afin d'établir au besoin dans l'avenir la récidive [2].

---

procès-verbal. (*Défaut de proportion* — voir ci-dessus, § 3) et en aviserait le Maire, qui pourrait prescrire la destruction de ce sel comme dangereux pour la consommation.

[1] A moins de circonstances exceptionnelles dont l'Administration serait seule juge.

[2] Voir ci-dessus, p. 49, note 1.

Les déficits peu importants et n'excédant pas tant pour cent de l'allocation légale sont soumis au simple droit de consommation ; ceux supérieurs à la proportion tolérée paient double droit ; s'il y a fraude ou abus réel, on applique strictement la loi pour *Défaut de proportion*. Dans tous les cas où il n'est pas verbalisé, il est de prudence élémentaire de réserver tous les droits de l'Administration par une soumission contentieuse que le Receveur établit.

Sels impurs, etc., livrés à l'agriculture. — Un saleur peut être autorisé à livrer à l'agriculture [1], en franchise de toute taxe, soit directement, soit par l'entremise d'un dépôt spécial de sels, les ressels, saumures formant restants en ateliers, à condition que ces sels et ressels soient dénaturés en présence du service (Douanes ou Contributions Indirectes), par l'un des procédés autorisés par les règlements. (Voir Observations préliminaires, n° 465 et suivants.)

Avis de ces envois est donné au lieu de destination par un bulletin S 77, et le service de ce lieu (Douanes ou Contributions Indirectes) prend telles mesures qu'il convient en vue de la surveillance et de l'emploi des produits, ou de la dénaturation des sels qui n'auraient pas été dénaturés au point d'expédition.

Tout déficit présumé frauduleux, soit à l'arrivée dans les dépôts de sels dénaturés, soit à leur sortie de ces dépôts, tout détournement dans la destination des sels livrés en franchise d'impôt pour usages agricoles, rendrait le transporteur ou le déclarant de ces sels passible du *payement du double droit sur le sel pur, d'une amende de 500 à 5.000 francs, déc., demi-déc. et dépens* (Trib. correctionnel). — *Loi du 17 juin 1840, art. 10 et 13, et décret du 8 novembre 1869;* mais, comme dans toutes les infractions précédentes, il ne serait verbalisé qu'en cas de soupçons bien établis de fraude ou abus.

Grande pêche. — La plupart des questions relatives aux sels de retour de grande pêche sont réglées par rapports

---

[1] Pour amendement des terres ou nourriture du bétail.

spéciaux, au vu desquels les chefs statuent. On ne verbalise pour excédents ou déficits que si ces différences offrent une importance excessive et que tout dépote une fraude manifeste. Par ailleurs, embarquements et débarquements sont assujettis aux règles générales. Les pénalités pour primes sur salaisons ont fait l'objet ci-dessus d'un article spécial. Il suffira donc d'ajouter que le transport des sels étrangers sur les lieux de pêche ou leur importation en France, en vue de cette destination, ne peuvent être effectués que sous pavillon français. *(Loi du 23 novembre 1848, art. 3.)* Le service devrait donc refuser d'autoriser le débarquement de ces sels importés par bâtiments étrangers.

Si un armateur n'a pas fait suivre à son navire la destination portée à la soumission souscrite lors du départ, s'il a demandé ou reçu la prime pour des armements ou transports de produits effectués autrement que par bâtiments français et pour des produits de pêche étrangère, les contraventions qui résultent de ces fraudes sont poursuivies à la requête du Ministère public par l'agent judiciaire du Trésor, après enquête et examen des documents produits en présence des deux Administrations de la Douane et de la Marine. Inutile donc de s'attarder sur ce sujet.

Fabriques de soude, raffineries. — (Voir ces articles ci-après à la IIe partie, chap. IV.)

CHAPITRE V

Corse, îles voisines du littoral et Algérie.

Corse. — Les produits corses, dont les similaires [1] étrangers sont exempts de droits, peuvent être importés de Corse par tous les ports de la France continentale. Les autres produits (naturels ou fabriqués, spécialement désignés par lois, décrets ou même décisions administratives provisoires) ne peuvent être importés que par les bureaux suivants : Agde, Antibes, Arles, Bayonne, Bordeaux, Cannes, Cette, Dunkerque, Honfleur, La Seyne, Le Havre, Marseille, Monaco, Nantes, Nice, Port-de-Bouc, Port-Vendres, Rouen, Saint-Malo, Saint-Nazaire, Saint-Raphaël, Saint-Tropez, Saint-Valéry-sur-Somme et Toulon. L'expédition de ces produits a lieu sous les conditions habituelles du cabotage, après production, s'il y a lieu, de certificats d'origine.

Les autres marchandises [2] sont admissibles en France continentale sous la condition du paiement des droits, comme si elles arrivaient de l'étranger.

Pour ce qui concerne les relations de la Corse avec la France continentale, les marchandises françaises ou nationalisées par le paiement des droits sont admises en franchise en Corse par tous les bureaux, si l'expédition en a lieu sous les conditions du cabotage.

Les produits étrangers réexportés d'entrepôt, expédiés en transit ou après transbordement dans les ports métropolitains, sont traités, à leur arrivée en Corse, comme s'ils arrivaient directement du lieu d'importation primitive.

---

[1] C'est-à-dire les produits de même nature.

[2] Sauf les tabacs en feuilles achetés en Corse par la Régie et qui sont admis en franchise de droits.

Il existe en Corse un tarif spécial privilégié pour certaines marchandises étrangères. Celles énumérées à la liste 1 de l'annexe sous la lettre c ne peuvent être importées dans l'île que par des navires de 20 tonneaux ou plus. L'admission des denrées coloniales, des tabacs, des tissus de lin ou de chanvre, ainsi que des autres marchandises désignées sous les lettres c et e à la liste n° 1 de l'annexe, est réservée aux bureaux d'Ajaccio, Bastia, Bonifacio, Calvi, Canari, Centuri, Cervione, Ile-Rousse, Macinaggio, Porto-Vecchio, Propriano, Sagone et Saint-Florent ; des autorisations spéciales seraient nécessaires pour l'introduction de ces marchandises par d'autres bureaux. La librairie et les huiles minérales ne peuvent être importées que par les ports spécialement désignés à cet effet. (Voir lettres v, x, y de la liste n° 2 de l'annexe.)

Les exportations s'effectuent en Corse dans des conditions identiques à celles de la France continentale.

Il n'existe pas, en Corse, d'entrepôt, et le transit n'y est appliqué qu'à titre exceptionnel, en ce qui concerne les spiritueux.

Relativement aux taxes intérieures, le sel (droit réduit à 7 fr. 50 les 100 kilogr.) suit le même régime que sur le continent ; aucun droit de garantie ne frappe les ouvrages d'or et d'argent ; le monopole des tabacs n'existe pas ; les tabacs et poudres à feu sont vendus à des tarifs spéciaux ; le régime des allumettes et cartes à jouer [1] est le même qu'ailleurs en France ; un droit de consommation réduit (90 fr. par hectolitre alcool pur) porte sur les alcools et spiritueux introduits ou fabriqués dans l'île, et leur transport est soumis tant dans le rayon spécial de cinq kilomètres des côtes que dans tout l'intérieur à la formalité du passavant [2]. Toute

---

[1] Cartes à jouer. (Loi du 29 mars 1897, art. 6.)

[2] Les envois de spiritueux, vermouts, vins de liqueur ou d'imitation, vins mutés à l'alcool, vins de raisins secs et autres vins artificiels, effectués de Corse en France continentale ou en Algérie, sont accompagnés d'acquits-à-caution de Douane, acquits que déchargent, au port d'arrivée, les services des Contributions indirectes (France continentale) ou des Contributions diverses (Algérie). Les mêmes liquides, expédiés de la France continentale ou de l'Algérie en Corse, donnent lieu à la délivrance d'acquits-à-caution

contravention [1] relative au transport des spiritueux dans l'intérieur est frappée des pénalités édictées par la *loi des 6-22 août 1791, titre III, art. 15, et le décret du 27 janvier 1898, art. 17* (Tribunal de paix), soit *confiscation des marchandises et amende de 100 fr., déc., demi-déc. et dép.* Constatées dans le rayon, les mêmes infractions sont poursuivies comme « importation frauduleuse », en vertu de la *loi du 17 mai 1826, art. 22, et du décret du 27 janvier 1898, art. 17*, et donnent lieu aux pénalités ci-dessous, applicables aux circulations en contrebande.

La circulation ou le dépôt dans le rayon sans passavant ou avec passavant périmé [2] des marchandises suivantes : cacao, café, cannelle, cartouches de chasse pleines, cassia lignea, céréales de toute espèce, boissons spiritueuses, cordages en chanvre, fromages, girofle, huiles d'olive, macis, muscades, nankin des Indes, pâtes d'Italie, piment, poissons salés, poivre, sucres bruts et terrés, tabacs indigènes ou étrangers, thé, toiles, viandes salées et produits prohibés à l'entrée, donne lieu — mais rien que s'il s'agit de quantités supérieures à quinze mètres pour les tissus, et à cinq kilogrammes pour les autres marchandises — à l'application des *lois des 17 mai 1826, art. 22, et 6 mai 1841, art. 5 :*

1° MARCHANDISES PROHIBÉES OU TARIFÉES SUR LE CONTINENT A 25 FRANCS ET PLUS LES 100 KILOGRAMMES. — Pénalités applicables, suivant les circonstances, aux « importations en contrebande » — (Voir ci-dessus, p. 33 et 34, 1°, 2°, 3°) ; — aux « transports en contrebande par voiture » (Voir ci-dessus, p. 34) ; — aux « transports ou dépôts de marchandises prohi-

---

(Contributions indirectes, dans la France continentale — Contributions diverses, en Algérie) qui, au port d'arrivée en Corse, sont déchargés par le service des Douanes, avant renvoi au bureau d'émission.

[1] Absence d'expédition, défaut d'identité de marchandises ; refus d'exhiber le titre d'accompagnement ; non-observation des conditions de transport.

[2] C'est-à-dire remontant à plus d'un an de date. Les allumettes, cartes à jouer, poudres à feu et tabacs revêtus de vignettes ou bandes de contrôle de la Régie peuvent circuler sans passavant.

bées à titre absolu ou localement, ou passibles de taxes intérieures, ou tarifées à 25 fr. et plus les 100 kilogr. poursuivies à vue (Voir ci-dessus, p. 35, 3°); — aux « défauts de justification d'origine de marchandises reprises sous les lettres A, B, E à la liste n° 1 de l'annexe, chargées dans le rayon » (Voir à la liste n° 3 de l'annexe le mot « Rayon »); — aux « dépôts sans expédition valable dans les lieux dont la population agglomérée est de moins de 2.000 âmes » (Voir, à la liste n° 3 de l'annexe, les mots « Circulation ou dépôt »).

2° Marchandises tarifées sur le continent a moins de 25 francs les 100 kilogrammes. — Pénalités applicables, suivant les circonstances, aux « transports après poursuites à vue » (Voir ci-dessus, p. 35, 1°, 2°); — aux « circulations sans expédition valable de marchandises tarifées à moins de 25 fr. les 100 kilogr. » (Voir, à la liste n° 3 de l'annexe, le mot « Rayon »); — aux « transports de ces marchandises, même avec passavant, de nuit, entre le coucher et le lever du soleil, si le passavant n'en porte pas la permission expresse » (Même liste, mot « Rayon »); — aux « dépôts, sans expédition valable, dans les lieux dont la population agglomérée est de moins de 2.000 âmes, de marchandises manufacturées, autres que du cru du pays, ou prohibées à la sortie » (Même liste, « Rayon, — Dépôt, etc. »).

Lorsqu'il est verbalisé pour l'un ou l'autre de ces cas, il est préférable d'invoquer, outre les lois des 17 mai 1826 et 6 mai 1841, rappelées ci-dessus, les lois ou décrets propres à chaque spécialité d'infractions.

Iles voisines du littoral. — 1° Iles où le service des **Douanes est établi.** — Les îles d'Aix, Belle-Isle, Groix, Noirmoutiers, Oléron, Porquerolles, Ré et Yeu communiquent avec la France continentale et avec l'étranger sous les conditions générales des règlements (cabotage, importation, exportation). Les denrées du cru ou de l'industrie locale, expédiées de ces îles sur le continent, ne sont admises en franchise que si elles sont accompagnées d'une expédition (passavant, dans les cas les plus fréquents) qui en justifie l'origine. Quant aux produits étrangers qui ont été nationalisés par le paiement des droits, ils doivent être également nantis de titres justifiant ce paiement.

Les relations de la France continentale avec ces îles s'effectuent sous les conditions ordinaires du cabotage, des transbordements ou réexportations.

2° Îles où il n'existe pas de service des Douanes [1]. — Toute relation avec l'étranger est interdite à ces îles. Les navires étrangers ou nationaux venant de l'étranger ne peuvent y avoir accès qu'en cas de relâche forcée ou de détresse dûment justifiée. En revanche, toute latitude à l'égard des communications y est laissée aux navires caboteurs.

Les produits du cru de ces îles ne sont admis en franchise sur le continent que sur justification de leur origine au moyen de certificats municipaux.

Il est pourvu à leur alimentation par crédits spéciaux. (Voir p. 109 pour les sels.) Les objets de première nécessité (denrées, bois de construction) leur sont expédiés sous le régime du cabotage. La régularisation des passavants est faite par le Maire de la localité de destination.

Par suite de l'interdiction de tout commerce de ces îles avec l'étranger, les produits qui en proviendraient et dont l'origine ne pourrait être justifiée, seraient traités comme importés en contrebande.

Algérie. — Les lois et règlements en vigueur dans la métropole sont applicables à l'Algérie, à moins de dispositions spéciales prises par voie de décret. Les procès-verbaux constatant les infractions sont établis dans la même forme qu'en France, mais la connaissance des délits de Douane commis sur le *territoire militaire* de l'Algérie varie selon que ces délits sont imputables à des musulmans et indigènes ou à des Européens et Israélites : au premier cas, les affaires relèvent des Conseils de guerre, et, au second, des Tribunaux ordinaires français. Les crimes, délits ou contraventions commis en *territoire civil* sont également déférés aux Tribunaux ordinaires, quelles que soient la religion et

---

[1] Voir p. 109, note 2, la liste de ces îles.

la nationalité des coupables. En l'absence de procès-verbal, la preuve du délit est admise pour les poursuites judiciaires.

Les importations, exportations, le cabotage sont subordonnés aux mêmes formalités de déclaration, de visite qu'en France ; seulement, à l'encontre de ce qui se pratique dans la métropole, les bâtiments étrangers peuvent être autorisés par le Gouverneur général à effectuer des transports de marchandises entre les différents ports de la colonie [1].

La navigation entre la France et l'Algérie est réservée au pavillon national et est assimilée au cabotage. Ce bénéfice, s'il exonère les bâtiments du paiement du droit de quai, leur retire, d'autre part, le privilège de pouvoir s'approvisionner en entrepôt des denrées coloniales nécessaires à l'avitaillement de l'équipage.

Les marchandises françaises ou nationalisées sont expédiées en Algérie sous le régime du cabotage. L'expédition en France des marchandises originaires de la colonie, ou soumises aux droits de son tarif propre, est effectué dans des conditions identiques.

En Algérie, il n'existe aucune restriction d'entrée pour les marchandises, en ce qui concerne les importations par mer ; par terre, les opérations d'entrée et de sortie de tous produits, ainsi que des animaux vivants, sont spécialement réservées à certains bureaux. A l'égard du tonnage des navires importateurs, le minimum obligatoire est le même qu'en France (voir ci-dessus, p. 79, notes 2 et 3) ; à la réexportation des entrepôts, le tonnage obligatoire est celui fixé pour Marseille. (Voir ci-dessus, p. 91, note 2.)

Alger et Oran ont des entrepôts réels et sont ouverts au transit à l'entrée et à la sortie ; par ailleurs, les marchandises étrangères peuvent être placées en entrepôt fictif dans toutes les villes de l'intérieur et du littoral où existent des bureaux de Douane.

Le bureau de Ghardimaou (gare internationale) est ouvert au transit international et à l'importation des marchandises tarifées à plus de 25 fr. les 100 kilogr.

Octroi de mer. — Outre les droits de Douanes, certains

[1] Il leur est délivré un passeport, dont le prix est de 0 fr. 60.

produits supportent lors de leur importation en Algérie par voie de terre et de mer, une taxe dite *Octroi de mer* destinée à subvenir aux charges des communes. Cette taxe existe aussi pour les mêmes produits qui sont fabriqués ou récoltés à l'intérieur de la colonie, mais alors le soin de son fonctionnement incombe aux agents des Contributions diverses. Le rôle de la Douane est d'assurer, à l'arrivée des marchandises dans les ports, la perception régulière de cet impôt qui, en somme, est assimilé aux autres droits pour les déclarations, la perception et les suites contentieuses.

Rayon. — La surveillance de la Douane pour la circulation et le dépôt des marchandises prohibées [1], des armes et munitions, des denrées coloniales, des tissus de coton, ainsi que des autres produits spécialement désignés par l'Administration, s'étend, en Algérie, non plus comme en France, sur une étendue fixe de 20 kilom. des côtes : le rayon algérien remonte, en effet, à l'intérieur, au-delà de cette distance, jusqu'aux différents points ou localités fixés par le décret du 2 août 1898. En cas de visite domiciliaire chez les indigènes musulmans, pour la poursuite et la recherche de la fraude — visites autorisées par la loi de finances du 25 février 1901 dans les communes mixtes ou indigènes de l'Algérie, — les agents doivent être accompagnés des aghas, caïds, cheikhs indépendants ou cheikhs investis.

Taxes intérieures. — La perception des taxes intérieures (pour marques de garantie, dynamite, spiritueux) est, ailleurs que dans les ports, du domaine du service des Contributions diverses. La Douane prête son concours à cette Administration pour tout ce qui a trait aux importations de spiritueux ou produits alcoolisés et aux réceptions tant d'alambics que de parties d'alambics.

Les envois de spiritueux, vermouts, vins de liqueur ou d'imitation, vins mutés à l'alcool, vins de raisins secs et autres vins artificiels, effectués d'Algérie en France ou en Corse, sont accompagnés d'acquits-à-caution délivrés par le service des Contributions diverses, acquits qui sont déchargés, au port d'arrivée, par les soins du service des Contributions indirectes (France continentale) ou des Douanes

---

[1] Y compris les cartes à jouer à portrait français.

(Corse). Les mêmes liquides, expédiés de France ou de Corse en Algérie, sont accompagnés d'acquits-à-caution de Régie (France continentale) ou de Douane (Corse) **qui sont**, au port d'arrivée en Algérie, déchargés par les agents des Contributions diverses.

Le sel ne paie pas la taxe de consommation et les autres taxes intérieures n'existent pas, ni non plus le monopole sur les tabacs et allumettes.

Pêche du corail. — Cette pêche est aujourd'hui exclusivement réservée aux seuls bateaux français construits en France ou en Algérie, appartenant à des Français, et sous condition que les patrons et les trois quarts de leur équipage soient Français ou indigènes Algériens. Outre le congé de navigation habituel, il est délivré à ces patrons une patente gratuite. Ces bateaux, ainsi, d'ailleurs, que ceux employés à la pêche du poisson ou au transport comme allèges dans l'intérieur des ports, doivent porter un numéro d'ordre, le nom du propriétaire et l'indication de leur port d'attache, sous peine d'une *amende de 500 fr. déc., demi-déc. et dépens* (Trib. de paix). — *Ordonnance du 16 décembre 1843, art. 5.*

La pêche du corail est interdite aux bateaux étrangers dans les eaux territoriales de l'Algérie [1], en deçà d'une limite qui est fixée à 3 milles marins au large de la laisse de basse-mer. — *Loi du 1ᵉʳ mars 1888, art. 1ᵉʳ.*

Les contraventions aux règlements spéciaux concernant la pêche du corail (usage d'engins prohibés, etc.) autres que celles énumérées ci-dessus, sont poursuivies à la requête du Ministère public. Les poursuites doivent être intentées dans les trois mois qui suivent le jour de la constatation du fait. Passé ce délai, l'action publique est prescrite. Les manœuvres illicites motivent la *confiscation des engins prohibés et du corail pêché avec ces engins, une amende de 25 à 125 fr., déc., demi-déc. et dépens, un emprisonnement de 3 à 20 jours* (Tribunal correctionnel). En cas de récidive, le maximum de la peine de l'amende et de l'emprisonnement est prononcé ; ce maximum peut être élevé jusqu'au double. — Textes à invoquer : *Loi du 9 janvier 1852, art. 7, 11 et 14 ; décret du 22 novembre 1883, art. 1, 3, 4, 5, 6 et 7.*

---

[1] Ainsi que de la France.

DEUXIÈME PARTIE

Frontières de terre

CHAPITRE Ier

Importations et Circulation.

Principes généraux. — Sur les frontières de terre, la bande de terrain nommée *rayon* qui longe le territoire, et sur laquelle s'exerce l'action du service, a 20 kilom. de profondeur — 25 kilom. même en certains points où la surveillance est particulièrement difficile. Ces dispositions spéciales sont réglées entre l'Administration des Douanes et le Gouvernement.

Ce que nous avons dit pour le rayon maritime s'applique au rayon terrestre. Les distances entre chaque point et la ligne frontière se mesurent à vol d'oiseau, en ligne droite et sur plan parfaitement horizontal. Le mesurage des distances, s'il y avait contestation sur la validité d'une saisie, serait à la charge du contestant.

Deux lignes parallèles de bureaux et brigades jalonnent le plus souvent [1] ce rayon : la première file faisant face à l'étranger, à très peu de distance en deçà de la frontière, la seconde fermant le rayon vers l'intérieur des terres. Entre ces deux chapelets de bureaux et brigades et jusqu'aux confins du territoire, les brigades combinent, selon les nécessités du jour et les indices qu'elles recueillent, leurs rebats, contre-rebats, observations, investigations, patrouilles, am-

---

[1] Certaines régions montagneuses ne sont protégées que par une seule ligne.

bulances et embuscades, pour dépister et poursuivre la fraude.

Sauf certains produits ou objets de consommation courante [1], ou qui proviennent des terres possédées en France par des étrangers ou à l'étranger par des Français [2], sauf aussi certaines immunités envisagées plus loin et résultant de facilités spéciales (ambassadeurs, cyclistes, voyageurs venant s'établir temporairement en France [3]), toute marchandise qui est transportée dans ce rayon, sans être munie d'un titre justifiant sa provenance ou le payement des droits, est saisissable, indépendamment des autres pénalités que comporte l'infraction, pénalités déterminées comme suit par les lois ou décrets violés :

1° Circulation sans expédition valable de marchandises tarifées à moins de 25 fr. les 100 kilogr. — *Confiscation de ces marchandises et amende de 100 fr., déc., demi-déc. et dépens* (Tribunal de paix). Textes à invoquer : *Loi du 22 août 1791, titre III, art. 15 ; arrêté du 22 thermidor an X, art. 7, et ordonnance du 27 juin 1814, art. 7 ;*

2° Circulation sans expédition valable de marchandises tarifées à 25 fr. et plus les 100 kilogr., ou prohibées, ou comprises sous la lettre B de la liste n° 1 de l'annexe ci-après : Les pénalités sont les mêmes que pour les *importations en contrebande.* (Voir ci-dessus, pp. 33 et 34.) Requérir, au lieu de l'application de la *loi du 21 avril 1818, art. 34 et 37*, spéciale aux frontières maritimes, celle de la *loi du 28 avril 1816, art. 41.*

3° Les transports en contrebande par voiture donnent lieu aux pénalités rappelées également à la page 34 ci-dessus.

Même accompagnées de passavant, les marchandises [4] ne peuvent circuler de nuit, entre le coucher et le lever du soleil, que si ce passavant en porte la permission expresse, sous peine de *confiscation de ces marchandises et d'une amende de 100 fr., déc., demi-déc. et dépens* (Trib. de paix). — Invoquer

---

[1] Voir ci-après, page 137, § 4, la liste de ces objets.

[2] Voir ci-après, Chap. II, *Propriétés limitrophes.*

[3] Voir IIIe partie, Chap. Ier, pour les ambassadeurs, et Chap. II, pour les cyclistes.

[4] Autres que celles énumérées ci-après, p. 137, § 4.

la *loi du 22 août 1791, titre III, art. 15, l'arrêté du 22 thermidor an X, art. 8, et l'ordonnance du 27 juin 1814, art. 7.* Si, d'autre part, il s'agit de marchandises prohibées — anciennement ou actuellement — ou tarifées à 25 fr. et plus les 100 kilogr., on considère le fait comme *importation en contrebande*, et l'on applique, suivant les cas, les modes de répression envisagés ci-dessus sous les n°s 2° et 3°.

Les pièces à produire, pour justifier le transport des produits et marchandises dans le rayon, sont l'une ou l'autre de celles dont le détail suit :

Un passavant délivré dans un bureau de Douane. Ce passavant ne doit contenir ni surcharges, ni ratures ; les espaces inutiles doivent être barrés, les renvois paraphés. Les indications que ce titre comporte sont les suivantes : lieux de départ et de destination ; nom du destinataire ; marques, numéros et nombre des colis ; qualité, quantité, poids, nombre ou mesure des marchandises ; route exacte à suivre, avec mention des bureaux où le titre doit être visé, sous peine de nullité ; délai strictement nécessaire pour le trajet ; date et heure de délivrance ; mention portant obligation pour le conducteur de représenter ledit passavant, ainsi que les marchandises qui en font l'objet, à toute réquisition des agents [1] ;

ou un acquit de payement (quittance), délivré dans un bureau autre que la localité où la marchandise est transportée. Il indique dans ce cas, ainsi que le passavant, les délai, lieu de destination, la route à suivre [2] ;

ou une expédition émanant d'un bureau situé dans le rayon ou d'un bureau intérieur ;

ou un passavant de primes ;

---

[1] Ceux-ci, s'ils se trouvent à une certaine distance du bureau, ont le droit d'y conduire les marchandises pour être vérifiées, sauf dommages-intérêts si ce bureau n'est pas situé sur la route que doit suivre le transporteur et que la vérification ne fait pas ressortir de fraude ou ne donne pas matière à contravention. Aussi doit-il être usé de ce droit avec certaine circonspection.

[2] Sur certains points des frontières, le service actif inscrit le détail de ces quittances sur un carnet spécial.

ou un acquit-à-caution (de transit ou autre) :

ou un titre de Régie (acquit-à-caution ou laissez-passer) pour les produits repris à la Table des matières ou à la liste n° 3 de l'annexe sous la rubrique « Acide stéarique, — Acide acétique et vinaigres, — Boissons, — Bougies, — Dynamite, — Ouvrages d'or et d'argent, — Poudres, — Saccharine, — Sucres, — Tabacs ».

S'il s'agit de produits venant de l'intérieur de la France et qui doivent traverser le rayon ou y circuler, — produits de la nature de ceux qui sont assujettis à la production d'un passavant, — la formalité de cette pièce ne s'impose qu'au moment de leur entrée dans le rayon. Là, ils sont conduits au premier bureau de seconde ligne où ils sont déclarés et vérifiés avec autant de soin que s'il s'agissait d'un acquittement de droits.

Relativement aux transports effectués de l'intérieur, par chemin de fer, à destination d'un point quelconque du rayon, l'Administration dispense les Compagnies de la présentation des marchandises au bureau de seconde ligne, à condition que cette formalité soit remplie à la gare de destination. Là, le destinataire, muni autant que possible de la lettre d'avis du chemin de fer, fait au bureau des Douanes le plus voisin une déclaration qui lui permet d'obtenir le passavant nécessaire pour la sortie des marchandises. Ce titre fixe le jour et l'heure de l'enlèvement, l'itinéraire et le point de destination. Le service se fait représenter les marchandises, le plus souvent possible, à l'heure et au lieu indiqués, c'est-à-dire à la gare, et se livre à une vérification approfondie toutes les fois que la lettre d'avis du chemin de fer n'a pu être produite. S'il y a défaut de conformité entre les marchandises et la déclaration, le fait est constaté par procès-verbal requérant l'application des pénalités prononcées par la *loi du 7 juin 1820, art. 15*, soit *amende de 500 fr., déc., demi-déc. et dépens* (Tribunal correctionnel). Cette contravention donne lieu à la *retenue préventive*, pour sûreté de l'amende, *des objets faussement déclarés*. De plus, si ces objets ne sont qu'un simple simulacre sans valeur aucune, destinés à faciliter une introduction frauduleuse de marchandises étrangères, et que le déclarant n'ait pas de domicile connu ou ne puisse fournir caution, il y a lieu de procéder à son *arrestation préventive*.

Marchandises dont l'origine doit être justifiée lors de la circulation dans le rayon :

1° MARCHANDISES DE LA NATURE DE CELLES QUI SONT DÉSIGNÉES A L'ART. 1ᵉʳ DE L'ARRÊTÉ DU 22 THERMIDOR AN X. — Ces marchandises sont les suivantes : Etoffes de laine, velours, piqué, basin, mousseline, bonneterie, quincaillerie, mercerie et autres objets prohibés à l'entrée ou tarifés à 25 francs ou plus les 100 kilogr. ou à 10 % de leur valeur.

Pour obtenir le passavant nécessaire à légitimer le transport de ces marchandises, l'expéditeur doit préalablement les conduire ou faire conduire au bureau le plus voisin et là faire sa déclaration. Il doit prendre la route directe. Ses marchandises voyagent jusqu'au bureau sous le couvert d'une quittance de droits [1] ou d'un passavant primitif au dos desquels il a eu soin d'indiquer, par une annotation datée et signée avant l'enlèvement, l'espèce et la qualité des objets mis en circulation, l'heure du départ, l'itinéraire et la durée du transport.

La quittance ou le passavant primitifs ne doivent pas être périmés, c'est-à-dire qu'ils ne doivent pas remonter à plus d'un an de date.

Après reconnaissance de la marchandise, le Receveur annote le titre primitif et délivre le passavant destiné à assurer la circulation régulière.

2° MARCHANDISES RÉCOLTÉES OU FABRIQUÉES DANS LE RAYON. — Si ces marchandises (produits ou denrées) sont de la nature de celles qui sont spécifiées à l'article qui précède, elles ne peuvent être mises en circulation avec passavant dans le rayon frontière qu'autant qu'elles sont accompagnées de pièces justifiant leur production dans ce rayon. Les attestations relatives à ces produits sont délivrées par les Maires, adjoints ou conseillers municipaux. Ces certificats doivent être revêtus du cachet de la mairie.

3° MARCHANDISES ASSUJETTIES AU COMPTE OUVERT. — (Voir ci-après, p. 154 et 158.)

---

[1] Cette quittance doit mentionner le nom et le domicile du destinataire.

Marchandises autres que celles désignées au § 1 de la page qui précède ou tarifées à moins de 25 fr. les 100 kilogr. — La délivrance d'un passavant pour ces marchandises ne comporte jamais leur présentation au bureau. Le propriétaire ou conducteur doit simplement venir au bureau faire une déclaration d'enlèvement, et le passavant qui lui est délivré, à la suite de cette déclaration, spécifie le lieu de dépôt de ces marchandises, le jour et l'heure où elles doivent être enlevées.

Si, dès lors, le service le juge à propos, il peut se transporter, au lieu et à l'heure dits, pour s'assurer de l'existence réelle de la marchandise pour laquelle le passavant a été demandé et se la faire représenter, au fur et à mesure de la sortie du local désigné, et ce avant qu'elle soit mise en mouvement.

Le refus ou l'impossibilité de représenter la marchandise comporterait poursuites contentieuses en vertu de *l'art. 2 de la loi du 19 vendémiaire an VI* (Tribunal de paix) et payement d'une *amende de 500 francs, déc., demi-déc. et dépens.*

S'il y a défaut d'identité, on requiert application des pénalités rappelées ci-dessus p. 134, § 4 *in fine.*

Sucres. — Les sucres et matières sucrées indigènes (jus, sirops, mélasses et glucoses) ne peuvent circuler dans le rayon sans un acquit-à-caution [1] ou un laissez-passer de Régie qui tient alors lieu de passavant de Douane. Cet acquit ou laissez-passer doit être visé par la Régie, la Douane ou l'Octroi à différents bureaux de passage spécialement désignés, et principalement à l'entrée des gares et à la sortie des villes fermées. Les conducteurs de ces sucres ne peuvent refuser d'exhiber leur titre d'accompagnement à toute réquisition des préposés sous peine de *confiscation des marchandises* [2] *et d'une amende de 1.000 à 5.000 francs, dépens (en cas de récidive, cette amende peut être doublée).* — (Tribunal correctionnel. — *Lois du 31 mai 1846, art. 18 et 26, et du 30 décembre 1873, art. 3.*

---

[1] Cette pièce est indispensable également dans l'étendue de tout arrondissement où il existe une fabrique de sucre et dans les cantons limitrophes.

[2] Ou du payement de leur valeur, si elles ont été enlevées.

Si les préposés constatent qu'une expédition, portant obligation de visa, n'a pas été soumise à cette formalité et que la marchandise a dépassé le bureau, cette marchandise est considérée comme dépourvue d'expédition, circonstance qui motive application des *art. 15 et 26 de la loi du 31 mai 1846, et 3 de la loi du 30 décembre 1873 (mêmes pénalités et juridiction qu'au cas précédent, avec cette aggravation qu'en cas de récidive l'amende peut être élevée à 10.000 francs).*

Dans tous ces cas, l'on verbalise à la requête de l'Administration des Contributions Indirectes.

Lorsqu'on a de *sérieux* soupçons de fraude, la marchandise est conduite au plus prochain bureau ou à la bascule municipale pour y être pesée ; mais, dans les cas les plus ordinaires, on se borne à s'assurer si le nombre de colis ostensiblement véhiculés concorde avec celui porté à l'expédition, et à vérifier le plombage.

Marchandises dispensées de pièce d'accompagnement de Douane dans le rayon. — Les articles suivants — lorsqu'ils ne font pas route vers la frontière, ou lorsqu'ils sont transportés, les jours de foires ou de marchés, aux villes de la frontière, — sont dispensés de passavant : Bestiaux, bière, beurre, cidre, fromages [1], fruits, gibier [2], laitage, légumes, pain, poiré, poisson frais et salé en vert [3],

---

[1] Dans la partie du rayon frontière qui s'étend sur les départements du Doubs, du Jura et sur l'arrondissement de Nantua, seuls les fromages de *pâte molle* peuvent circuler sans pièce d'accompagnement.

[2] Dans le temps où la chasse est permise.

[3] Les poissons fortement taxés, tels que morues, harengs, etc., sont assujettis à la formalité du passavant, qui est obtenu au vu d'un titre primitif de même nature, si ces salaisons (quelle qu'en soit l'origine) proviennent de l'intérieur. Au cas contraire, les titres justificatifs originels à produire pour obtenir un passavant sont : pour les poissons de pêche française, une déclaration d'origine du saleur ou marchand, certifiée exacte par le Maire de la commune ou par la Douane de Dunkerque, Gravelines, Calais, Boulogne et autres ports où les ateliers sont exercés ;] — une quittance de droits, pour les poissons de pêche étrangère.

Sont dispensés pourtant du passavant les poissons salés transportés exclusivement en wagon dans le rayon. S'ils empruntent ensuite les routes ordinaires, ils suivent la loi commune.

viande fraîche ou salée, vin [1], volaille et tous les objets de jardinage.

Une décision administrative en date du 17 novembre 1863 a étendu la même facilité aux marchandises tarifées à moins de 10 francs les 100 kilogr. ou de 5 °/₀ de leur valeur en tarif minimum [2].

Peuvent enfin circuler librement les coupons d'étoffes et autres objets de consommation n'excédant pas 2 mètres en étoffe de laine, 8 mètres en étoffe de soie, en toile de coton ou autres, 3 kilogrammes de sucre ou de café, lorsque ces articles, achetés, les jours de foire et marchés, par les consommateurs pour leur usage personnel, sont transportés à leur domicile.

DÉCLARATION A L'IMPORTATION

Toute marchandise qui arrive de l'étranger doit être conduite au premier et plus prochain bureau d'entrée pour y être déclarée, vérifiée, et recevoir une destination ultérieure (acquittement de droits, transit, entrepôt). Le chemin à suivre pour parvenir à ce bureau est, soit l'unique route directe, soit l'une des routes spécialement désignées par arrêtés préfectoraux pour le transport des marchandises.

Un individu, porteur de marchandises, qui prendrait une voie détournée pour se rendre au bureau, qui le dépasserait ou le contournerait, serait considéré comme chargé de fraude et passible des condamnations suivantes :

1° Tentative d'importation [3] constatée, lors de la visite,

---

[1] A partir de 3 litres, une pièce de Régie est nécessaire. (Voir ci-dessus, p. 26, note 2.)

[2] Le tarif minimum est celui qui est appliqué aux nations avec lesquelles la France a des traités commerciaux, et qui accordent à nos marchandises un traitement de faveur analogue.

[3] Ces pénalités concernent l'importation flagrante, c'est-à-dire ne laissant aucun doute sur l'arrivée immédiate des marchandises de l'étranger. Si, au contraire, il s'agit de saisie, dans le rayon, de produits admissibles par tous les bureaux, tarifés à moins de 25 fr. les 100 kilog., on peut poursuivre le cas comme infraction au régime de la circulation. (Voir ci-dessus, p. 132, 1°.)

au bureau où la déclaration aurait pu en être faite et les droits acquittés, de marchandises tarifées non déclarées : *Confiscation des marchandises ; amende de 200 francs, déc., demi-déc. et dépens* (Tribunal de paix). — *Lois des 4 germinal an II, titre III, art. 4, et 27 mars 1817, art. 15.* — Si la marchandise était tarifée à 25 francs et plus les 100 kilogr., ou soumise à des taxes de consommation intérieure, ou assujettie à des restrictions d'entrée (voir ci-dessus, p. 32, § 4), on appliquerait les pénalités rappelées ci-dessus, p. 33, § 1, pour *importation sans déclaration.*

2° Importation de marchandises tarifées à moins de 25 francs les 100 kilogr. et exemptes de taxes intérieures, arrêtées après qu'elles ont dépassé le bureau sans permis : *Confiscation des marchandises ; amende de 200 fr., déc., demi-déc. et dép.* (Tribunal de paix). — *Lois des 22 août 1791, titre II, art. 2 et 4 germinal an II, titre III, art. 4 et 5.* Au cas où la marchandise, bien que tarifée à moins de 25 francs les 100 kilogrammes ou les 100 litres (liquides) serait passible d'une taxe intérieure [1], on appliquerait, selon les éléments constitutifs de l'infraction, les pénalités rappelées ci-dessus, p. 33 et 34 (importation en contrebande).

3° Importation de marchandises tarifées à moins de 25 fr. les 100 kilogr. et exemptes de taxes intérieures, arrêtées en avant du bureau, sur un chemin détourné : *mêmes pénalités et aggravations de peine qu'au cas précédent* (Tribunal de paix). — *Lois des 22 août 1791, art. 1er et 4 germinal an II, titre III, art. 4.*

4° Importation sans déclaration de marchandises exemptes de droits. (Voir ci-dessus, p. 32, § 7.)

Le service actif ne doit ni vérifier, ni saisir les marchandises qui lui sont régulièrement déclarées sur la route directe, en avant du premier bureau d'entrée ; il se borne à s'assurer que les transporteurs se rendent directement au bureau, pour y remplir les formalités réglementaires. Ce transport

---

[1] Tel serait le cas pour les fruits ou légumes confits au vinaigre, les vinaigres, vins, cidres, poirés, hydromels, pour l'acide tannique, les sels destinés à l'alimentation, certains produits chimiques à base d'alcool, les bougies, chandelles.

peut même avoir lieu de nuit ; mais alors le bureau étant fermé, les marchandises sont déposées, sous la surveillance des agents, dans les cours, hangars ou autres dépendances du bureau jusqu'à l'heure d'ouverture.

Cette dernière règle ne concerne pas les produits ruraux exempts de droits ou frappés de droits modiques, tels que fruits frais, graines, grains, légumes et autres denrées vulgaires, ni certains autres objets qui ne sont pas astreints à la formalité d'un titre de circulation. (Voir ci-après Chapitre II, « Propriétés limitrophes ».) Lorsque ces produits sont rencontrés circulant sur des chemins de servitude, sur des routes où aucun bureau n'existe, le service peut les visiter pour reconnaître s'ils ne servent pas à masquer des marchandises de contrebande.

Lettres de voiture. — Les négociants, charretiers ou autres qui doivent faire la déclaration de gros, écrite ou verbale, au premier bureau, produisent, à l'appui de cette déclaration, des *lettres de voiture* en bonne forme, émanant du lieu de chargement ou de dernière expédition de l'étranger et spécifiant le nombre des colis, leurs marques, numéros, poids distinct, ainsi que l'espèce des produits transportés [1].

Ces lettres de voiture doivent être soumises, *avant le départ des marchandises pour l'intérieur de la France*, au timbre spécial — de dimension — établi par la loi du 13 brumaire an VII. Ce timbre peut être apposé et oblitéré par le Receveur des Douanes ou ses commis. A partir de leur mise en mouvement sur le territoire, les marchandises qui seraient trouvées non accompagnées de lettres de voiture dûment timbrées exposeraient leur conducteur à une *amende de 30 francs, déc., demi-déc. et dép.* (Tribunal civil), en vertu des

---

[1] Cependant lorsque le conducteur des marchandises ignore le contenu exact de son chargement, et que ce chargement ne se compose pas de plus de 10 caisses ou ballots, il a le droit de requérir l'ouverture en présence des employés. Dès lors, les taxes sont acquittées sur les objets ainsi reconnus. Si cependant la visite fait reconnaître que les colis vérifiés contiennent des marchandises prohibées d'une manière absolue ou relative, le service peut en autoriser le renvoi immédiat à l'étranger, sans les saisir.

lois des 22 frimaire an VII, art. 65, et 11 juin 1842, art. 7.
Dans ce cas, l'on verbalise à la requête de l'Administration
de l'Enregistrement. (Voir ci-dessus, p. 93, dans quelles
formes et conditions.) Si un voiturier refuse d'exhiber sa
(ou ses) lettre de voiture, aucune poursuite ne peut être
intentée contre lui pour ce simple refus, la contravention
précitée n'existant que du fait de l'exhibition d'une pièce
établie sur papier libre à l'intérieur de la France.

La déclaration en détail des marchandises doit être faite
dans les trois jours de leur arrivée, sous peine d'inscription
de ces marchandises au registre de dépôt.

**Circulation des marchandises soumises au paye-
ment des droits.** — Une fois la vérification terminée et
les droits acquittés, les marchandises sont rechargées sur
place même par les soins du commerce et sous la surveillance des préposés, puis il est délivré au conducteur une
quittance (ou acquit de payement) indiquant les conditions
du transport, et ces conditions doivent être rigoureusement
observées tant en ce qui concerne les délais, lieu de destination, que la route à suivre. Cette pièce est visée par le service au moment du départ du convoi. Lorsque ces marchandises sont appelées à franchir la seconde ligne de bureaux
vers l'intérieur, elles doivent y être représentées, ainsi que
l'expédition qui les accompagne, et dès lors, s'il y a défaut
d'identité, c'est aux risques et périls de la personne qui est
chargée du transport.

**Produits étrangers expédiés d'un bureau de
première ligne sur un bureau de seconde ligne.**
— Il peut se faire que des négociants, domiciliés à l'intérieur du territoire, préfèrent voir leurs marchandises vérifiées et soumises aux droits dans un bureau de seconde
ligne, plus rapproché de leur résidence. Cette facilité étant
réservée, d'habitude, aux seules marchandises en colis, celles
en vrac n'en pourraient bénéficier que sur ordres spéciaux
de l'Administration.

Dans ce cas d'expédition sur un bureau de seconde ligne,
la vérification est superficielle, effectuée le plus souvent par

épreuves, et l'on délivre, après déclaration sommaire [1], un acquit-à-caution pour garantir la présentation des produits au second bureau. Les colis, véhicules ou bateaux ayant été plombés, deux préposés les escortent. Si, d'aventure, les marchandises sont déchargées en cours de transport, cette manœuvre entraîne leur *confiscation et une amende de 500 fr., déc., demi-déc. et dép.* (Tribunal de paix). — *Lois des 8 floréal an XI, art. 42, et 28 avril 1816, art. 31.*

A l'arrivée à destination, le service, afin de sauvegarder tous les droits de l'Administration en cas de fraude, doit garder en consigne les moyens de transport (chevaux, voitures, bateaux) jusqu'à l'issue de la vérification, à moins que le déclarant ne consente à souscrire un engagement cautionné de payer toute amende éventuelle — auquel cas les moyens de transport ne sont pas retenus.

Un déficit, une substitution, un échange ou excédent de colis, constatés lors de la vérification au second bureau, rendent le voiturier ou batelier passible des pénalités suivantes [2] :

1° Substitution de marchandises : *Amende de 2.000 fr. par chaque colis dans lequel on aura mis une marchandise autre que celle déclarée, déc., demi-déc. et dép.* (Tribunal de paix). *Lois du 8 floréal an XI, art. 42, et du 28 avril 1816, art. 31.*

Nota. — Ces condamnations sont requises sans préjudice de l'application des pénalités relatives aux *importations sans déclaration de marchandises, soit prohibées d'une manière quelconque, soit tarifées à 25 fr. ou plus les 100 kilogr.* (voir ci-dessus, p. 33, § 1), ou aux *importations de marchandises autres* (voir ci-dessus, p. 139, § 1), suivant l'espèce de la marchandise substituée.

2° Déficit dans le nombre des colis transportés : *Amende de 2.000 fr. par chaque colis manquant, déc., demi-déc. et dép.* (Tribunal de paix). — *Mêmes lois qu'au cas 1°.*

---

[1] S'il est présenté, à l'appui de cette déclaration, des lettres de voiture défectueuses, ou si ces lettres de voiture font défaut, le service exige une déclaration en détail, déclaration qui ne pourrait être rectifiée dans un second bureau.

[2] Sans préjudice du recours contre les soumissionnaires de l'acquit-à-caution.

3° Echange de colis en cours de transport : *Confiscation du colis qu'on aura vu décharger et de celui qui lui aura été substitué ; amende de 500 fr., déc., demi-déc. et dép. (Tribunal de paix). — Mêmes lois qu'au cas 1°.*

4° Excédent dans le nombre de colis de marchandises tarifées : *Confiscation du colis excédent ; amende de 100 fr., déc., demi-déc. et dép. (Tribunal de paix). — Loi du 22 août 1791, titre II, art. 20.* — Si la marchandise est prohibée ou passible de taxes de consommation intérieure, on applique les pénalités relatives aux *importations sans déclaration.* (Voir p. 33, § 1, ci-dessus.)

Les autres irrégularités éventuelles sont poursuivies d'après les règlements généraux applicables en matière de « visite à l'importation » et de « transit ».

CONTREBANDE

Comment tracer des règles formelles à l'égard de la recherche de la fraude ? Celle-ci — nous pouvons l'affirmer sans crainte, — est possible partout et en tout. L'objet le plus vulgaire, le plus simple d'apparences souvent sert à la masquer ou à la recéler. On la découvre dans la poutre ou la pierre de taille qui passe, dans un timon de chariot, dans le corps des chevaux de bois forains, dans un panier de fruits, une corbeille d'œufs, un bloc de charbon, une brique, un pain, un fromage, un potiron, une botte de paille. Elle peut être dissimulée dans un fût, sous une nappe de boisson commune, dans un boucaut de salaisons, dans un baril plein de pipes de terre, dans une hotte de chiffonnier, voire en un cercueil.

Le flair est le plus sûr guide pour en amener la découverte ; or cette qualité ne se saurait imposer. Souvent aussi un adroit sondage, l'aspect extérieur des corps, leur poids, une simple entaille, un léger tapotis sur certain point douteux produisent de précieux résultats.

Les introductions frauduleuses de marchandises, qu'elles soient consommées ou simplement tentées par l'une ou l'autre frontière, tombent sous l'application des mêmes moyens répressifs. *L'art. 41 de la loi du 28 avril 1816,* spécial aux importations en contrebande effectuées par les frontières de terre, doit remplacer, sur les procès-verbaux, les textes applicables aux frontières maritimes, c'est-à-dire les *art. 34 et 37 de la loi du 21 avril 1818* (contrebande effectuée hors de l'enceinte des ports de commerce) et l'*art. 2 de la loi du 2 juin 1875* [1] (contrebande effectuée dans l'enceinte des mêmes ports). Par ailleurs, même juridiction à saisir, mêmes pénalités, mêmes aggravations résultant du nombre des coupables, du genre des moyens de transport, de circonstances telles qu'attroupement et port d'armes. Nous renvoyons donc à ce qui a été dit ci-dessus, pp. 33 et 34, en y ajoutant quelques simples considérations pour les cas spéciaux que peuvent rencontrer les agents des brigades sur le rayon des frontières de terre.

Arrestation des délinquants. — (Voir ci-dessus, pp. 8 et 9.)

Bestiaux. — Les préposés ne doivent verbaliser, pour introduction frauduleuse de bétail, que s'ils peuvent établir qu'ils ont vu les animaux franchir la ligne frontière et qu'ils les ont arrêtés, soit au-delà (vers l'intérieur) du premier bureau où la déclaration aurait dû être faite, soit en-deçà de ce bureau (vers l'étranger), sur un chemin détourné autre que celui conduisant directement à ce bureau. Cependant il y aurait lieu de poursuivre comme *importation en contrebande de marchandises prohibées* la circulation non justifiée du bétail dans le rayon, lorsque l'introduction des animaux de même espèce est interdite par mesure sanitaire.

Lorsque le service n'a pas la conviction absolue que l'espèce du bétail présenté au bureau pour acquittement a été faussement déclarée, il peut, pour éviter les difficultés d'une expertise légale, ne pas verbaliser et laisser au déclarant la latitude de reconduire ce bétail à l'étranger.

Un excédent sur le nombre de têtes porté à une déclaration d'acquittement serait puni comme *importation fraudu-*

---

[1] D'où il suit que l'art. 4 de la même loi est applicable à toutes les frontières.

leuse (voir ci-dessus, p. 138, 1°) ; un déficit motiverait une amende de 300 fr. par tête manquante, déc., demi-déc. et dép. et la retenue préventive (s'il y a lieu) des moyens de transport pour sûreté de l'amende (Trib. de paix). — Loi du 22 août 1791, titre II, art. 22.

Chiens. — Dans certaines contrées, des chiens de forte race sont employés à éclairer la marche des fraudeurs, ou même à transporter la contrebande. La Douane a la latitude, soit d'abattre ces animaux, soit de les capturer à l'aide de lacs ou en se servant d'autres chiens dont les préposés ont la charge.

Si un préposé, étant de service, tue un chien qu'il croit à tort être un chien de contrebandier, le propriétaire de cette bête n'est pas fondé à réclamer de ce chef en justice des dommages-intérêts.

Pour chaque chien abattu, les préposés touchent une prime de 3 fr. : 1° s'ils rapportent la patte gauche coupée et la charge de ce chien fraudeur ; 2° s'ils abattent un de ces chiens dits *de corde* ou *de défense* qui servent à *éclairer* la marche des contrebandiers ou à les défendre contre le service, — alors même que ces animaux ne sont pas chargés de marchandises de fraude ; 3° s'ils arrêtent le propriétaire ou le conducteur d'un chien employé à porter la contrebande.

Colporteurs. — D'habitude, les colporteurs transportent de petits articles de mercerie, de la bijouterie fausse, des articles de mode, de lunetterie, des tissus, tous produits fortement taxés : par suite, voyageant dans le rayon, ils sont astreints à la formalité du passavant [1]. Ce titre leur est délivré pour une destination unique, avec un délai tel qu'ils puissent se livrer à leur petit négoce le long de leur parcours.

A proximité de la ligne frontière, aucune tolérance n'est conciliable avec ce genre de commerce ; ailleurs, à certaine distance dans le rayon, les facilités à leur accorder sont à l'appréciation des chefs locaux.

---

[1] Pour les tissus, le passavant peut n'en indiquer que le poids ou la mesure.

Contrebande à cheval. — Lorsqu'un individu, sommé d'arrêter sa monture chargée, la stimule ou la lance à fond de train, il peut être fait usage des armes contre cette monture, si les circonstances l'exigent, mais de façon à ne pas atteindre le cavalier. En tout cas, cette manœuvre constitue un fait d'*Opposition*. (Voir ci-dessus, p. 44.)

Contrebande par voiture. — Par voiture, la loi entend tout genre de véhicule mû soit par la vapeur (wagon, locomotive, tender), soit par des propulseurs autres (pétrole, électricité), ou par la traction animale, enfin les voitures à bras. Lorsque la nature du délit le comporte, le véhicule, quel qu'il soit, est toujours saisissable [1].

Par analogie avec le cas signalé à l'article qui précède, si un conducteur de voiture, sommé de s'arrêter, ne tient aucun compte des avertissements réitérés qui lui sont lancés, et fait même prendre à son attelage une allure désordonnée que rien ne justifie, on ne doit pas hésiter à abattre les chevaux, sous les mêmes réserves que ci-dessus.

Eclaireurs, espions. — Si des individus sont surpris servant de guides ou éclaireurs à des contrebandiers, ils doivent être nommément désignés au procès-verbal et sont passibles des mêmes condamnations que les auteurs du délit ; mais il appartient aux juges de bien déterminer la participation des éclaireurs, leur complicité à l'opération de contrebande. Le service se borne à relater le fait matériel constaté, et, dès lors, ce fait est cru jusqu'à inscription de faux. La participation des éclaireurs peut, en effet, n'être pas manifeste : ils peuvent notamment marcher à une certaine distance avant une bande, pour éventer l'embuscade des agents et obliger ainsi ces derniers à dévoiler leur présence. Cette manœuvre, prise isolément, constitue un *trouble à l'exercice des fonctions des préposés* et doit être poursuivie comme telle. (Voir ci-dessus, p. 44.)

De même, celui qui se cache derrière un buisson près du lieu où *il sait* que le service est embusqué, — celui qui es-

---

[1] Voir ci-dessus, p. 11, note 1.

pionne les agents et contrarie leurs mouvements, — celui qui, ayant remarqué les préposés, signale leur présence par un appel ou un simple coup de sifflet, s'oppose à leurs fonctions et encourt les pénalités rappelées ci-dessus, p. 44, pour *opposition* et *trouble*. Le procès-verbal rédigé à cet effet doit explicitement démontrer que l'individu a agi sciemment, dans un but coupable, et a réellement nui à l'exécution du service.

Par voie de déduction, une personne *suspecte*, que l'on rencontre près d'un endroit où se trouve caché un objet de fraude, peut être arrêtée et condamnée comme auteur du délit, même alors qu'on ne l'a pas vue chargée de cette marchandise.

Et si le délinquant est un fonctionnaire tel qu'un garde forestier, un facteur, etc.? — On doit tout d'abord verbaliser, puis, après affirmation et enregistrement du procès-verbal, transmettre le dossier, par voie hiérarchique, à l'Administration qui décide des suites à donner à l'affaire.

Etrangers hostiles. — On ne doit verbaliser contre des étrangers qui viennent, sur le territoire français, injurier ou menacer les agents que s'il y a nécessité absolue — ce dont les chefs locaux décident, — et si la sécurité du service l'exige.

Dans les procès-verbaux dressés à ce sujet, il y a lieu d'invoquer l'art. 224 *du Code pénal*, et de poursuivre à la diligence du *tribunal correctionnel*. Si l'individu ne peut fournir caution immédiate pour l'amende encourue, il est préventivement arrêté et conduit devant le Procureur[1], qui prend les mesures voulues pour assurer le paiement de cette amende. (Art. 52 du Code pénal.)

POURSUITES A VUE

Ainsi que nous l'avons déjà expliqué — page 35, — la poursuite à vue doit être ininterrompue, en ce sens que les

---

[1] Ou à la brigade de gendarmerie voisine, si le chef-lieu d'arrondissement est éloigné.

agents qui s'y livrent doivent abandonner toute autre tâche pour suivre les marchandises illicitement transportées. S'ils perdent de vue momentanément et involontairement l'objet de la fraude, par suite d'un accident de terrain, cette circonstance n'invalide pas la saisie. Répétons aussi que la poursuite à vue peut être certifiée par un seul agent, mais que la présence de deux hommes est indispensable pour constater la saisie qui en est la suite. Toutefois, lorsque deux préposés ayant rencontré dans le rayon un contrebandier porteur de fraude, l'ont suivi à vue jusqu'en deçà de ce rayon vers l'intérieur, la saisie est valable alors même qu'un seul de ces agents a atteint et arrêté le contrebandier, si le second préposé, qui n'a perdu de vue le fraudeur que momentanément et par suite de circonstances indépendantes de sa volonté, vient, sans avoir diverti à d'autres actes, certifier par sa signature au procès-verbal que l'individu arrêté est bien celui qu'il a vu et poursuivi dans le rayon.

Également si des préposés, se trouvant en embuscade hors du rayon et sur territoire français, voient au loin des marchandises venir de l'intérieur de ce rayon, c'est-à-dire du côté de l'étranger et que ces marchandises étant de la contrebande, ils les saisissent après qu'elles ont dépassé le rayon, leur saisie entre dans la catégorie des poursuites à vue. Il en serait de même encore de la saisie, au lieu de destination, d'un wagon recélant de la fraude, escorté dans l'intérieur du territoire jusqu'à un entrepôt, une douane maritime, jusqu'à Paris ou la banlieue [1].

Les importations frauduleuses effectuées par la voie de la Poste sont aussi traitées comme poursuites à vue. (Voir ci-après, IIIe partie, chap. III.)

Après poursuite à vue, l'on requiert, selon les cas, les pénalités suivantes :

1° Transport de marchandises tarifées à moins de 25 fr. les 100 kilogrammes. *Confiscation des marchandises : amende*

---

de 200 fr., déc., demi-déc. et dépens. (Tribunal de paix.) — *Lois des 22 août 1791, titre XIII, art. 35, et 4 germinal an II, titre III, art. 4;*

2° Transport ou dépôt sans expédition de marchandises figurant sous les lettres A, B, C, D, E, F, G, H à la liste n° 1 de l'annexe. Les pénalités encourues sont celles relatives à une *importation frauduleuse en campagne*, et l'on applique, suivant les circonstances, les mesures répressives énumérées ci-dessus, p. 33 et 34, en ayant soin d'apporter, dans les textes de lois violées, la petite modification signalée à la fin de la note 3 de la page 33.

S'il s'agit de marchandises tarifées à moins de 25 fr. les 100 kilogr., les agents doivent faire tout leur possible pour les saisir, soit en campagne même, soit à domicile *dans l'étendue du rayon de 20 kilomètres;* car, à supposer que ces marchandises fussent introduites ensuite dans une maison située en deçà du rayon, aucun texte légal n'autoriserait les agents à en effectuer la saisie à *domicile* après poursuite à vue, cette saisie n'étant permise, dans ces circonstances, *qu'en campagne.* Si, au contraire, les marchandises poursuivies à vue sont prohibées ou tarifées à plus de 25 francs les 100 kilogr., la saisie est licite, tant à domicile qu'en campagne, dans le rayon et même en deçà de ce rayon, à quelque distance que ce soit dans l'intérieur.

S'il y a visite domiciliaire, voir ci-dessus, p. 39 et suiv.

Lorsque la poursuite de la fraude a lieu à proximité de la frontière, les agents ne doivent jamais poursuivre les contrebandiers hors du sol national. Une incursion sur territoire étranger exposerait, en effet, les préposés à des peines disciplinaires très graves, sinon à la révocation.

En cas de contestation sur le point de savoir si une saisie a été effectuée ou non sur territoire français, le Gouvernement seul est apte à trancher la question.

DÉPOTS FRAUDULEUX

Dans toute l'étendue du rayon de 20 kilomètres — et sauf les exceptions mentionnées aux trois paragraphes ci-après — on considère comme frauduleusement détenues : les marchandises prohibées à l'entrée d'une façon absolue, — celles dont la prohibition a été remplacée par des droits postérieurement à la loi du 24 mai 1834 [1], — celles tarifées à plus de 25 fr. les 100 kilogrammes [2], — celles dont la sortie est prohibée ou assujettie [3] des droits, lorsque ces marchandises sont en balles, ballots ou en quantité anormale, et qu'on ne peut représenter aux préposés, lors de leur arrivée dans les locaux où le dépôt existe, une expédition de Douane, délivrée dans le jour pour leur transport, ou visée, dans les vingt-quatre heures de leur arrivée à destination, au bureau le plus voisin du lieu de ce dépôt.

Ces mesures ne s'appliquent pas aux marchandises du cru du pays, c'est-à-dire non seulement aux produits naturels des terres qui dépendent de la commune à laquelle appartient le bourg, village, hameau où est situé le dépôt frauduleux, mais encore aux produits industriels tels que des sels provenant d'eaux de salines. La détention de ces produits est toujours libre, en quelque quantité qu'ils soient. Il en est de même pour le bétail (bestiaux et menu bétail) détenu à l'étable ou mis au pâturage dans des parties du rayon autres que la zone extérieure ou le rayon spécial. (Voir ci-après « Zone spéciale » et « Zone extérieure ».)

Le dépôt frauduleux peut-il être recherché en tout lieu du rayon ? — Oui, s'il s'agit de marchandises dont la consommation est prohibée, par exemple d'allumettes, de poudre, de tabacs portant des vignettes étrangères [3]. Si, au contraire, il s'agit d'autres marchandises, le dépôt frauduleux ne peut être recherché que dans les endroits ou communes dont la population agglomérée [4] est inférieure à 2.000 âmes — ou que dans les hameaux, écarts, gares *non compris dans l'enceinte* des communes qui atteignent ou dépassent ce chiffre de 2.000 âmes.

---

[1] Voir lettre A, n de la liste n° 1 de l'annexe.

[2] Voir lettre n de la liste n° 1 do l'annexe.

[3] Quelque minime qu'en soit la quantité.

[4] Y compris les faubourgs, mais non les écarts, hameaux séparés de la commune.

Des boutiques pour la vente en détail des marchandises manufacturées peuvent être ouvertes sans autorisation dans toute l'étendue du rayon, sans qu'il y ait lieu de s'arrêter au chiffre de la population des communes où ces boutiques doivent être établies ; en revanche, aucun magasin ou dépôt *de gros* des marchandises énumérées au 1er paragraphe du présent article ne peut être ouvert sans autorisation dans les communes de moins de 2.000 âmes, et cette prohibition s'étend aux usines et à leurs ateliers dont la situation pourrait favoriser la fraude.

Quels sont les indices qui décèlent un dépôt frauduleux ? — En premier lieu, l'emballage : ainsi la découverte de balles ou ballots sous cordes, de ballotins ou paquets (même de faibles poids et dimensions et simplement entourés de ficelles) ; l'existence de liquides qui ne peuvent être renfermés qu'en futailles ; enfin, l'abondance anormale et inexplicable des matières ou objets découverts, même s'ils ne sont pas en balles, caisses, mais en tas.

Recherches à domicile. — Ces recherches, entreprises dans le but de découvrir un dépôt frauduleux, et en dehors de toute poursuite à vue, ne peuvent être faites qu'avec l'assistance d'un officier municipal, et seulement de jour ; mais cette assistance n'est pas nécessaire si l'habitant du local à visiter consent à la libre entrée du service. Au cas où le juge ou l'officier municipal, requis d'assister à la rédaction du procès-verbal des préposés, s'y refuserait, il suffirait, pour la régularité des opérations du service, que leur rapport mentionnât cette réquisition et ce refus.

Le procès-verbal est dressé dans la maison même, à moins d'empêchement majeur. S'il ne peut être établi sur les lieux mêmes, on le rédige au plus prochain bureau. Du reste, voir ci-dessus p. 41 et suiv., les autres détails que ce sujet comporte.

Les textes et pénalités à consigner au procès-verbal sont les suivants :

1° Marchandises manufacturées autres que du cru du pays, ou dont la sortie est prohibée ou assujettie à des droits : *Confiscation des marchandises ; amende de 100 francs, déc., demi-déc. et dép.* (Tribunal de paix). — *Loi du 22 août 1791, titre XIII, art. 37, 38 et 39;*

2° Marchandises prohibées à l'entrée ou tarifées à 25 fr. et plus les 100 kilogr. ou dont la prohibition a été remplacée par des droits postérieurement à la loi du 24 mai 1834 : *Confiscation des marchandises et des moyens de transport ; amende et emprisonnement dont la quotité et la durée sont réglées, suivant les circonstances, conformément aux cas envisagés ci-dessus, pp. 33 (1°, 2°) et 34 (§§ 1 et 2), déc., demi-déc. et dép.* (Tribunal correctionnel). — *Lois du 28 avril 1816, art. 38, § 4, 41 et 42, et du 5 juillet 1836, art. 3.*

Responsabilité des détenteurs. — Les marchandises sont saisissables, que le détenteur en soit le propriétaire ou le gardien provisoire. Ce détenteur est toujours réputé à la fois entrepositaire et importateur ; il est toujours personnellement passible de l'amende, même s'il signale le propriétaire des marchandises ; il ne peut se soustraire aux pénalités encourues par la loi du 28 avril 1816 (art. 38, 41 et suiv.) en invoquant l'excuse d'ignorance : pour être absous, il faut qu'il prouve qu'il lui a été absolument impossible soit d'importer les marchandises, soit d'en empêcher l'introduction chez lui.

Sont passibles également des mêmes poursuites et condamnations, en cas de découverte de fraude dans leur habitation ou dans les annexes de leur domicile : les propriétaires du bâtiment où la fraude est surprise, même si elle existe dans un local non attenant à leur demeure et non fermé ; le propriétaire d'une forge, ordinairement fermée, dans les bâtiments de laquelle on découvre un dépôt frauduleux. Pour se soustraire à la responsabilité qui pèse sur eux, les inculpés doivent prouver aux tribunaux soit qu'ils ont agi sous l'empire d'une force majeure à laquelle ils n'ont pu résister ou qu'ils n'ont pu prévoir, soit qu'ils avaient cédé à d'autres personnes, *par acte authentique,* la jouissance du local où la fraude a été découverte.

De même si, des contrebandiers ayant pris la fuite à la vue du service, certains habitants d'une commune voisine dérobent une partie des charges de tabac abandonnées par ces contrebandiers, cette détention constitue un dépôt frauduleux, et les coupables sont poursuivis de ce chef, indépendamment des peines encourues pour le vol. Si cette éventualité se présente, les préposés peuvent pénétrer à la suite des auteurs du délit dans une habitation où ceux-ci essaient de cacher leur marchandise. Alors la présence d'un juge ou officier municipal est inutile. Toute personne qui tente d'empêcher cette entrée du service commet une *opposition*, et procès-verbal doit lui être déclaré dans ce sens.

Femme du détenteur de la contrebande. — (Voir ci-dessus, p. 42.)

Dans les saisies à domicile, si la loi transgressée prononce la peine d'emprisonnement contre les coupables, l'arrestation du délinquant, *domicilié et connu*, ne peut être effectuée dans la maison : elle ne l'est qu'ultérieurement et en vertu d'un jugement définitif, s'il n'y a pas transaction, amnistie ou ordonnance de non-lieu.

ZONE SPÉCIALE de deux kilomètres et demi de la frontière ou des territoires francs du pays de Gex et de la Haute-Savoie.

Nous avons dit que le rayon terrestre avait 20 kilomètres d'étendue. A partir de la ligne avancée qui sert de clôture à ce rayon vers l'étranger, la loi a établi, vers l'intérieur du territoire national, une zone de 2 kilom. et demi de profondeur (mesure la plus directe à vol d'oiseau), ayant pour limite externe la frontière elle-même, zone dans laquelle certaines marchandises sont soumises à des formalités spéciales, afin d'entraver la fraude très active en cette partie si voisine de l'étranger.

Ces formalités se résument comme suit :

1° Inscription, au nom de chaque marchand en gros ou demi-gros, sur un compte ouvert tenu dans tous les bureaux de Douane des communes comptant moins de 2.000 âmes [1], ou dans le bureau le plus voisin de ces communes, des mar-

---

[1] Sont également astreintes à la formalité du compte ouvert les communes de moins de 2.000 âmes dont quelques quartiers sont situés EN DEÇA de la zone de 2 kilom. et demi. Si cependant ces quartiers sont séparés de la commune par une rivière ou autre obstacle naturel déterminant une solution de continuité, le régime du compte ouvert ne leur est pas appliqué.

chandises dénommées à l'article 1er de l'arrêté du 22 thermidor an X (voir l'énumération de ces marchandises à la p. 135, § 2 ci-dessus) et des céréales en grains et farines [1];

2° Justification de l'origine (avec dispense de compte ouvert) pour les marchandises dénommées à l'arrêté précité lorsque, existant dans les communes dont la population agglomérée, faubourgs compris, atteint ou dépasse deux mille âmes, elles doivent être mises en circulation ;

3° Présentation de ces marchandises au bureau le plus proche, en vue d'obtenir un passavant ;

4° Délivrance au bureau d'un passavant destiné à assurer le transport des marchandises soumises au compte ouvert ou à la justification d'origine, lorsque ces marchandises sont mises en mouvement.

Pour les formalités applicables aux « Bestiaux » et « aux marchandises récoltées ou produites dans le rayon », voir ci-après, p. 158, et ci-dessus, p. 135. (Voir aussi, p. 138, § 3, pour les dispositions applicables aux consommateurs.)

Chaque bureau et corps de garde de la frontière est aujourd'hui pourvu d'une liste des marchandises astreintes à la formalité du passavant.

Le compte ouvert est tenu en partie double : prise en charge des marchandises pour lesquelles il est représenté des quittances (produits étrangers nationalisés) ou des titres, tels que passavants, justifiant leur origine nationale ; — décharge, au fur et à mesure des sorties, des marchandises expédiées ou non représentées.

Quand un titulaire de compte ouvert veut expédier une partie ou la totalité de ses marchandises inscrites en charge, il doit préalablement conduire lesdites marchandises, par la route directe, au plus prochain bureau, et y souscrire la déclaration d'enlèvement. Le transport jusqu'au bureau s'effectue donc sans expédition ; mais, d'après les indications

---

[1] Les grains et farines ne sont astreints au compte ouvert et au passavant qu'en certaines régions où la fraude des céréales est à craindre. Le passavant n'est exigé que pour quantités dépassant 100 kilogrammes et dans les limites de la zone spéciale qui, pour ce cas particulier, comprend tous les bureaux et brigades de première ligne, à quelque distance qu'ils se trouvent de la frontière.

que doit fournir le conducteur — désignation du magasin d'où sort son chargement, du bureau où il se rend, — il est toujours aisé de s'assurer, lors de l'arrivée au bureau, si les marchandises figurent réellement au compte ouvert. Dans la négative, on déclare procès-verbal, les *marchandises et moyens de transport sont saisis* et le transporteur condamné à payer une *amende de 500 fr., déc., demi-déc. et dép.* (Tribunal de paix) pour défaut de justification d'origine. — *Lois des 22 août 1791, titre V, art. 1er; 4 germinal an II, titre II, art. 10; 28 avril 1816, art. 38, § 3; 27 mars 1817, art. 15.*

Lorsqu'il y a défaut d'identité entre les marchandises représentées et celles inscrites au compte ouvert à la charge du déclarant, c'est-à-dire si elles ne sont pas de même nature, espèce et qualité, il y a lieu d'appliquer, en vertu des *art. 3 de l'arrêté du 22 thermidor an X, et 7 de l'ordonnance du 27 juin 1814,* et selon les circonstances constitutives de l'infraction, les pénalités rappelées ci-dessus pages 33, 1°, 2° ou 34, §§ 1 et 2 (pour circulation de marchandises prohibées... ou tarifées à 25 francs et plus les 100 kilogr.... ou dont la prohibition a été remplacée par des droits — lettre B de la liste n° 1 de l'annexe), page 132, 1° (pour circulation de marchandises tarifées à moins de 25 francs les 100 kilogr.), pages 151 ou 152 (s'il s'agit de dépôt).

On agirait de même pour des excédents. Quant au refus ou à l'impossibilité de représenter, sur le lieu de l'enlèvement, des marchandises destinées à circuler, ils motiveraient les mesures rappelées à la page 136 ci-dessus, § 3.

Admettons maintenant que la marchandise ait été régulièrement représentée au service et reconnue. Alors la Douane délivre au déclarant un passavant de circulation relatant minutieusement toutes les conditions du transport qu'il doit effectuer. (Voir p. 133.)

Si le passavant n'en porte pas la mention formelle, le transport ne peut avoir lieu entre le lever et le coucher du soleil. Pour obtenir la facilité de circuler de nuit, l'expéditeur doit fournir des raisons majeures et admissibles telles que le risque de voir sa marchandise détériorée par une température excessive pendant la journée. Le transport de nuit non autorisé serait poursuivi comme il est dit ci-dessus, p. 132, dernier paragraphe.

Aux bureaux de passage désignés pour visa de l'expédition, ou au bureau de destination, tout défaut d'identité entre la pièce d'accompagnement et les marchandises représentées serait traité comme *circulation sans expédition valable*. Les mêmes pénalités seraient applicables si le passavant n'a pas été visé au bureau de passage obligatoirement imposé, ou si la marchandise est trouvée allant en sens contraire de ce bureau.

Si le conducteur se présente à un bureau pour y faire viser son passavant, et qu'il ne peut représenter les marchandises, on applique les condamnations prononcées pour *défaut d'identité*. (Voir ci-dessus, p. 134, § 4.)

Les autres cas, dont le détail suit, motivent aussi nullité du passavant et poursuites comme *introduction frauduleuse* (voir pp. 132 et 133, suivant la catégorie des marchandises et le mode de transport) :

1° Délai du passavant périmé, sans qu'il puisse être légalement justifié du retard ;

2° Circulation sur une route différente de celle indiquée ;

3° Exhibition tardive du passavant n'accompagnant pas la marchandise.

Il est toujours loisible au conducteur de laisser ses marchandises en deçà de la destination primitivement désignée sur le passavant ; mais alors il doit faire régulariser la situation au bureau qu'il choisit pour terme de son voyage.

Lorsque le transporteur éprouve, en cours de route, un accident qui motive un retard, il doit représenter sa marchandise au bureau de Douane de passage ou de destination et produire un procès-verbal en bonne forme, établi par le Juge de paix, ou, à défaut, par les officiers municipaux du lieu où il a été retenu.

A supposer enfin qu'à destination il soit constaté un défaut d'identité ou un excédent [1] de nombre, mesure ou poids, on appliquerait les pénalités encourues pour *circulation sans expédition valable*, suivant la nature des marchandises. (Voir ci-dessus, pp. 132, 133.)

Recensements. — Du régime du compte ouvert découle

---

[1] L'excédent seul (sur passavant ou congé) est saisi.

l'obligation pour le service de s'assurer, chez les détenteurs des marchandises, s'ils possèdent réellement les quantités déclarées et inscrites à leur charge. Ces contrôles — assez rares — ont lieu presque exclusivement de jour et sans l'assistance d'un officier municipal ; mais le concours de cet officier deviendrait nécessaire s'il y avait refus d'ouvrir les portes. (Voir ci-dessus, p. 39.)

En cas de déficit constaté chez les titulaires des comptes, les passavants ne sont délivrés que pour les quantités reconnues. Un excédent ou un défaut d'identité entraîne application des pénalités rappelées ci-dessus, page 155, § 2.

ZONE EXTÉRIEURE

La *zone extérieure* est la portion du territoire qui affleure la frontière. Elle est limitée par deux lignes : celle de la frontière même, marquée par une borne, une route, un chemin, un cours d'eau, une crête montagneuse ; l'autre — vers la France — par une ligne reliant la série ininterrompue des bureaux et brigades.

Voir ci-après, p. 158 pour ce qui concerne la police des mouvements des animaux de la race ovine, et p. 163 relativement au pacage dans cette zone.

Si des habitants de la zone extérieure voulaient s'approvisionner, dans l'intérieur de la France ou dans le rayon, de produits dont la sortie pourrait être interdite ou taxée, ils devraient, pour obtenir un passavant destiné à légitimer le transport de ces produits, représenter à la Douane un certificat du Maire du lieu de destination, revêtu du cachet de la mairie, et indiquant que ces marchandises sont destinées à leur usage et à leur consommation. Le passavant délivré pour ces approvisionnements ne pourrait servir à d'autre transport ultérieur.

La disposition contenue dans le paragraphe qui précède n'a guère d'application de nos jours ; mais elle laisse subsister en entier l'obligation, pour ces habitants, de se conformer par ailleurs aux mesures de police relatives à la circulation des marchandises dans cette zone qui, au demeurant, fait partie intégrante du rayon des frontières terrestres.

BESTIAUX

Les animaux de la race bovine existant chez les particuliers qui habitent dans les 2 kilomètres et demi en deçà de la première ligne des bureaux et brigades de Douane, et ceux de la race ovine existant dans la zone extérieure, telle qu'elle est définie à la page qui précède, donnent lieu à la tenue du compte ouvert [1]. Les propriétaires ou détenteurs de ces bêtes sont astreints à déclarer par écrit, au bureau des Douanes le plus voisin, tous les sujets qu'ils possèdent, ainsi que tous les changements survenus dans leurs étables, dans le nombre et l'espèce de têtes de leurs troupeaux. Ces indications sont contrôlées par des recensements effectués, au moins tous les semestres, par les agents. Les naissances sont déclarées et inscrites au compte ouvert dans la quinzaine ; les augmentations produites par réception de nouveaux individus, arrivés soit de l'étranger, soit de l'intérieur du territoire, sont déclarées et inscrites dès l'arrivée des bêtes, sauf s'il s'agit d'animaux amenés en vue de figurer aux foires ou marchés [2].

Les manquants constatés lors des recensements sont déduits au compte ouvert ; quant aux excédents, s'ils ne proviennent pas de reproduction sur place survenue dans la quinzaine qui a précédé le recensement, ils sont soumis au paiement du *double droit d'entrée, déc., demi-déc. et dép.* (Tribunal de paix), en vertu de l'ordonnance *royale du 28 juillet 1822, art. 4* [3].

---

[1] Certaines régions du Sud et du Sud-Est sont dispensées de cette formalité du compte ouvert pour le bétail.

En dehors de la zone extérieure, c'est-à-dire dans le reste du rayon de deux myriamètres, les animaux de la race ovine peuvent circuler librement sans expédition lorsqu'aucune mesure sanitaire ne prohibe l'importation des bêtes de même espèce.

[2] On n'inscrit ces derniers au compte ouvert que s'ils séjournent dans le rayon spécial après le lendemain de la clôture des foires ou marchés où ils devaient être exposés.

[3] On peut ne pas verbaliser si le contrevenant acquitte immédiatement ce double droit.

Le compte ouvert peut être également imposé, en certains points de la frontière, aux animaux de la race porcine. Si, dès lors, des porcs sont détenus sans être inscrits à ce compte ouvert en temps de prohibition sanitaire, le fait constitue présomption d'*importation en contrebande de marchandises prohibées*.

La circulation des animaux des races précitées est assurée par un passavant délivré par le bureau où est tenu le compte ouvert. L'absence de cette expédition donnerait lieu, pour ce qui concerne les bestiaux de la race bovine [1], à l'application des pénalités suivantes :

1° Détenteur ayant un compte ouvert : *Double droit d'entrée, déc., demi-déc. et dép.* (Tribunal de paix). — *Ordonnance royale du 28 juillet 1822, art. 9*;

2° Détenteur n'ayant pas de compte ouvert : *Confiscation des animaux* [2] *; amende de 100 francs, déc., demi-déc. et dép.* (Tribunal de paix). — *Loi du 22 août 1791, titre III, art. 15 et 16, et ordonnance royale du 28 juillet 1822, art. 7.*

---

[1] Pour les animaux de la race porcine, on poursuivrait l'infraction comme *importation en contrebande*.

[2] La confiscation du bétail au domicile d'un habitant du rayon spécial pourvu d'un compte ouvert n'est autorisée qu'après une poursuite à vue.

CHAPITRE II

Police du rayon et régimes spéciaux.

Fabriques (clouteries, papeteries), manufactures, moulins à vent ou à eau. — Ces établissements ne peuvent être créés, à l'intérieur des villes dont la population agglomérée n'atteint pas au moins 2.000 âmes, ou dans l'étendue du territoire formant la ligne des Douanes, qu'en vertu d'un décret du Chef de l'État ou d'un arrêté préfectoral, et sous certaines garanties spécifiées en ces décrets ou arrêtés.

L'Administration peut également intervenir à l'égard des simples ateliers et des industries de famille, suivant les conditions dans lesquelles ils sont installés.

Quant aux établissements industriels [1] qui existaient dans le rayon avant la fixation de la zone frontière, leur maintien en est autorisé de plein droit. L'Administration se borne à leur imposer le compte ouvert, s'ils sont situés dans une commune de moins de 2.000 âmes et dans la zone de 2 kilomètres et demi de la frontière.

Certaines mesures d'ordre et de surveillance sont, d'ordinaire, appliquées aux fabriques, manufactures Ces établissements doivent, tout d'abord, justifier l'origine des matières premières qu'ils reçoivent ; le compte ouvert leur est imposé, si les produits qu'ils manufacturent sont de ceux qui sont astreints au passavant de circulation ; le service peut s'y présenter à toute heure de jour, de nuit, et sans l'assistance d'un officier municipal, pour effectuer des recensements ou de simples surveillances ; l'usine ne peut être

---

[1] Les fabriques de sel sont soumises à un exercice régulier.

déplacée, sans autorisation préalable, du local qui lui a été affecté.

S'il s'agit d'établissements non assujettis au compte ouvert, la sortie et la circulation des produits ne peuvent avoir lieu que sur déclaration des intéressés qui attestent et font attester par l'autorité locale que ces produits proviennent bien de leur industrie.

Le déplacement de ces fabriques ou établissements, — y compris ceux existant dans le rayon avant la fixation des frontières, — peut être ordonné par l'autorité préfectorale, si un jugement, consécutif à un procès-verbal du service, établit qu'ils ont été le théâtre d'opérations de contrebande, ou qu'ils ont favorisé ces opérations. De même, si les procès-verbaux des agents constatent que des moulins ou des chemins y conduisant ont servi à la fraude, la suppression de ces moulins peut être décidée par le Préfet.

Frontières de Belgique et du Grand-Duché de Luxembourg.

— Sur ces frontières, aucune construction — habitation, bâtiment, clôture, mur, talus, — ne peut être établie à moins de 10 mètres de la ligne frontière ou de 5 mètres d'un chemin, lorsque ce chemin est mitoyen aux deux nations et que son axe forme la limite de chacun des territoires. Ceux qui enfreindraient cette disposition seraient punis d'amende et condamnés à démolir, dans un délai de.... les obstacles élevés ; mais les agents des Douanes ne sont pas appelés à constater ces contraventions : ils doivent se borner à les signaler au Maire de la commune où elles se sont produites.

Quant aux constructions existant avant la loi qui a promulgué ces mesures, leur suppression moyennant indemnité expropriative peut être ordonnée par décret.

Frontière d'Espagne.

— Les mesures suivantes ont été concertées entre les Gouvernements français et espagnol, afin d'enrayer le plus possible la contrebande dans la Bidassoa :

Les pièces de Douane ou de Régie délivrées pour accompagner les marchandises expédiées par voie ferrée (pont de Béhobie ou autre passage dûment autorisé) d'un pays dans l'autre, soit en transit, soit sous réserve de prime ou remise de taxes intérieures, ou encore par suite de sortie d'entrepôt pour la réexportation ou d'admission temporaire, ces pièces doivent être représentées, avec les marchandises, à la Douane de la nation voisine, et être visées par cette Douane.

L'exportation simple des *tissus, chapeaux de feutre, de la passementerie, de la bijouterie fausse, des chaussures en cuir et des denrées coloniales (sucre, cannelle, cacao, café, girofle, poivre, thé)*, à l'exclusion de tous autres articles, font l'objet d'un certificat de sortie qui est remis au service du pays opposé. Ce service en donne décharge par visa sur un carnet spécial.

Quant aux transports par eau, ils ne peuvent être effectués, sous peine d'infraction, qu'en certains points (rigoureusement fixés) de chaque rive du fleuve et par des bateaux facilement reconnaissables à certaines marques distinctives et qui figurent sur des listes dressées et échangées par les municipalités des deux pays. Les patrons doivent être nantis d'une liste énonciative des marchandises qu'ils transportent. Cette liste, visée par la Douane de départ, est représentée à celle d'arrivée qui la renvoie au bureau d'émission (Irun ou Hendaye). En cours de traversée, chaque Douane peut reconnaître d'une façon sommaire le chargement des bateaux battant pavillon national, ou même, s'il y a utilité ou suspicion de fraude, des bateaux de l'autre pays, mais alors avec l'assistance de la Douane à laquelle ce bateau appartient. Quelle que soit la (ou les) Douane qui constate une infraction, cette infraction est poursuivie par la Douane du pays dont dépend le bateau en faute.

Les transports effectués *le long* d'une des rives du fleuve, entre les divers points autorisés, sont réglementés par les lois de la nation propriétaire de cette rive.

Les marchandises énumérées ci-dessus (§ 2) ne peuvent, sous peine de poursuites, circuler de nuit par bateau.

Toute contravention est poursuivie par application du *décret du 31 décembre 1890.*

Pour compléter ces mesures répressives de la contrebande, des échanges de communications se font entre les Douanes françaises et espagnoles relativement aux envois de marchandises par certains bureaux de la frontière, aux embarquements maritimes, à l'existence des associations contrebandières ou des dépôts frauduleux ; mais, sauf les relevés des marchandises exportées par les bureaux de route, — rele-

vés qui sont échangés par décades entre les Directeurs
régionaux, — la plupart des détails que comporte cet arrangement sont réglés par la voie diplomatique. Inutile donc
d'insister sur cette question.

Pour la pêche fluviale dans la Bidassoa, voir ci-dessus, p.58.

PACAGES

**Pacage des bestiaux français dans la zone exté-
rieure.** — Tous ceux qui veulent faire paître sur cette partie du territoire des chevaux, bêtes de somme ou des animaux des races bovine, ovine, caprine et porcine, quels qu'en
soient l'âge et le sexe, sont tenus d'être porteurs d'un passavant délivré au plus proche bureau de Douane, ou, sur
certains points, au siège de la brigade la plus voisine. Le
passavant, représentable à toute réquisition des agents, indique le nombre et l'espèce des bêtes composant un même
troupeau qui doivent pâturer ensemble sur tel pacage en
suivant tel itinéraire ; il est valable pour une période de...
Si plusieurs troupeaux se trouvent réunis sur un même
pâturage, chaque conducteur doit être muni d'un passavant
spécial à son lot particulier.
Un troupeau qui circule la nuit ne peut être saisi pour
cette seule raison, si son conducteur peut représenter un
passavant applicable à l'ensemble des bêtes qu'il mène.
En cas de division d'un même troupeau, il doit être produit autant de passavants distincts qu'il y a de pâturages à
fréquenter. Lorsque le troupeau doit changer de lieu de
pacage, le passavant primitif est annoté ou renouvelé.
Les augmentations du nombre de têtes, lorsqu'elles résultent de réception de nouveaux sujets ou de la rentrée
des bêtes distraites temporairement d'un troupeau, sont
régularisées par la délivrance d'un passavant ; quant aux
autres changements, attribuables à des naissances, ventes,
abattages, à des accidents imprévus, ils sont régularisés
le plus tôt possible par une déclaration faite au bureau[1]:

---

[1] Par mesure d'ordre les Receveurs tiennent un compte spécial
de la situation des troupeaux de bêtes à laine.

Le service s'assure, par des recensements facultatifs, effectués tant sur les pâturages mêmes qu'aux étables (lors de la sortie ou de la rentrée des bêtes), que tous les sujets portés aux passavants existent réellement. Il peut aussi faire, *de jour et sans l'assistance d'un officier municipal*, des recensements *dans les étables*, mais alors rien que sur ordre exprès d'un des chefs de la brigade.

Les infractions à ce régime donnent lieu à l'application des mesures répressives suivantes :

1° Excédents sur le nombre de bêtes déclarées pour obtenir un passavant : *Double droit d'entrée sur chaque tête de bétail en plus, déc., demi-déc. et dép.* (Tribunal de paix). — *Loi du 22 août 1791, titre II, art. 18, et Règlement de 1825, art. 49 et 52 ;*

2° Excédents constatés lors du retour du pacage : *Confiscation et amende de 200 francs, déc., demi-déc. et dépens* (Tribunal de paix). — *Lois du 22 août 1791, titre II, art. 2, et du 4 germinal an II, titre III, art. 4 ;*

3° Excédents constatés lors des recensements : *Mêmes pénalités qu'au cas précédent* (Tribunal de paix). — *Loi du 4 germinal an II, titre III, art. 4 ;*

4° Pacage, sans expédition, du menu bétail et de mulets, mules, chevaux, juments : *Confiscation et amende de 100 fr., déc., demi-déc. et dépens* (Tribunal de paix). — *Arrêté du 25 messidor an VI combiné avec la loi du 22 août 1791, titre III, art. 15 et 16.*

Si un déficit est reconnu, lors des recensements ou des vérifications faites au retour du pacage, le service déduit simplement au passavant le nombre de têtes non représenté et en avise le Receveur qui a délivré ce titre.

Les autres irrégularités non envisagées au présent article sont traitées comme *importation frauduleuse* (voir 2° ci-dessus pour les pénalités applicables), ou comme *exportation sans déclaration*, ou *circulation sans expédition* [1], selon les circonstances.

Dans tous les cas où aucun soupçon de fraude n'existe, on peut faire souscrire aux contrevenants un engagement cautionné d'avoir à s'en rapporter à la décision de l'Administration. Cet acte est établi par les soins des Receveurs.

---

[1] Voir ci-dessus page 137, § 4 pour les bestiaux conduits aux foires ou marchés.

Bestiaux conduits aux foires ou marchés. (Voir ci-dessus p. 158.)

Prohibition du bétail. — En temps de prohibition, par mesure sanitaire, des bestiaux étrangers, les animaux introduits frauduleusement sont regardés, pour l'application des textes de lois violés, comme marchandises prohibées d'une façon absolue.

Vol d'un troupeau saisi. — Si un troupeau, saisi par les agents, était volé par des personnes autres que le conducteur de ce troupeau, il y aurait lieu de verbaliser doublement contre les auteurs de ce vol, d'abord pour *Opposition*, puis pour *importation en contrebande.*

Pacage des troupeaux français dans le rayon spécial de deux kilom. et demi en arrière de la première ligne de Douane. — Nous avons vu ci-dessus, pp. 158 et 159, à quelles formalités sont astreints les animaux des races bovine et ovine détenus dans l'étendue de ce rayon. Ainsi que dans la zone extérieure, la circulation des troupeaux y est assurée par la délivrance d'un passavant, lequel est pris *au bureau où est tenu le compte ouvert.*

S'il s'agit de bêtes amenées de l'intérieur du territoire pour pâturer dans ce rayon spécial, le passavant est délivré par le bureau le plus rapproché du pacage, avec obligation de visa aux bureaux ou postes échelonnés sur la route du convoi.

Les autres conditions sont les mêmes que pour le pacage dans la zone extérieure.

En cas de circulation irrégulière des animaux des races bovine ou porcine ou d'excédents, on applique les pénalités mentionnées ci-dessus, p. 159. Si les excédents injustifiables portaient sur d'autres animaux que ceux des races précitées, il conviendrait de les traiter comme *importation frauduleuse.* (Voir à la page précédente, les pénalités applicables.)

Pacage de troupeaux français à l'étranger. — Le bénéfice de ce régime n'est concédé qu'aux troupeaux français appartenant à des Français ou à des étrangers résidant en France ou y ayant soit des propriétés, soit des fermes.

Sur déclaration du conducteur du troupeau (déclaration qui est faite au bureau le plus rapproché du point par où la sortie doit avoir lieu, il est délivré un passavant [1] au verso duquel le service inscrit le résultat de ses reconnaissances chaque fois que le bétail franchit la première ligne de Douane à l'entrée comme à la sortie. Ces passages s'effectuent à des heures, à des endroits exclusivement désignés en chaque localité. Avisés des heures des mouvements des troupeaux, les préposés les accompagnent, au départ, jusqu'à la frontière. Au retour, ils les font conduire au bureau où le contrôle est fait en leur présence. La rentrée des troupeaux doit avoir lieu par le bureau qui a délivré le passavant, à moins que le Directeur n'autorise ce retour par un autre bureau.

Au départ, les excédents constatés sur la déclaration motivent l'application des pénalités rappelées ci-dessus, p. 164, 1°. Les déficits sont simplement mentionnés au passavant qui, dès lors, n'est plus valable que pour le nombre de têtes reconnues à la visite.

Au retour en France, les excédents ne provenant pas de naissance [2] sont traités comme *importation frauduleuse* (voir ci-dessus, p. 164, 2°) ; les déficits sont punis des peines édictées par la *loi du 22 août 1791 (art. 18 du titre II, et 15 du titre III)*, soit de la *confiscation* [3] et d'une amende de 100 fr., déc., demi-déc. et dép. (Tribunal de paix) ; les substitutions (différences dans l'espèce des pièces de bétail) entraînent à la fois les condamnations encourues pour excédents et déficits au retour.

La rentrée des animaux admis à pacager à l'étranger peut avoir lieu par tous les bureaux des frontières de terre, mais sous condition de visite sanitaire et, s'il y a lieu [4], production d'un certificat de santé.

---

[1] S'il s'agit de pacages journaliers, la durée de validité de ce titre peut être portée à un an.

[2] Les bêtes mises bas pendant la durée du pacage peuvent être admises en franchise comme le reste du troupeau.

[3] Payement de la valeur des bêtes, au cas présent.

[4] C'est-à-dire si le bureau de passage ne possède pas un service d'inspection sanitaire ou n'est pas compris parmi ceux qui sont ouverts à l'importation ou au transit des animaux vivants (lettre L de la liste 2 de l'annexe ci-après).

Fromages. — Sur les frontières des Pyrénées, l'Administration autorise l'admission en franchise des fromages de toute espèce provenant des troupeaux français qui sont allés pâturer à l'étranger.

La sortie de France des animaux envoyés au pacage ne cesse d'être permise que si un arrêté ministériel spécial interdit cette sortie.

Pacage en France des troupeaux étrangers. —

Les troupeaux pour lesquels on réclame ce privilège doivent appartenir soit à des étrangers, soit à des Français établis à l'étranger ou y possédant des propriétés, fermes.

L'introduction des bêtes ne peut être effectuée qu'après déclaration faite par l'intéressé au bureau le plus voisin du pacage — si ce bureau est situé dans la zone extérieure, — sinon, au bureau le plus proche du point par où le troupeau doit entrer. A la suite de cette déclaration, le service sédentaire délivre un acquit-à-caution, valable au maximum pour six mois et pour un nombre déterminé de têtes de telles espèces d'animaux. Cet acquit ne peut être établi que pendant la saison où les troupeaux pâturent.

Le service reconnaît — au bureau même ou au pacage situé en deçà du bureau — si les indications de la déclaration (nombre et nature des bêtes introduites, passage par tel endroit, tel jour, à telle heure comprise entre le lever et le coucher du soleil) sont exactes, et traite tout excédent *comme importation frauduleuse.* (Voir ci-dessus, p. 164, 3°.)

Si, pendant la durée du pacage, une substitution est constatée, cette irrégularité donne lieu à doubles pénalités : 1° pour l'animal manquant, *payement de sa valeur et amende de 200 fr.* (introduction frauduleuse); 2° pour l'animal substitué, *double droit d'entrée* (Tribunal de paix). — *Loi du 4 germinal an II, titre III, art. 4.*

La réexportation des bêtes doit s'effectuer par l'arrondissement du bureau qui a délivré l'acquit-à-caution ; si cette sortie devait être effectuée par un point autre de la frontière, l'autorisation du Directeur serait nécessaire. Cette réexportation est constatée à la frontière, à jour dit, puis l'acquit est déchargé des quantités réellement représentées.

Les sujets nés en France peuvent y rester en franchise de

droits, à moins que le conducteur du troupeau ne préfère les exporter.

Les déficits à la réexportation sont traités comme *importation frauduleuse* (voir ci-dessus, p. 138, § 6), à moins qu'il ne s'agisse de bêtes perdues par suite de vol ou de décès en cours de pacage. En ce cas, le service peut n'exiger que le simple droit d'entrée sur les têtes manquantes ou même, si le Directeur l'autorise, libérer entièrement le soumissionnaire dont la bonne foi ne peut être mise en doute, alors surtout que la perte de ses bêtes a été reconnue par les agents. Un rapport spécial met les chefs en mesure de statuer.

La sortie des troupeaux étrangers admis au pacage en France est permise par tous les bureaux des frontières de terre sous les réserves spécifiées ci-dessus, p. 166, § 4.

PROPRIÉTÉS LIMITROPHES

On désigne sous le nom de « Propriétés limitrophes » les terres ou biens-fonds, voisins de la frontière, que les Français possédaient à l'étranger ou les étrangers en France, lors de la délimitation du territoire actuel, et qu'ils continuent à posséder de nos jours.

L'importation et l'exportation des récoltes annuelles provenant de ces terres demeurent affranchies de tous droits.

Pour jouir de cette immunité, les intéressés justifient au préalable, près des Receveurs ou autres employés de bureau, de leurs titres de propriété ou d'hérédité, suivant le mode tracé aux Observations préliminaires du Tarif, n°° 324 et suivants.

Les blés et autres produits de la terre doivent être transportés dans leur état naturel, c'est-à-dire ni battus, ni préparés. Exception est faite pour le colza qui peut être mis en sac après battage sur les lieux de la récolte, et pour les betteraves admissibles en pulpes.

Les entrées ou sorties doivent, sauf exceptions autorisées par les chefs locaux, être effectuées par la frontière ressortissant au bureau où les titres de propriété ont été vérifiés.

L'admission des produits, dont le tableau ci-après donne, du reste, l'énumération, a lieu sur simple production de certificats d'origine.

Frontière de Belgique.	FRONTIÈRES de Suisse et d'Allemagne.	Frontière d'Italie.
La zone privilégiée s'étend à 2 kilomètres de chaque côté de la frontière.*	*La zone privilégiée s'étend à 10 kilomètres* de chaque côté de la frontière.*	*La zone privilégiée s'étend à 5 kilomètres* de chaque côté de la frontière*
Céréales en gerbes. Engrais. Foins. Fourrages verts. Racines fourragères. Autres produits tirés directement du sol (y compris le fumier et les pulpes de betteraves).	Animaux vivants (ânes, bœufs, chevaux, mulets, vaches) servant à l'exploitation des biens-fonds. Bois bruts (avec ou sans justification d'emploi dans la zone, suivant la situation des propriétés) (1). Céréales en gerbes ou épis. Charbon de bois. Echalas. Engrais. Foin. Fourrages verts. Instruments agricoles (outils, appareils et machines servant à l'exploitation des biens-fonds). Paille. Perches. Plantes. Potasse. Semences.	*Délais d'importation et d'exportation.* Beurre. Bois brut. Engrais. Fromage. Grains (p' semences). Laine. Lait. } A quelque époque de l'année que ces produits soient présentés au service. Moût muet et Vin en fermentation. } Depuis la récolte jusqu'en fin de novembre. Feuilles et fleurs d'oranger. Olives fraîches. Oranges. } Depuis la récolte jusqu'au 1'' juillet de l'année suivante. Autres produits naturels de la terre. } Depuis la récolte jusqu'au 1'' avril suiv'.
NOTA. — L'importation ne peut avoir lieu que du 1'' juin au 15 novembre ; l'exportation est autorisée depuis l'époque de la récolte jusqu'au 1'' avril suivant.	Pour les délais d'importation ou d'exportation, voir le nota ci-contre (*Frontière de Belgique*). (1) Les bois sciés provenant des scieries situées dans la zone de 10 kilom. en Suisse sont admis en France au demi-tarif minimum, sur production de bons de crédit.	Les céréales ne doivent être ni battues ni engrangées ; cependant on peut les présenter en grains, s'il s'agit de localités où le transport ne peut être effectué qu'à dos de mulet.

* Distance à vol d'oiseau à partir de la frontière.

Sur les frontières de Suisse et d'Allemagne, le régime de l'importation et de l'exportation *temporaires* en franchise est accordé, en outre, aux produits suivants, sous réserve expresse qu'ils aient été récoltés sur les biens-fonds :

1° Grains et bois expédiés sur la zone opposée pour y être moulus ou sciés ;

2° Semences envoyées dans l'autre pays pour extraction de l'huile ;

3° Fils et toiles écrus destinés au blanchiment ;

4° Lin et chanvre à filer à façon.

Ces envois s'effectuent sous la garantie d'acquits-à-caution ou de passavants, suivant la nature des produits et le genre d'opérations. (Voir n° 335 des Observations préliminaires du Tarif.)

ZONES FRANCHES

(PAYS DE GEX ET HAUTE-SAVOIE NEUTRALISÉE)

Le Gouvernement a accordé au pays de Gex et à toute la partie de la Haute-Savoie qui se trouve en dehors de la ligne des douanes le privilège de recevoir en franchise de droits de Douane tout produit étranger. Toutefois les machines, appareils et matières premières ou autres [1] employés dans les fabriques de ces zones doivent être d'origine française ou avoir été nationalisés par le paiement des droits [2].

------

[1] Principales matières visées sous cette dénomination «autres» : Chandelles, cire et mèches pour cierges ; cuirs et clous pour chaussures ; fils de coton et de laine ; gants à coudre et chaussures à piquer dans la maison centrale de Thonon ; métaux pour fabrication d'instruments agricoles, de pompes à feu, de chaînes, pointes, sonnettes en fer, d'ouvrages en bronze ou en cuivre ; mines et bois d'ébénisterie pour crayons ; plaques de laiton pour peignes ; récipients en verre ou en fer-blanc pour renfermer les conserves alimentaires ; sucre et alcool pour liqueur de Muratore ; sucre et cacao pour chocolat ; sucre pour fabrication du lait concentré ; tissus et carcasses pour parapluies ; tissus et outillage pour confection de fleurs artificielles.

[2] Aucune justification d'origine n'est imposée pour le cuivre, le laiton ou l'acier destinés à l'horlogerie, pour la laine, le lin et les peaux employés dans les fabriques.

L'admission des produits des zones à l'intérieur du territoire français est naturellement subordonnée à plusieurs conditions. Elle ne s'applique qu'à certaines quantités — annuellement fixées par arrêtés ministériels — des produits naturels ou manufacturés dont l'énumération suit :

Ardoises ; bêtes à cornes ; beurre ; bijouterie[1] ; bois sciés ; bonneterie de laine ; briques ; carillons à musique ; chaînes en fer ; chandelles ; chapeaux de paille ; chevaux ; chocolat ; cierges ; cire ; clous et pointes en fer ; conserves alimentaires ; crayons de toute sorte et mine préparée pour crayons ; déchets de coton des manufactures locales ; dentelles grossières en crin ; lin ou laine ; draps et couvertures de laine ; eau-de-vie de cerises ; fils de coton ; fleurs artificielles ; fourrages ; fromages ; fruits de table ou fruits à cidre ; graines de trèfle ou de luzerne ; granit et pierres à bâtir taillées ; horlogerie ; instruments agricoles ; juments ; laine filée ; lait ; légumes frais ou secs ; liqueur aromatique de Muratore ; miel ; mules et mulets ; objets d'habillement et de lingerie confectionnés dans le couvent de la Roche pour l'usage des autres couvents de l'ordre ; objets d'origine savoisienne ou gexoise ou fabriqués dans l'intérieur de la France et teints dans les ateliers de teinturerie établis dans la zone franche ; œufs ; oignons ; papiers ; parapluies ; peignes en laiton ; pommes de terre ; pompes à feu en bronze ou en cuivre ; poteries ; poulains ; pouliches ; pruneaux ; seaux et autres ouvrages en bois commun ; sonnettes en fer ; souliers ; thermogrades-médaillons ; toiles de lin ; travaux de la maison centrale de Thonon (bonneterie, gants, chaussons de lisières et chaussures piquées) ; tuiles ; viandes de porc salées ; volailles.

La Douane exerce un contrôle chez les propriétaires des établissements ruraux ou industriels qui veulent introduire leurs produits en franchise sur le reste du territoire français. Ce contrôle comporte non seulement la révision des comptes que les fabricants sont contraints de tenir, mais encore des vérifications et recensements divers à effectuer dans les ateliers, magasins, étables, pâturages.

---

[1] Voir ci-après, p. 212, note 1, la fraude commise par voie de la Poste.

Lorsqu'un cultivateur[1] ou industriel[2] veut expédier de ses produits sur un autre point quelconque de la France, il remet au Vérificateur des Douanes de sa circonscription une déclaration visée par le Maire. Le vérificateur reconnaît les marchandises, puis délivre l'expédition propre à en légitimer l'entrée par l'un des bureaux suivants, spécialement désignés à cet effet : Annecy, Bassy, Bellegarde, Bonlieu, Charvonnex, Chassenay, Châtel, Cerrier, Designy, Evires, Flumet, Forens, Frangy, Groisy, Haute-Luce, La Giettaz, La Gîte, Le Parc, Le Plot, Le Pont-de-la-Caille, Les Rousses, Mijoux, Pringy, Serzin, St-Jean-de-Sixt, Thorens.

Exceptions. — La pièce d'accompagnement délivrée par le Vérificateur n'est pas nécessaire pour les fromages de pâte molle fabriqués en Gexois ou en Haute-Savoie, ni pour les chevaux, mulets, bêtes à cornes, et l'admission en franchise de ces articles n'est subordonnée qu'à la production d'un certificat d'origine délivré par le Maire de la commune à laquelle appartient l'envoyeur. Il y a même dispense de ce certificat pour les fournitures d'horlogerie dites *pignons*. Les ardoises, bois sciés, briques, céréales, le granit, les pierres à bâtir et les tuiles peuvent être admis par n'importe quel bureau de la ligne de Douane. Belfort est, en outre, ouvert à l'entrée des peaux préparées provenant des zones.

Restrictions de présentation. — La bijouterie, les carillons à musique, montres, pierres à bijoux, thermogrades-médaillons, vitrifications taillées doivent être expédiés en caisses ou boîtes scellées du cachet du vérificateur. Les cuirs et peaux tannées doivent être estampillés au moment de leur fabrication. Pour les autres cas spéciaux, consulter le règlement du 31 mai 1863.

Contraventions. — Toute déclaration inexacte (fausse déclaration de poids, nombre, espèce, origine), tendant à introduire sur l'intérieur du territoire national des objets qui n'auraient pas été produits dans les zones neutralisées, est constatée par la Douane, en présence et avec le concours

---

[1] Français ou Suisses établis dans les zones.
[2] Les seules fabriques nationales ont droit à des crédits spéciaux.

du Maire ou de l'adjoint de la commune [1] et poursuivie par application de la *loi de finances du 29 mars 1897, art. 7.* (Tribunal de paix.) — *Amende double de la valeur des objets faussement déclarés, sans pouvoir être inférieure à 500 fr., déc., demi-déc. et dépens.*

L'Administration, à laquelle il est rendu compte des affaires contentieuses de cette nature, peut, en outre, prononcer contre les contrevenants le retrait de l'expédition en franchise de leurs produits.

Taxes Intérieures. — Ces taxes sont perçues dans les zones franches dans les mêmes conditions que sur le reste du territoire, sauf l'impôt du sel qui n'y supporte qu'une taxe de 2 francs par 100 kilogrammes (payable soit au lieu d'expédition de la denrée, soit aux bureaux de Bellegarde ou d'Annecy).

Boissons. — Lorsque des boissons sont dirigées de l'intérieur du territoire sur les zones, le service des Douanes établi sur la limite de ces zones doit revêtir d'un visa de sortie les pièces de Régie délivrées pour assurer le transport de ces liquides.

Allumettes. — Les allumettes chimiques sont vendues dans les zones à prix réduits ; par suite, leur réimportation sur le reste du territoire national est interdite. Dans les zones, les agents des Douanes sont aptes à constater par procès-verbaux les colportages d'allumettes, mais il appartient à l'Administration des Contributions indirectes de poursuivre judiciairement ces délits.

Monnaies. — Est interdite sur le territoire des zones l'importation des monnaies de billon étrangères, ainsi que des pièces dites *cent*, frappées spécialement à Paris pour nos possessions d'*Indo-Chine.*

Phylloxéra. — Les mesures prohibitives appliquées à ce sujet sur le reste du territoire français ont été supprimées dans les zones franches par le décret du 20 décembre 1895.

---

[1] Ces officiers municipaux signent les procès-verbaux dressés par les agents de Douane.

EMPRUNT DU TERRITOIRE ÉTRANGER

Les marchandises qui, devant être transportées d'un point à un autre de la frontière française, empruntent exceptionnellement [1] une route, une voie ferrée, un canal situés sur territoire étranger, faute de voie directe sur le territoire français, ces marchandises peuvent être admises en franchise de tous droits lorsqu'elles rentrent sur le sol national ; mais, pour que ce bénéfice leur soit accordé, il faut qu'elles soient accompagnées d'un passavant de Douane émanant du bureau de départ et visé par les agents de ce lieu. La réimportation ne peut être effectuée que par le bureau spécialement spécifié sur le passavant.

Des différences dans l'espèce de la marchandise, constatées, lors de la visite, au bureau de destination ou de passage, entraîneraient *confiscation de cette marchandise et paiement d'une amende de 100 francs, déc , demi-déc. et dépens* (de 500 fr., déc., demi-déc. et dépens, si cette marchandise est prohibée). Des excédents sur des marchandises non sujettes à coulage comporteraient paiement, à titre d'amende, du *double droit d'entrée, déc.. demi-déc. et dépens* [2]. Ces diverses infractions relèvent des tribunaux de paix ; elles sont poursuivies par application de la *loi du 22 août 1791, titre III, art. 9.*

---

[1] En vertu d'autorisations administratives.

[2] Un excédent sur le nombre de futailles contenant des marchandises sujettes à coulage serait passible des mêmes condamnations. Au cas où la marchandise serait prohibée, *l'amende serait de 500 francs, déc., demi-déc. et dépens.*

CHAPITRE III

Exportations.

Sur les frontières de terre, de même que sur les frontières maritimes, les exportations ne peuvent être effectuées sans une déclaration préalable faite au service des bureaux qui délivre un permis destiné à légitimer le transport de la marchandise dans le rayon. Lorsque les produits proviennent de l'intérieur, cette expédition émane d'un bureau du centre ou d'un bureau de seconde ligne. L'acquittement de la taxe de statistique, seule exigible de nos jours, a lieu au bureau le plus voisin du lieu de l'enlèvement. Les marchandises sont transportées à ce bureau sous le couvert d'un passavant, — ou d'un acquit-à-caution, s'il s'agit de produits passibles de taxes intérieures ou de denrées réexportées d'entrepôt, en transit, etc. Ce transport doit être direct, c'est-à-dire que les conducteurs seraient en contravention s'ils prenaient un chemin détourné ou dépassaient et contournaient le bureau, et que, dès lors, leurs marchandises seraient réputées introduites en contrebande. (Voir ci-dessus, p. 132.)

Cependant les habitants de la frontière qui transportent à l'étranger, à bras, à dos, ou même en voiture, des produits autres que de l'industrie, produits non emballés,[1] dont la nature, l'espèce et la qualité peuvent être facilement constatées, ou qui exportent des animaux français *sans réserve de réimportation*, peuvent simplement déclarer leurs produits au passage devant le poste de Douane et y acquitter les droits de statistique exigibles, à condition que ces transports s'effectuent *de jour*, par *certaines voies préalablement*

---

[1] C'est-à-dire en vrac ou en paniers, sacs, caisses ouvertes.

désignées et sous la garantie d'une pièce justifiant l'origine ou la provenance des produits.

L'exportation, sans déclaration exacte, de marchandises prohibées d'une façon absolue, localement ou conditionnellement ¹ donnerait lieu à la *confiscation de ces marchandises et des moyens de transport et à une amende de 500 francs*, déc., demi-déc. et dép. — (Tribunal de paix). — *Lois du 22 août 1791, titre V, art. 1 et 3, et du 4 germinal an II, titre II, art. 10.*

L'exportation, sans déclaration, de marchandises exemptes de droits serait punie d'une *amende de 100 fr.*, déc., demi-déc. et dép., par application de l'art. 19 de la loi du 16 mai 1863 (Tribunal de paix).

Si les marchandises sont simplement *tarifées* ou même *exemptes de droits*, l'exportation, hors des conditions imposées par la loi, serait punie de la *confiscation de ces marchandises et d'une amende de 200 francs*, déc., demi-déc. et dép. (Tribunal de paix). — *Lois du 22 août 1791, titre II, art. 3, et du 4 germinal an II, titre III, art. 4 et 5.*

Enfin, lorsque la contrebande d'exportation a lieu avec attroupement et port d'armes, il y a lieu de requérir au procès-verbal, outre les condamnations spéciales à l'infraction elle-même, l'application des peines corporelles fixées par les *art. 210 et suivants du Code pénal*, en vertu de la *loi du 13 floréal an XI, art. 2 et 3.*

Ces préceptes posés, voyons à quelles formalités sont astreintes les exportations de certains produits plus spéciaux :

Armes et munitions non chargées. — S'il s'agit d'armes de modèle réglementaire, l'exportation en est subordonnée à la représentation du duplicata du récépissé préfectoral délivré au fabricant ou commerçant exportateur.

Les armes autres que de modèle réglementaire sont soumises aux simples formalités des autres marchandises.

Ces exportations sont autorisées par *tous les bureaux des frontières de terre*.

Des décrets peuvent interdire, pendant certaine période,

---

¹ Voir ci-dessus, p. 32.

la sortie des armes, pièces d'armes et munitions de toute espèce. Si alors des exceptions sont spécialement autoris s pour certains envois, les armes ou munitions doivent être accompagnées d'acquits-à-caution, qui les suivent jusqu'à destination et qui sont renvoyés au bureau d'émission, après avoir été déchargés par les agents consulaires français. Le non-rapport de ces acquits dans les délais fixés entraînerait le *payement de la valeur des armes et une amende de 500 fr., déc., demi-déc. et dép.* Le payement de ces amendes est réclamé par voie de *contrainte* [1]. — Lois à invoquer : *22 août 1791, titre III, art. 4; 14 juillet 1860, art. 9, et 13 avril 1895.*

Boissons. — Les vins, cidres, poirés, hydromels, alcools [2], liqueurs, vinaigres et préparations vinaigrées, acides acétiques ne jouissent de l'exemption des taxes intérieures, lorsqu'ils sont exportés par voie de terre, qu'autant que leur sortie s'effectue par l'un des bureaux spécialement désignés à cet effet (voir lettre к de la liste n° 2 de l'annexe ci-après [3]).

Ces boissons sont toujours accompagnées d'une expédition de Régie qui, remise à la Douane lors de l'exportation définitive, est déchargée par ses soins et renvoyée au bureau d'émission. Pour les boissons expédiées sur la Suisse, la Belgique et l'Italie, cette décharge n'est effectuée qu'après justification de la représentation des produits aux bureaux étrangers correspondants. Des justifications analogues doivent être produites pour les alcools et spiritueux exportés de France sur l'Allemagne et le Grand-Duché de Luxembourg ou vice-versa. De même, les boissons expédiées de l'intérieur à destination des zones franches du pays de Gex et de la Haute-Savoie doivent être représentées à l'un des bureaux de Douane établis sur la limite de ces zones pour visa de l'acquit de Régie, visa *indispensable* pour obtenir décharge de l'expédition.

Si des boissons circulant n'étaient pas accompagnées d'une

---

[1] Mode de procédure spécial au service sédentaire.

[2] Y compris les produits pharmaceutiques et de parfumerie dans la préparation ou la composition desquels il entre de l'alcool.

[3] Les boissons pour lesquelles il n'est pas demandé décharge des taxes intérieures peuvent être exportées par tous les bureaux sans exception.

pièce de Régie, il y aurait lieu d'opérer comme il est dit ci-dessus, p. 27.

Pour les bières, les vins vinés, les vinaigres, voir ci-dessus, p. 87 et 90.

Chiens de forte race. — La sortie des chiens d'une taille de o^m325 [1] est prohibée par les frontières de terre et donne lieu à l'application des pénalités suivantes :

1° Exportation en contrebande par une réunion de moins de trois individus : *Confiscation des chiens, et, s'il y a lieu, des moyens de transport ; amende solidaire égale à la valeur des chiens, mais sans pouvoir être au-dessous de 500 francs, déc., demi-déc. et dép. ; emprisonnement de 3 jours à un mois (Trib. correctionnel). — Lois des 28 avril 1816, art. 41, 42 et 43, et 7 mai 1881, art. 1er ;*

2° Exportation en contrebande par une réunion de trois individus et plus jusqu'à six inclusivement : *Mêmes pénalités qu'au cas précédent, sauf l'emprisonnement qui est de 3 mois à 1 an. (Trib. correctionnel). — Lois des 28 avril 1816, art. 41, 42 et 44, et 7 mai 1881, art. 1er ;*

3° Exportation en contrebande par une réunion de plus de six individus : *Confiscation des chiens, et, s'il y a lieu, des moyens de transport ; amende solidaire de 1.000 francs, si la valeur des chiens n'excède pas cette somme, ou du double de la valeur desdits chiens, si cette valeur excède 1.000 francs, déc., demi-déc. et dépens ; emprisonnement de 6 mois à 3 ans. (Trib. correctionnel). — Loi du 28 avril 1816, art. 48 et 51, du 21 avril 1818, art. 37, et du 7 mai 1881, art. 1er ;*

4° Exportation en contrebande avec attroupement et port d'armes. — (Voir ci-dessus, p. 176, § 5).

Le seul fait de conduire, sans expédition de Douane, dans le rayon et à proximité de la frontière, un chien de taille prohibée ne constitue pas une présomption légale de fraude passible des condamnations qui précèdent ; mais si l'on peut établir — par le nombre de chiens conduits, par la distance où se trouve le conducteur de son propre domicile, par la proximité de la frontière ou toute autre raison probante — qu'il y avait intention d'exporter en fraude ce (ou ces) chien, le délit peut être établi et constaté par procès-verbal, même si la sortie de France n'est pas consommée.

---

[1] Hauteur au milieu de l'échine.

Dynamite. — La dynamite de fabrication française peut être exportée avec décharge de la taxe intérieure de 1 fr. 50 par kilogramme dont elle est passible. L'acquit-à-caution de Régie qui l'accompagne jusqu'à la frontière est représenté à la Douane pour qu'elle y certifie l'exportation. Le défaut de décharge régulière de ce titre rendrait les expéditeurs passibles d'une *amende à fixer par le Ministre des Finances, mais dont le taux ne pourrait excéder 2 francs par kilogramme.* (Contrainte). — Il serait verbalisé, dans ce cas, à la requête de l'Administration des Contributions Indirectes, par application de la *loi du 8 mars 1875, art. 4, et du décret du 24 août 1875, art. 10.*

Ouvrages d'or et d'argent. — Les ouvrages d'or ou d'argent neufs de fabrication française qui sont envoyés à l'étranger pour y être vendus ; ceux non revêtus de marques de garantie ou gravés du poinçon spécial d'exportation ; enfin les montres au quatrième titre et les objets d'or et d'argent à bas titre peuvent être exportés avec dispense ou remboursement des droits de garantie dus à l'État, sous réserve que la Douane constate le passage de ces objets à l'étranger. L'exportation de ces articles ne peut être faite que par certains bureaux spécialement désignés à cet effet [1]. La Douane, au vu de la soumission ou de l'acquit-à-caution de Régie qui accompagne la marchandise, vérifie l'état des cordes et plombs apposés par les agents des Contributions Indirectes, soumet de temps à autre et inopinément à une visite intégrale le contenu de certains colis, puis appose, sur

---

[1] Ces bureaux sont les suivants :

Agde, Audun-le-Roman, Avricourt, Baisieux, Batilly *(gare)*, Bayonne, Belfort, Bellegarde, Blancmisseron *(route et station)*, Bordeaux, Boulogne, Calais, Cerbère, Cette, Charleville, Cherbourg, Delle, Dieppe, Dunkerque, Écouviez, Feignies, Givet, Givonne, Hendaye, Jeumont, Jougne, La Pallice, La Rochelle, Le Havre, Les Rousses, Les Verrières-de-Joux, Lille, Longwy, Lorient, Marseille, Menton, Modane, Moncel *(gare)*, Morteau, Nantes, Nice, Pagny, Petit-Croix, Pontarlier *(gare)*, Pont-de-la-Caille, Port-Vendres, Rouen, Saint-Malo, Saint-Nazaire, Saint-Valéry-sur-Somme, Toulon, Tourcoing, Valenciennes, Vieux-Condé *(gare)* et Vintimille *(gare internationale)*.

la pièce d'accompagnement, un certificat constatant le résultat de la visite, ainsi que la sortie définitive des objets. Les acquits déchargés sont remis à l'exportateur qui, après avoir fait légaliser les signatures du certificat de décharge par le Directeur des Douanes et par l'Administration, s'en sert pour obtenir radiation des engagements pris envers la Douane et la Régie. La sortie définitive de ces marchandises doit être, en effet, justifiée dans un délai de trois mois.

Si des montres au 4e titre et autres objets à bas titre étaient présentés sans l'acquit-à-caution de Régie auquel ils sont assujettis, il y aurait lieu *de les saisir* et de verbaliser à la requête de l'Administration des Contributions Indirectes contre le détenteur, en conformité des *art. 5 et 9 de la loi du 25 janvier 1884*, qui prononce, outre la *confiscation de la marchandise*, les amendes suivantes :

1re fois : *amende de 10 fois la valeur des objets confisqués ;*

2e fois : *double proportionnel de la première amende, avec affiche de la condamnation (aux frais du délinquant) ;*

3e fois : *amende quadruple de la première, avec interdiction de commerce et de fabrication d'ouvrages d'or et d'argent.*

Les États étrangers qui jouissent du Tarif minimum peuvent, en cas de réexportation d'articles d'orfèvrerie et de bijouterie en métaux précieux (originaires de leurs fabriques) qui ont été soumis au droit de garantie en France, obtenir restitution de ce droit, dans les mêmes conditions que s'il s'agissait d'ouvrages de fabrication française.

Poudres. — Par voie de terre, les exportations (non suspendues par arrêtés ministériels) de poudres à feu ne comprennent que les poudres autres que celle dite *de commerce extérieur* [1]. Leur sortie est réservée aux seuls bureaux ouverts au transit des marchandises prohibées (lettre n de la liste n° 2 de l'annexe). Les conditions de transport, de sortie, sont les mêmes que celles exposées ci-dessus, p. 90, § 1,

---

[1] L'exportation des poudres achetées aux prix de vente de l'intérieur et revêtues de marques de Régie est libre ; mais ces dernières poudres, lorsqu'elles circulent en quantités supérieures à 2 kilogr., doivent être accompagnées d'une facture délivrée par le débitant.

à propos des poudres embarquées sur les navires. La déclaration de sortie doit être visée par le Préfet du département où réside le négociant exportateur.

Saccharine [1] et autres substances analogues. —

L'emploi de la saccharine, de ses dérivés et des autres substances similaires ayant été interdit par la loi pour tous usages autres que la thérapeutique, la pharmacie et la préparation des produits *non alimentaires*, la fabrication de ces substances ne peut être faite que dans des usines soumises à la surveillance permanente du service des Contributions Indirectes. Dans chaque usine il est tenu compte des quantités fabriquées et livrées, soit à des pharmaciens, soit à certains industriels spécialement autorisés à utiliser ces substances dans leur fabrication. Les pharmaciens ou industriels dont il s'agit sont également tenus de justifier, sur des registres destinés à cet usage, de l'emploi des quantités qui leur ont été ainsi livrées.

Afin d'assurer la ponctuelle observance de ces mesures, la circulation de la saccharine et des autres produits similaires est subordonnée au plombage des colis et à la délivrance d'un acquit-à-caution de Régie. Si l'envoi est destiné à l'étranger, à la Corse, l'Algérie ou les Colonies françaises, l'exportation n'en peut avoir lieu que par les seuls bureaux de Douane ouverts aux marchandises tarifées à plus de 25 francs les 100 kilogr. (lettre A de la liste n° 2 de l'annexe ci-après).

Pour les envois faits sur la Corse, l'Algérie ou les Colonies françaises, l'acquit-à-caution de Régie accompagne la marchandise jusqu'à destination ; après décharge, il est renvoyé au bureau d'émission.

La circulation sans expédition ou avec expédition inappli-

---

[1] La saccharine ou « sucre de houille » a un pouvoir sucrant égal à 280 fois celui du sucre de betterave ou de canne. Elle se présente soit en poudre blanche, légère, amorphe, soit en prismes courts et épais.

Sont prohibés, au même titre que la saccharine, les produits dénommés « cristalline lux », « sucramine », « sucres doubles ou triples sucraminés », « sycose », « œnanthine — appelée aussi Sulfonamide benzoïque ou Saccharinate de soude ».

cable, dans le rayon des frontières de terre, de la saccharine ou des autres substances similaires, rend le transporteur passible des condamnations prononcées par la *loi du 28 avril 1816, art. 38 et 41* pour *importation en contrebande de marchandises prohibées* (voir ci-dessus, p. 182, 2°) : par suite, il y a lieu, dans ce cas, de verbaliser à la requête de l'Administration des Douanes ; mais s'il s'agit d'une simple rupture de plombs, et que le chargement soit conforme aux énonciations de l'acquit, il est verbalisé contre le transporteur ou le destinataire à la requête de l'Administration des Contributions Indirectes, pour infraction aux dispositions du *décret du 12 avril 1902, art. 10* (amende de 100 à 1.000 fr. prononcée par l'*art. 54 de la loi de finances du 30 mars 1902*). — Tribunal correctionnel.

Rappelons en terminant que quiconque fabrique ou livre en dehors des conditions prévues par la loi, expose sciemment, met en vente ou vend des produits alimentaires (boissons, conserves, sirops, pâtisseries, etc.) édulcorés à l'aide de saccharine ou d'autres substances similaires, est passible de la *confiscation des produits livrés*, exposés ou vendus et d'une *amende de 500 fr. au minimum et de 10.000 fr. au maximum*, en vertu de l'*art. 53 de la loi de finances précitée*. Ces genres de contraventions sont constatés à la requête de la Régie.

En cas de récidive, les pénalités édictées par les art. 53 et 54 de la loi ci-dessus sont doublées, et il est même fait application de l'*art. 463 du Code pénal*.

Sucres. — 1° SUCRES INDIGÈNES. — Les sucres bruts indigènes (y compris les poudres blanches) et les sucres raffinés admissibles à la décharge des comptes d'admission temporaire, provenant les uns et les autres de fabriques ou raffineries soumises à la surveillance de la Régie, ne peuvent être exportés avec exemption de l'impôt que par les seuls bureaux ouverts au transit [1]. Leur transport est assuré par un acquit-à-caution imprimé, soit à l'encre rouge, soit en noir sur papier rose, et par plombage des colis (sacs d'un poids uniforme de 100 kilogr. ayant les coutures à l'inté-

---

[1] Voir lettre I de la liste n° 2 de l'annexe.

rieur, ou colis autres pesant au minimum 100 kilogr.). Cet acquit-à-caution, qui tient lieu de passavant de Douane pour la circulation dans le rayon, doit être représenté au visa des agents aux bureaux de passage. (Voir ci-dessus, pp. 136 et 137, pour la circulation sans expédition ou le refus d'exhiber l'expédition.)

Le service s'assure de l'identité des produits, au vu de l'acquit-à-caution qui doit toujours spécifier exactement le titrage des sucres, puis procède à la décharge de cet acquit. Les différences reconnues sont constatées sur cette pièce, afin de réserver les droits de l'Administration, en cas de suites contentieuses.

2° SUCRES AUTRES. — Peuvent aussi être exportés en franchise de droits les sucres raffinés, vergeoises, sucres bruts et sucres en grains ou petits cristaux, les sucres employés à la préparation des fruits confits, bonbons, confitures, biscuits, pastilles médicinales, lait concentré, sirops, liqueurs, fruits au sirop, sirops gazeux, phosphatine Fallières, lorsque ces sucres sont présentés à la décharge des comptes d'admission temporaire ; mais les déclarations relatives à leur exportation ne peuvent être faites que dans certains bureaux spéciaux, et la sortie définitive ne peut être également constatée que par les bureaux auxquels cette attribution a été concédée. Si la sortie doit s'effectuer par un bureau autre que celui qui a reçu la déclaration d'exportation, le transport est assuré par un passavant [1] et par plombage des colis (transit ordinaire) ou des wagons (transit international) qui doivent contenir les sucres. Le passavant, dûment régularisé par certificat du service, est remis au bureau qui procède aux décharges voulues, au vu de ce passavant. Les différences reconnues donnent lieu à décharge *sous réserve de tous droits et actions à exercer, s'il y a lieu, par l'Administration*, indépendamment des autres poursuites qui pourraient être exercées pour fraude manifeste. En effet, la tentative ayant pour but de faire admettre à l'exportation, à la décharge d'obligations d'admission temporaire, des sucres n'ayant

---

[1] La déclaration ou permis pourrait remplacer le passavant dans les bureaux des gares de chemins de fer qui communiquent directement avec l'extrême frontière.

pas le poids déclaré, ou le degré de pureté ou de blancheur exigé par les règlements sur la matière, serait punie : au premier cas, d'une *amende égale au double droit sur le déficit, déc., demi-déc. et dép.* ; au second cas, d'une *amende de 10 fr. par 100 kilogr., déc., demi-déc. et dép.* (Tribunal de paix). — *Loi du 7 mai 1864, art. 8.* La marchandise serait préventivement retenue, pour sûreté de l'amende et des frais.

Tabacs. — 1° TABACS DE RÉGIE. — Comme pour les autres produits passibles de taxes intérieures, l'exportation des tabacs de Régie à prix réduit ne peut être effectuée que sous le couvert d'un acquit-à-caution de Régie qui, lors de la sortie, demeure entre les mains de la Douane appelée à en opérer la décharge. Ce genre d'opérations est réservé aux seuls bureaux ouverts, à l'entrée, aux marchandises tarifées à plus de 25 francs les 100 kilogr. et aux bureaux de Fos (Direction de Perpignan) et Bagnères-de-Luchon.

Quant aux tabacs de Régie achetés au prix normal dans les débits autorisés, ils peuvent sortir par tous les bureaux, sous les conditions de transport suivantes :

Tabacs revêtus de marques et vignettes de Régie :

Jusque et y compris 10 kilogr. — Circulation libre sans expédition.

Au-dessus de 10 kilogr. — Production d'un acquit-à-caution.

Tabacs en garenne, sans marques ni vignettes :

Au-dessous de 1 kilogr. — Transport libre, si la nationalité des tabacs n'est pas douteuse.

De 1 à 10 k. inclusivement. — Production d'un laissez-passer.

Au-dessus de 10 kilogr. — Production d'un acquit-à-caution.

Les cigarettes autres que de la Régie ne peuvent, en aucun cas, circuler en quantité supérieure à 500 cigarettes.

Les tabacs de cantine, même revêtus de marques et vignettes, doivent être accompagnés d'un acquit-à-caution ou d'une facture délivrés par un Entreposeur, lorsqu'ils sont en quantités supérieures à 1 kilogr.

2° TABACS ÉTRANGERS. — Ce sont des tabacs expédiés en transit ou sortant d'entrepôt. Ils sont accompagnés d'acquits-à-caution de Douane. Le service décharge ces acquits, après avoir constaté l'intégrité des cordes et plombs, comparé le poids brut avec celui porté sur l'acquit. Si de fortes différences apparaissent, la vérification doit être complète pour

permettre de s'assurer s'il n'y a pas eu soustraction ou substitution de marchandises, cas qui comporteraient les pénalités énumérées à la « Troisième partie » de cet ouvrage, article « Transit ».

Végétaux, raisins, marcs. — Le service des Douanes
est appelé à assurer l'application des mesures de surveillance édictées en vue d'enrayer l'invasion des diverses maladies contagieuses qui affectent la vigne et certains autres
végétaux. A la sortie de France, les règlements qui régissent
cette matière peuvent se résumer ainsi :

Lorsque des végétaux, raisins, marcs, sont déclarés pour
l'Allemagne, l'Autriche-Hongrie, le Portugal ou la Suisse,
Etats signataires de la convention phylloxérique de Berne, il
y a lieu de considérer :

1° si la sortie des produits présentés est interdite ;

2° si cette sortie est soumise ou non à des restrictions spéciales.

Les produits auxquels s'applique l'interdiction sont les
ceps arrachés, les sarments secs, composts, terreaux, échalas
et tuteurs déjà employés, les feuilles de vigne servant à
l'emballage, et, en outre, — à moins d'une autorisation spéciale de l'Etat de destination — les plants de vigne et les
sarments avec ou sans racines.

Les produits soumis à des restrictions de sortie sont les
plants d'arbres, arbustes et tous végétaux autres que la
vigne, provenant de pépinières, jardins, serres ou orangeries. Limitée aux bureaux désignés sous la lettre o à la liste
n° 2 de l'annexe ci-après, la sortie de ces produits est subordonnée à la production d'une déclaration de l'expéditeur et
d'une attestation de l'autorité compétente du pays d'origine.
Les objets doivent être bien emballés, mais de façon à permettre facilement les visites.

Quant aux produits auxquels il n'est pas appliqué de
restriction de sortie, — raisins de table ou de vendange et
marcs de raisins, — ils peuvent sortir par tous les bureaux
à destination d'un des Etats énumérés ci-dessus, à condition
que leur mode de présentation et d'emballage réponde à
celui spécialement imposé pour l'importation des mêmes
objets. (Voir ci-après à la Troisième partie, chap. 1er, l'article « Vigne ».)

Les contraventions aux règlements relatifs au phylloxera sont poursuivies à la requête du Ministère public dans la forme et les conditions rappelées ci-dessus p. 6o, note 5. Elles ne donnent lieu à l'arrestation des délinquants que si ceux-ci, étant inconnus, refusent de dévoiler leur identité.

Il y a lieu de rappeler aux procès-verbaux les textes et pénalités ci-après : *Lois du 15 juillet 1878, art. 12, 14 et 15, du 2 août 1879, décrets du 28 août 1882, art. 2, du 22 septembre 1883, art. 8, et du 10 septembre 1884, art. 6 (Tribunal correctionnel). — Amende de 50 à 500 francs, déc., demidéc. et dépens; emprisonnement de 1 an à 15 mois. En cas de récidive, ces peines seraient portées au double.*

Vélocipèdes, voitures, etc. — (Voir ci-après, III° partie, chap. ii.)

Nota. — Les notions données ci-dessus, pp. 86 et 88, pour ce qui concerne les exportations d'Allumettes et de Bougies ou Chandelles trouvent également application sur les frontières de terre.

CHAPITRE IV

Sels.

Les divers cas envisagés ci-après « Articles 1, 2, 3 » relèvent tous du tribunal correctionnel. Sauf l'infraction résultant de fabrication inférieure au minimum déterminé, qui donne lieu à l'application de pénalités spéciales, il convient de toujours requérir les condamnations prononcées par *l'art. 10 de la loi du 17 juin 1840, soit confiscation des eaux salées, matières salifères, sels fabriqués, ustensiles de fabrication et des moyens de transport ; amende de 500 à 5.000 fr.*[1] *; payement du double droit sur le sel pur, mélangé ou dissous dans l'eau, fabriqué, transporté ou soustrait à la surveillance.*

Aucune saline, exploitation de mines de sel, de sources ou de puits d'eau salée, aucune raffinerie, chaudière pour la production du sel, salpêtrerie ou fabrique de produits chimiques ne peut être établie sans déclaration ni autorisation préalables. Pour les salines, mines, sources, puits, les intéressés produisent des demandes de concession ; les raffineries et autres fabriques ne sont astreintes qu'à une demande en permission. Ces diverses demandes sont soumises au Gouvernement par l'entremise des Préfets. Les autorisations accordées après enquête comportent obligation, pour le demandeur, de se soumettre aux formalités légales applicables en la matière et détaillées ci-après :

ARTICLE Ier. — *Mines de sel, sources, puits d'eau salée.*

L'exploitant autorisé doit faire, un mois au moins avant le début des travaux, une déclaration au plus prochain

---

[1] En cas de récidive, le maximum est prononcé. L'amende peut même être portée jusqu'au double.

bureau de Douane, si son établissement est situé dans les quinze kilomètres des côtes ou dans les vingt kilomètres des frontières de terre, ou au plus prochain bureau de Régie, si l'établissement est situé en deçà de ces limites. Une exploitation irrégulière tomberait sous l'application des *art. 1, 5, 7, 10 et 14 de la loi du 17 juin 1840* [1].

L'intéressé doit prendre l'engagement de livrer annuellement à la consommation un minimum de tant de kilogrammes ; toutefois ce minimum peut être exceptionnellement réduit par le Gouvernement pour certains industriels.

La fabrication inférieure au minimum déterminé rendrait l'exploitant passible d'une *amende égale au droit qui aurait été perçu sur les quantités de sel manquant pour atteindre ce minimum, déc., demi-déc. et dépens (art. 5, 8 et 14 de la loi précit.[1])*.

Les industriels sont, en outre, tenus :

1° De faire aux bureaux indiqués ci-dessus, et ce au moins un mois à l'avance, une déclaration, lorsqu'ils ont l'intention de cesser d'exploiter ou de fabriquer. Défaut de cette déclaration : invoquer les *art. 6, 10 et 14 de la loi du 17 juin 1840* [1] ;

2° D'entourer les puits, galeries, trous de sonde, sources et bâtiments de leurs usines d'une clôture en bois (ou en maçonnerie, si une contravention a déjà été constatée à leur charge) ayant trois mètres d'élévation et le long de laquelle doit être ménagé, à l'intérieur comme à l'extérieur, un chemin de ronde de deux mètres au moins de largeur, avec accès sur la voie publique par une seule porte. Absence de cette clôture : appliquer la *loi du 17 juin 1840, art. 10 et 14, et l'ordonnance royale du 26 juin 1841, art. 2 et 23* [1] ;

3° D'entourer d'une clôture particulière les appareils d'extraction et les haldes placés autour des puits ou galeries servant à l'exploitation du sel gemme, si ces appareils ne peuvent, en raison de leur éloignement, être compris dans l'enceinte de l'usine. Absence de cette clôture : *Même loi, art. 10 et 14 ; même ordonnance, art. 2, 4 et 23* [1] ;

4° D'entourer d'une clôture particulière les trous de sonde

---

[1] Pour les pénalités, voir ci-dessus, p. 187, § 1.

servant à l'exploitation du sel par dissolution, ainsi que les sources ou puits d'eau salée, s'ils se trouvent dans les mêmes conditions qu'au cas précédent. Absence de cette clôture : *Même loi, art. 10 et 14 ; même ordonnance, art. 2, 5 et 23* [1] ;

5° D'avoir, dans l'intérieur de la fabrique, un ou plusieurs magasins destinés au dépôt des sels fabriqués, magasins fermés de la double clef de l'exploitant et des agents de perception [2]. Absence de magasin : *Même loi, art. 10 et 14 ; même ordonnance, art. 3, § 1er et 23* [1] ;

6° De déposer, dans un magasin spécial, les produits des puits ou galeries servant à l'exploitation du sel gemme, et qui, en raison de l'éloignement, ne peuvent être compris dans l'enceinte de l'usine. Dépôt ailleurs qu'en ce magasin : *Même loi, art. 10 et 14 ; même ordonnance, art. 4, § 2 et 23* [1] ;

7° De procurer au service un local [3] convenable (logement et bureau pour deux employés au moins) dans l'intérieur de la fabrique et près de l'entrée de l'établissement. Défaut de local : *Même loi, art. 10 et 14 ; même ordonnance, art. 3, § 2, et 23* [1] ;

8° De fournir au service des instruments de pesage pour le sel (poids, balances à fléau, voire balances-bascules dûment poinçonnés), et des mesures de capacité pour la vérification des eaux salées. Absence de ces instruments : *Même loi, art. 10 et 14 ; même ordonnance, art. 3, § 3 et 23* [1].

Si les sauniers détenaient de faux poids et balances pour les vérifications du service, on verbaliserait à la requête du Ministère public (voir ci-dessus, p. 60, note 5), et par application des *art. 12 de l'ordonnance royale du 19 juin 1816, 423 du Code pénal, 3, 4, 5 et 6 de la loi du 7 mars 1854.* (Tribunal correctionnel) — *Amende, déc., demi-déc. et emprisonnement.*

Les usines ou établissements sont soumis à l'exercice, aux visites et vérifications des agents des Douanes ou des Contri-

---

[1] Pour les pénalités, voir ci-dessus, p. 187, § 1.

[2] La serrure ou le cadenas des agents est à la charge de l'Administration.

[3] Le loyer de ce local est à la charge de l'État. Si le prix du loyer ne peut être fixé à l'amiable, le Préfet ou le Sous-Préfet de l'arrondissement en décide.

butions indirectes, suivant — nous l'avons déjà vu — la situation topographique de ces établissements. Ces visites et contrôles peuvent même être effectués de nuit, si les opérations se prolongent après le coucher du soleil. Les industriels sont tenus d'ouvrir aux employés, à toute réquisition, les fabriques, ateliers, magasins, logements d'habitation, caves, celliers et tous autres bâtiments enclavés dans l'enceinte des fabriques, de représenter à ces agents les sels, eaux salées et résidus détenus. Tout refus de visite serait poursuivi en vertu des *art. 10 et 14 de la loi du 17 juin 1840, 7 et 23 de l'ordonnance du 26 juin 1841* [1].

Les sels parvenus à l'état solide ou concret ne peuvent être retirés des poêles ou chaudières que pour être immédiatement déposés, soit sur les bancs d'épuration, les égouttoirs ou les séchoirs, soit dans les étuves, soit enfin dans des vases quelconques désignés d'avance aux employés. Aucune manipulation ultérieure de ces sels, pour en compléter la fabrication, ne peut être faite hors de la surveillance des agents. Toute infraction à ces deux règles tomberait sous le coup des *art. 10 et 14 de la loi ci-dessus, 9 et 23 de la même ordonnance* [1].

A l'issue des opérations, les eaux mères [2], schlots, crasses du sel et autres déchets de fabrication, cendres, curins et débris de fourneaux des fabriques, enfin tous résidus dont l'enlèvement et le transport n'ont pas été autorisés, doivent être ou détruits ou emmagasinés sous double clef, dans un local spécial situé à l'intérieur de l'établissement et agréé par le service, sous peine d'application des *art. 10 et 14 de la loi ci-dessus, 10 et 23 de la même ordonnance* [1].

Les sels impurs ou immondes peuvent, au choix des intéressés, être soumis au paiement des droits, ou être expédiés en franchise sur une raffinerie, aux mêmes conditions que les sels neufs. (Voir ci-après, art. III.)

Le service prend en charge les sels complètement fabriqués au fur et à mesure de leur fabrication. Ces sels, s'ils ne

---

[1] Pour les pénalités, voir ci-dessus, p. 187, § 1.

[2] Les eaux mères destinées à des usages thérapeutiques peuvent être enlevées en franchise de droits, sous la surveillance du service, et moyennant production de certificats médicaux.

doivent pas être expédiés *immédiatement*, ne peuvent être déposés que dans les magasins autorisés, établis spécialement à cette intention, ainsi que nous l'avons dit ci-dessus, p. 189, § 2. Le dépôt ailleurs que dans ces magasins serait poursuivi par application des *art. 10 et 14 de la loi précitée, 11, § 1, et 23 de l'ordonnance* [1].

Les enlèvements doivent être immédiats. Ainsi des sels qui séjourneraient dans l'enceinte d'une fabrique, après avoir été déclarés pour la consommation, donneraient matière à procès-verbal, en vertu des *art. 10 et 14 de la même loi, 11, § 3 de la même ordonnance* [1].

Les sorties peuvent être faites pour la consommation, l'exportation, les pêches nationales. Elles sont précédées d'une déclaration qui, faite au bureau le plus voisin, motive la délivrance d'un titre d'accompagnement (acquit-à-caution, congé, passavant, quittance de droits). Toute extraction non déclarée ou pour laquelle il n'a pas été délivré d'expédition constitue violation des *art. 10 et 14 de la même loi, 14 § 1er (première disposition), et 23 de la même ordonnance* [1].

L'eau salée des puits ou sources concédés ne peut être enlevée, non plus, sans qu'il ait été pris un acquit-à-caution. *(Mêmes textes, seconde disposition de l'art. 14, § 1er de l'ordonnance* [1].*)*

Les conducteurs de sels, eaux salées et matières salifères sont tenus, dans un rayon de quinze kilomètres des mines, puits et sources salées, et des usines qui en exploitent les produits, d'exhiber, à toute réquisition des employés, les pièces d'accompagnement dont ils doivent être munis. Si le transporteur est rencontré avant le lever ou après le coucher du soleil, et que l'expédition ne porte pas la permission expresse de circuler la nuit, il y a aussi matière à contravention :

Circulation de sel sans expédition : *art. 16, § 1* ⎞ *et 23 de l'ordonnance*
Défaut d'exhibition des congés, acquits, etc. : ⎟ *du 26 juin 1841, 10*
  art. 14, § 2 . . . . ⎟ *et 14 de la loi du*
Transport de nuit non autorisé : *art. 16, § 2.* ⎠ *17 juin 1840* [1].

---

[1] Pour les pénalités, voir ci-dessus, p. 187, § 1.

Relativement aux eaux salées, extraites des puits ou sources, qui doivent être conduites à une fabrique autorisée pour y être traitées, elles doivent être mises dans des récipients susceptibles d'être jaugés. Elles ne peuvent être extraites que de jour, en présence des employés qui vérifient au densimètre le degré de ces eaux et rappellent ce degré à l'acquit-à-caution destiné à légitimer le transport :

Extraction de nuit ou à l'insu du service : art. 17, § 2. . . . .

Transport en vase non jaugeable : art. 17, §1.

} et 23 de l'ordonnance du 26 juin 1841, 10 et 14 de la loi du 17 juin 1840 [1].

Acquits-à-caution. — Les acquits-à-caution sont réservés aux sels, eaux salées et matières salifères non soumis préalablement aux droits. Les sels doivent être renfermés dans des sacs de poids uniforme ayant toutes leurs coutures à l'intérieur. Chaque colis est plombé, à moins que le Directeur n'ait autorisé, sous bonnes garanties, le plombage *(par capacité)* des voitures ou bateaux affectés au transport. À l'arrivée à destination, s'il est constaté, lors de la vérification des produits, des excédents, déficits, soustractions ou substitutions [2], les *art. 19 de l'ordonnance, 10 et 14 de la loi ci-dessus* [1] deviennent applicables ; mais s'il s'agit de sels transportés par mer, *en vrac*, il faut pour qu'il y ait contravention, que l'excédent soit supérieur au 20e du poids total (boni compris). Pour les envois faits par terre, si l'on soupçonne fraude, tout excédent est saisissable ; toutefois, lorsque le transport s'est effectué régulièrement, mieux vaut rendre compte de l'incident à l'Administration, après avoir fait souscrire à l'intéressé une soumission cautionnée M 23 D.

---

[1] Voir ci-dessus, p. 187, § 1, pour les pénalités applicables.

[2] En cas de déficit, soustraction, substitution dans les produits extraits des salines, la confiscation est établie, et le droit calculé sur une quantité de sel égale à celle manquante. Si la différence porte sur le volume ou le degré de l'eau salée, la quantité de sel dissous est évaluée, pour un hectolitre d'eau salée, à raison de 1 kilogr. 650 sel par chaque degré du densimètre au-dessus de

Si les acquits délivrés pour le transport des sels, eaux salées et matières salifères ne sont pas rapportés dans les délais ou rentrent non déchargés totalement, il y a lieu d'invoquer également les textes rappelés à l'alinéa qui précède [1]. Enfin, si la fraude porte sur des sels français expédiés sous acquit-à-caution à destination des zones franches, il y a lieu de requérir le *double droit de consommation*. Cette infraction se poursuit par voie de *contrainte* [2]. On procède, dès lors, en vertu des *art. 2 des décrets des 20 septembre 1877 et 20 avril 1881*.

Recensements. — A moins d'impossibilité résultant d'exiguïté du local, il doit être fait, tous les trois mois, un recensement des sels existant en magasin, et le fabricant est tenu de payer sans délai le montant du droit exig[illegible] sur les déficits qui excéderaient la déduction légale de 8 p. 0/0 accordée pour la fonte en magasin. Toute surséance dans ce payement motiverait application des *art. 10 et 14 de la loi du 17 juin 1840, 12 et 23 de l'ordonnance du 26 juin 1841* [3].

ARTICLE II. — *Fabriques de produits chimiques produisant également du chlorure de sodium.*

Les dispositions réglementaires énumérées aux §§ 1 et 5 de l'article 1 sont applicables à la présente section. La clause relative au minimum de production n'est pas obligatoire ici, sous peine d'infraction ; mais les fabricants sont tenus de déclarer par écrit au bureau le plus voisin, et au moins vingt-quatre heures à l'avance, le jour et l'heure où doit commencer et finir le travail dans les ateliers, chaque fois que les préparations devront contenir du sel. Le défaut

---

l'eau pure (zéro). Quant aux eaux salées destinées à des usages industriels, le droit de consommation ne serait perçu qu'à raison de 31 kilogr. sel par hectolitre d'eau saturée à 25 degrés.

[1] Les dispositions de la note 2 de la page qui précède sont également applicables à ce cas spécial.

[2] Mode de procédure spécial au service sédentaire.

[3] Voir ci-dessus, p. 167, § 1, pour les pénalités applicables.

de déclaration serait poursuivi comme infraction aux *art. 10 et 14 de la loi du 17 juin 1840, 21 et 23 de l'ordonnance du 26 juin 1841* [1].

Après les commentaires qui accompagnent l'article 1, il suffira maintenant de rappeler les textes à invoquer aux procès-verbaux pour chaque cas spécial qui peut se présenter au cours des travaux ou envois :

Loi du 17 juin 1840

Exploitation ou fabrication sans déclaration préalable *(art. 5, 7, 10, 11 et 14)* [1] ;

Cessation d'exploitation ou de fabrication sans déclaration faite au moins un mois à l'avance *(art. 6, 10, 11 et 14)* [1].

Loi du 17 juin 1840, art. 10 et 14 ; ordonnance du 26 juin 1841, art.

Absence, dans l'intérieur de la fabrique, d'un magasin destiné au dépôt du sel sous double clef *(21 et 23)* [1] ;

Refus de subir les visites et vérifications des agents, même de nuit, de leur ouvrir les fabriques, etc. *(7, 21 et 23)* [1] ;

Dépôt, ailleurs que dans les magasins autorisés, de sels fabriqués non expédiés immédiatement *(11, § 1ᵉʳ, 21 et 23)* [1] ;

Séjour, dans l'enceinte de la fabrique, des sels déclarés pour la consommation *(11, § 3, 21 et 23)* [1] ;

Surséance dans le payement des droits réclamés après inventaire trimestriel *(12, 21 et 23)* [1] ;

Extraction de sel des fabriques sans déclaration préalable et sans expédition de circulation ou sans quittance *(14, § 1, 21 et 23)* [1] ;

Défaut, par les conducteurs des sels, d'exhiber, à première réquisition, les expéditions, dans le rayon de 15 kilom. des fabriques *(14, § 2, 21 et 23)* [1] ;

Excédent, déficit, soustraction ou substitution constatés lors de la vérification des sels expédiés par acquit-à-caution [1] *(19 et 21)* [1] ;

Non-rapport, dans les délais, des acquits-à-caution délivrés pour le transport des sels [1] *(19 et 21)* [1].

---

[1] Pour les pénalités applicables, voir ci-dessus p. 187, § 1.
[1] Voir note 2 de la page 192.

La circulation sans expédition des sels bruts ou raffinés, des sels impurs ou des matières salifères (soudes de varech, engrais salés), dans le rayon de quinze kilomètres des fabriques, donne lieu à l'application des *art. 10 de la loi du 17 juin 1840, 11 et 12 du décret du 19 mars 1852* [1].

Avant d'être livrés à la consommation ou employés en franchise pour les salaisons de poissons, les sels obtenus dans les établissements de produits chimiques doivent être soumis à une expertise [2], et il est délivré des certificats attestant qu'ils peuvent être consommés sans danger pour la santé publique. Toute infraction à cette règle est punie des peines rappelées ci-dessus, p. 187, § 1 *(art. 10 de la loi du 17 juin 1840 et ordonnance du 26 juin 1841, art. 23).* Les sels précités jouissent du boni légal. (Voir ci-dessus, p. 109.)

Les sels impurs provenant du raffinage des soudes de varech doivent être, comme les sels neufs, pris en compte et mis sous clef en un magasin spécial [3]. Ils peuvent être dirigés en franchise de droits sur les fabriques de soude exercées [4], soit par cabotage en vrac, soit en colis (sacs munis d'un plomb, ou futailles en bon état, sans bonde, fermées d'un plomb à chaque bout).

ARTICLE III. — *Raffineries et salpêtreries.*

Raffineries. — ENTRÉE DES SELS. — Les raffineries ne peuvent recevoir que des sels neufs ou impurs, à l'exclusion de toute autre matière salifère.

---

[1] Pour les pénalités applicables, voir ci-dessus p. 187, § 1. Les Directeurs peuvent accorder des exceptions à cette règle pour les sels neufs circulant dans les grands centres.

[2] Les experts sont désignés par l'autorité préfectorale, sur demande des Directeurs intéressés.

[3] Ou dans un magasin ou hangar non fermé, et sous la responsabilité du détenteur.

[4] A l'exclusion des autres fabriques de produits chimiques qui ne peuvent recevoir les sels impurs que sous payement de la taxe de consommation.

Les sels neufs (provenant exclusivement des salines, marais salants, des entrepôts ou de l'étranger) sont, à leur arrivée, accompagnés d'expéditions de Douane ou de Régie constatant que la taxe de consommation a été payée aux lieux de provenance en France. Ces sels doivent, en outre, être présentés sous certaines conditions d'emballage : sacs du poids uniforme de 100 kilogrammes, ou, s'il s'agit de sels gemmes, blocs de plus d'un demi-kilogramme renfermés en futailles du poids de 100 à 200 kilogrammes. Si les sels neufs ne satisfont pas à ces conditions, le service refuse de les prendre en charge, puis constate, suivant les cas, infraction à l'*art. 6, § 2 du décret du 19 mars 1852* (excédents) ou à l'*art. 3 du même décret* (défaut de déclaration dans les vingt-quatre heures de l'arrivée des sels), en requérant application des pénalités énumérées ci-dessus, p. 187, § 1 *(art. 10 de la loi du 17 juin 1840,* rappelé par l'*art. 12 du décret du 19 mars 1852).*

Les sels impurs ou immondes ne sont soumis à la taxe de consommation qu'à leur sortie des raffineries, à moins que le raffineur ne demande expressément à acquitter ce droit dès l'entrée (arrivée des sels) ; mais de cette exception découle pour lui l'obligation de payer l'impôt sur tous les arrivages ultérieurs, dès leur entrée à l'usine.

A l'arrivée dans les raffineries, les sels, quels qu'ils soient, sont mesurés et pesés aux frais du raffineur et pris en charge : les sels neufs pour leur poids effectif, les sels impurs pour la quantité de sel pur qu'ils représentent. S'il y a désaccord entre la Douane et le commerce pour la fixation de cette quantité, une expertise légale s'impose. Dès lors, il est prélevé deux échantillons des sels en présence de l'industriel ; ces échantillons sont scellés des cachets des deux parties, puis il est dressé, sur papier timbré à 0 fr. 60, un acte conservatoire, dans la forme suivante :

A.......................... le........................ 19 .

Nous soussignés................... et.................. des Douanes à................ certifions que procédant (à telle date et heure) à la reconnaissance de la quantité de.............. kilogrammes de sels impurs provenant de .... et introduite dans la raffinerie du sieur................, nous avons constaté, en

présence du sieur.................. (qualité) à.................. que ces
sels contenaient (tant pour cent) de sel pur.

Le sieur.................. a contesté ce chiffre, alléguant que
ces sels ne contiennent que (tant p. o/o).

Par suite de ce désaccord, et conformément à l'art. 4 du
décret du 19 mars 1852, nous avons ensemble prélevé un
échantillon desdits sels, afin de le soumettre aux commissaires-experts institués par l'art. 19 de la loi du 17 juillet 1822.

Ledit échantillon a été scellé de notre cachet et de celui
du sieur.................. qui se soumet et s'engage à s'en rapporter à la décision desdits commissaires-experts.

Moyennant quoi les sels impurs précités ont été laissés
provisoirement à la disposition du sieur....................

Dont acte qu'il a signé avec nous les jour, mois et an
que dessus.

(Signatures).

Cet acte doit être enregistré (droit 1 fr. 88) dans les vingt
jours de son établissement.

Les sels contestés sont pris simplement en charge pour la
quantité de sel neuf que le service leur attribue, sauf modification de cette prise en charge, après décision des experts.

SORTIE DES SELS. — A la sortie des raffineries, ces sels ne
bénéficiant d'aucun boni, tout excédent sur les quantités
dont le payement de l'impôt a été justifié est soumis à la
taxe de consommation. En cas de fraude, il y aurait même
lieu de requérir les pénalités prononcées par l'art. *10 de la
loi du 17 juin 1840* (voir ci-dessus, p. 187, § 1), pénalités et
textes qui seraient également applicables, d'après l'art. 12
du décret du 19 mars 1852, en cas d'excédents frauduleux
constatés lors des inventaires ou des recensements. Si ces
excédents ne motivent aucun soupçon de fraude, ils sont simplement repris en charge au compte du raffineur. Quant
aux déficits reconnus aux mêmes inventaires ou recensements, ils sont soumis aux droits, à moins que l'Administration, consultée, n'ordonne de passer outre.

Les sorties des usines s'effectuent avec expédition de
Douane ou de Régie. Cependant les raffineurs qui n'em-

ploient que des sels déjà soumis à la taxe sont autorisés à délivrer eux-mêmes, pour les envois n'excédant pas... (tel poids accordé), des bulletins de vente tenant lieu de passavants ou de congés de circulation. Ces bulletins sont détachés de registres à souche ; les registres doivent être contrôlés par les agents et représentés à toute réquisition.

Salpêtreries. — Il appartient au service de la Régie d'assurer l'exercice régulier de toutes les salpêtreries. La Douane n'intervient à cet égard que pour ce qui concerne la circulation des produits dans le rayon. Il nous suffira donc de dire que la mise en consommation alimentaire des sels de salpêtre est subordonnée à expertise (voir ci-dessus, p. 195, § 2) ; que ceux de ces sels pour lesquels il ne peut être produit de certificat d'innocuité peuvent, après acquittement des droits, être expédiés sous acquit-à-caution (et plombage, s'il y a lieu), aux glaciers, limonadiers, fabricants de produits chimiques, manufacturiers, agriculteurs ; que les sels marins provenant des salpêtreries ont droit au boni, ainsi que ceux obtenus dans les fabriques de produits chimiques ; que les sels impurs de la même provenance peuvent être pris en charge au compte d'une raffinerie de sel exercée ou expédiés sur les entrepôts, soit par mer (en vrac ou dans des récipients quelconques), soit par terre (en sacs plombés d'un poids uniforme ayant toutes leurs coutures à l'intérieur) et donnent lieu à la délivrance d'un acquit-à-caution ; enfin que les différences ou substitutions, non-rapports de certificats de décharge seraient poursuivis comme aux articles 1er et 2 du présent chapitre.

Le simple énoncé des contraventions auxquelles sont exposés les raffineurs et salpêtriers suffira donc désormais pour jeter le jour sur les principales règles qui régissent leurs industries :

— 199 —

Exploitation d'une raffinerie autorisée, sans déclaration faite
au moins un mois avant le commencement des travaux [1]
(art. 2 et 12 . . . .
Cessation d'exploitation sans déclaration faite au moins un
mois à l'avance *(mêmes art.* . . . .
Défaut de déclaration dans les 24 heures de l'arrivée, des
quantités de sels neufs ou impurs introduits dans l'usine
(art. 3 et 12 . . . .
Introduction, dans les usines : 1° de sels neufs de provenance autre que des salines ou marais salants, de l'étranger ou des entrepôts ; 2° de sels neufs ou impurs proprement dits non accompagnés d'expédition *(art. 5 et 12.*
Introduction dans une raffinerie ou ses dépendances, de matières salifères autres que des sels neufs ou des sels impurs proprement dits *(mêmes art..* . . . .
Sortie frauduleuse des usines, de sels en quantités excédant
celles dont le payement des droits a été justifié *(art. 5.*
Circulation, sans expédition, dans le rayon de 15 kilom. des
raffineries de sel ou des salpêtreries, de sels bruts ou
raffinés, de sels impurs ou de matières salifères quelconques *(art. 11 et 12* . . . .
Défaut, par les voituriers ou conducteurs de sels ou de
matières salifères, d'exhiber, à toute réquisition des employés, dans le rayon de 15 kilom. des raffineries de sel
ou salpêtreries, les expéditions dont ils doivent être porteurs *(mêmes art..* . . . .
Refus de subir les visites et vérifications des employés, à
réquisition de ceux-ci, et même de nuit, si l'établissement
est en activité, dans les ateliers et magasins ou autres
locaux dépendant des raffineries *(art. 8 et 12* . . . .

du décret du 19 mars 1852, 10 et 14 de la loi du 17 juin 1840 [2].)

Article IV. — *Fabriques de soude.*

Les usines destinées à la production de la soude et qui
emploient du sel en franchise de droits sont sous la sur-

---

[1] Les raffineurs doivent indiquer la nature des sels (neufs ou
impurs) qu'ils comptent employer. Pour le lieu où la déclaration
doit être faite, voir ci-dessus, p. 188, § 1.

[2] Pour les pénalités encourues, voir ci-dessus, p. 187, § 1.

veillance permanente d'un service spécial. Les frais du personnel sont supportés par le fabricant, moyennant versements trimestriels au Trésor (caisse des Receveurs), d'une redevance variant de o fr. 3o à o fr. 45 par quintal de sel employé, suivant le mode de préparation des produits.

Les agents sont logés, soit dans l'enceinte de l'usine, soit au dehors à proximité, dans des locaux agréés par l'Administration. Il est mis, en outre, à la disposition du personnel, dans l'enceinte même de l'usine, un local meublé pour bureau. Le chauffage et l'éclairage de ce bureau sont également à la charge du fabricant.

Les sels neufs et impurs expédiés sur ces fabriques sont exonérés de la taxe de consommation [1]. Ils sont, lors de leur transport, accompagnés d'acquits-à-caution, et leur envoi a lieu sous la garantie du plombage. Le certificat de décharge de ces acquits n'est délivré qu'après que les agents ont reconnu l'intégrité de ce plombage (plombage par colis pour les sacs, — par capacité, s'il s'agit de wagons ou bateaux), vérifié la marchandise et reconnu la mise intégrale des sels en magasin [2].

Ce magasin est fermé à double clef et le sel n'en peut être extrait qu'au fur et à mesure des besoins, après pesage et mesurage. Les diverses manipulations du sel dans l'usine s'effectuent sous les yeux du service. Ayant libre accès dans tous les magasins et ateliers, à toute heure de jour et de nuit, les préposés s'assurent de l'emploi judicieux et intégral de la denrée, prélèvent tels échantillons que bon leur semble et reconnaissent si les produits fabriqués ont bien le titre réglementaire. S'il y a contestation entre le fabricant et la Douane, un double échantillon du produit est prélevé pour être soumis aux commissaires-experts du Gouverne-

---

[1] Le droit d'importation est perçu sur les sels neufs étrangers destinés à ces établissements.

[2] En cas de non-décharge des acquits ou de manœuvres frauduleuses, le *quadruple droit de consommation* serait dû sur le sel manquant, en vertu de l'*art. 4 du décret du 13 octobre 1809*, et d'après l'engagement souscrit dans ce sens à l'acquit-à-caution. Infraction à poursuivre par voie de *contrainte* au bureau où l'acquit a été délivré.

ment. (Voir ci-dessus, p. 196.) Dès lors, si l'expertise fait ressortir que le produit contient du sel non décomposé en quantité supérieure aux limites légales, la taxe de consommation est exigée sur le produit, comme s'il était question de sel ordinaire.

Les produits fabriqués ne peuvent sortir de l'usine qu'après déclaration et délivrance d'un permis par la Douane.

Il est procédé chaque mois à la balance des comptes de sels, et tout déficit constaté dans les magasins de dépôt est passible de la taxe de consommation.

Les contraventions les plus ordinaires auxquelles cette industrie donne matière se résument ainsi :

Non-rapport d'acquits-à-caution délivrés pour le transport, à destination de la fabrique, de sels sortis du rayon des Douanes : *Quadruple des droits imposés sur le sel manquant, décimes et demi-décime sur les trois derniers droits ; dépens* (Poursuite par voie de *contrainte,* en vertu des *décrets des 13 octobre 1809, art. 4, et 13 décembre 1862, art. 8*) ;

Enlèvement des fabriques, sans acquittement du droit de consommation sur le sel, de produits fabriqués contenant une quantité de sel supérieure à la limite autorisée : *Privation de la franchise concédée aux fabricants de soude ; payement du droit ; dépens* (Tribunal de paix). — *Décrets des 13 octobre 1809, art. 10, et 13 décembre 1862, art. 4 et 8 ;*

Non-justification de l'emploi du sel livré au fabricant en exemption de droits à la fabrication du sulfate de soude, du carbonate de soude et de la soude brute, au degré déterminé pour chacun de ces produits [1] : *Payement du droit, dépens ; privation facultative de la franchise concédée aux fabricants de soude* (Tribunal de paix). — *Décret du 13 octobre 1809, art. 10, ordonnance royale du 8 juin 1822, art. 5, et décret du 13 décembre 1862, art. 8 ;*

Extraction des fabriques, sans autorisation spéciale, des sels, des sulfates ou autres produits en état de fabrication :

---

[1] Sulfates de soude contenant au maximum en mélange intime 26 p. % de sel marin, ou l'équivalent en chlorures divers ;

Carbonates de soude au titre alcalimétrique minimum de 60 degrés ;

Soudes brutes au titre alcalimétrique minimum de 30 degrés.

*Mêmes pénalités qu'au cas précédent (Tribunal de paix). —
Décret du 13 octobre 1809, art. 10, et ordonnance royale du
8 juin 1822, art. 6 ;*
Vente ou détournement du sel [1] en fraude, soit dans les
fabriques, soit dans le transport des lieux d'extraction aux
fabriques de soude : *Privation de la franchise, par décision
du Ministre des Finances. — Décret du 13 octobre 1809,
art. 10, et ordonnance royale du 8 juin 1822, art. 10.*

---

[1] Non seulement par les fabricants eux-mêmes, mais encore par
le fait des ouvriers ou voituriers employés par ces fabricants.

TROISIÈME PARTIE

Voyageurs, Chevaux et Voitures de toute sorte, Courriers.

CHAPITRE Iᵉʳ

Voyageurs et bagages. Marchandises dont l'admission est interdite ou donne lieu à des formalités spéciales.

Bagages. — Bien que les opérations relatives aux visites des voyageurs et bagages aient lieu presque toujours sous la direction d'un agent de bureau, bien qu'aussi des avis spéciaux, affichés dans tous les lieux de passage, précisent les formalités auxquelles doivent se soumettre les voyageurs, lors de la visite, il est utile à tout agent de savoir quelles obligations lui incombent à cet égard, de crainte qu'il ne se trouve livré à sa seule initiative dans un cas fortuit.

Où doit être faite la visite. — Dans les grandes douanes, elle s'effectue à la salle spécialement affectée à cet usage ; ailleurs, au bureau [1], au corps de garde, à bord des navires, sur les quais même. Si la visite doit être faite au bureau ou au corps de garde, les voyageurs et les bagages sont escortés par les agents, depuis le point de débarquement jusqu'au lieu désigné pour l'opération.

Sur les frontières de terre, une déclaration faite en deçà

---

[1] Bureau de première ligne.

du premier bureau rend les voyageurs passibles des pénalités encourues pour transport en contrebande, suivant la nature des marchandises et des moyens de transport. (Voir ci-dessus, p. 139.)

Par qui doit être faite la visite. — Par les préposés et sous la surveillance de leurs chefs (officiers, sous-officiers). Il n'est peut-être pas hors de propos d'ajouter que toute manipulation ou mise en ordre des bagages visités reste à la charge des voyageurs.

Visites corporelles. — Les visites à corps — si elles sont rendues nécessaires par un soupçon de fraude ou une indication quelconque — ne sont pratiquées que sur ordre exprès du vérificateur, receveur, commis ou officier dirigeant la visite [1]. Elles ne sont pas autorisées s'il s'agit simplement de rechercher si un voyageur porte des lettres ou paquets dont le transport est réservé au service des Postes [2]. Les personnes de sexe sont visitées par les *femmes visiteuses*, dans les douanes où ces spécialistes existent ; ailleurs, par la femme d'un agent de Brigades. Ajoutons que si une saisie est due aux recherches d'une visiteuse, le procès-verbal qui en résulte doit être établi par cette femme et par deux des agents de service.

Si un voyageur refuse, soit de laisser faire la visite de ses bagages, soit de subir la visite corporelle, que doit-on faire ? — On doit déclarer procès-verbal à ce voyageur [1] pour *Opposition*. (Voir ci-dessus, p. 44.)

---

[1] Lorsqu'il y a lieu de verbaliser, le rapport doit mentionner que les questions réglementaires ont été posées au voyageur. Les procès-verbaux dressés pour refus de visite, ou pour saisie effectuée à la suite de visite corporelle, doivent aussi spécifier les motifs que l'on a eus de suspecter la personne.

Si la visite a été effectuée dans un lieu autre que le bureau, sur demande des voyageurs, cette circonstance peut aussi être rappelée au procès-verbal.

[2] Voir ci-après « Lettres ou papiers ».

Tous les voyageurs indistinctement sont-ils astreints à la visite ? — Il ne doit être fait usage de la visite corporelle qu'avec une grande circonspection ; comme nous l'avons dit plus haut, elle n'est généralement appliquée que si quelque indice porte le service à soupçonner de la fraude. A l'égard des voyageurs que leur position sociale met à l'abri de toute méfiance, on use à ce sujet de ménagements extrêmes. Quant à la visite des bagages, nuls autres que les Ambassadeurs et autres membres du corps diplomatique [1], ainsi que leur famille, n'en sont dispensés. L'immunité de visite, et, par suite, de droits, ainsi concédée aux personnages précités s'étend à leurs voitures, effets, meubles, provisions personnelles (même de tabac), aux objets précieux tels qu'argenterie, bijoux qu'ils déclarent ou transportent. Quant à leurs livres, ils sont dirigés directement sur la Douane centrale de Paris. (Voir ci-après, p. 222.) De même, les bagages de certaines personnalités françaises ou étrangères peuvent être, *sur ordre exprès de l'Administration*, dispensés de toute visite à la frontière et expédiés en transit sur Paris [2].

Quels sont les objets que l'on peut laisser en franchise de droits à la disposition des voyageurs ?

— En premier lieu, les vêtements usagés qui paraissen* en rapport avec la position des voyageurs, même si ces vêtements sont importés isolément ; puis — toujours sous cette réserve de traces d'usage et d'appropriation à l'état social des intéressés — les habits de théâtre des acteurs, les instruments de musique des artistes ambulants, ceux à l'usage des voyageurs, les outils usagés des ouvriers, les instruments d'arts libéraux ou mécaniques, les matériels et machines agricoles (charrettes, chariots, tombereaux, manches d'outils en bois, jougs, harnais, instruments aratoires, herses,

---

[1] A l'exclusion des conseillers, secrétaires, attachés d'ambassades, des consuls et agents consulaires qui, soumis à la loi commune, ne peuvent prétendre qu'à l'admission en franchise de leurs mobiliers et vêtements, lors de leur première entrée ou de leur retour en France.

[2] Les voitures et transports militaires sont également assujettis à la visite.

charrues, moissonneuses, faneuses et autres), les matériels industriels (à l'exception de ceux de cirque et des machines proprement dites), les portraits de famille et objets d'origine française, les vieilles porcelaines communes ou d'espèce rare portant des traces d'usage, ces porcelaines présentées en très petite quantité[1] ; enfin de minimes restants de provisions de route (denrées destinées à la consommation — très prochaine — des voyageurs). — Pour les tabacs, voir ci-après, p. 230.

Les restrictions d'entrée sont-elles applicables aux effets et objets importés par les voyageurs? — Au point de vue contraventionnel, oui ; c'est-à-dire que si le bureau où les objets sont présentés n'est pas ouvert aux marchandises tarifées à plus de 25 fr. les 100 kilogr. ou aux marchandises dont l'importation a été réservée à certains bureaux spéciaux, l'introduction en fraude de ces produits par ce bureau serait poursuivie comme importation en contrebande de marchandises prohibées... localement ou conditionnellement.

Cette réserve faite, tous les bureaux indistinctement peuvent percevoir les droits sur le linge neuf, les effets neufs, sur les coupons de tissus et tissus en pièces ou faufilés, régulièrement déclarés *même verbalement* par les voyageurs, ainsi que sur leurs provisions de denrées coloniales non prohibées et sur les objets qu'ils rapportent, à titre de curiosité ou souvenirs de voyage.

Il va de soi que les produits prohibés à titre absolu doivent être exclus de ce régime. (Voir ci-après, « Allumettes, cartes à jouer, contrefaçons, livres, loteries, marques de fabrique, poudre, saccharine, tabacs, vignes ».)

Quel est le mode d'application des droits sur les objets déclarés par les voyageurs? — Si le bureau n'est pas ouvert à l'importation de ces objets, lorsqu'ils sont présentés comme objets de commerce, il y a lieu, pour les petites quantités rapportées de l'étranger par les voya-

---

[1] Pour les importations sérieuses, l'admission en franchise devrait être autorisée par les Directeurs.

geurs, de percevoir le droit qui eût été perçu, selon le pays de provenance, si le bureau avait été légalement ouvert à l'entrée commerciale des marchandises de même nature, espèce ou qualité.

Si l'importateur refuse d'acquitter les droits, quelle détermination prendre ? — Le service peut alors faire réexporter immédiatement ces objets, s'ils ont été déclarés et présentés d'une manière ostensible.

Objets de peu d'importance dissimulés ou non déclarés. — Ils peuvent être simplement versés aux minuties (voir ci-dessus, p. 21), à moins que le contrevenant ne soit en récidive, auquel cas il serait préférable, soit d'établir les faits par un procès-verbal, soit de faire souscrire une soumission-transaction immédiate.

Marchandises débarquées d'un navire avec les bagages. — Si ces marchandises sont déclarées par les voyageurs au moment de la visite, on peut verbaliser, soit contre eux pour « débarquement sans permis » (voir ci-dessus, p. 31), soit contre le capitaine du navire transporteur pour « omission au manifeste ». Une double action serait même utile, si ces marchandises étaient prohibées.

Les saisies opérées sur voyageurs ordinaires entraînent-elles la saisie des moyens de transport, dans les cas où la loi violée prescrit cette saisie ? — Non, s'il ne s'agit que d'une petite quantité d'objets confondus avec les vêtements. Pour les courriers, conducteurs de diligences, voir le Chap. III ci-après.

Nota. — Si des objets de fraude sont découverts dans un wagon, au premier bureau d'entrée, il n'y a pas lieu de requérir l'application de l'*art. 3 de la loi du 2 juin 1875*, mais bien l'*art. 1er* de cette même loi.

DISPOSITIONS OU FORMALITÉS APPLICABLES
A CERTAINES MARCHANDISES

Acide arsénieux (*arsenic blanc*). — Ce produit étant extrêmement toxique, le Gouvernement a jugé nécessaire d'en soumettre les importations à une surveillance spéciale. En conséquence, son transport jusqu'aux lieux de destination doit être assuré par un acquit-à-caution de Douane. En cas de non-accomplissement des engagements souscrits lors de la délivrance de cet acquit ou de non-rapport, dans un délai de trois mois, du certificat de décharge [1], les soumissionnaires sont passibles du *paiement de la valeur de la marchandise et d'une amende de 500 fr., déc., demi-déc. et dépens*, en vertu du *décret du 5 mars 1852, art. 1er*.

Le paiement de ces amendes est réclamé par les Receveurs au moyen d'une *contrainte*.

Allumettes. — L'État s'étant réservé le monopole de la fabrication des allumettes, toute introduction illicite en France d'allumettes chimiques étrangères et de bois fendus, étirés ou préparés pour la fabrication des allumettes [2], constitue une importation de marchandises prohibées et doit, à l'arrivée directe de l'étranger, être poursuivie comme telle, à la requête de la Douane. Les procès-verbaux dressés à cet effet doivent mentionner le nombre d'allumettes importées et saisies, pour permettre d'établir le quantum de la prime de capture revenant aux agents, et, en outre, s'il y a lieu, le nombre d'allumettes précédemment saisies sur le même individu.

Pour que les agents des Douanes puissent bénéficier de la prime allouée par la Régie [3], l'arrestation des individus

---

[1] Délivré par l'autorité municipale du lieu de destination.

[2] La prohibition s'étend aux briquets-amorces, aux briquets-allumoirs, aux cannes-briquets, aux amorces pour briquets-allumoirs et aux cigares et cigarettes inflammables par friction.

[3] Prime de 10 fr. par fraudeur arrêté. Les saisissants ont droit, en outre, aux allocations suivantes, pour valeur des allumettes

vendant en fraude, colportant ou fabriquant frauduleusement des allumettes chimiques ou de la pâte phosphorée pour allumettes, doit être effective et constatée par un procès-verbal régulier. S'il s'agit de contrebande effectuée par mineurs de 16 ans, la prime d'arrestation n'est due que si les délinquants sont condamnés comme ayant agi avec discernement.

En dehors des importations directes, ou de la circulation illicite des allumettes chimiques étrangères dans le rayon des Douanes, le service peut verbaliser — mais alors à la requête de la Régie — pour les infractions au régime du monopole dont le détail suit :

1° Détention, sans déclaration préalable au bureau de la Régie, d'ustensiles, instruments ou mécaniques propres à la fabrication des allumettes, de bois d'allumettes blanches ou soufrées ayant moins de 0m10 longueur, de mèches d'allumettes de cire ou de stéarine, de matières propres à la préparation des pâtes chimiques, de boîtes vides et de cartonnages destinés à contenir des allumettes. — *Pénalités : Confiscation des objets saisis ; amende de 100 à 1.000 francs, dépens.* (Tribunal correctionnel.) — Textes à invoquer : *Lois des 28 avril 1816, art. 223 ; 28 janvier 1875, art. 3 ; 16 avril 1895, art. 20, § 4 ;*

2° Fabrication frauduleuse d'allumettes chimiques ou détention de pâtes phosphorées. — *Pénalités : Arrestation des délinquants ; confiscation des allumettes et des ustensiles ou instruments servant à la fabrication ; emprisonnement de 6 jours à 6 mois ; amende de 300 à 1.000 francs* [1]*, dépens.* (Tribunal correctionnel.) — Textes à invoquer : *Lois des 28 avril 1816, art. 222, 223, 225 ; 28 janvier 1875, art. 3 ; 28 juillet 1875, art. 2 et 3 ; 16 avril 1895, art. 19, § 1er et 20, §§ 1, 2 et 3 ;*

3° Transport d'allumettes pour le compte de fraudeurs et contrebandiers. — *Pénalités : Confiscation des allumettes et des moyens de transport ; amende de 100 à 1.000 fr., dépens.* (Tribunal correctionnel.) — Textes à invoquer : *Lois des*

---

incinérées : 0 fr. 10 par 1.000 allumettes en bois ; 0 fr. 30 par 1.000 allumettes en cire.

[1] En cas de récidive, l'amende ne peut être inférieure à 500 fr.

*28 avril 1816, art. 223 ; 28 janvier 1875, art. 3 ; 16 avril 1895,
art. 19, § 2 ;*

4° Vente en fraude d'allumettes à domicile, ou colportage
d'allumettes, qu'il y ait vente ou non. — Pénalités : *Arrestation des délinquants ; confiscation des allumettes, des ustensiles servant à la vente [et des moyens de transport, en cas de
colportage] ; amende de 300 à 1.000 fr., dépens.* (Tribunal
correctionnel.) — Textes à invoquer : *Lois des 28 avril 1816,
art. 222, 223 et 225 ; 4 septembre 1871, art. 4 et 5 ;
2 août 1872, art. 1 ; 28 janvier 1875, art. 3 ; 16 avril 1895,
art. 18 et 19.*

Emploi à faire des allumettes saisies. (Voir ci-dessus, p. 12,
note 1.) — Si la saisie est faite à la requête des Contributions indirectes, des échantillons sont prélevés sur la marchandise, avant sa destruction, mis sous le cachet des parties,
et joints au procès-verbal pour servir, au besoin, à une expertise judiciaire.

Argenterie. — 1° ARGENTERIE DE MÉNAGE IMPORTÉE
D'UNE FAÇON DÉFINITIVE. — L'argenterie de ménage française ou étrangère en cours de service, importée par des
Français ou par des étrangers qui viennent s'établir en
France, doit être expédiée sur un bureau de garantie [1] pour
y être contrôlée. Ces introductions et envois peuvent être
faits, sans autorisation spéciale, par tous les bureaux de
Douane. L'envoi donne lieu à la délivrance d'un acquit-à-
caution et au plombage ou cachetage du (ou des) colis. Cet
acquit spécifie le poids et la valeur des objets précieux ; il
mentionne, en outre, que le déclarant, faute de remplir les
conditions réglementaires, encourrait les pénalités édictées
par les *art. 23 de la loi du 19 brumaire an VI, et 76 de celle
du 5 ventôse an XII ;* ces textes prononcent les pénalités suivantes : *confiscation et amende égale au quadruple des droits
fraudés, déc., demi-déc. et dépens. Le paiement des amendes
est poursuivi par voie de contrainte.*

---

1 Les bureaux habilités pour ce contrôle sont :
Alger, Bellegarde, Besançon, Bordeaux, Constantine, Le Hâvre,
Lille, Lyon, Marseille, Nancy, Nantes, Oran, Paris, Pontarlier, Rouen.

Ces objets sont affranchis de droits de Douane ; le droit de garantie seul est perçu, par les soins des bureaux de garantie, sur celles des pièces d'argenterie qui, étant d'origine française, portent le poinçon spécial d'exportation, ainsi que sur les pièces étrangères non frappées du poinçon.

Au cas où le propriétaire de cette argenterie refuserait d'acquitter le montant du droit de marque (ouvrages d'or : 37 fr. 50 l'hectogramme ; d'argent ou de vermeil : 2 francs l'hectogramme, non compris les frais d'essai et de touchau), les objets, réexpédiés au bureau d'entrée, seraient, soit réexportés, soit brisés pour être alors admis au droit d'entrée sur le métal brut.

2° ARGENTERIE DE MÉNAGE IMPORTÉE TEMPORAIREMENT PAR DES ÉTRANGERS. — Les étrangers qui viennent en France faire un séjour temporaire peuvent importer par tous les bureaux ouverts aux marchandises tarifées à plus de 25 fr. les 100 kilogr., ou, sur autorisation du Directeur, par tout autre bureau, leur argenterie en cours d'usage, moyennant la consignation des droits de garantie (voir paragraphe précédent) dont cette argenterie est reconnue passible, et engagement cautionné de la réexporter dans un délai maximum de trois ans [1].

Cette réexportation doit être effectuée par un bureau ouvert aux marchandises tarifées à plus de 25 fr. les 100 kilogrammes.

Après reconnaissance de l'identité des objets présentés, les sommes consignées sont restituées au moment même de la sortie de l'argenterie. En cas de différences constatées dans le nombre, le poids ou l'espèce des pièces décrites à l'acte de consignation, le remboursement serait différé jusqu'à ce que l'Administration ait statué.

Bijouterie, orfèvrerie. — Il ne s'agit pas ici des montres des voyageurs ni de leurs bijoux, qui sont dispensés de tous droits s'ils n'excèdent pas le poids de 500 grammes, mais des objets précieux que l'on pourrait découvrir en

---

[1] Ce délai peut être prorogé par les Directeurs, sur demande spéciale des intéressés.

quantité anormale parmi leurs bagages. Les ouvrages d'or et d'argent devant être soumis, avant leur emploi en France, au droit de garantie et au poinçonnage, il appartient à la Douane de veiller à ce que ces prescriptions légales soient régulièrement observées. Par suite, en thèse générale, toute importation d'ouvrages en métaux précieux doit être soumise à l'examen d'un des bureaux de garantie énumérés en note à la page 210 ci-dessus [1]. Sont cependant dispensés de cette formalité et simplement soumis aux droits de douane : les articles de joaillerie à monture légère enchâssant des pierres précieuses ; ceux entièrement émaillés ; ceux qui ne pourraient supporter sans détérioration l'empreinte du poinçon ; les accessoires de montres présentés isolément ; les vieux ouvrages d'or et d'argent que l'on consent à faire briser ou marteler en Douane.

Les montres à boîtiers d'or ou d'argent sont, après acquittement des droits de douane, dirigés par acquit-à-caution et sous plomb sur l'un des bureaux de garantie, dans des conditions identiques à celles énumérées ci-dessus à l'égard de l'argenterie, pour y être essayées, marquées, et y acquitter le droit de garantie.

Quant aux ouvrages d'orfèvrerie ou de bijouterie fausse, aux objets dorés ou argentés, plaqués ou doublés d'or ou d'argent, ils ne peuvent être mis en vente que s'ils portent l'empreinte spéciale d'un fabricant ou marchand français. Le service des Douanes n'a pas à intervenir pour cette application ; il se borne à prévenir l'importateur, lors de la remise de sa marchandise après acquittement des droits, que la livraison ou circulation ultérieure des objets non poinçonnés pourrait en motiver la saisie.

Pour les ouvrages à *bas titre*, les droits d'entrée ne sont perçus qu'après examen de ces ouvrages par le service de garantie. Les déclarants s'engagent, par une soumission cau-

---

[1] La bijouterie expédiée de Suisse par les bureaux des Postes des zones franches donnant lieu à une fraude assez active, les lettres ou paquets contenant des valeurs déclarées destinées à l'intérieur de la France sont chargés d'office, puis soumis, à l'arrivée à destination, à la visite du service des Douanes ou des Contributions indirectes, suivant la marche tracée au chap. III ci-après.

tionnée (registre M 23 D) à acquitter les droits d'entrée et de marque, si les objets sont admis au poinçonnage ; sinon, de les réexporter.

Enfin les objets à bas titre primitivement exportés et qui, non vendus à l'étranger, reviennent en France, sont dirigés également sur un bureau de garantie qui, après constatation de leur identité, les réintègre chez le marchand ou fabricant exportateur, pour qu'ils y soient repris en compte.

Boissons. — A ce que nous avons dit ci-dessus, p. 26 et suivantes, nous nous bornerons à ajouter que, dans les lieux de passage fréquentés par les voyageurs, le service des Douanes est pourvu de vignettes de diverses couleurs, de divers prix, selon la nature des boissons importées, vignettes qu'il appose dans les conditions fixées par les Notes explicatives du Tarif, p. 330, sur les liquides que les voyageurs introduisent ; ces vignettes tiennent lieu de « bons de transport » et servent à légitimer la circulation des boissons à l'intérieur du territoire.

Bougies, chandelles, acide stéarique. — Si les articles spécifiés ci-dessus, p. 88, sont importés en quantités importantes et destinés à des négociants ou industriels de l'intérieur, la Douane plombe la marchandise et délivre un acquit-à-caution pour assurer la perception de la taxe intérieure, ou l'arrivée chez les fabricants soumis à l'exercice de la Régie.

Les importations d'acide stéarique en masses, blocs, tablettes ou plaques, — importations spécialement réservées aux fabricants exercés ou aux négociants pourvus d'une licence — sont régies par des formalités identiques à celles exposées ci-dessus.

Le non-accomplissement des engagements souscrits par le soumissionnaire, ou le non-rapport de l'acquit valablement déchargé, entraînerait les mesures répressives suivantes :

1° BOUGIES ET CHANDELLES. — *Payement du double droit de consommation, déc. et dépens. — Loi du 30 décembre 1873.*

2° ACIDE STÉARIQUE. — *Quadruple du droit afférent à un poids égal de bougies, déc., demi-déc. et dépens. — Même loi, art. 12, et Règlement du 8 janvier 1874, art. 8.*

Ces amendes — dont le payement éventuel est garanti, du reste, par la soumission même inscrite sur les acquits — sont réclamées par les Receveurs au moyen d'une *contrainte*.

Cartes à jouer. — Les cartes à jouer [1] étant prohibées en France d'une façon absolue, toute introduction de cet article est passible de la *confiscation des objets de fraude, d'une amende de 1.000 à 3.000 francs* [2] *et d'un mois d'emprisonnement* (Tribunal correctionnel). — *Loi du 28 avril 1816, art. 166, 167, 168 et 169.* Les mêmes pénalités sont applicables à la fabrication, la distribution, la vente, au colportage, à l'usage dans les lieux publics de cartes non revêtues du timbre de Régie sur l'as et le valet de trèfle, ou à l'usage dans les cercles, clubs, casinos, de cartes non revêtues des marques distinctives spéciales à ces établissements. Outre ces peines, les contrefaçons, les imitations des moules, des timbres et marques de Régie, l'usage et emploi des véritables moules, timbres ou marques d'une manière nuisible aux intérêts de l'État, donnent lieu à l'application *des art. 142 et 143 du Code pénal. Dans tous les cas* on verbalise à la requête de l'Administration des Contributions Indirectes. On procède à l'arrestation des délinquants, à moins qu'ils ne consentent à suivre immédiatement le service devant le chef local des Contributions Indirectes qui, dès lors, exerce les poursuites de droit.

Contrefaçons de titres nominatifs ou au porteur, de figurines, vignettes et timbres administratifs [3]. — Toute introduction, fabrication, distribution,

---

[1] Y compris les cartes de fantaisie, les cartes de bonne aventure et les cartes à portrait étranger disposées pour les exercices de prestidigitation ; mais les cartes à jouer pour enfants, — cartes d'étrennes fabriquées sur une seule épaisseur de papier grossier et n'excédant pas o″o5 sur o″o35 — sont admissibles dans la consommation sous payement des droits.

[2] En cas de récidive, le maximum est toujours imposé.

[3] Y compris les cartes-lettres, cartes-postales et cartes-télégrammes.

tout colportage ou usage [1] de pièces de ce genre, lorsque lesdites pièces présentent avec les types authentiques une ressemblance qui pourrait induire en erreur le public, en lui faisant prendre ces contrefaçons pour les originaux mêmes, est passible — indépendamment de la *confiscation des imprimés ou formules, ainsi que des planches ou matrices qui ont servi à les confectionner,* — *d'un emprisonnement de 5 jours à 6 mois et d'une amende de 16 à 2.000 francs, déc., demi-déc. et dépens* (Tribunal correctionnel).

Les imitations de billets de banque sont punissables au même titre.

Il est verbalisé à la requête du Ministère public, par application de la *loi du 11 juillet 1885, art. 1er*.

S'il s'agit de faux timbres-poste nationaux *sciemment* introduits, fabriqués, colportés ou employés, ou de tentative d'introduction, usage, etc., on invoque au procès-verbal, outre le texte précité, les *art. 142 (2e disposition) et 164 du Code pénal*. L'amende, dans ce cas, est de *100 à 3.000 francs*, et l'emprisonnement *de 2 à 5 ans*.

La contrefaçon ou l'altération des vignettes ou timbres *en cours d'usage* dans un pays étranger, leur distribution ou colportage sont poursuivis, soit sur plainte du Gouvernement de ce pays, soit d'office par l'autorité judiciaire du lieu où l'infraction a été commise, en vertu des *lois des 11 juillet 1885, art. 2 et 3, et 13 avril 1892, art. 4* [2]. Les procès-verbaux sont également dressés à la requête du Ministère public.

La poursuite des infractions relatives aux « bons de poste » [3] est presque uniquement du domaine du service

---

[1] C'est-à-dire vente ou remise en payement de sommes dues.

[2] Ces textes sont également applicables aux marchands de timbres-poste pour collections qui fabriquent de faux timbres-poste étrangers, alors même que ces timbres, semblables à ceux en cours d'usage, sont livrés oblitérés par les soins de ces marchands.

[3] Contrefaçons ou mise en circulation faites sciemment (art. 139 du Code pénal), — altération ou tentative d'altération faite par un tiers, soit de la valeur, soit du nom porté à un bon ; contrefaçon ou essai d'imitation de la signature du bénéficiaire d'un bon, le tout dans le but de nuire ou porter préjudice (art. 147 du Code pénal).

des Postes. Ce cas doit donc être mentionné ici simplement pour mémoire. Poursuivi à la requête du Ministère public, en vertu de la *loi du 28 juin 1882, art. 7 (in fine) et des art. 139 ou 147 du Code pénal,* il est assimilé à un crime de faux et puni comme tel *des travaux forcés à perpétuité,* peine à laquelle s'ajoute *l'amende prononcée au quatrième paragraphe de cet article* pour contrefaçons de billets de banque et effets du Trésor public.

Eaux distillées, élixirs, extraits alcooliques. — Ces produits doivent acquitter, à l'importation, indépendamment du droit de Douane, la taxe intérieure de consommation afférente à l'alcool qu'ils contiennent : il y a donc lieu d'en subordonner l'enlèvement à la production d'une pièce de Régie.

Un moyen très simple de reconnaître si les eaux distillées présentées contiennent de l'alcool est d'y laisser tomber un petit morceau de sucre. Si ce sucre se dissout aisément, l'eau ne contient pas d'alcool ou n'en contient qu'une infime proportion. Les eaux alcooliques sont, en outre, inflammables : les eaux non alcooliques ne le sont pas.

Gibier. — Le gibier mort importé par les chasseurs pendant la période d'ouverture de la chasse peut être importé, sous payement de droits, par tous les bureaux.

Après la clôture de la chasse, et sauf les exceptions ci-dessous, l'importation, le transport, le colportage, l'achat et la vente du gibier, tant mort que vivant, sont interdits et tombent sous le coup des pénalités édictées par la *loi du 3 mai 1844,* dont les Maires et officiers de police judiciaire sont chargés de faire application. Le service doit donc, si l'importateur n'a pas déclaré le gibier qu'il transporte, ou s'il refuse de le réexporter immédiatement, se borner à conduire ledit importateur devant un des magistrats précités, qui prend telles mesures de répression que le délit comporte.

Le gibier destiné à être réexporté en transit peut être introduit en tout temps. Les envois ont lieu sous plomb et avec acquit-à-caution prononçant interdiction de mise en consommation à l'intérieur du territoire. Le non-accomplissement des formalités serait poursuivi comme en matière de transit du prohibé : *payement de la valeur de la marchandise telle qu'elle aura été indiquée dans l'acquit-à-caution ; amende égale au triple de cette valeur, déc., demi-déc. et dépens. (Poursuite par voie de contrainte.)* — *Loi du 9 février 1832, art. 6.*

Peuvent être également importés pendant toute saison : les perdrix d'Ecosse, les colins de Virginie et de Californie, les coqs de bruyère et gélinottes de provenance russe, le lièvre blanc de Russie, les faisans de toutes provenances, le gibier d'eau, le renne, l'ours, le sanglier, le gibier — y compris la caille[1] — destiné au repeuplement, et dont l'introduction est autorisée par le Ministère de l'Agriculture.

Enfin les cailles et lapins de garenne peuvent être importés après la clôture de la chasse, en vertu d'arrêtés préfectoraux, s'ils sont destinés à des départements où la chasse est permise après la clôture ordinaire.

L'arrivée à destination est assurée au moyen d'un acquit-à-caution. Les colis sont plombés. La décharge de ces acquits est faite par la Douane, s'il s'en trouve au point de destination ; sinon, par l'autorité municipale. Le non-accomplissement des engagements souscrits entraînerait les pénalités rappelées au premier paragraphe de la présente page, en vertu des *lois des 9 février 1832, art. 6, et 3 mai 1844, art. 4.*

Les mesures prohibitives dont l'énoncé précède ne s'appliquent pas aux conserves de gibier. Pour celles-ci, la Douane se borne à délivrer des certificats attestant leur origine étrangère et à estampiller les boîtes déclarées.

Délits de chasse : Les agents des Douanes ne doivent point s'immiscer dans ces sortes d'affaires.

Huiles. — Les huiles végétales et animales[2] de toute sorte — y compris les graisses animales liquides (huiles de poisson, de pied de bœuf, etc.) — introduites[3] dans les

---

[1] Les cailles importées pour la consommation peuvent être introduites et circuler sur le territoire jusqu'au 1ᵉʳ mai, sauf arrêtés préfectoraux contraires.

[2] Autres que l'acide oléique, les huiles essentielles et les dégras de peaux.

[3] Ou « fabriquées », dit la loi. Dans cette dernière hypothèse, la surveillance de ces produits incombe exclusivement au service des Contributions Indirectes.

communes ayant au moins 4.000 âmes de population agglomérée qui ont une taxe d'octroi sur ces produits, étant
soumises à une taxe intérieure [1], le service des Douanes ne
doit, à l'importation, donner mainlevée des huiles de ce
genre, destinées à la consommation des localités où cette
redevance existe, qu'après avoir acquis la certitude que l'impôt a été perçu par le service des Contributions Indirectes
ou garanti près de ce service.

Lettres ou papiers. — Le service des Postes s'étant
réservé le monopole du transport des lettres et des papiers
manuscrits (paquets de papiers d'affaires) du poids de 1 kil.
et au-dessous, si, en procédant à ses visites, le service des
Douanes découvre *par hasard* des objets de ce genre [2] parmi
les bagages des voyageurs, ou dans les colis fermés [3], il les
retient et verbalise à la requête de l'Administration des
Postes, comme il est dit ci-dessus, p. 75.

Le monopole postal ne s'appliquant pas, en France, aux
imprimés (journaux, recueils, bulletins périodiques, circulaires, prospectus, avis et autres objets admis à un tarif
réduit), toute personne peut, sans encourir de contravention,
importer de l'étranger des articles de ce genre, à condition
qu'ils soient *sous enveloppe ouverte* [4] ou *sous bandes mobiles*,
avec ou sans adresse. Au point de vue du contrôle de la
librairie, ces imprimés sont astreints aux mêmes formalités
que les livres. (Voir ci-après p. 220 et suivantes.)

---

[1] Taxe de 6 à 12 fr. (en principal), d'après le chiffre de la population des localités.

[2] Cette interdiction s'applique même aux lettres ouvertes destinées
à d'autres personnes ; mais les lettres (même cachetées) de recom-
mandation, les lettres concernant les intérêts propres de celui qui
en est porteur, les lettres transportées par des particuliers aux
gares ou bureaux de Postes pour y être jetées à la boîte ne donnent pas matière à contravention.

[3] En cas de transport par une voie autre que la Poste, les agents
des Compagnies sont responsables aux yeux de la loi.

[4] Si ces imprimés sont présentés *sous enveloppe* ou *pli fermés*, le
contrôle de la vérification du contenu devenant impossible, il y a
lieu de saisir et de verbaliser.

Une perquisition qui serait faite, *dans le seul intérêt* de l'Administration des Postes, sur la personne des simples voyageurs ou dans leurs bagages, et qui amènerait découverte d'une correspondance transportée irrégulièrement, n'aurait aucune valeur en justice. Ces recherches ne sont, en effet, légalement autorisées que sur les particuliers (porteurs de dépêches, messagers, bateliers, voituriers, rouliers) qui, en raison de leur profession, vont et viennent d'une localité à une autre.

En aucun cas on ne doit ouvrir les lettres *cachetées* ou les *plis fermés*, même lorsqu'ils sont saisis pour infraction aux lois postales. On se borne à les annexer au procès-verbal, qui est remis au Receveur des Postes le plus voisin pour les suites opportunes.

A peine de nullité, le procès-verbal doit spécifier le poids exact de *chaque* objet saisi, attendu que ce détail est l'élément constitutif de la contravention.

Exemple :

Lettre cachetée pesant 12 grammes, portant la suscription...

(ou)

Lettre ouverte pesant 9 grammes, tombée du portefeuille du contrevenant, adressée à M..... et commençant par les mots « ..... ».

(ou)

Un paquet papiers d'affaires pesant 255 grammes, découvert dans la valise du contrevenant et adressé à M..... à.....

Si le contrevenant ne sait signer ou refuse de signer l'acte, si également il refuse de déclarer ses nom et qualité, chacun de ces détails doit être consigné au procès-verbal.

Les perquisitions qui n'amènent la découverte d'aucune fraude sont constatées, pour ordre, par un procès-verbal *négatif*, à remettre encore au Receveur des Postes.

Les entrepreneurs de messageries, les conducteurs de diligences, les personnes appartenant à l'équipage des paquebots affectés au service postal ne peuvent se charger de transporter des lettres privées ou papiers compris au monopole — à plus forte raison des colis fermés contenant des lettres — pour le compte de personnes résidant dans les localités où les voitures, paquebots, etc., doivent s'arrêter [1].

Peuvent être transportés librement :

1° Les sacs ou papiers de procédure *même sous enveloppes cachetées* ;

2° Les lettres et les papiers (ouverts et non cachetés) relatifs uniquement au service des entrepreneurs de voitures, ou concernant exclusivement les marchandises que ces entrepreneurs transportent, en tant que ces papiers ne comportent aucune mention ou note particulière ;

3° Les papiers écrits et non imprimés ayant un poids supérieur à 1 kilogr. qui traitent de questions générales (littérature, affaires commerciales ou judiciaires) et ne sont accompagnés d'aucune lettre ou note ayant le caractère d'une correspondance ou en pouvant tenir lieu ;

4° Les lettres ou paquets transportés *accidentellement* par des exprès, commissionnaires, — par des domestiques attachés spécialement au service d'un particulier, — à condition que ces émissaires ne fassent pas la navette entre des localités desservies par le service des Postes ;

5° Les lettres que des particuliers font prendre ou porter dans les bureaux de Postes voisins de leur résidence.

Livres. — La librairie étant soumise à des mesures de contrôle très strictes, afin de sauvegarder tant l'ordre public que la propriété littéraire, les introductions de livres [2], gravures, estampes, lithographies, couvertures de dessins, de musique gravée ou imprimée, des planches de toute sorte gravées, des coins gravés, des clichés, des pierres lithographiques couvertes de dessins ou caractères, des imprimés commerciaux [2], des gazettes et journaux de collection [3] ne

---

[1] Les entrepreneurs de diligences et les capitaines de navires sont civilement responsables des contraventions commises par leurs employés (conducteurs, postillons, matelots).

[2] Y compris les affiches, avis, prospectus, modèles d'écritures, abécédaires et autres livres d'études, cartes postales étrangères, almanachs et calendriers.

[3] Les journaux et gazettes de publication périodique, importés par la voie de la Poste, sont sous le contrôle exclusif de cette Administration.

peuvent avoir lieu que par certains bureaux (voir à l'annexe la liste 2, lettre s), et après examen de ces publications ou objets par les agents spéciaux délégués par le Ministère de l'Intérieur.

Dans les localités où ces agents de surveillance n'existent pas, les livres, etc., sont, dès leur importation, adressés sous acquit-à-caution et double plombage [1] au commissaire de police délégué à cet effet, ou, à défaut, à la Préfecture ou Sous-Préfecture la plus voisine.

En cas de présomption, soit de contrefaçon, soit de condamnation judiciaire sur les ouvrages présentés, l'admission peut aussi en être suspendue et les livres, etc., sont retenus au bureau jusqu'à ce que le Ministère de l'Intérieur ait statué par l'entremise de l'un de ses agents spéciaux ou des Préfets, Sous-Préfets, Commissaires.

L'acquit-à-caution de transit, délivré lorsqu'il y a envoi, spécifie la valeur des livres ainsi que les condamnations encourues en cas de non-accomplissement des formalités requises ou de fausse déclaration. Cet acquit, déchargé par l'agent de contrôle, rentre au bureau de Douane qui, au vu du certificat, applique les droits consignés ou garantis.

Le défaut de décharge régulière de l'acquit comporterait les pénalités rappelées ci-dessus, p. 217, § 1.

Quant à l'introduction frauduleuse de livres ou objets de librairie prohibés, elle donnerait lieu à deux actions simultanées :

1° A la requête des Douanes, pour « importation sans déclaration (ou en contrebande, suivant les cas) de marchandises prohibées » ;

2° A la requête du Ministère public, pour le fait d'importation, circulation ou simple détention de livres prohibés ou défendus.

Ces deux actions se lient par le procès-verbal que rédige la Douane, et dont elle adresse copie au Procureur.

Ce procès-verbal doit relater exactement le titre de chacun des ouvrages saisis ou faussement déclarés.

---

[1] Premier plombage sur la caisse ou le ballot à nu ; second plombage sur l'emballage extérieur.

Librairie en langue française. — La librairie en langue française présentée à la frontière *en feuilles non pliées,* sans être brochée ni reliée et dont, par suite, le contrôle est impossible, est prohibée tant à l'importation qu'au transit.

Livres apportés par les voyageurs. — Voir ci-dessous « Bibliothèques. »

Bibliothèques. — Les bibliothèques particulières usagées des personnes qui viennent s'établir en France sont admises en franchise, sur autorisation des Directeurs ou Inspecteurs, si elles ne comptent qu'un exemplaire de chaque ouvrage, et à condition qu'elles soient soumises, avant leur livraison, à l'examen des agents spéciaux désignés ci-dessus. Si des *contrefaçons* sont reconnues, l'introduction de ces livres donne lieu aux pénalités rappelées à la page 221, § 7. Cependant si aucune circonstance aggravante ne nécessite des mesures répressives, le service peut s'abstenir de verbaliser et simplement retenir en Douane les contrefaçons, en attendant que leur propriétaire les fasse réexporter [1], ou les abandonne par écrit pour être lacérées.

Les livres en petit nombre que les voyageurs apportent parmi leurs bagages, ainsi que les billets de banque, valeurs diverses commerciales et industrielles (actions, obligations et leurs coupons) sont dispensés du contrôle, à moins qu'il n'y ait présomption de contrefaçon ou de prohibition, auquel cas il conviendrait de procéder selon les données qui précèdent.

Expédition sur Paris. — Les bibliothèques et ouvrages littéraires de toute sorte peuvent être dirigés sur Paris, à la demande des intéressés. Leur introduction n'est permise, dans ce cas, que par un des bureaux ouverts à l'importation de la librairie (lettre x de la liste n° 2 de l'annexe). Après reconnaissance sommaire au bureau frontière, ils sont mis sous double plomb, puis dirigés par acquit-à-caution de transit sur la Douane centrale de Paris (rue de la Douane, n° 11) qui a, dès lors, pour mission de les faire contrôler,

---

[1] Ces ouvrages ne sont remis aux intéressés, en vue de la réexportation, que sur ordre du Ministère de l'Intérieur ou de ses agents spéciaux.

d'exercer les poursuites éventuelles et de décharger l'acquit. Le non-accomplissement de ces formalités comporterait application des peines rappelées à la page 217, § 1, ci-dessus.

Loteries. — Par suite de la prohibition qui frappe les loteries de toute espèce non autorisées spécialement par le Gouvernement, toute importation, annonce, distribution ou facilité d'émission, tout colportage de billets relatifs à ces loteries est puni d'un *emprisonnement de 15 jours à 3 mois et d'une amende de 100 à 2.000 francs, déc., demi-déc. et dépens* (Tribunal correctionnel), par application des *art. 4 de la loi du 21 mai 1836 et 411 du Code pénal.* Les procès-verbaux propres à réprimer ces infractions sont établis à la requête du Ministère public. Ils rappellent les circonstances de la découverte et de la saisie, les nom, prénoms, profession et domicile des contrevenants. Les pièces à conviction qui ont motivé l'affaire sont ultérieurement transmises au Parquet, avec les procès-verbaux, pour engagement des poursuites opportunes.

Marques de fabrique. — Le commerce national se trouve incessamment exposé à la concurrence des produits similaires d'origine ou de fabrication étrangère. Ces produits, s'ils sont d'un travail moins fini que les nôtres ou inférieurs comme qualité à ceux sortis de nos centres producteurs, pourraient, en usurpant les marques distinctives dont se servent nos compatriotes et en passant, à l'aide de ce subterfuge, pour produits français, porter préjudice à l'industrie nationale en faisant croire au consommateur que leurs défectuosités doivent être attribuées à notre agriculture, à nos usines ou ateliers. D'autre part, le fait de contrefaire les marques privatives à chaque genre de négoce doit être regardé comme une grave atteinte portée à la propriété industrielle [1]. C'est pourquoi la loi dispose que tous produits étrangers *naturels* ou *fabriqués* portant, soit sur eux-mêmes, soit sur des emballages, caisses, ballots, en-

---

[1] Propriété assurée par le dépôt des modèles des marques aux greffes des tribunaux de commerce.

veloppes, bandes, étiquettes, etc., une marque de fabrique ou de commerce, un nom, un signe ou une indication quelconque de nature à faire croire qu'ils ont été fabriqués en France ou qu'ils sont d'origine française, sont prohibés à l'entrée, exclus de l'entrepôt, du transit et de la circulation [1].

Les produits étrangers qui proviennent de localités dénommées de la même façon qu'une autre localité française doivent, pour pouvoir être admis en France, porter, en même temps que le nom de cette localité étrangère, celui du pays d'origine, ainsi que la mention IMPORTÉ, en caractères manifestement apparents.

Les infractions relatives aux marques de fabrique sont poursuivies, selon les circonstances, soit à la requête de l'Administration des Douanes, soit à celle du Ministère public.

Si les produits sont présentés ou surpris à la frontière, ou dans le rayon, sans déclaration ou avec une déclaration tendant à induire en erreur, et que le caractère délictueux de la marque n'offre aucun doute [2], il est verbalisé à la requête de l'Administration des Douanes pour *importation sans déclaration (ou sans déclaration exacte) de marchandises prohibées*. Il n'y a jamais lieu de donner mainlevée des produits frauduleusement marqués, *pas même pour la réexportation :* ils sont saisis pour être transférés au Parquet, si besoin est.

---

[1] Tel serait le cas pour des draps étrangers étiquetés « *Draps de Sedan* », pour des couteaux à papier ou autres articles de curiosité de provenance étrangère portant les mots « *Tour Eiffel, Paris* », — « *Église du Sacré-Cœur, Montmartre* », pour des saucissons étrangers revêtus de la marque « *Saucissons de Boulogne* » ; mais les termes génériques de « *Plumes Jeanne d'Arc* », suivis d'indications, signes abréviatifs, chiffres, lettres, monogrammes spéciaux à une fabrique étrangère, apposés sur des plumes, ou les mots « *Notre-Dame de Lourdes* », « *Notre-Dame de Fourvières* », portés sur des statuettes, ne pourraient être considérés comme fausses marques de fabrique, les mots précités étant plutôt la désignation d'un modèle qu'une spécialité commerciale individuelle.

[2] En cas de doute sur le caractère des marques, on retient en Douane les produits jusqu'à ce que l'Administration, mise au courant de la question, ait statué.

Le procès-verbal invoque, outre les textes spéciaux rappelés ci-dessus, p. 33, § 1, l'application de l'*art. 15 de la loi du 11 janvier 1892*.

Si, au contraire, les produits sont déclarés *comme marchandises prohibées et sous leurs vraies marques*, si également ils sont surpris circulant en dehors du rayon des Douanes, *en quelque point que ce soit du territoire français*, on verbalise à la requête du Ministère public (voir ci-dessus, p. 60, note 5, quelles sont les conditions d'affirmation et d'enregistrement des procès-verbaux de ce genre) pour infraction aux *art. 14 et 19 de la loi du 23 juin 1857*. Cette dernière loi prononce la *confiscation des objets portant de fausses marques, ou leur remise au propriétaire de la marque frauduleusement imitée*, sans préjudice *d'amendes pouvant varier entre 50 et 3.000 fr., d'emprisonnement compris entre 15 jours et 3 ans*, suivant la gravité du délit, et de toutes autres pénalités, telles que dommages-intérêts, que peut prononcer le tribunal correctionnel compétent, par application des *art. 7, 8, 9, 10, 11 et 12 de la loi précitée*.

Les peines dont l'énumération précède peuvent même être portées au double, si le prévenu a été condamné pour un délit analogue dans les cinq années antérieures. Il n'est pas nécessaire que le procès-verbal requière condamnation à telles amendes et peines corporelles ; il suffit d'y bien préciser les faits délictueux, ainsi que les textes de la loi violée, en spécifiant que le prévenu sera condamné à « telles peines qu'il plaira au tribunal de prononcer en vertu des *art. 7 à 15 inclusivement de la loi du 23 juin 1857*.

Médicaments composés non dénommés dont l'admission n'est pas interdite ; produits chimiques non dénommés. — Ces produits, s'ils ont été fabriqués à l'aide d'alcool ou d'éther, doivent être soumis avant livraison aux taxes intérieures (de consommation ou de dénaturation) applicables aux proportions d'alcool qu'ils contiennent, proportions qui sont déterminées par les notes explicatives du Tableau des droits ; par suite, ainsi que pour les eaux distillées alcooliques, il y a lieu de subordonner leur enlèvement à la production d'une pièce de Régie.

Mêmes errements sont applicables aux vernis à base d'alcool ou d'éther, aux éthers, au chloroforme, au collodion, à la parfumerie alcoolique (vinaigres de toilette, préparations pour la toilette, pour l'entretien de la chevelure ou des dents).

Pour les eaux distillées alcooliques, voir ci-dessus, p. 216.

Mobiliers. — Quand il s'agit de mobiliers complets destinés à des Français rapatriés ou à des étrangers venant habiter la France, l'importation en franchise n'en peut être effectuée que par les bureaux ouverts aux marchandises tarifées à plus de 25 francs par 100 kilogrammes. Dans les autres bureaux, l'autorisation du Directeur serait nécessaire.

Dans tous les cas, il est produit un inventaire détaillé des meubles et colis.

Ces mobiliers peuvent comprendre, outre les meubles meublants, les tentures et tapis, la tapisserie, les habillements, le linge (de table, de corps, de lit et d'office), la verrerie, la vaisselle, les porcelaines, les pianos et autres instruments de musique, les ustensiles de ménage, à condition que le tout paraisse en rapport avec la situation sociale des intéressés.

Pour l'argenterie de ménage, voir ci-dessus, pp. 210 et 211, et pour les livres et bibliothèques pp. 220 et suivantes.

Les provisions de ménage, les voitures suspendues, chevaux et harnais doivent être soumis aux droits d'entrée.

Phosphores. — Il appartient au service des Contributions Indirectes de délivrer les acquits-à-caution relatifs aux phosphores importés, d'exercer les poursuites en cas d'irrégularités (déficits, ruptures de plombs, etc.) reconnus à destination. La Douane se borne à apposer sur chaque colis un plomb à 0 fr. 50, et à subordonner l'enlèvement à la production d'un acquit-à-caution indiquant les marques, numéros et poids de chaque caisse.

Lorsqu'il y a saisie de phosphores et que ces phosphores, étant de bonne qualité et susceptibles d'emploi dans l'industrie, représentent une valeur supérieure aux frais que doivent nécessiter leur transport et leur emballage, le Receveur dépositaire les verse au bureau de Régie le plus voisin pour qu'ils soient, de là, dirigés sur une manufacture de l'Etat. Si, au contraire, les frais d'emballage doivent être supérieurs à la valeur de la marchandise, celle-ci est détruite par les soins du service. Le phosphore, mis au fond d'un trou pratiqué dans le sol, est incinéré par arrosage avec du lait de chaux, puis recouvert de terre. Cette opération est constatée par procès-verbal administratif établi sur papier libre et signé par deux agents au moins.

Poissons d'eau douce. — Les mesures restrictives ou prohibitives énumérées à la p. 57 ci-dessus sont applicables à tous les points du territoire. Quelques dispositions spéciales régissent les opérations de pêche sur les frontières de Suisse. Là, l'ombre-chevalier, la féra et la truite péchés dans le lac Léman peuvent circuler, être colportés ou vendus en France, sauf du 1ᵉʳ février au 15 mars pour l'ombre-chevalier et la féra, du 1ᵉʳ octobre au 31 décembre pour la truite, sous cette seule réserve que ces poissons soient accompagnés de certificats des autorités municipales françaises ou suisses qui en attestent l'origine.

Poudres. — Les poudres à feu de toute sorte (poudres ordinaires, fulminantes, picrates, coton-poudre, nitro-glycérine), les cartouches *chargées* autres que pour sociétés de tir, les gargousses, les capsules de poudre fulminante de guerre sont prohibées à l'importation.

En cas d'introduction illicite à l'arrivée directe de l'étranger, il est verbalisé à la requête des Douanes pour « importation de marchandises prohibées ».

Les sociétés de tir peuvent, en vertu d'autorisations spéciales ministérielles, recevoir de l'étranger des cartouches chargées à *poudre et à plomb*. Si ces cartouches ne peuvent être immédiatement enlevées du lieu d'entrée, elles sont déposées à la poudrière la plus voisine des lieux de tir.

Quant à la dynamite, elle peut être importée moyennant payement des droits de Douane et de la taxe intérieure. Le transport en est assuré par acquit-à-caution.

Nota. — Toutes les infractions constatées en deçà du rayon-frontière ou à l'intérieur du territoire pour les questions de poudre à feu sont poursuivies à la requête de l'Administration des Contributions indirectes. Les procès-verbaux doivent établir s'il y a récidive, et, dans ce cas, le montant des quantités précédemment saisies, quelque minimes qu'elles fussent. Les poudres confisquées sont versées, dans les 24 heures de la rédaction du procès-verbal, entre les mains de la Régie[1].

La fabrication illicite, la vente en fraude à domicile, le colportage des poudres, qu'il y ait ou non vente, donnent lieu à *l'arrestation des coupables, à une amende de 300 à 1.000 francs, à la confiscation des poudres (des ustensiles servant à la vente et des moyens de transport, en cas de colportage), dépens.* (Trib. correctionnel.) — *Lois du 28 avril 1816, art. 222, 223 et 224, du 25 juin 1841, art. 25.*

Le transport, en deçà du rayon frontière soumis à la police des Douanes, de plus de 5 kilogrammes de poudres sans un passeport de l'autorité compétente, revêtu du visa de la municipalité du lieu de départ, est puni de la *confiscation de la poudre et des moyens de transport, d'une amende de 20 fr. 44 par kilogramme de poudre saisie, dépens, et le coupable est arrêté.* (Tribunal correctionnel.) — *Lois du 13 fructidor an V, art. 30, et décret du 16 mars 1813, art. 4.*

La détention d'une quantité quelconque de poudre de guerre, ou de plus de 2 kilogrammes de toute autre poudre motivent la *confiscation de la poudre, une amende de 100 fr., dépens, et un emprisonnement d'un mois à deux ans.* (Tribunal correctionnel.) — *Lois du 13 fructidor an V, art. 28, et du 24 mai 1834, art. 2 et 4.*

Copie de tous les procès-verbaux rédigés pour poudres est adressée au Procureur pour qu'il examine s'il ne convient pas de mettre en mouvement l'action publique.

Raisins secs et autres fruits pour la distillation. — 1° RAISINS SECS. — Les raisins secs destinés à la fabrication des boissons ou à la distillation sont assujettis à des acquits-à-caution ou à des laissez-passer de Régie garantissant le payement des droits de consommation ou de circulation, selon que les destinataires sont des fabricants ou

---

[1] Il va de soi qu'après une poursuite à vue, une saisie de poudre faite en deçà du rayon doit être poursuivie à la requête de la Douane.

de simples consommateurs. Par suite, leur enlèvement est subordonné à la production d'une pièce de Régie.

Les raisins secs pour la table et la pâtisserie peuvent circuler librement.

2° AUTRES FRUITS [1]. — Les baies de myrtille et d'airelle sont, ainsi que les prunelles, exonérées de droits de Douane, si elles doivent être dirigées sur des distilleries régulièrement exercées par la Régie. Leur transport est assuré par un acquit-à-caution de Douane et par plombage des colis. Cet acquit est déchargé à destination par le service des Contributions indirectes.

Les importations de dattes et de figues destinées à la distillerie doivent être signalées au service local de la Régie, lorsque les quantités offrent certaine importance. Il appartient, dès lors, à cette Administration de prendre telles mesures que la circonstance comporte.

Saccharine. — (Voir ci-dessus, p. 181.)

Saindoux. — Les saindoux destinés aux usages industriels (savonnerie [2], parfumerie [3], pharmacie) sont exemptés de droits de Douane, à condition qu'ils soient dénaturés en présence du service des Contributions indirectes.

Le transport de ces produits jusqu'aux usines où la dénaturation doit être faite est assuré par le plombage et la délivrance d'un acquit-à-caution de Douane garantissant le payement des droits en cas de non-rapport du certificat de décharge de ces acquits dans un délai de six mois. Pour plus amples détails, consulter les circulaires n°ˢ 2148 et 2169, de 1892, et 2287, de 1893.

On procède de la même manière pour les saindoux infects destinés à la fabrication du savon commun.

Les huiles de saindoux destinées au graissage des machines peuvent être dénaturées en présence du service des

---

[1] Fruits frais ou secs, à l'état naturel.

[2] Savons parfumés.

[3] Y compris les pommades.

Douanes ou de celui des Contributions indirectes. Si cette dénaturation ne peut être faite au bureau des Douanes d'importation, le transport des produits jusqu'à l'usine de destination doit être également assuré par délivrance d'un acquit et plombage des colis.

La redevance à payer au service des Contributions indirectes pour frais de dénaturation des saindoux et huiles de saindoux a été fixée à 1 fr. par 100 kilogr.

Tabacs. — Les petites quantités de tabac (ne dépassant pas 1 kilogramme pour le tabac fabriqué ou 500 cigares et cigarettes) importées par les voyageurs [1] comme provisions de route, peuvent être admises par tous les bureaux, sur simple déclaration verbale, et moyennant le payement des droits. Si ces provisions n'excèdent pas une trentaine de cigares, une cinquantaine de cigarettes, un hectogramme de tabac [2], d'habitude, elles sont même laissées libres de droits à la disposition des déclarants [3].

La Douane appose sur ces tabacs des vignettes de Régie destinées à en permettre le transport sans risques sur le territoire. Cependant si les voyageurs déclarent se rendre ailleurs qu'à Paris ou autres grands centres soumis à la rigou-

---

[1] Les conducteurs de voitures publiques qui effectuent des voyages quotidiens sur les frontières ne peuvent prétendre à ce bénéfice.

[2] Ces chiffres n'ont rien d'absolu, puisqu'en matière de tabacs la prohibition est la règle. Pour bénéficier du régime de faveur spécifié ci-dessus, il faut qu'il y ait déclaration très loyale et très complète de la part des voyageurs. Ceux qui ont obtenu la tolérance susmentionnée ne peuvent prétendre à semblable immunité pour les membres de leur famille (femme, filles, enfants en bas âge) qui les accompagnent. Si l'importance de l'approvisionnement rend nécessaire le payement des droits, aucune quantité ne doit être défalquée des approvisionnements déclarés.

[3] On admet également en franchise les petites quantités de tabacs en côtes ou fabriqués (y compris les cigares), sans valeur marchande, adressées par les négociants à l'Administration supérieure des tabacs, à titre d'échantillon. Les envois ne peuvent s'effectuer que par les bureaux ouverts au transit, et sous le lien d'un acquit-à-caution.

reuse surveillance des octrois, il n'est pas nécessaire d'apposer de ces vignettes sur les petites quantités remises en franchise.

Aux personnes qui préféreraient n'acquitter les droits qu'à destination, il peut être délivré un acquit-à-caution de transit du prohibé, si le bureau d'entrée est ouvert à ce genre d'expéditions [1].

Le défaut de décharge, ou la décharge incomplète de l'acquit au lieu de destination, donnerait lieu au *payement, à titre d'amende, d'un second droit d'importation, déc., demi-déc. et dépens.* Cette infraction est poursuivie par voie de *contrainte,* en vertu de la *loi du 7 mai 1881, art. 1er (tableau A, n° 100).*

Les mêmes errements seraient suivis pour les tabacs dits *de santé et d'habitude* que des particuliers peuvent être autorisés à faire venir de l'étranger, pour leur usage personnel, en quantité n'excédant pas 10 kilogrammes par année et par destinataire. Il est loisible aux intéressés d'importer ces tabacs en une ou plusieurs fois et par des bureaux différents, sous la réserve que chacun de ces bureaux soit ouvert au transit et qu'on y inscrive, à mesure des introductions, sur l'autorisation de Régie présentée par l'ayant-droit ou par un mandataire justifiant de ses pouvoirs, les quantités déclarées et pour lesquelles l'acquit est délivré, de manière à ne pas dépasser le poids légalement accordé.

Les fraudes relatives aux cigares sont poursuivies comme importation de marchandises prohibées.

Hors des exceptions énumérées ci-dessus, les tabacs ne peuvent être importés que pour le compte des Manufactures nationales, pour le transit (prohibé) ou l'entrepôt (prohibé), et par les bureaux ouverts à ces différents régimes.

Dans tous les cas, le transport en est assuré par des acquits-à-caution qui exposent leurs signataires, si les formalités obligatoires ne sont pas rigoureusement observées, aux pénalités spéciales au mode d'expédition et à la nature

---

[1] Sous garantie du plombage du colis et d'échantillonnage. La valeur à porter à ces acquits ne peut être inférieure au droit d'entrée dont les tabacs sont passibles, d'après le tarif. Pour les tabacs en feuilles, cette valeur est uniformément de 4 fr. 30 le kilogramme.

de l'infraction. (Voir notamment, pour ces cas, pp. 240 et 241 ci-après.)

Contraventions en matière de tabacs. — Si l'importation des tabacs — revêtus ou non de vignettes étrangères — est flagrante, ou si leur existence est reconnue, soit dans l'étendue du rayon-frontière, soit hors de ce rayon *après poursuite à vue*, il y a lieu de verbaliser à la requête de la Douane pour « importation en contrebande de marchandises prohibées ».

Dans le cas contraire, même s'il résulte de l'aveu du prévenu que les tabacs proviennent de l'étranger, et que cette allégation soit corroborée par la présence de vignettes étrangères, le procès-verbal est établi à la requête de l'Administration des Contributions indirectes, mais dans la forme légale des procès-verbaux de Douane.

Les colporteurs et gens sans domicile connu qui détiennent du tabac de fraude dans le but évident de le vendre, *doivent être mis en état d'arrestation immédiate* et conduits, soit devant le chef des Contributions indirectes le plus voisin, soit devant un officier de police judiciaire, ou devant la gendarmerie. Quant aux personnes qui ont un domicile connu et qu'on ne peut soupçonner de vouloir se soustraire par la fuite aux conséquences de leur délit, on peut les laisser en liberté provisoire.

S'il y a opposition ou résistance, voir ci-dessus, p. 44.

L'infraction relative au transport des tabacs doit être constatée par procès-verbal, afin de faire bénéficier, s'il y a lieu, les agents, de la prime de capture spéciale accordée par la Régie (15 francs par fraudeur arrêté, si la quantité de tabac est de 500 grammes au moins, sans compter la valeur représentative de ce tabac).

Les tabacs saisis sont provisoirement déposés au bureau de Douane, en attendant leur transfert sur le bureau de Régie le plus voisin.

Hors les cas d'importation flagrante, les agents ne peuvent faire de visites domiciliaires, pour rechercher des tabacs, que sur l'ordre de leurs chefs et sur l'invitation d'un agent des Contributions indirectes ; mais si les préposés étant de service, voient introduire dans une maison des tabacs qu'ils allaient saisir, ils peuvent pénétrer dans cette maison, même de nuit, et sans l'assistance d'un officier de police judiciaire. Tout individu qui, dès lors, ferait obstacle à cette entrée serait passible des pénalités prononcées pour « *Opposition* ».

Ces principes posés, énumérons les divers cas de contraventions en matière de tabacs que peut rencontrer et constater le service, en dehors des importations flagrantes :

1° Circulation sans laissez-passer ou acquit-à-caution, suivant les cas, de tabacs en feuilles ou fabriqués [1] en quantité de 1 à 10 kilogr. (non revêtus des marques et vignettes de Régie) ou de plus de 10 kilogr. (revêtus des marques et vignettes de Régie). — *Arrestation des prévenus* [2] ; *confiscation des tabacs et des moyens de transport ; amende de 100 à 1.000 fr., dépens* (Tribunal correctionnel). — *Loi du 28 avril 1816, art. 215, 216 et 223 ;*

2° Circulation sans expédition de tabac de cantine, même sous marques et vignettes, en quantité supérieure à 1 kilogr. : *Mêmes pénalités qu'au cas précédent* (Trib. correctionnel). — *Lois des 28 avril 1816, art. 216 et 223, et 23 avril 1840, art. 2 ;*

3° Circulation de cigarettes autres que celles de la Régie en quantité supérieure à 500 cigarettes, et non revêtues des marques et vignettes de la Régie : *Mêmes pénalités et juridiction qu'au cas 1°.* — *Lois du 28 avril 1816, art. 215, 216 et 223, et du 16 avril 1895, art. 17 ;*

4° Détention de tabacs en feuilles sans autorisation de la Régie, ou de tabacs fabriqués de la Régie, en quantité supérieure à 10 kilogr., si les marques et vignettes ne sont conservées, ou enfin de tabacs fabriqués autres que ceux de la Régie, en quelque quantité que ce soit : *Arrestation des prévenus* [2] ; *confiscation du tabac; amende de 10 fr. par kilogr. de tabac saisi, sans que cette amende puisse être inférieure à 100 fr. ni excéder 3.000 fr. ; dép.* (Trib. correctionnel). — *Loi du 28 avril 1816, art. 217, 218 et 223 ;*

5° Détention ou circulation de tabac de cantine dans les lieux où la vente n'en est pas autorisée : *Mêmes pénalités*

---

[1] A l'exception des tabacs de cantine et des cigarettes autres que celles de la Régie. Pour ces derniers, voir 2° et 3°.

[2] Voir ci-dessus, p. 232, § 4.

qu'au n° précédent (Trib. correct.). — *Loi du 28 avril 1816, art. 218, 219 et 223* ;

6° Détention d'ustensiles de fabrication, tels que moulins, râpes, hache-tabacs, rouets, mécaniques à scaferlati, presses à carottes et autres, de quelque forme qu'ils puissent être : *Arrestation des prévenus ; confiscation des ustensiles ; dépens* (Trib. correctionnel). — *Même loi, art. 220 et 223* ;

7° Détention simultanée d'ustensiles, machines ou mécaniques propres à la fabrication ou à la pulvérisation du tabac, et de tabacs en feuilles ou en préparation, quelle qu'en soit la quantité, ou de plus de 10 kilogr. de tabacs fabriqués non revêtus des marques de la Régie : *Arrestation des prévenus ; confiscation des tabacs, ustensiles, machines ou mécaniques ; amende de 1.000 à 3.000 fr., double en cas de récidive ; dépens* (Trib. correctionnel). — *Même loi, art. 221 et 223* ;

8° Détention de tabac de cantine, en quantité supérieure à 3 kilogr., dans les lieux où la vente en est autorisée et lors même qu'il serait revêtu des marques et vignettes de Régie : *Mêmes pénalités qu'au n° 4 ci-dessus, mais sans arrestation du délinquant* (Trib. correctionnel). — *Lois des 28 avril 1816, art. 218, et 24 juillet 1843, art. 5* ;

9° Fabrication illicite de cigarettes avec du tabac de la Régie. — *Mêmes pénalités et juridiction qu'au cas 7°.* — *Lois du 28 avril 1816, art. 221 et 223, et du 16 avril 1895, art. 17* ;

10° Plantation illicite de tabac par des personnes autres que les cultivateurs dûment autorisés : *Destruction des plants et semis, sur ordre de l'autorité préfectorale ; amende de 50 fr. par 100 pieds de tabac, si la plantation est faite sur un terrain ouvert, et de 150 fr., si le terrain est clos de murs, sans que cette amende puisse, en aucun cas, excéder 3.000 fr. ; dépens* (Trib. correctionnel). — *Loi du 28 avril 1816, art. 181* ;

11° Vente en fraude de tabac à domicile ou colportage de tabac, qu'il y ait ou non vente : *Arrestation des contrevenants ; amende de 300 à 1.000 fr. ; confiscation des tabacs, des ustensiles servant à la vente et des moyens de transport, en cas de colportage, dépens* (Trib. correctionnel). — *Même loi, art. 222 et 223.*

Trousseaux. — Les trousseaux confectionnés des élèves étrangers qui font leurs études en France et les trousseaux de mariage des personnes qui viennent habiter en France sont exempts de droits, même si ces trousseaux sont neufs, à condition qu'ils soient en rapport avec la position des destinataires. Quant aux tissus en pièces ou simplement faufilés, ils sont passibles de droits.

Vélocipèdes. — (Voir ci-après, p. 247.)

Vignes et autres végétaux, terres, fruits, fleurs, raisins et produits de vendanges, pommes de terre. — À l'importation, de même qu'à l'exportation, des mesures rigoureuses ont été concertées entre les diverses puissances signataires de la Convention de Berne [1] en vue de mettre obstacle à l'invasion du phylloxéra. Ainsi certains produits, tels que les vignes arrachées et les sarments secs, sont exclus à titre absolu de la circulation internationale ; d'autres — plants de vigne, boutures de vignes avec ou sans racines, sarments, échalas ayant servi, composts, terres et terreaux — ne peuvent être importés que s'ils ont pour destination un ou des arrondissements déjà atteints du phylloxéra et qui ont été spécialement autorisés à ce titre, par arrêté ministériel, à cultiver les vignes étrangères [2] ; encore faut-il que — pour être introduits et mis en circulation dans les parties du territoire non encore infestées du fléau — ces derniers produits soient renfermés dans des caisses en bois parfaitement closes et néanmoins faciles à visiter grâce aux vis qui les maintiennent ; enfin leur importation ne peut avoir lieu que par les seuls bureaux de Douane désignés sous la lettre o à la liste n° 2 de l'annexe ci-après.

Les plants et arbustes autres que la vigne, provenant de jardins, orangeries, pépinières ou serres, peuvent être importés sans autorisation spéciale — mais toujours sous réserve d'importation par les seuls bureaux spécialement désignés au paragraphe ci-dessus — à condition qu'ils soient accompagnés d'une déclaration de l'expéditeur et d'une attesta-

---

[1] Ces puissances sont : l'Allemagne, l'Autriche-Hongrie, le Portugal et la Suisse.

[2] La liste de ces arrondissements est fournie et mise à jour par les circulaires officielles.

tion [1] de l'autorité compétente du pays d'origine, certifiant que les terrains dont ces plants ou arbustes proviennent n'étaient pas infestés du phylloxéra.

Les produits dont l'énumération est donnée ci-après peuvent être importés et circuler librement sans autres formalités que celles résultant des restrictions d'entrée éventuelles, de l'acquittement des droits et (pour les vins) de l'observance des règlements de Régie :

Fleurs coupées et en pots,
Fruits de toute nature,
Graines de toute nature,
Légumes et autres produits maraîchers *autres que les pommes de terre originaires des États-Unis, du Canada ou de l'Allemagne,*
Marcs de raisins *en caisses ou en tonneaux fermés,*
Oignons à fleurs dépourvus de leur motte de terre,
Petites plantes étrangères à la vigne importées comme colis de main par des voyageurs,
Raisins de table sans feuilles ni sarments importés par les voyageurs comme colis de main,
Raisins de table (même munis d'un sarment d'une longueur ne dépassant pas o^m 10) *enfermés dans des caisses, boîtes ou paniers solidement fermés et néanmoins faciles à visiter ;*
Raisins de vendange foulés, débarrassés de tout débris de terre ou de vigne, *contenus dans des fûts bien fermés d'une contenance d'au moins 5 hectol. l'un,*
Terres de bruyère et terreaux de feuilles d'origine belge,
Vin et pépins de raisin.

Sur la frontière d'Allemagne et dans une zone de 15 kilomètres de chaque côté de cette frontière, les raisins de vendange, marcs de raisins, composts, terres, terreaux, échalas et tuteurs déjà employés peuvent circuler librement. Ce n'est qu'en cas de doute sur la provenance des produits que la Douane peut exiger la preuve que l'envoi provient d'un endroit non infesté ou non suspect. Cette preuve s'établit

---

[1] Attestation basée sur la déclaration d'un expert officiel. Cette attestation n'est pas nécessaire si les plantes importées proviennent d'établissements, écoles, jardins horticoles ou botaniques officiellement reconnus et soumis à des visites officielles.

au moyen d'un certificat délivré par la municipalité du lieu de provenance.

Nous avons dit plus haut que les produits maraîchers autres que les pommes de terre originaires des États-Unis, du Canada ou de l'Allemagne pouvaient circuler librement. Il a été constaté, en effet, qu'en certaines régions de l'Ancien et du Nouveau Monde la pomme de terre est dévastée par un insecte nommé *doryphora* ou *colorado*, dont l'introduction exposerait les cultures à un saccage complet. Des entraves ont dû être apportées par la loi aux risques d'invasion de cet insecte. Il a donc été réglé que les introductions des pommes de terre provenant des États-Unis ou du Canada, celles des tiges, fanes ou feuilles de pommes de terre provenant d'Allemagne étaient interdites.

Un autre insecte, le « *pou de San-José scalé* », originaire de l'Amérique, et dont la propagation causerait un préjudice énorme aux plantations d'arbres fruitiers et forestiers, a fait également interdire l'entrée et le transit en France et en Algérie des arbres, arbustes, produits de pépinières, boutures et de tous autres végétaux ou parties de végétaux vivants et de leurs débris frais provenant directement *ou indirectement* d'Amérique, ainsi que des caisses, sacs et autres emballages servant ou ayant servi à transporter ces objets.

Les contraventions relatives à ces mesures sont poursuivies à la requête du Ministère public et dans la forme tracée ci-dessus, p. 60, note 5. Il y a lieu de requérir aux procès-verbaux les textes et condamnations énumérés ci-après :

1° PHYLLOXÉRA. — *Lois des 15 juillet 1878, art. 12, 14 et 15, et 2 août 1879 ; décrets des 28 août 1882, art. 2 ; 22 septembre 1883, art. 8, et 10 septembre 1884, art. 6 (Tribunal correctionnel). — Amende de 50 à 500 fr., déc., demi-déc. et dépens ; emprisonnement de 1 an à 15 mois. En cas de récidive, ces peines sont doublées ;*

2° DORYPHORA. — *Lois des 15 juillet 1878, art. 6, 12, 14 et 15, et 2 août 1879 ; décrets des 27 mars 1875, art. 1er, 11 août 1877, art. 1er, et 13 novembre 1879, art. 1er. — Mêmes pénalités et juridiction qu'au cas précédent.*

Pour les affaires résultant d'introduction de plants atteints du « pou de San-José », les rapports doivent rappeler les textes suivants :

France. — *Décret du 30 novembre 1898, art. 1er.*

Algérie. — *Décret du 3 février 1899.*

Le service procède à la destruction immédiate par le feu des objets saisis et des emballages infestés et rappelle cette circonstance au procès-verbal.

Vinaigres, acides acétiques et produits énumérés ci-dessus, p. 90.

— A l'importation, la Douane ne doit autoriser l'enlèvement de ces produits que sur production d'une pièce de Régie garantissant ou constatant le payement de la taxe intérieure. Il y a également lieu d'exiger la production d'une expédition de Régie pour l'acide pyroligneux et pour les acides acétiques qui, dénaturés en Douane, sont, à ce titre, exonérés de l'impôt intérieur.

VOYAGEURS TRAVERSANT LA FRANCE ET ÉMIGRANTS

Si les voyageurs qui doivent traverser la France sans y séjourner ne désirent pas acquitter les droits sur les objets autres que le linge et les vêtements usagés qu'ils importent parmi leurs bagages, ils sont tenus, ou de consigner le montant des droits exigibles, ou de souscrire une soumission cautionnée de les réexporter par tel port ou bureau ouvert au transit...... dans le délai de..... Les envois de ce genre sont réservés également aux seuls bureaux ouverts au transit ; ils s'effectuent, de même que ceux qui ont pour objet les transports sur Paris, sous les conditions du transit international ou du transit ordinaire, selon que le bureau d'entrée est ouvert à l'un ou l'autre régime (voir lettres n; 1. 2 de la liste n° 2 de l'annexe) ; ils ont lieu sur autorisation du chef local sédentaire quel qu'en soit le grade, sans visite ou avec visite sommaire bornée au simple dénombrement des colis, et moyennant l'accomplissement des formalités de plombage, délivrance d'acquit-à-caution.

A l'égard des bagages des émigrants (bagages autres que les vêtements et leur linge qui sont admissibles *de plano* en franchise), il est usé de tolérances extrêmes. Ainsi, en l'absence de tout soupçon d'abus, on ne vérifie qu'un nombre restreint de leurs colis. Ces colis peuvent être expédiés, avec dispense des doubles plombage et emballage habituels, sur tous les ports désignés pour l'embarquement ; on s'attache, en outre, à simplifier, autant que possible, les déclarations auxquelles ces bagages sont astreints.

Pour parfaire le présent article, énumérons brièvement les diverses contraventions auxquelles peuvent donner lieu les expéditions en transit :

TRANSIT DES MARCHANDISES NON PROHIBÉES.

1° Avarie de plus de 2 p. 100 de la valeur (avarie non mentionnée dans l'acquit-à-caution et constatée au bureau de sortie) : *Perte de la faculté du transit et payement du droit d'entrée*[1]. — *Loi du 17 décembre 1814, art. 9 ;*

2° Déficit du dixième seulement et au-dessous, reconnu à la sortie, sur le poids des caisses, ballots ou futailles : *Payement du simple droit d'entrée*[1]. — *Même loi, art. 8 ;*

3° Manquant constaté à la sortie sur huiles d'olive : *Payement du simple droit d'entrée*[1].— *Loi du 17 mai 1826, art. 12 ;*

4° Manquant, constaté à la sortie, sur des liquides ou fluides non prohibés, et reconnu ne provenir que du bris des vases intérieurs : *Payement du simple droit d'entrée*[2]. — *Loi du 2 juillet 1836, art. 10*[1] *;*

5° Non rapport dans les délais — et pour toute autre cause que pour perte *judiciairement constatée*[2] de la marchandise — du certificat de décharge des acquits : *Payement du quadruple des droits de consommation de la marchandise ; amende de 500 fr., déc., demi-déc. et dépens*[1]. — *Lois du 8 floréal an XI, art. 54, et du 17 décembre 1814, art. 5 et 8 ;*

6° Soustraction de marchandises constatée au bureau de sortie : *Mêmes pénalités qu'au cas précédent*[1].— *Lois du 8 floréal an XI, art. 54, et du 17 décembre 1814, art. 5 ;*

7° Substitution, constatée au bureau de sortie, de marchandises à celles déclarées : *Application du paragraphe qui précède, et, en outre, si la marchandise substituée est prohibée à la sortie, application des mesures répressives énumérées à la page 176 ci-dessus, § 2.* Si la marchandise substituée n'est pas prohibée à la sortie, mais tarifée ou même exempte de droits, on requiert, sur les frontières maritimes, les péna-

---

[1] Les droits et amendes de ce genre sont réclamés par les Receveurs au moyen d'une *contrainte*.

[2] Si la perte résulte d'un cas de force majeure *dûment constaté*, l'Administration peut même dispenser les soumissionnaires du payement des droits d'entrée.

lités applicables aux « embarquements sans permis » (voir ci-dessus, p. 85, § 4), et, sur les frontières de terre, les pénalités relatives aux « exportations hors des conditions fixées par la loi ». (Voir ci-dessus, p. 176, § 4.)

TRANSIT DES MARCHANDISES PROHIBÉES.

NOTA. — *Toutes les contraventions dont le détail suit relèvent des tribunaux de paix et sont poursuivies en vertu de la* **loi du 9 février 1882 :**

1° Déficit dans le nombre des colis portés aux déclarations [1] : *Amende de 1.000 francs par colis manquant, déc., demi-déc. et dépens ; retenue préventive des moyens de transport pour sûreté de l'amende, à défaut de consignation ou de caution - (art. 4, § 3 de la loi précitée) ;*

2° Déficit du vingtième ou au-dessous sur le nombre, la mesure ou le poids des marchandises déclarées : *Amende de la simple valeur des quantités manquantes, déc , demi-déc. et dépens — (art. 4, § 5) ;*

3° Déficit au-dessus du vingtième sur le nombre, la mesure ou le poids des marchandises déclarées : *Amende du triple de la valeur des quantités manquantes, déc., demi-déc. et dépens — (art. 4, § 5) ;*

4° Excédent dans le nombre des colis déclarés : *Confiscation des colis ; amende du triple de la valeur, déc., demi-déc. et dépens — (art. 4, § 4) ;*

5° Excédent du vingtième et au-dessous sur le nombre, la mesure ou le poids des marchandises déclarées : *Amende de la simple valeur réelle des quantités formant excédent, déc., demi-déc. et dépens — (art. 4, § 5) ;*

6° Excédent au-dessus du vingtième sur le nombre, la mesure ou le poids : *Amende du triple de la valeur réelle des quantités formant excédent, déc., demi-déc. et dépens — (art. 4, § 5) ;*

7° Fausse déclaration, au bureau d'entrée, quant à l'espèce ou à la qualité des marchandises : *Confiscation des marchandises ; amende du triple de la valeur, déc., demi-déc. et dépens — (art. 4, § 4) ;*

8° Non-rapport, en temps utile, de certificats réguliers de décharge des acquits-à-caution : *Payement de la valeur des marchandises, telle qu'elle aura été indiquée dans l'acquit-à-*

---

[1] Ou aux manifestes, sur les frontières maritimes.

caution [1] ; amende égale au triple de la valeur, déc., demi-déc. et dépens [2] — (art. 6) ;

9° Plombage. — Enlèvement ou altération, même sans soustraction ni substitution de marchandises, des plombs et cachets apposés sur les colis intérieurs, lorsque ces colis sont pressés : *Confiscation des marchandises contenues dans les colis ; amende égale à la valeur des moyens de transport, chevaux et voitures, déc., demi-déc. et dépens ; retenue préventive desdits moyens de transport et équipages pour sûreté de l'amende* — (art. 7 et 8) ;

10° Soustraction, constatée au bureau de sortie, d'une partie des marchandises décrites en l'acquit-à-caution [3] : *Amende, contre le conducteur, égale à la valeur des moyens de transport, chevaux et voitures, déc., demi-déc. et dépens ; retenue préventive desdits moyens de transport et équipages pour sûreté de l'amende* — (art. 7, § 1er) ;

11° Substitution, constatée au bureau de sortie, de marchandises autres que celles décrites en l'acquit-à-caution [3] : *Confiscation des marchandises substituées ; amende et retenue comme au cas 9° ci-dessus* — (art. 7, § 2).

Manquant, constaté à la sortie, sur des liquides ou fluides prohibés et reconnu ne provenir que du bris des vases intérieurs : *Payement de la valeur* [1]. — (Loi du 2 juillet 1836, art. 10.) [2]

Lorsque, sur ordre du Sous-Inspecteur ou du Receveur, des marchandises expédiées en transit par chemin de fer ont donné lieu à escorte, à partir du lieu d'arrivée, les préposés, — placés en seconde classe, si le convoi est mixte, ou dans les compartiments affectés aux gardes de convois, si le train ne contient que des premières, — ont pour mission de veiller à ce que rien d'anormal ne se produise en cours de route. Si, dès lors, une rupture de plombage ou autre

---

[1] Si la perte résulte d'un cas de force majeure dûment constaté, l'Administration peut même dispenser les soumissionnaires du payement de la valeur.

[2] Cette infraction est poursuivie par les Receveurs au moyen d'une contrainte.

[3] L'acquit-à-caution n'est déchargé que pour les parties de marchandises exactement représentées.

avarie survient, ils doivent, aussitôt prévenus de cet incident, soit réparer le plombage, soit s'assurer qu'aucune des marchandises transbordées n'est détournée de sa destination, et certifier l'exactitude du procès-verbal établi, sur leur demande, par le conducteur du train et par le chef de la gare la plus voisine, procès-verbal qui leur est remis. Si même l'avarie est de nature à interrompre le voyage des marchandises, les agents demeurent sur les lieux jusqu'à ce que cette avarie ait été réparée.

Quand le convoi n'est pas escorté, les actes destinés à justifier une rupture de plombage, des avaries ou un transbordement sont dressés, soit par le commissaire de surveillance administrative, sur avis du conducteur du train, soit, à défaut de ce commissaire, par le Maire (ou son représentant), le Juge de paix, le chef de la gendarmerie qui alors scellent le wagon de leur cachet et reproduisent l'empreinte de ce cachet sur le procès-verbal destiné à la Douane de destination.

La plupart des affaires constatées en transit international, c'est-à-dire sous la responsabilité exclusive des Compagnies de chemin de fer chargées du transport, sont traitées par correspondance administrative et ne donnent pas lieu à actes contentieux préliminaires. La décharge des acquits-à-caution spécifie que « l'Administration se réserve tous droits et actions pour telle infraction constatée ». Quant aux excédents de colis reconnus au bureau de destination, ils donnent lieu, suivant le cas, à l'application des pénalités rappelées ci-dessus, pp. 32 et 33, pour « importation sans déclaration ». Les pénalités applicables sont requises par le procès-verbal ou la soumission contentieuse qui constate l'affaire.

NOTA. — Quel que soit le genre des marchandises (prohibées ou non prohibées) expédiées en transit, l'acquit délivré pour assurer le transport *par voie ordinaire ou fluviale* doit recevoir le visa des préposés au bureau de seconde ligne, soit lors de la pénétration des marchandises dans le rayon, soit lors de la sortie de ce rayon.

Le non-accomplissement de cette formalité rendrait le conducteur de la marchandise et le soumissionnaire passibles d'une *amende solidaire de 500 fr., déc., demi-déc. et dép.* (Trib. de paix), par application de l'art. 12 de la loi du 9 février 1832.

CHAPITRE II

Chevaux, mules et mulets servant aux voyageurs, voituriers, troupes équestres.

ENTRÉE. — A l'entrée en France, l'admission de ces bêtes, — qu'elles soient montées ou attelées, enharnachées ou non, — a lieu en franchise de droits, moyennant consignation du montant de ces droits ou délivrance d'un acquit-à-caution comportant engagement de les réexporter identiquement dans un délai de..., variable suivant les trajets et durée de séjour de leurs conducteurs ou propriétaires, mais qui ne peut excéder un an [1].

Les chevaux de poste étrangers attelés à des diligences qui font un service régulier, les ânes également sont dispensés de l'obligation mentionnée ci-dessus [2].

Pendant le délai précité, les voituriers ou conducteurs peuvent faire un nombre indéterminé de voyages entre les frontières ; le service se borne à tenir compte des entrées et sorties successives des bêtes , et à annoter en conséquence les expéditions délivrées au bureau.

Le bénéfice de ces importations temporaires doit être refusé, sur ordre des Inspecteurs, aux étrangers qui font notoirement une profession de la contrebande.

Les harnais très usagés sont admis en franchise, même s'ils n'accompagnent pas les bêtes auxquelles ils sont destinés. On ne soumet aux droits que les harnais en bon état, importés sans la monture.

---

[1] Les Directeurs peuvent, en cas de nécessité, proroger ce délai.

[2] Pour les chevaux des diligences, le service se borne à prendre note de chacun de leurs passages. En revanche, on soumet aux droits les chevaux des entrepreneurs qui viennent de l'étranger en France avec un matériel destiné à une exploitation de transports qui doit durer plusieurs mois.

Les animaux tenus en laisse ou destinés à la vente sont passibles de droits, sauf s'il s'agit de montures appartenant à des personnes connues dont la position sociale écarte toute idée de fraude, et si ces bêtes doivent être attelées chez leur propriétaire durant leur séjour en France ou à l'étranger. Cependant un passavant serait délivré à ces personnes, si elles désiraient faire passer leurs bêtes par un point de la frontière autre que celui près duquel elles résident.

Les personnes inconnues doivent, ainsi que nous l'avons dit plus haut, consigner à l'entrée le montant des droits applicables à leurs bêtes, ou s'engager par une soumission acceptée et souscrite par une seconde personne solvable nommée caution, à réexporter dans le délai fixé ci-dessus leurs attelages décrits dans un acquit-à-caution qui leur est délivré par les soins du Receveur.

De la nécessité de décrire les attelages, puis de les reconnoitre ultérieurement, découle pour tout agent l'obligation de savoir établir le signalement des bêtes. Ce signalement, sur lequel est basée l'identité des animaux, se compose de cinq éléments essentiels : espèce de l'animal ; description de la robe ou pelage ; marques particulières (y compris les vices de conformation extérieure) ; âge ; taille. Les agents non initiés à ces détails trouveront de très utiles enseignements à cet égard dans la circulaire du 22 septembre 1840, n° 1833, dont tous les bureaux et postes sont pourvus.

Foires. — Les animaux amenés de l'étranger aux foires françaises peuvent être admis temporairement moyennant consignation des droits. Il est simplement délivré à leurs conducteurs un passavant descriptif fixant un délai très court pour leur réexportation. Pour la sortie, voir ci-dessous.

Sorties de France. — Les attelages qui quittent la France pour être utilisés temporairement à l'étranger donnent lieu à la délivrance d'un passavant descriptif. Cette pièce n'est imposée aux personnes connues que si elles doivent faire passer leurs attelages par un bureau autre que celui près duquel elles résident et d'où s'effectuent, d'habitude, leurs trajets entre la France et l'étranger.

La réexportation des chevaux, mulets, etc., introduits temporairement en France, est subordonnée à la reconnaissance de l'identité de ces animaux par le service. S'il est présenté des bêtes autres que celles décrites dans l'expédition, la décharge de cette expédition est refusée, ce qui laisse les signataires sous le coup des engagements souscrits. De même, en cas de consignation, le défaut d'identité des animaux représentés entraîne la non-délivrance des certificats de reconnaissance nécessaires pour obtenir le remboursement [1] des droits consignés.

La non-réexportation des animaux dans les délais fixés aux acquits donne lieu, — si aucune prorogation de délai n'a été obtenue des Directeurs, — au *payement du double droit d'entrée, déc., demi-déc. et dépens*. Ladite amende est revendiquée par les Receveurs au moyen d'une contrainte, par application de la *loi du 22 août 1791, titre III, art. 12 ;* mais le plus souvent ces irrégularités ne sont poursuivies que sur ordre de l'Administration.

A l'égard des bêtes amenées en France pour les foires, le service, après avoir reconnu l'identité des chevaux, mulets, etc., constate leur sortie, puis le montant de la consignation est remboursé à l'ayant-droit. En cas de non-réexportation, les droits consignés sont acquis au Trésor dans un laps de temps donné (6 mois après l'expiration du délai accordé pour cette réexportation).

BUREAUX APPELÉS A CONSTATER LES ENTRÉES, SORTIES. — Sur les frontières de terre, ce sont : 1° les bureaux de première ligne, s'il s'agit d'entrée en France ; 2° ceux situés sur la route que suivent les voyageurs, s'il s'agit d'envois faits de l'intérieur sur l'étranger. — Sur le littoral, ce sont les ports où les animaux sont embarqués ou débarqués.

Dans tous les cas, on exige la production d'un certificat de santé délivré par un vétérinaire, après examen des bêtes [2].

Les expéditions prises dans un bureau de première ligne

---

[1] Ce remboursement peut être fait, dès la sortie définitive, par le Receveur du bureau qui a délivré l'expédition ou par le Receveur de tout autre bureau de sortie.

[2] Les chevaux des militaires, les chevaux de luxe et de course sont dispensés de visite sanitaire (circ. 3301, de 1903).

sont dispensées de visa aux bureaux de seconde ligne ; au contraire, celles prises dans un bureau intérieur à destination de l'étranger doivent être visées au bureau ou à la brigade de première ligne.

CAS ACCIDENTELS. — *Animaux devant sortir par une autre frontière.* — Le bureau d'importation délivre une expédition de transit ou fait consigner une somme représentant l'amende éventuellement exigible (double droit d'entrée) en cas de non-réexportation dans les délais.

Courses de Spa. — Les chevaux conduits par voie ferrée à ces courses sont détaillés en un *laissez-passer* où le chef de poste du lieu de passage constate simplement, par une annotation signée, le nombre de bêtes reconnu, soit à l'entrée, soit à la sortie. Les conducteurs doivent être, en outre, munis d'un certificat de santé n'ayant pas plus de huit jours de date. Ajoutons que, pour ce cas particulier, les transports peuvent être effectués de nuit.

Passavant égaré. — S'il n'existe pas de soupçon d'abus, les animaux sont réadmis par le bureau d'où émanait le passavant, après reconnaissance de l'identité, d'après les indications portées à la souche des registres. En cas de doute, on fait consigner les droits ou souscrire une soumission cautionnée d'avoir à représenter le passavant dans un délai de trois mois après l'expiration des délais impartis par le titre égaré. On exige ces mêmes garanties si le retour des animaux s'effectue par un bureau autre que celui qui avait délivré le passavant, en subordonnant toutefois la restitution des droits, ou la radiation de la soumission, à la reconnaissance de l'identité des bêtes au bureau de sortie.

Perte d'animaux ayant donné lieu à consignation ou soumission cautionnée. — Si le service a constaté lui-même cette perte, les sommes consignées sont restituées ou la soumission est annulée, sur autorisation du Directeur ; au cas contraire, l'Administration est appelée à statuer.

Réimportation de chevaux en laisse exportés par un bureau ouvert au transit et inscrits sur un passavant descriptif. — Ces chevaux peuvent être réimportés par tous les bureaux indistinctement, dans un délai de trente jours

Ventes d'animaux. — Si, avant l'expiration du délai fixé par un acquit-à-caution, le soumissionnaire déclare avoir vendu à l'intérieur la (ou les) bête qui fait l'objet de cet acquit, on peut, s'il n'y a pas soupçon de fraude, se borner à percevoir le simple droit d'entrée.

Voitures suspendues des voyageurs.

Sauf les immunités signalées à la fin du présent article, les voitures neuves des voyageurs — nationaux ou étrangers, — conduites par des chevaux de poste ou transportées par chemin de fer, peuvent être admises moyennant consignation des droits d'entrée ou engagement cautionné de les réexporter dans le délai d'un an [1].

Ce régime s'applique également : aux voitures introduites par mer ou arrivant par route sans leurs propriétaires ; aux fourgons servant au transport des sangsues vivantes ; aux voitures de déménagement [2] ; aux vélocipèdes (bicyclettes, tricycles, tandems) apportés par les touristes pour leur usage, aux automobiles et motocycles. — (Voir ci-dessous, p. 248, § 3, les exceptions pour les vélos.)

Les véhicules précités doivent être soigneusement décrits dans les acquits-à-caution, afin d'en permettre facilement la reconnaissance à la sortie, surtout si cette sortie a lieu par un bureau autre que celui de l'importation.

Cette description doit indiquer notamment, pour les voitures, leurs forme, dimensions, la couleur dont les différentes parties sont peintes, le genre de doublure intérieure, les accessoires de siège, les signes ou armoiries.

La restitution des droits peut être effectuée par tous les bureaux, après constatation de l'identité des voitures au moment de leur sortie par la frontière ou leur mise à bord

---

[1] Les Directeurs peuvent, en cas de nécessité reconnue, accorder des prorogations de délai, *sur demande personnelle* des intéressés.

[2] Ces voitures doivent être réexportées dans le délai d'un mois. Toutefois des prorogations de délai peuvent être accordées par les Directeurs.

des navires, et sur production, par les intéressés, de la reconnaissance de consignation qui leur a été délivrée à l'entrée. Si le détenteur du véhicule produit, au lieu de cette reconnaissance elle-même, un duplicata, la restitution des droits consignés n'est opérée que sous engagement cautionné solidaire d'avoir à restituer à qui de droit la somme payée, au cas où elle serait réclamée dans les délais légaux par le détenteur du primata ; du reste, s'il s'élève quelque doute sur la régularité de la pièce présentée, sur l'identité des véhicules, ou en cas de difficulté quelconque pour le remboursement, il est sursis à ce remboursement jusqu'à ce que l'Administration ait statué.

Sont affranchis de la consignation des droits et de l'acquit-à-caution :

Les vélocipèdes des cyclistes qui peuvent justifier, par une carte d'identité, qu'ils sont membres d'une des sociétés françaises ou étrangères auxquelles l'Administration a concédé ce bénéfice. Pour ces machines, ainsi que pour les automobiles, les agents doivent s'assurer si elles sont pourvues de la plaque de contrôle imposée par la loi (voir ci-dessus, p. 64), ou veiller à ce que leur possesseur se munisse au bureau du permis de circulation réglementaire[1] ;

Les voitures des agents diplomatiques[2] et de leurs femmes voyageant seules ;

Les voitures usagées et hors de commerce des voyageurs nationaux ou étrangers, conduites par des chevaux de poste ou entrant par chemin de fer et chargées des bagages de ces voyageurs ;

Les voitures — également hors de commerce — des habitants des pays limitrophes justifiant de leur domicile, venus en France momentanément ou traversant une courte distance du territoire français pour se rendre à l'étranger. Si ces voyageurs sont inconnus ou doivent rester en France

---

[1] En cas de suspicion de fraude, le service peut toujours, d'ailleurs, exiger la consignation : tel serait le cas pour des vélocipèdes non montés, ne portant pas de traces apparentes d'usage, pour ceux n'ayant ni numéro, ni marque de fabrique.

[2] Ambassadeurs, ministres étrangers accrédités, courriers de cabinet justifiant de leur identité.

plus de quelques jours, ils rentrent dans la règle commune ;

Les voitures (diligences, etc., wagons) affectées à un service public international en activité sur routes ordinaires ou ferrées, à l'exclusion des voitures étrangères destinées à faire un service particulier à l'intérieur.

VOITURES EXPORTÉES AVEC RÉSERVE DE RETOUR. — Les voitures françaises (y compris les automobiles) qui font des voyages à l'étranger peuvent être réimportées en franchise, sur production du *passavant descriptif* (valable pour un an) qui leur a été délivré à la sortie, et après reconnaissance de leur identité d'après les indications de ce passavant [1]. (Voir ci-dessus, p. 247, § 5, quelles doivent être ces indications.)

Les voitures de fabrication étrangère ne peuvent obtenir de passavant descriptif que sur présentation de l'acte de consignation ou de l'acquit-à-caution délivré lors de leur entrée en France.

Pénalités. — Les fausses déclarations à l'entrée des véhicules exportés avec réserve de retour tombent sous le coup de *l'art. 9 du titre III de la loi des 6-22 avril 1791*, qui prononce contre les conducteurs la *confiscation des marchandises et une amende de 100 fr., déc., demi-déc. et dépens* (Tribunal de paix). Ces textes et pénalités devraient donc être rappelés au procès-verbal qui constaterait l'infraction.

Seraient passibles des mêmes condamnations des individus qui, connus pour être des courtiers de fraude, pénétreraient sur le territoire dans des voitures neuves.

Quant à la non-réexportation des voitures dans les délais accordés, si une prorogation a été refusée, elle donnerait lieu aux mêmes poursuites que s'il s'agissait des chevaux. (Voir ci-dessus. p. 245, § 2.)

---

[1] Les automobilistes connus qui résident sur les confins du territoire peuvent, sans être astreints au passavant, faire de courtes excursions à l'étranger, à condition de rentrer par le bureau ou poste qui les a inscrits, à la sortie, sur un carnet spécial et d'acquitter les droits sur les provisions d'essence ou de pétrole rapportées de l'étranger. Pour la plaque de contrôle, voir ci-dessus, p. 64.

Voitures communes *(charrettes, chariots, tombereaux et autres véhicules rustiques)* affectées au transport des matériaux, marchandises et produits agricoles.

1° VOITURES NEUVES. — L'admission en franchise de ces véhicules ne peut être autorisée que sous réserve de réexportation. Les droits sont consignés ou il est délivré un acquit-à-caution, au choix des voituriers. L'acquit doit spécifier la valeur des véhicules, leur espèce, forme, tous détails propres à permettre d'établir leur identité à la sortie.

2° VOITURES USAGÉES. — Si l'introduction de ces voitures n'est que momentanée, il suffit de les décrire à l'expédition délivrée pour l'attelage.

Pendant la durée de validité de cette expédition, les conducteurs peuvent effectuer plusieurs voyages entre les frontières.

Les formalités, lors de la réexportation (décharge de l'acquit ou remboursement des droits consignés) sont les mêmes que pour les voitures suspendues.

Les charrettes, tombereaux usagés faisant partie du matériel agricole de personnes qui viennent s'établir en France sont admis sans formalités et en franchise de droits.

CHAPITRE III

Conducteurs de voitures et courriers.

CONDUCTEURS DE DILIGENCES, MESSAGERIES. — Ils sont considérés comme de simples particuliers au point de vue des règlements de Douane, et, par suite, astreints à la déclaration de tous les objets qu'ils transportent. Ces objets doivent être inscrits sur leur feuille de route, à peine de *confiscation des marchandises, des voitures, chevaux* [1] *et d'une amende de 300 fr., déc., demi-déc. et dépens* (Trib. de paix). — *Loi du 4 germinal an II, titre III, art. 8.*

Ces pénalités, dont les entrepreneurs ou patrons sont solidaires, doivent être requises contre le conducteur, même s'il désigne, parmi les voyageurs, le propriétaire des objets de fraude et que ce dernier en convienne. Le conducteur ou le patron ne peut, en effet, être mis hors de cause que s'il met le service en mesure, non seulement de connaître le véritable auteur de la fraude, mais encore d'obtenir de lui les condamnations pécuniaires encourues et auxquelles il pourrait se soustraire. Naturellement, si le conducteur ou l'entrepreneur de la diligence met sous la main de la Douane l'auteur réel d'un délit, les moyens de transport ne sont pas attaquables.

L'identité des voyageurs désignés comme auteurs de fraude est établie au moyen des papiers représentés et dont le procès-verbal doit donner le détail. Si le voyageur ne peut produire de papiers, on le conduit devant le Maire ou le Commissaire de police qui communique aux agents le résultat de ses investigations (nom, domicile du contrevenant).

---

[1] Il s'agit de chevaux de poste habituellement attelés aux diligences lorsqu'elles relaient. Les chevaux de poste *utilisés par des voyageurs ne sont pas saisissables,* si ces voyageurs ont fraudé. La fraude découverte dans une diligence, après que les chevaux ont été dételés, n'entraîne pas non plus saisie des bêtes.

La voiture s'étant arrêtée devant le bureau de Douane, si du tabac, des allumettes, de la poudre ou autres objets prohibés sont découverts sur la personne du conducteur, lors de la visite à laquelle il est soumis, on doit traiter le délit comme s'il s'agissait de transport en contrebande par une réunion de moins de trois individus. (Voir ci-dessus, p. 33.) On appliquerait les pénalités encourues pour transport en contrebande par voiture, si la fraude était découverte dans la voiture même, durant sa circulation dans le rayon, ou lors de l'arrivée au bureau.

Les frais de transport d'un colis inscrit sur la feuille de route d'un conducteur de diligence et saisi par la Douane pour « fausse déclaration du contenu » ou « défaut de formalité à la circulation », ces frais sont remboursés par la Douane à ce conducteur qui en donne quittance. Les sommes ainsi payées sont ensuite ajoutées par le Receveur dépositaire à celles avancées pour la saisie.

Les conducteurs de voitures publiques ne doivent pas se charger de lettres ou paquets dont le transport est exclusivement réservé au service des Postes. (Voir ci-après, p. 256.) Leurs véhicules doivent satisfaire aux conditions imposées par la « police du roulage ». (Voir ci-dessus, pp. 62 et 63.)

Courriers des Postes. — Il est interdit aux courriers nationaux venant de l'étranger de se charger de tout colis autre que ceux de service, sous peine de *confiscation de la marchandise transportée et d'une amende de 300 fr., déc., demi-déc. et dépens* (Tribunal de paix). — *Loi du 4 germinal an II, titre III, art. 7.* Quant à ceux qui effectuent des trajets de l'intérieur de la France vers la frontière, ils peuvent, par tolérance, transporter des colis de faibles dimensions, en observant les règles ordinaires de la circulation dans le rayon (production d'un passavant, visa de ce passavant et reconnaissance, aux bureaux de passage, des marchandises relatées à ce passavant).

Les courriers étrangers peuvent, par contre, se charger d'objets de commerce, en se soumettant aux formalités légales de déclaration et de visite. Les marchandises qu'ils transportent ainsi doivent être inscrites sur leur feuille de voyage comme il est dit ci-dessus, p. 251, § 1.

Outre les pénalités dont l'énoncé précède, ces courriers encourraient, en cas de contravention : les Français, une irrévocable exclusion du service des Postes ; les étrangers, la destitution, avec la même exclusion de tout bureau de Poste français.

Les courriers, quelle que soit leur nationalité, doivent être munis d'une feuille, appelée *part*, indiquant leurs nom, prénoms, le bureau de Poste dont ils dépendent, ainsi que le détail des divers plis, sacs, paquets, ballots *de service* dont ils sont porteurs. La Douane n'a pas le droit de requérir seule l'ouverture de ces paquets ainsi spécifiés au part et scellés du cachet des Postes : ce contrôle n'est licite qu'au bureau des Postes le plus voisin, et en présence des employés de ce bureau. Au contraire, tout objet étranger au service des correspondances peut être visité par les agents au bureau des Douanes d'entrée ; à cet effet, pour permettre la visite rapide du magasin de la voiture, de la malle ou valise, chaque bureau de passage possède une clef du compartiment affecté au transport des colis.

Si la visite d'un sac de dépêches scellé du cachet de l'Administration des Postes est reconnue utile par la Douane, le courrier doit prendre dans sa voiture le préposé chargé du contrôle, ou, à défaut de place, lui permettre de le suivre à vue jusqu'au prochain bureau de Poste, en maintenant ses bêtes au pas. Au bureau, le représentant des Postes établit un procès-verbal administratif de constatation que signent les deux services en présence. La reconnaissance faite, si aucune fraude n'est découverte, les paquets ou objets décachetés sont refermés avec soin et munis d'une ficelle en croix sur laquelle est apposé le cachet de la Poste, puis l'enveloppe est revêtue de la mention : *Visité au bureau de…. le…. par les préposés de l'Administration des Douanes qui en ont requis l'ouverture,* mention que signent les témoins de l'opération (Douane et Poste) en rappelant leurs nom, prénoms et qualité.

Vérification des paquets clos ou des lettres. — Si les colis chargés de correspondances contiennent une lettre, un paquet *clos* suspect, il peut se faire que l'expéditeur soit inconnu, ou que le destinataire réside au loin. Dès lors, il est toujours loisible au service de différer la vérification intérieure du paquet douteux, puisque la découverte et la capture, en quelque lieu que ce soit de la France, d'un paquet venu de l'étranger par la voie de la Poste, sous le cachet de cette administration et avec le timbre de l'office étranger par lequel il a passé, équivaut à une *poursuite à vue*.

Dans ce cas, de même que si le destinataire, avisé de l'arrivée d'un paquet clos, refuse, soit de l'ouvrir en présence du service, soit d'en prendre livraison, la Douane procède, de concert avec le service des Postes, à la description superficielle du paquet (indication de la nature et du millésime des timbres à date, rappel de la voie suivie pour pénétrer en France), et ces divers détails sont consignés au procès-verbal administratif, établi sur papier libre par les deux services intéressés. L'objet suspecté est, dès lors, conservé en dépôt comme rebut au bureau des Postes jusqu'à l'expiration du délai légal qui en rend licite la vérification définitive. Au moment de cette visite — effectuée encore concurremment par la Douane et le service des Postes, — s'il est reconnu que le paquet ne contient que des échantillons ou objets sans valeur ou passibles de droits peu élevés, la Douane peut abandonner toute poursuite et laisser ce paquet, contre récépissé, au destinataire — ou au Receveur des Postes, en cas d'absence du destinataire. Ces diverses opérations sont décrites à la fin du procès-verbal précité. Quant aux lettres cachetées qui pourraient se trouver mêlées à des marchandises, elles sont remises au destinataire, s'il est présent, sans que sous aucun prétexte il en soit pris lecture ; si le destinataire est absent et qu'il y ait saisie, elles sont annexées au procès-verbal, pour être lues devant le tribunal compétent. Enfin toute fraude ou irrégularité en matière de taxation postale des lettres ou paquets serait de la compétence exclusive des employés des Postes.

Vérification des paquets non clos. — Lorsque des paquets non clos, recommandés ou non, affranchis au tarif réduit et originaires des zones franches, de l'étranger ou des colonies françaises, sont reconnus par le service des Postes contenir des objets prohibés ou passibles de droits de Douane [1], ce

---

[1] Tous les bureaux de Poste sont aujourd'hui pourvus d'une liste de ces objets.

service expédie les paquets en question sur la recette des Douanes, ou, à défaut, sur celle des Contributions Indirectes établie, soit dans la localité même, soit dans la circonscription du bureau postal de destination. Le destinataire, avisé sans frais par la Poste de la route donnée au paquet, est invité à se présenter, pour la vérification, au bureau de l'employé auquel ce paquet a été transmis.

Lors de cette vérification, faite par la Douane ou les Contributions Indirectes, en présence du destinataire, trois éventualités peuvent se présenter :

Le paquet contient des marchandises *prohibées*,

— — — *tarifées*,

— — — *exemptes de droits*.

Au premier cas, s'il s'agit de tabacs, cigares ou cigarettes, ce tabac peut être remis à l'intéressé contre payement des droits d'entrée [1] et remboursement des taxes postales avancées par l'agent vérificateur [2]. Les autres produits prohibés sont saisis pour être, soit livrés à l'Administration des Contributions Indirectes (cartes à jouer, pâte phosphorée, poudres), soit détruits (allumettes) ou réexportés.

Au second cas, le paquet est remis [2], après acquittement des droits et remboursement des taxes postales ;

Au troisième cas, le paquet est simplement remis au destinataire [2] contre remboursement des taxes postales.

Si cependant le destinataire ne se présente pas chez l'agent vérificateur, les paquets exempts de droits sont réintégrés, par les soins de cet agent, dans le service postal, en vue de leur livraison définitive ; quant à ceux qui contiennent des objets tarifés ou prohibés, ils sont, à l'expiration du délai de trois jours accordé pour la déclaration, inscrits d'office au

---

[1] Les tabacs adressés comme *échantillons* peuvent être livrés sans autorisation préalable du service des Contributions Indirectes ; pour les tabacs autres, cette autorisation est nécessaire. (Voir ci-dessus, p. 231.)

[2] Cette remise est régularisée par signature du destinataire sur le bordereau postal n° 327 qui accompagne le paquet, ou sur le registre de dépôt M n° 23, si le paquet a été inscrit à ce registre pour défaut de déclaration dans les trois jours à dater de l'importation.

registre de dépôt [1]. Les objets ainsi inscrits en dépôt qui n'auront pas été réclamés dans les deux mois à partir de cette inscription sont, ou détruits s'ils sont sans valeur, ou vendus au profit du Trésor. Le montant de cette vente, déduction faite des sommes remboursées au service des Postes, et, s'il y a lieu, des droits de Douane, est inscrit aux « recettes accidentelles à expliquer ».

Les paquets dont le destinataire fait abandon par écrit [2] sont traités comme marchandises abandonnées et deviennent propriété de l'État qui les fait détruire ou vendre à son profit.

Consulter, pour plus amples détails, la circulaire n° 3273, de 1902 et les Observations préliminaires du tarif n° 369, 370, 371 et 376.

BUREAUX AMBULANTS. — Sur les frontières de Suisse et d'Italie, la Douane est autorisée à visiter les bureaux ambulants de la Poste et les compartiments des voitures ou fourgons affectés, dans les trains, au transport des correspondances internationales et à se faire communiquer les listes ou parts dont les agents convoyeurs sont munis. Ces visites se font de préférence à la première station où existe un poste de Douane, et seulement en présence des employés de Poste qui transportent les correspondances.

Les dépêches dûment scellées et étiquetées ne doivent jamais être ouvertes ; en cas de soupçon de fraude, le service se borne à surveiller les voitures tant que le train est en gare, ou même à suivre, s'il y a lieu, les envois postaux jusqu'à l'arrivée au bureau de Poste de destination ou jusqu'à la sortie de ces envois du territoire sur lequel s'exerce son action.

MESSAGERS OU PIÉTONS CHARGÉS DU TRANSPORT DES CORRESPONDANCES. — A la frontière, le service a le droit de rechercher ou faire rechercher par visite corporelle si ces messagers, piétons, conducteurs de messageries et autres voitures publiques, ne sont pas porteurs de lettres ou paquets dont le

---

[1] Ce dépôt ne donne lieu à aucun droit spécial de garde ou de magasinage.

[2] Abandon justifié par une mention apposée, soit sur le bordereau postal, soit sur le registre de dépôt.

transport est réservé au service des Postes. Dans ce but, les préposés peuvent même requérir la force armée, *en vertu de l'art. 3 de la loi du 27 prairial an XI.* En cas de transports illicites, il est verbalisé selon la forme rappelée aux pages 75 et 219 ci-dessus.

COURRIERS DE CABINET FRANÇAIS ET ÉTRANGERS. — Ces courriers doivent être nantis d'un passeport d'identité et d'un part signé et timbré par les autorités qui ont fait l'envoi dont ils sont chargés, part indiquant le nombre, les marques extérieures des colis de dépêches transportés. Ce part [1] doit être représenté à toute réquisition des agents de Douane. Les valises diplomatiques françaises portent, sur une plaque réglementaire, les mots MINISTÈRE DES AFFAIRES ÉTRANGÈRES — AMBASSADE ou CONSULAT DE FRANCE à... Quant aux objets non renfermés dans les valises, ils sont clos du sceau spécial de l'envoyeur. Sur simple exhibition des pièces précitées, les courriers obtiennent livraison immédiate et sans visite de tous les colis spécifiés en leur part ; au contraire, le service peut visiter les colis de correspondances (même revêtus de cachets officiels — accompagnés ou non) qui ne figurent pas à la feuille de route. Cependant l'on dispense aussi de toute visite le portefeuille fermé à clef que les courriers portent toujours sur eux, et dans lequel ils serrent les plis confidentiels.

En cas d'absence de part et de feuille de service, on escorterait les dépêches jusqu'au bureau des Postes le plus voisin, à moins que le courrier ne demandât à les faire filer sur Paris sous plomb et avec acquit-à-caution [2]. La suite, en cas de découverte de fraude, regarderait le service des Douanes de Paris.

Les sacs de dépêches scellés du cachet de la Poste ne peuvent être ouverts, en cas de soupçon d'abus, que dans un bureau de Poste spécialement désigné par le Directeur Général de cette Administration.

---

[1] Le part peut être remplacé par une feuille de service établie dans les mêmes conditions.

[2] La soumission relative à cet acquit peut n'être signée que par le courrier seul, s'il ne trouve pas de caution.

ANNEXE

N° 1.   **Procès-verbal pour saisie effectuée
en campagne.**

*(Ce modèle peut indifféremment servir pour les frontières de terre et
pour les frontières maritimes. Adopter la version 1° pour les affaires
de la première catégorie, et la version 2° pour les affaires constatées sur
le littoral.)*

L'an mil neuf cent deux, le neuf avril, à la requête du Directeur général des Douanes, dont le bureau central est à Paris, rue de Rivoli, hôtel
du Ministère des Finances, lequel fait élection de domicile au bureau
de M. Favier (Laurent-Amédée), Receveur principal des Douanes à ....,
y demeurant, rue .... n° ...., chargé des poursuites aux fins du présent,
Nous soussignés Bertoux (Ange-Marie) et Morissey (Félicien-Joseph),
sous-brigadier et préposé des Douanes à K***, y demeurant tous deux,
assermentés et porteurs de nos commissions, certifions que nous trouvant de service aujourd'hui, à quatre heures (heure légale) de l'après-
midi au lieu dit Bellevue, à ....kilomètres de K***, nous avons vu

    (1°) venir vers nous par le chemin détourné appelé « le Casse-cou »
amenant de l'étranger en France

    (2°) débarquer, à l'aide d'un canot, dans l'anse dite « Bon
secours », située hors de l'enceinte du port de ....

trois hommes qui, chargés de colis, s'avançaient avec mille précautions
en se dissimulant derrière les (rochers, bosquets, buissons), comme s'ils
craignaient quelque surprise. Nous étant portés à la rencontre de ces
hommes, nous les avons sommés de nous déclarer ce qu'ils transportaient. A notre injonction, l'un de ces hommes, s'étant précipitamment
débarrassé de sa charge en la jetant à terre, a pris la fuite à travers
(bois, rochers ou la campagne) avec une rapidité telle que force nous a
été de renoncer à tout espoir de l'atteindre. Sur ces entrefaites, ayant
rejoint les deux autres hommes, nous avons reconnu que les sacs dont
ils étaient porteurs contenaient, l'un des pains de sucre, et l'autre du thé
en boîtes ; quant au troisième sac abandonné par le fugitif, il contenait
également des boîtes de thé. Nous avons évalué ces marchandises à trente
kilogrammes pour le sucre et à quarante-cinq kilogrammes pour le thé.
Comme nous demandions aux deux porteurs d'où provenaient ces marchandises, où et pour qui ils les transportaient et s'ils n'étaient pas pourvus d'expéditions propres à en légitimer la circulation, ils se sont bornés
à nous répondre : « Nous sommes dans le lac ; à vous de faire le reste ».
Interrogés sur leurs nom, prénoms, profession et domicile, ils ont déclaré
se nommer l'un Fortin (François), charretier, âgé de 35 ans, demeurant
à O***, l'autre Paver (Antoine), tonnelier, âgé de 43 ans, demeurant à
P*** ; mais ils ont refusé de nous dévoiler les nom et qualité de leur
camarade en fuite.
Vu la contravention aux lois des 28 avril 1816, art. 41, 42 et 44,

    (1°) et 2 juin 1875, art. 4,

    (2°) 21 avril 1818, art. 34 et 37 et 2 juin 1875, art. 4,

nous avons déclaré, à haute et intelligible voix, tant au prévenu fugitif
qu'aux prévenus présents, saisie des trois sacs sucre et thé frauduleusement transportés,

(2°) ainsi que de la barque ayant servi de moyen de transport.

(1° et 2°) arrestation de leur personne, avec sommation de nous suivre au bureau de M. Taddé (Alfred), Receveur particulier des Douanes à N***, où il demeure, pour assister à la description des objets saisis, à la rédaction du procès-verbal que nous nous proposions de dresser contre eux, en entendre lecture et recevoir copie.

(2°) Après avoir amarré la barque en lieu sûr.

(1° et 2°) accompagnés des prévenus Fortin et Paver, nous nous sommes immédiatement rendus au bureau précité où étant à la date sus-indiquée, à cinq heures et demie (heure légale) après midi, nous avons reconnu, en présence des prévenus susdénommés, en l'absence de leur complice fugitif et conjointement avec ledit M. Taddé, Receveur des Douanes à N***, que les marchandises [(2°) et moyens de transport], ob-jet de l'infraction, consistaient en :

vingt-huit kilogrammes net sucre raffiné en huit pains, valeur totale vingt-cinq francs . . . . 25 fr.

dix boîtes fer-blanc pesant ensemble six kilogrammes, con-tenant trente-sept kilogrammes thé, valeur totale trois cent cinquante francs . . . . 350 »

trois sacs usagés en tissu de jute pur, valeur totale un franc 1 »

soit au total trois cent soixante-seize francs . . . . . . 376 fr.

(2°) un canot à clins peint en vert avec liston jaune mesurant, d'après nos indications, 3m75 quille, valeur soixante francs . . . . 60 fr. marchandises (2°) et moyens de transport) dont ledit M. Taddé, Rece-veur à N***, a accepté le dépôt.

Et pour procéder aux fins du présent, rédigé de suite, déclarons aux prévenus susdénommés, ainsi qu'à leur camarade inconnu et fugitif, qu'ils seront assignés, dans la forme et les délais voulus, à comparaître par-devant le tribunal correctionnel séant à...... pour entendre pronon-cer la confiscation des marchandises, emballages [(2°) et moyens de transport] dont la description précède, s'entendre condamner à une amende solidaire d'au moins cinq cents francs, décimes, demi-décime en sus, à un emprisonnement de trois mois à un an, ainsi qu'aux dépens et autres peines, s'il y a lieu, le tout conformément aux lois précitées, réser-vant dès maintenant tous autres droits ultérieurs, poursuites et revendi-cations de l'Administration contre le prévenu inconnu et fugitif, dans le cas où il viendrait à être découvert.

Nous avons offert aux prévenus mainlevée sous caution solvable ou en consignant la valeur des marchandises [(2°) et moyens de transport] saisi.s : ils ont refusé.

<table>
<tr><td rowspan="2">Nous avons donné lec-ture du présent rapport aux prévenus présents, nous les avons interpel-lés de le signer</td><td>ce à quoi ils ont consenti — ou « ils ont refusé » — et ils en ont reçu chacun immédiatement copie. Vu l'absence du pré-venu inconnu et fugitif, nous n'avons pu lui donner lecture, ni remettre copie du présent rapport ; nous en avons alors im-médiatement affiché copie à la porte extérieure du bureau, pour valoir ce que de droit en ce qui le concerne.</td></tr>
<tr><td>ce qu'ils ont dit ne savoir faire, refusant également de rece-voir copie. Nous n'avons pu, d'autre part, donner lecture du-dit acte, ni en remettre copie au prévenu fugitif et inconnu ; dès lors, nous en avons immédiatement affiché copie à la porte extérieure du bureau, pour valoir ce que de droit.</td></tr>
</table>

Fait et clos au bureau susdésigné à N***, les jour, mois et an que des-sus, à six heures (heure légale) après midi, et avons signé chacun pour ce qui le concerne avec le Receveur dépositaire.

(Suivent les signatures.)

Affirmation. — Enregistrement.

Nº 2.   **Saisie sur inconnus.**

Porter en tête le premier alinéa du modèle nº 1.

Certifions (détail des faits et circonstances qui ont accompagné la saisie ; — désignation de l'endroit précis où s'est passée l'affaire : — distance de ce point, à vol d'oiseau, jusqu'à la mer ou la frontière — actes et paroles des contrebandiers, — indication de leur nombre, de leurs moyens de locomotion. — préciser s'ils étaient armés, de quelles armes ; usage qu'ils ont fait de ces armes : s'ils ont maltraité ou injurié les agents et de quelle manière : — indiquer comment les préposés ont réussi à effectuer la saisie des marchandises — description sommaire de ces marchandises, et, s'il y a lieu, des moyens de transport : — s'il est possible, indices qui peuvent mettre sur la trace des fraudeurs ; soupçons des agents à ce sujet)

Vu la contravention à la (ou aux) loi... du (ou des).... nous avons déclaré, à haute et intelligible voix, à l'auteur (ou aux auteurs) inconnu... de ce délit, la saisie des marchandises [et des moyens de transport] dont l'énoncé précède, avec sommation de nous suivre à .....chez M..... Receveur des Douanes en cette localité où il demeure, pour assister à la description et au dépôt entre les mains dudit Receveur des objets saisis, ainsi qu'à la rédaction du procès-verbal que nous comptions dresser contre eux, en entendre lecture et recevoir copie.

Nous étant immédiatement rendus audit bureau, nous avons reconnu, en l'absence du (ou des) délinquant... et conjointement avec M............. Receveur susdénommé, que les marchandises [et moyens de transport] saisi...s consistaient en .....dont ledit M.....Receveur, a accepté le dépôt.

Et pour procéder aux fins du présent rapport, rédigé de suite, nous déclarons au... prévenu .. inconnu... et fugitif , qu'il... sera (ou seront) assigné.. *(le reste du paragraphe comme au modèle nº 1).*

Vu l'absence du (ou des) prévenu .., nous n'avons pu lui (ou leur) offrir mainlevée des marchandises [et moyens de transport] sous caution ou en consignant la valeur desdits objets : nous n'avons pu ni lui (ou leur) donner lecture du présent rapport, ni délivrer copie. Nous en avons alors immédiatement affiché copie à la porte extérieure du bureau précité, pour valoir ce que de droit.

Fait et clos *(voir la finale du modèle nº 1).*

(Signatures)

Affirmation. — Enregistrement.

Nº 3.   **Saisie à domicile.**

MODÈLE DE RÉQUISITION
(à établir sur papier libre.)

Nous soussignés (nom, qualité et domicile des agents requérants) requérons, en vertu des lois des 21 mars 1831, art. 5 ; 5 mai 1855, art. 4, et 5 avril 1884, art. 84, M .... (nom, qualité et domicile de l'officier public requis)[1] de nous assister dans la visite que nous nous

---

1. Si un autre officier public a été déjà requis en pure perte, ajouter : « en l'absence » ou « attendu le refus » de M..... (nom, qualité et demeure du premier officier public requis).....

proposons de faire chez le S'......, demeurant à........, au domicile duquel nous avons vu introduire aujourd'hui, à telle heure, des marchandises présumées de contrebande.

A ...., le .... 19 .   (SIGNATURES.)

—————

PROCÈS-VERBAL

PREMIER CONTEXTE *à établir sur les lieux mêmes de la saisie.*

L'an........, le........ (Voir 1" paragraphe du modèle n" 1.)

Nous soussignés (nom, prénoms, qualité et domicile des verbalisants), certifions qu'aujourd'hui (date, énoncé des circonstances qui ont provoqué la visite domiciliaire ; avoir soin d'indiquer également si l'accès de la maison a été refusé — spécifier les faits très clairement et sans ambages).. nous avons requis M........ (désignation de l'officier public requis ; mentionner s'il assiste le service, par suite de refus ou absence ou autre empêchement de cet autre officier public), demeurant à........, de nous accompagner au domicile du Sr........ à........, afin d'assister aux perquisitions que nous avions l'intention d'y faire et à la rédaction éventuelle de notre rapport, en cas d'infraction. Ainsi accompagnés, nous nous sommes présentés à telle heure (heure légale) avant ou après-midi, à ladite maison, et, après avoir décliné au Sr........ (nom et qualité de la personne à qui l'on s'est adressé) nos qualités, et exprimé l'objet de notre mission, nous l'avons sommé d'assister à nos perquisitions dans les diverses pièces composant son logement. M........ ayant acquiescé, en sa compagnie et celle de M........ (maire, adjoint, juge de paix, etc.), nous avons successivement visité (telle, telle pièce... cave, rez-de-chaussée, étage) et surpris en tel endroit, dissimulé (et de quelle façon).. tels objets pesant ou mesurant approximativement.... pour lesquels nous avons demandé au Sr........ susdénommé de nous représenter une expédition de Douane, ce qu'il n'a pu faire.

(Si la saisie a lieu à la suite d'une poursuite à vue, ajouter : « Nous certifions, en outre, que lesdits objets étaient réellement ceux que nous avions vu introduire dans ladite maison »). — Si la maison est située hors du rayon, voir ci-dessus, p. 41.

Vu la contravention à la loi du........, nous avons déclaré au Sr........ susdénommé, la saisie des objets dont l'énoncé précède, [lui notifiant que nous allions en effectuer le dépôt au bureau de M........, Receveur des Douanes à........, et que ledit Receveur en serait constitué dépositaire][1].

Pour procéder aux fins du présent rapport, rédigé de suite, nous avons déclaré audit S'........ qu'assignation lui sera donnée, dans les formes et délais voulus par la loi, de comparaître par-devant le tribunal correctionnel séant à........, afin d'entendre prononcer la confiscation des mar-

—————

1. Cette mention s'applique aux marchandises prohibées, ou aux marchandises tarifées pour lesquelles le prévenu ne peut fournir caution solvable. Si le prévenu présente caution solvable pour ces dernières marchandises, la mention portée ci-dessus entre crochets devrait être remplacée par la suivante : « Mais M..... (prévenu) en ayant demandé mainlevée sous caution solvable, s'est engagé, conjointement et solidairement avec M.... (nom, prénoms, qualité et domicile de la caution), également soussigné, qui se porte sa caution, à représenter à toute réquisition du service des Douanes à.... lesdites marchandises ou leur valeur, évaluée de gré à gré à la somme totale de...... (en toutes lettres) ; moyennant quoi, cette mainlevée lui a été donnée, ce qu'il reconnaît ».

chandises saisies et se voir, en outre, condamner à l'amende de........ et
aux dépens, le tout conformément (à la loi) précitée....

Nous avons donné lecture de notre rapport audit Sr........, avec sommation de le signer : il a accepté (ou refusé).

Fait et clos à........, à........ heure (heure légale) avant ou après-midi, les jour, mois et an que dessus. Ayant signé, chacun en ce qui le concerne, avec M........ (maire, adjoint, juge de paix, etc.), en présence duquel nous n'avons cessé d'opérer, nous avons immédiatement remis copie de ce rapport au prévenu présent.

(SIGNATURES.)

———

SECOND CONTEXTE à établir au bureau, à la suite du premier contexte.

Nous soussignés (*nom, prénoms, qualité et domicile des saisissants*), dénommés au rapport du........ 190...... qui précède et procédant pour continuation de ce même acte, certifions nous être rendus au bureau des Douanes de........, où nous trouvant le..... 190....., à (telle heure...... *heure légale*) avant ou après-midi, accompagnés (ou *non accompagnés*) du Sr........, prévenu dans ladite affaire, nous avons remis ès-mains de M........ Receveur au bureau précité

Si les marchandises sont prohibées ou si, n'étant pas prohibées, elles ont été saisies, faute de caution,	les marchandises décrites en notre procès-verbal. Après avoir reconnu qu'elles [étaient de tous points conformes aux indications données en notre premier contexte] ou [consistaient en........ (*si la description n'en a pu être rigoureusement donnée au premier contexte*)], ledit M........, Receveur, en a accepté le dépôt.
Si les marchandises, n'étant pas prohibées, ont été laissées, sous caution solvable, à la garde du prévenu,	le présent rapport, afin qu'il y soit donné les suites que de droit.
Si le prévenu est présent.	Nous avons donné lecture de ce complément d'acte au Sr........, prévenu, avec sommation de le signer, ce à quoi il a consenti (ou *il a refusé*), et il en a reçu immédiatement copie.
Si le prévenu est absent.	Vu l'absence du prévenu, nous n'avons pu lui donner lecture de ce complément d'acte, ni remettre copie ; nous en avons alors immédiatement affiché copie à la porte extérieure du bureau, pour valoir ce que de droit.

Fait et clos audit bureau le..... 190......, les jour, mois et an que dessus, à...... heure (heure légale) avant (ou après) midi, et avons signé avec le Receveur susdénommé, chacun pour ce qui le concerne.

(SUIVENT LES SIGNATURES.)

Affirmation. — Enregistrement.

———

N° 4. Procès-verbal pour " Opposition à l'exercice des fonctions des préposés ".

L'an mil neuf cent, le huit mars, à la requête du Directeur général des Douanes, dont le bureau central est à Paris, rue de Rivoli, hôtel du Ministère des Finances, lequel fait élection de domicile au bureau de M......... (*nom et prénoms*), Receveur principal des Douanes à Bastia, y demeurant, rue .... n°........ chargé des poursuites aux fins du présent.

Nous soussignés Blondel (Jacques-Alphonse) et Poli (Antoine-Célestin), brigadier et préposé des Douanes à Bonifacio, y demeurant tous deux, assermentés et porteurs de nos commissions, certifions qu'hier, sept mars mil neuf cent, revenant d'une tournée à......... nous avons rencontré, à cinq heures (heure légale) après midi, sur la route de Sartène, à 3 kilomètres environ de Bonifacio, et se dirigeant vers ladite ville, un char attelé de trois mulets et contenant une vingtaine de petits barils. Ayant invité le conducteur de cette voiture à s'arrêter pour nous permettre de visiter ces fûts, celui-ci, au lieu d'obtempérer à notre demande, a poursuivi sa route. A une seconde injonction, il a catégoriquement répondu « non », et, par bravade, a même ajouté : « Je n'ai pas à m'arrêter ; suivez-moi ». Activant le pas, nous avons rejoint l'attelage ; mais le charretier n'a consenti à arrêter son véhicule que lorsque nous avons barré la route à ses bêtes. Interrogé sur ses nom et prénoms, il a répondu : « Regardez sur la plaque », sans autre explication. La visite des barils transportés nous a permis de reconnaître que, quoique munis de leurs bondes, ils étaient vides. Cet attelage suivant la même route que nous, parvenus à sa suite devant la caserne de gendarmerie de Bonifacio, nous avons requis deux gendarmes de nous prêter leur concours, et, en leur présence, avons établi l'identité du conducteur, qui a déclaré alors se nommer Mannoni (Jean-Claudius), charretier, demeurant à Bonifacio, au service de M. Romani (Jules), propriétaire, demeurant également à Bonifacio. Or, le nom ainsi donné par le charretier ne concordait pas avec celui indiqué sur la plaque de sa voiture, d'où résultait qu'il voulait primitivement nous induire en erreur.

Attendu donc que son refus d'arrêter son attelage constituait un acte d'opposition à l'exercice de nos fonctions, passible des pénalités édictées par l'art. 3 du titre IV de la loi du 4 germinal an II, nous lui avons déclaré que, vu l'heure tardive (six heures vingt minutes — heure légale — après midi), nous remettions au lendemain matin, à huit heures (heure légale) la rédaction du procès-verbal que nous entendions rédiger contre lui, le sommant de nous rejoindre à l'heure précitée, au bureau de M. Mancini (Gustave), Receveur des Douanes à Bonifacio, pour assister à la rédaction de notre rapport, en entendre lecture et recevoir copie. Nous trouvant donc audit bureau à la date du huit mars mil neuf cent et à l'heure précitée, nous avons, en l'absence du contrevenant, et en présence de M. Mancini (Gustave), Receveur, rédigé de suite le présent procès-verbal.

Et pour procéder aux fins de notre rapport, nous, employés dénommés ci-dessus, déclarons au contrevenant absent que citation lui est donnée par le présent à comparaître le neuf mars mil neuf cent, à neuf heures (heure légale) avant midi, par-devant le juge de paix du canton de Bonifacio, pour s'entendre condamner à l'amende de *cinq cents francs*, décimes et demi-décimes en sus, ainsi qu'aux dépens et autres peines, s'il y a lieu, le tout conformément à la loi précitée.

Le contrevenant étant absent, nous n'avons pu lui donner lecture du présent procès-verbal, ni lui en remettre copie ; nous en avons alors immédiatement affiché copie à la porte extérieure du bureau, pour notification et citation.

Fait et clos au bureau de Bonifacio, les jour, mois et an que dessus, à dix heures (heure légale) avant midi, et avons signé, chacun pour ce qui le concerne, avec le Receveur poursuivant.

(SUIVENT LES TROIS SIGNATURES.)

Affirmation. — Enregistrement.

N° 5.   Saisie de boissons à la circulation.

L'an....... le....... à....... heures (heure légale) du .... (matin ou soir), à la requête de l'Administration des Contributions indirectes, dont le bureau central est à Paris, rue de Rivoli, hôtel du Ministère des Finances, poursuites et diligences de M ...., Directeur des Contributions indirectes pour le département de ...., demeurant à .... rue ...., n°......., qui élit domicile, pour les suites du présent, dans les bureaux de M..... (indiquer les nom, qualité et demeure de l'employé le plus élevé en grade résidant au siège du tribunal qui doit connaître de la contravention),

Nous soussignés (noms, qualités et demeures des verbalisants), assermentés et porteurs de nos commissions,

Certifions que le....... 100......., à....... heures (heure légale) du (matin ou soir), agissant en vertu de l'art. 223 de la loi du 28 avril 1816, étant à........ (nom de l'endroit) nous avons.......

Indiquer les causes de la saisie, l'espèce, le poids ou la mesure des objets saisis et la présence ou l'absence du prévenu aux constatations des employés. S'il s'agit de différence de degré, rapporter très exactement les moyens à l'aide desquels a été déterminée la richesse alcoolique des boissons spiritueuses.

Attendu la contravention du S'........ susdénommé aux lois des........ (voir ci-dessus, pp. 27 et 28, les textes à invoquer, suivant l'espèce des boissons), nous lui avons déclaré procès-verbal (arrestation de sa personne, s'il s'agit de spiritueux et que le délinquant n'ait pas de domicile connu ou fixe) et saisie de....... (objets trouvés en fraude ou en contravention), que nous avons estimés de gré à gré avec lui à la somme de....... Nous avons également déclaré saisie, mais seulement pour garantie de l'amende, de........ (voitures, chevaux ou autres objets servant au transport), que nous avons estimés de gré à gré avec le S'......., à la somme totale de........ le prévenant que nous allions nous rendre immédiatement, avec l'objet de notre saisie, au bureau des Douanes à......., le sommant de s'y trouver, pour assister à la description des objets saisis, ainsi qu'à la rédaction de notre acte, y faire insérer ses dires, en entendre lecture, le signer et en recevoir copie. Il a accepté (ou refusé). Rendus audit bureau ce même jour, à l'heure susindiquée, nous avons interpellé le prévenu de nous dire ses nom, prénoms, profession et domicile; il a répondu........... Passant en sa présence et celle de M..........., Receveur audit bureau, à la description des objets saisis, nous avons reconnu qu'ils consistaient en........... (description tant des marchandises que des moyens de transport).

MARCHANDISES — prévenu solvable bis.

Nous avons offert et donné au prévenu susnommé mainlevée des marchandises saisies, sous la promesse qu'il nous a faite de les représenter ou d'en payer la valeur estimative, à toute réquisition légale.

prévenu insolvable ne pouvant fournir caution.

Nous avons déclaré au prévenu susdénommé saisie des marchandises dont l'énoncé précède, qui ont été confiées par nos soins à la garde de M........., Receveur au bureau des Douanes précité.

Nous lui avons, en outre, offert mainlevée des moyens de transport, sous consignation de leur valeur, ou sous caution.

MOYENS DE TRANSPORT — Le prévenu en consigne la valeur.

Le S'...... qui a accepté, ayant immédiatement consigné la somme de........ entre les mains de M........, Receveur des Douanes à........ nous lui avons accordé la libre disposition desdits moyens de transport, suivant acte séparé.

Le prévenu en fournit caution solvable.

Le S'........ qui a accepté, a présenté pour caution M........ (nom, qualité et demeure), qui s'est engagé à verser, s'il en est requis, la valeur estimative des moyens de transport, dont nous avons, dès lors, accordé mainlevée, suivant acte séparé.

Le prévenu ne pouvant ni consigner la valeur, ni fournir caution.

Le S'........ ayant répondu qu'il ne pouvait, ni consigner cette valeur, ni fournir caution, nous lui avons fait connaître que l........ (chevaux, voitures, etc.), dont l'énoncé précède, seraient mis en fourrière chez le S'........ (nom, qualité et demeure du gardien), qui s'en est constitué gardien, suivant acte séparé.

Prévenu ayant agi pour autrui.

Le S'........ invoquant à son profit l'immunité de l'art. 13 de la loi du 21 juin 1873, nous a désigné pour son commettant le S'........ (nom, qualité et demeure de celui pour le compte duquel le transport a eu lieu).

Et pour procéder aux fins du présent, rédigé de suite, nous avons déclaré au S'........, prévenu,

Mention applicable au cas d'arrestation.

qu'en vertu de l'article........ de la loi du (loi enfreinte), nous l'arrêtions, pour le constituer prisonnier, et, qu'en conséquence, nous allions le remettre aux mains de la force armée, pour être conduit devant qui de droit.

Mention applicable à tous les cas.

qu'il sera cité, dans les formes et délais voulus par la loi, par-devant le tribunal correctionnel séant à........, pour entendre prononcer la confiscation des boissons saisies et se voir, en outre, condamner à une amende de........ (voir pp. 27, 28), et aux dépens, le tout conformément aux lois précitées.

Fait et clos, etc. (comme aux modèles précédents).
Si le prévenu est absent, ajouter la mention relative à l'affichage.

(SIGNATURES.)

Affirmation dans les trois jours qui suivent l'heure de la clôture de l'acte. Enregistré à, etc. (dans les 4 jours).

ACTE DE MAINLEVÉE

(à établir sur papier timbré à o fr. 6o, en double expédition).

Je soussigné (nom, prénoms, qualité et demeure du contrevenant), reconnais avoir reçu de M........., Receveur des Douanes à......... mainlevée de....... (telles marchandises, tels moyens de transport) confisqués à mon préjudice le........ 19o....... par les agents de la brigade des Douanes à......... pour (tel genre d'infraction). Je m'engage conjointement et solidairement avec M......., demeurant à........., qui se porte ma caution, à payer entre les mains dudit Receveur et à sa première réquisition (ou aussitôt qu'il en sera ordonné par jugement) la somme totale de......., valeur à laquelle ont été estimés de gré à gré lesdits (objets, animaux, etc)

A......... le......... 19o.....

(SIGNATURES DU CONTREVENANT ET DE SA CAUTION)

Enregistré, à........ (dans les 20 jours).

ACTE DE MISE EN FOURRIÈRE

(à établir en double expédition, sur papier timbré à o fr. 6o.)

Je soussigné (nom, prénoms, qualité et domicile du fournisseur), reconnais avoir reçu en mes écuries (ou étables) à....... (tel endroit)....... (nombre, désignation des animaux, signalement), saisis le......, 19o...... au préjudice du S'.......... par les agents de la Brigade des Douanes à...... pour...... (tel genre d'infraction). Je m'engage à soigner et nourrir lesdites bêtes, aussi longtemps que besoin sera, à raison de...... par jour, et à représenter, à la première réquisition de M.........., Receveur des Douanes à...... les bêtes susénumérées, estimées de gré à gré à la somme totale de......, acceptant d'ores et déjà les risques et responsabilité de tout ce qui pourrait leur survenir de fâcheux par ma faute, durant ce dépôt.

A...... le..... 19o.......

(SIGNATURE DU DÉPOSITAIRE.)

Enregistré à...... (pas de délai).

N° 6. Procès-verbal pour transport illicite de lettres et paquets.

L'an......, le...... à la requête de l'Administration des Postes, dont le bureau central est à Paris, rue du Louvre.

Nous soussignés *(nom, prénoms, qualité et demeure des verbalisants),* certifions que, procédant en vertu de l'arrêté du 27 prairial an IX (16 juin 1801) et du décret du 2 messidor an XII (21 juin 1804), à......, arrondissement de......, département de......, nous avons interpellé le S'.......... *(nom, prénoms, profession et demeure de la personne visitée — nom du messager au service duquel cette personne peut être attachée, ou raison sociale de l'entreprise de correspondance qu'elle dessert),* venant de......, allant à......, de nous déclarer s'il n'était pas chargé de correspondances, lettres ou paquets en contravention aux lois et au préjudice du Trésor public.

Il est résulté de la (*déclaration volontaire ou perquisition*) qui a eu lieu, que ledit S'......... transportait en fraude les objets dont le détail suit ; savoir :

Adresse, poids de chaque lettre ou paquet saisi ; indiquer s'ils sont cachetés ou non [1].

Lesquels objets nous avons saisis, pour être déposés au bureau des Postes de......, et être envoyés aussitôt à Paris, conformément au décret précité du 2 messidor an XII.

Consigner ici les déclarations que pourraient faire les personnes fautives.

De quoi nous avons dressé le présent procès-verbal, pour qu'il y soit donné suite, conformément à l'arrêté précité du 27 prairial an IX, et avons signé avec le S'......... (*ou sans le S' qui a refusé de signer ou a déclaré ne savoir le faire*) et auquel nous avons donné lecture et copie du présent procès-verbal.

SUIVENT LES SIGNATURES.) [2]

N° 7. Procès-verbal pour infraction aux lois sur le timbre.

L'an......, le...... à la requête de M. le Directeur Général de l'Enregistrement et des Domaines, dont le bureau central est à Paris, rue de Rivoli, hôtel du Ministère des Finances, lequel, pour les suites du présent, fait élection de domicile au bureau de M........., Directeur de la même Administration à......, ou, au besoin, au bureau de M........., Receveur d'Enregistrement et des Domaines à..........

Nous soussignés (*nom, prénoms, qualité et demeure des verbalisants*), certifions...... (*précis des circonstances de l'affaire*),

Ayant reconnu que (*la lettre de voiture, — le connaissement, — le titre libératoire*) dont il s'agit était établi sur papier non timbré (*ou non revêtu du timbre réglementaire*), nous l'avons fait remarquer audit S'........., et, attendu la contravention à la loi du...... (*invoquer les textes de lois applicables à chaque cas spécial*), nous avons dressé le présent procès-verbal auquel nous avons annexé (*ladite lettre de voiture, — ledit connaissement, — ledit titre libératoire*), après l'avoir parafé...... *ne varietur.*

Fait et clos au bureau des Douanes à......, les jour, mois et an que dessus, à...... heures (*heure légale*) du......, et avons signé avec M........., Receveur audit bureau et le S'......... contrevenant, auquel nous avons donné de suite lecture et copie du présent procès-verbal.

(SUIVENT LES SIGNATURES.) [3]

---

1. Énumération des objets saisis ; spécifier s'ils ont été trouvés renfermés dans des colis de messageries ou transportés à découvert. Voir, du reste, les exemples donnés ci-dessous, p. 219.

2. Pour les suites et questions de détail, voir ci-dessous, pp. 75 et 219.

3. Pour les questions de détail, voir ci-dessous, pp. 82 et 84.

Si le contrevenant assiste à la rédaction, et consent à signer l'acte, la mention suivante est ajoutée :

« Je reconnais qu'il m'a été donné connaissance du procès-verbal ci-dessus, dont je déclare accepter la signification ».

Le...... 190......

(SIGNATURE DU CONTREVENANT)

N° 8. Procès-verbal pour constater une infraction au régime des plaques de contrôle des vélocipèdes et automobiles.

(à établir sur papier libre.)

L'an......, le...... { Je soussigné...... Nous soussignés...... } ...... des Douanes à la résidence de......, y demeurant, ayant prêté serment en justice, porteur... de { ma nos } commission.. et agissant en vertu des articles 15 de la loi du 30 mai 1851 et [8 de la loi du 24 février 1900] { certifie certifions } que : (*détails de l'affaire — lieu où le contrevenant a été rencontré — prétextes allégués, etc*).

J'ai, Nous avons, } en conséquence, déclaré procès-verbal audit S'......, demeurant à......, par application des lois [des 13 avril 1898, art. 8, et 24 février 1900, art. 4, § 2 et art. 8, et du décret du 10 décembre 1898 et { ai avons } rédigé le présent procès-verbal, pour être remis à M. le Juge de paix du canton de......

Clos à......, les jour, mois et an que dessus.

(SIGNATURE.) [1]

NOTA. — Ce modèle peut aussi être utilisé pour les contraventions relatives à la police du roulage, mais alors il y a lieu de remplacer les textes de lois mis entre crochets par ceux spéciaux en la matière. (Voir p. 62 et suivantes.)

N° 9. Procès-verbal constatant les infractions à la police des pêches maritimes.

(à établir sur papier libre.)

L'an......, le......, à...... heure avant ou après-midi,

Nous soussigné (*nom, prénoms et qualité du ou des rédacteurs du procès-verbal*) étant à...... (*indiquer le lieu exact où l'infraction a été reconnue*) avons constaté ce qui suit :

---

1. Pour les questions de détail (affirmation, enregistrement), voir les commentaires donnés ci-dessus à la page 62.

Donner ici le précis des circonstances qui ont donné lieu à l'affaire ; — mentionner exactement les noms, prénoms, âges, qualités et demeures des contrevenants, les excuses ou raisons qu'ils ont pu fournir.

Attendu que les faits qui précèdent ont mis le S'......... susqualifié en contravention à (*telles lois, tels décrets à spécifier*), nous avons dressé le présent procès-verbal, pour servir à la répression de la contravention susénoncée.

Fait à......, les jour, mois et an que dessus.

(SIGNATURE DU (OU DES) RÉDACTEUR DU PROCÈS-VERBAL 1.)

---

1. Pour les questions de détail (affirmation, enregistrement), voir les commentaires donnés ci-dessus aux pages 24 et 80.

LISTE N° 1

a. — Marchandises prohibées à titre absolu [1].

b. — Marchandises dont la prohibition a été levée par la loi du 24 mai 1834 ou postérieurement [2].

c. — Marchandises dénommées en l'art. 22 de la loi du 28 avril 1816 qui ne peuvent être importées *par mer* que par les ports d'entrepôt réel (voir lettre *b* de la liste n° 2), et, *par voie de terre*, que par les bureaux ouverts aux marchandises tarifées à plus de 25 fr. les 100 kilogr. (Voir lettre *a* de la liste n° 2.)

d. — Marchandises passibles de taxes intérieures.

e. — Marchandises qui ne peuvent être importées que par les bureaux ouverts aux produits tarifés à plus de 25 fr. les 100 kilogr. [3] (Voir lettre *a* de la liste n° 2.)

f. — Marchandises qui ne peuvent être importées que par certains bureaux spéciaux [3]. (Voir lettres *l, m, o, p, q, r, s, t, u, v, x, y, z* de la liste n° 2.)

g. — Marchandises soumises à des restrictions d'emballage.

h. — Marchandises tarifées à 25 fr. et plus les 100 kilogr. [4].

i. — Marchandises exemptes de droits [4].

Se reporter à la légende ci-dessus pour l'explication de chaque lettre apposée à la suite des marchandises. — Les marchandises qui ne sont suivies d'aucune lettre ou qui sont suivies de la simple lettre i peuvent être importées par tous les bureaux ; celles tarifées à 25 fr. les 100 kilogr. sont suivies de l'indication de ce droit.

Abaca brut ou peigné, teillé, tordu ou en torsades, étoupes (i). **Abat-jour** : 1° en carton ou en papier (*f, h*); 2° en verre (voir « Cristaux »). **Abeilles** (i). **Abricots** (voir « Fruits »). **Absinthe** : 1° boisson (voir « Eaux-de-vie »); 2° plante. **Acajou** (v. « Bois d'ébénisterie »). **Accordéons** (*e, h*). **Accumulateurs électriques** (e). **Acétates** : 1° de fer liquide (*e, i*); 2° de potasse (*e, h*); 3° de cuivre raffiné cristallisé (*e, h.* — Droit de 25 fr.); 4° autres (e). **Acides** : 1° acétique, contenant plus de 80 o/o d'acide cristallisable (*e, d, h*), — 80 o/o ou moins (*e, d*); 2° arsénieux (*e, f*); 3° borique (e) [5]; 4° citrique liquide (*e, i*), — cristallisé (*e, h*);

---

[1] Celles de ces marchandises dont l'introduction est tolérable pour l'entrepôt ou le transit ne peuvent être importées par mer que sur navires d'un tonnage déterminé. (Voir ci-dessus, p. 70.)

[2] Les marchandises de cette nature ne peuvent être importées par mer que sur navires d'un tonnage déterminé. (Voir ci-dessus, p. 70.)

[3] Ces marchandises sont prohibées localement quand on les introduit par un bureau non ouvert à leur importation.

[4] Il s'agit du tarif général, à l'importation directe du pays de production des marchandises.

[5] Acide borique naturel de Toscane contenant 15 o/o d'impuretés et au-dessus (*e, i*.)

— 272 —

5° dérivés du goudron de houille (*b, c*); 6° gallique cristallisé (*e, h*); 7° oléique (*b, c, i*); 8° phosphorique (*e, h.* — Droit de 25 fr.); 9° picrique (*b, e, h.* — Droit de 25 fr.); 10° stéarique en masse (*b, d, c*). — ouvré autrement qu'en bougies (*b, d*); 11° sulfurique (*e, i*); 12° tannique (*d, e, h*); 13° autres (*e*). Acier : 1° en barres, lingots, tôle, bandes (*c*); 2° filé (*e, h*); 3° fin, pour outils (*c*); 4° machine (*e*); 5° non ouvré (*c*); 6° objets en acier coulé : pesant plus de 1 kilog. (*b, e*). — 1 kilog. ou moins (*b, c, h* — Droit de 25 fr.) — autres petits objets non dénommés dans cette liste (*b, c, h*). Aétites (*i*). Affiches (*f, h*). Affiloirs : 1° en métal pour faux, faucilles (voir « Outils »); 2° en émeri (*c, h*). Affûts d'armes de guerre : 1° en acier, fonte moulée ou fer (*b, e*); 2° en bois, ferrés ou non; 3° hors d'usage (*b, c*). Affûts d'armes commerciales (même régime qu'à l'article précédent, sauf la lettre *b*). Agaric (*i*). Agates : 1° brutes (*i*); 2° ouvrées. Agendas en feuilles ou reliés en carton et toile (*f, h*). Agneaux (*f*). Agrafes pour robes ou vêtements : 1° en fer, laiton (*c, h*); 2° en métaux précieux (*d, e, h*); 3° en acier, nickel, en plaqué, doublé (*b, c, h*). Agrès de navires : 1° en bois, tels que mâts, mâtereaux, vergues, avirons, rames, manches de gaffes et de pinceaux à goudron ; 2° en cuir (*b, c, h*); 3° en métaux (voir le nom de l'objet lui-même ou du métal entrant dans sa composition); 4° en tissus (voir « Tissus »). Aiguilles : 1° à coudre ou pour métiers (*c, h*); 2° de montres, en métal commun (*c, h*). Ail. Aimant [oxyde de fer] (*i*). Airelles (voir « Baies »). Alambics en bronze, cuivre pur ou laiton (*b, f, h*). Albâtre : 1° brut, équarri ou scié, ayant d'épaisseur 0^m16 ou plus (*i*); 2° scié de moins de 0^m16 épaisseur ; 3° sculpté ou autrement ouvré. Albumine (*b, i*). Albums : 1° à images (*f, h*); 2° pour photographies (*e, h*). Alcali volatil (*b, c*). Alcarazas (*e*). Alcoolats : 1° de genièvre, gingembre (*b, d, e, h*); 2° autres (voir « Liqueurs » ou « Médicaments composés non dénommés »). Alcoolatures (*b, d, e, h,*). Alcools : 1° amylique (*b, c* [1]); 2° autres que de cerises et de vin (*b, d, e, h*); 3° de cerises et de vin (*d, e, h*); 4° méthylique (*b, e* [1]). Alcoomètres (*c, i*). Alènes (*e, h*). **Allumettes chimiques importées pour compte particulier** (*a*). Almanachs (*f, h*). Aloès (v. « Abaca »), — suc d'aloès (*c*). Aloses (voir « Poissons »). Alouettes (voir « Gibier »). Alphabets : 1° pour enfants (*f, h*); 2° pour marquer les colis [lettres en relief] (*e, h*). Alpiste. Althéa (racines d') : 1° fraîches ; 2° sèches (*e, h*). Altos (*c, h*). Alumine anhydre (*b, c, h*). Aluminium brut (*e, h*). Alun d'ammoniaque ou de potasse (*e*). Alunite : 1° brute ; 2° calcinée ou moulue (*b, e*). Amadou (*i*). Amandes en coques

---

[1] L'enlèvement est subordonné à la production d'un acquit de Régie.

ou sans coques. Amara Blanqui, amer Picon et autres bitters analogues (d, e, h). Ambre (i). Améthystes : 1° brutes (i); 2° taillées (b, i). Amiante : 1° brut (i); 2° ouvré (e, h). Amidon (e). Ammoniaque (voir « Alcali »). Amomes (e, h). Amorces : 1° pour armes à feu (voir « Capsules »); 2° pour mines (e, h). Amurca : 1° naturel ou ne renfermant pas plus de 20 o/o d'huile (i); 2° renfermant plus de 20 o/o d'huile (voir « Huiles »). Ananas (voir « Fruits »). Anches pour instruments de musique : 1° en roseau (e, h); 2° en nickel, zinc (voir ces mots). Anchois (voir « Poissons de mer »). Ancres (e). Andouilles et andouillettes (e, h). Anes et ânesses (f). Anguilles (voir « Poissons »). Aniline (b, e). Animaux vivants non dénommés (i). Anis vert. Anisette (d, e, h). Anneaux : 1° de clef, en acier ou fer (voir « Articles de ménage, etc. »); 2° autres, en fer (e), — en cuivre, étain, en doublé, plaqué (b, e, h), — en or, argent, platine (d, e, h), — en bois tourné (voir « Tournerie »), — en bois non tourné. Annonces commerciales (voir « Gravures »). Anspects en bois, ferrés ou non. Anthracène (b, e, i). Anthracite. Antimoine : 1° métallique ou régule; 2° en minerai ou sulfuré, fondu (i). Apparaux (voir « Agrès »). Appareils : 1° à sucre (f, h); 2° de chauffage pour brasseries, distilleries, parfumeries, pharmacies, cuisines, le cuivre et le bronze dominant en poids (f, h); 3° de levage, de transmission (f); 4° frigorifiques pesant 250 kilogr. et plus (f), — moins de 250 kilogr. (f, h); 5° inodores (voir « Réservoirs de chasse »). Applications sur tulle d'ouvrages en dentelle de fil (b, e, h). Apprêts pour le linge, le tissage ou les chaussures (e). Arachides (i). Arack (voir « Rack »). Arbalètes pour jouets d'enfants (e, h). Arbustes de serres et de pépinières : 1° dénommés au tarif[1]; 2° non dénommés (i[2]). Archets de violons, etc. (e, h). Ardoises : 1° pour construction, brutes en moellons (i); 2° autres, brutes ou polies, encadrées ou non, pour toitures, pour l'écriture ou le dessin. Aréomètres (e, i). Argent : 1° battu, en feuilles (e, h); 2° brut, en masses, lingots, barres, poudre, objets détruits, ou tiré, laminé, filé [en barres d'au moins 0″005 épaisseur, en bandes d'au moins 0″001 épaisseur, ou en fils d'au moins 0″002 de diamètre]; 3° minerai (i); 4° autre (e, h). Argenterie de ménage neuve ou usagée (d, e, h). Aristons [instruments de musique dits] (e, h). Armes : 1° de fabrication antérieure au XVIII° siècle (e, i); 2° de guerre (b, h); 3° de commerce [3] (h); 4° enrichies d'or, d'argent[3] (d, h); 5° pour amuser les enfants (e, h);

---

[1] Voir au mot « Plantes » le détail des arbustes dénommés au tarif.

[2] C'est-à-dire arbres fruitiers, forestiers, etc.

[3] Y compris les armes chinoises, japonaises pour panoplies.

6° pour panoplies [armes de peuplades sauvages] (*e*, *i*). Armoires : 1° meubles (voir ce mot); 2° jouets (*e*, *h*). Armures : 1° anciennes (*e*, *i*); 2° pour enfants (*e*, *h*). Arrosoirs : 1° en fer, cuivre ou zinc (voir « Articles de ménage »); 2° pour amuser les enfants (*e*, *h*). Arrowroot. Arséniates : 1° de potasse (*e*); 2° autres (*b*, *c*). Arsenic [minerai et métal] (*i*). Artichauts. Articles confectionnés en tissus (voir « Linge ou Vêtements »). Articles de ménage et autres objets non dénommés : 1° en acier, fer, tôle noire : vernissés, peints, polis *ou* non (*b*, *e*), — étamés, émaillés, décorés (*b*, *e*, *h*); 2° en cuivre (*b*, *c*, *h*); 3° en grès, terre (*e*); 4° en faïence : commune (*e*), — fine (*b*, *e*); 5° en étain, zinc, porcelaine (voir ces mots). Artifices pour divertissements (*e*, *h*). Assiettes : 1° en faïence commune (*e*), — fine (*b*, *e*); 2° en porcelaine (voir ce mot); 3° en étain (*b*, *e*, *h*); 4° en fer, acier, tôle (voir « Articles de ménage »); 5° en or, argent, vermeil (*d*, *e*, *h*); 6° en métal nickelé, doré, argenté (*b*, *e*, *h*); 7° en carton (voir « Objets en carton »); 8° en bois, poterie, tôle, recouverts d'une lithographie ou d'un chromo (*e*, *h*). Astrakan [tissu de poils de chèvre] (*b*, *e*, *h*). Atlas : 1° géographiques (*f*, *i*); 2° zoologiques pour enfants (*f*, *h*). Aubergines. Automates (*e*, *i*). Automobiles (*e*, *h* — voir aussi « Machines »). Autruches vivantes (*i*). Avélanèdes (*i*). Avelines. Avirons : 1° de fantaisie (voir « Tournerie »; 2° pour la marine. Avoine. Axonge (voir « Graisses — saindoux »). Azeroles (voir « Fruits »). Azur [oxyde de cobalt impur] (*i*).

Babouches : 1° en cuir (*b*, *e*, *h*); 2° en étoffe (*e*, *h*). Bâches en tissu (*e*, *h*). Bacs : 1° en caoutchouc (*e*, *h*); 2° en grès *ou* en terre émaillée (*e*); 3° en tôle non étamée, ni galvanisée, ni plombée (*b*, *f*). — étamés, galvanisés, plombés ou peints (voir « Articles de ménage »). Bagues pour parure (voir « Boucles »). Baguettes en bois : 1° brutes ou plâtrées (*e*); 2° vernies, dorées, sculptées, ornementées (*e*, *h*). Bahuts (voir « Meubles »). Baies : 1° d'airelle, de myrtille, de sureau (*e*, *h*); 2° de genièvre, fenouil; 3° pour tannage et teinture. Baignoires : 1° en cuivre (*b*, *e*, *h*); 2° en fonte ordinaire (*b*, *e*); 3° en zinc (voir ce mot). Balais : 1° de bouleau et autres bois communs, non emmanchés (*i*), — emmanchés; 2° de sorgho *ou* de cameline, emmanchés *ou* non. Balances : 1° commerciales, en acier, fer, fonte (*b*, *f*), — en cuivre *ou* bronze (*b*, *e*, *h*); 2° de précision (*e*, *i*); 3° pour amusement des enfants (*e*, *h*). Balanciers : 1° de pendules, horloges (*e*, *h*); 2° pour machines-outils (voir ces mots). Balançoires : 1° pour enfants (voir « Cordages »); 2° en moelle de rotin *ou* autres pour poupées (*e*, *h*). Baleines : 1° de corne; 2° autres (voir « Fanons »). Balles : 1° explosibles pour armes à feu (voir « Cartouches »), — non explosibles (voir « Projectiles »); 2° pour jeux d'enfants, en caoutchouc, celluloïd, papier (e, h) ; 3° en peau, cuir (b, e, h). Ballons : 1° pour jeux d'enfants (voir « Balles ») ; 2° pour laboratoires, en verre (e, i). Bambous : 1° bruts (i) ; 2° ouvrés (voir « Moelles de jonc »). Bananes fraîches. Bancs en bois (voir « Sièges »). Bandages de roues bruts en fer, acier (b, e). Bandes [métaux en] (e)[1]. Barils vides ; 1° en bois tourné (voir « Tournerie ») ; 2° en bois non tourné. Baromètres (e, i). Barreaux en fonte (b, e). Barres (métaux en) : 1° acier (e); 2° argent[2]; 3° cuivre (e, i[3]); 4° étain (i) ; 5° fer (e) ; 6° or ou platine[2]; 7° zinc (i) ; 8° plomb : argentifère (i), — non argentifère, originaire de pays où les plombs argentifères sont exempts de droits de sortie (i), — d'autres pays. Barriques vides en bois. Baryte [carbonate] : 1° artificiel ou natif (i) ; 2° chimique (b, e). Bas : 1° en coton, laine (voir « Bonneterie ») ; 2° en cuir, peau (b, e, h). Bascules (f). Basilic [fleurs ou feuilles] (e, h). Basins [tissus de coton] (b, e, g, h). Basses, bassons (e, h). Bassins (voir « Ustensiles »). Bateaux de rivière : 1° en état de servir, en bois (f), — en fer ou acier (f, h) ; 2° à dépecer. Bateaux et bâtiments de mer : 1° en état de servir (b, f) ; 2° à dépecer. Bâtis de machines à coudre (b, f). Batiste (voir « Tissus de lin »). Bâts : 1° en alfa ou sparte, bruts (e), — teints (e, h) ; 2° en bois et cuir (b, e, h) ; 3° en bois. Batterie de cuisine : 1° en cuivre pur ou étiré (b, e, h) ; 2° en nickel (b, e, h) ; 3° en fer, acier, tôle (voir « Articles de ménage »). Batteuses pour l'agriculture (f). Battitures de fer (i). Baudriers (b, e, h). Baudruche (i). Baumes : 1° naturels exotiques (c) ; 2° factices, dits sympathique et de Riga (b, e, h), — autres (voir « Médicaments »). Bavettes en tissus (voir « Tissus »). Beauprés (v. « Mâts »). Bécasses (v. « Gibier »). Bêches (v. « Outils »). Becs : 1° de cannes, parapluies, en bois commun tourné, sculpté (voir « Tournerie ») — en bois fin, corne, ivoire (b, e, h) ; 2° de lampe, en cuivre poli ou verni (b, e, h) ; 3° de plumes en métaux autres que l'or et l'argent (e, h). Béliers (f). Bénitiers : 1° en bois fin (b, e, h) ; 2° en bois commun sculpté (e, h) ; 3° en pierre, marbre. Benzine et benzol (b, e, i). Béquilles sans parties métalliques en bois tourné (voir « Tournerie »). Berceaux : 1° en bois (voir « Meubles ») ; 2° en osier (voir « Vannerie »). Bérets : 1° en bonneterie ou tricot non foulés (voir « Bonneterie ») ; 2° en drap, crin, velours, fourrure, feutre de laine (e, h). Besicles (e, h). Bestiaux (f). Béton (tuyaux et objets moulés en

---

[1] Or, argent, platine, en bandes de moins de 1 millimètre épaisseur. (e, h).

[2] Or, argent, platine, en barres de moins de 5 millimètres épaisseur (e, h).

[3] Il s'agit du cuivre de première fusion. Cuivre laminé ou battu (e).

béton). Betteraves. Beurres : 1° de cacao (e, h); 2° de lait et beurres factices (e, h); 3° pharmaceutiques (voir « Médicaments »). Beurriers en verre, cristal (voir « Cristaux »). Biberons en verre, cristal (voir « Cristaux »). Bicarbonate de soude (b, e). Bichlorures de cuivre, d'éthylène, de mercure, de soufre (b, e). Bichromates : 1° d'ammoniaque, de chaux (b, e) ; 2° autres (e). Bicycles et bicyclettes (e, h). Bidons (voir « Chaudronnerie » ou « Articles de ménage »). Bière : 1° ordinaire (d¹, e) ; 2° médicinale (b, e). Bijouterie : 1° en métaux précieux (d, e, h); 2° fausse (b, e, h) ; 3° plaqués (b, e, h). Bilboquets (e, h). Billards (voir « Meubles »). Billards-jouets (e, h). Billes : 1° de billards, en ivoire (e, h); 2° pour jeux d'enfants (voir « Chiques »). Billettes (voir « Acier en barres »). Billon (voir « Monnaies »). Bimbeloterie (e, h). Binocles (e, h). Biots (voir « Bobines en bois pour filature »). Bioxyde de baryum (b, e). Biscaïens (voir « Articles de ménage, etc. »). Biscuit : 1° de mer; 2° biscuits sucrés des colonies et possessions françaises (c, h), — des pays étrangers (e, h); 3° de porcelaine (e, h); 4° de faïence fine (b, e). Bismuth : 1° métallique (i); 2° sels de bismuth (b, e, h). Bistouris (e, i). Bisulfites de chaux ou de soude (b, e). Bitter (voir « Amara »). Bitumes (i). Blagues à tabac : 1° en caoutchouc, tissu ou verroterie (e, h) ; 2° en cuivre, nickel, en métaux doublés ou plaqués (b, e, h). Blaireaux [pinceaux] (e, h). Blanc : 1° de baleine et de cachalot, brut, pressé ou raffiné ; 2° d'Espagne (i). Bleu de Prusse (e, h). Blondes (voir « Dentelles »). Blooms (voir « Acier en barres »). Blousses : 1° teintes (e, h); 2° non teintes (i). Blutoirs [machines] (f). Boas [fourrures] (e, h). Bobèches en verre ou en cristal (b, e, h). Bobines : 1° en bois : pour filature ou tissage, de 0ᵐ10 longueur ou moins (e, h), — de plus de 0ᵐ10 longueur (e), — petites à dévider le fil ; 2° en métal pour machines électriques (f, h). Bobins (voir « Tulles »). Bocaux en verre ou en cristal (voir « Cristaux » ou « Verres »). Bœufs (f). Bois : 1° bruts ; 2° communs équarris, en éclisses, feuillards, injectés ; 3° d'ébénisterie [autres que le buis] en bûches ou sciés à plus de 0ᵐ20 épaisseur (c, i), — sciés à 0ᵐ20 épaisseur ou moins (c); 4° d'essences résineuses en rondins ; 5° de teinture (c, i) ; 6° odorants (i) ; 7° **préparés pour allumettes, importés pour compte particulier** (a) ; 8° rabotés, rainés ou sciés. Bois équarris pour navettes : 1° bois communs ; 2° bois fins tels que buis, bois des îles, etc., pesant moins de 0ᵏ500 la pièce (e, h), — pesant 0ᵏ500 ou plus (voir « Bois d'ébénisterie, sciés »). Bois de brosses (e, h). Boissellerie : 1° Bobines, Bois de brosses, Boîtes en bois blanc, Manches d'outils (voir chacun de ces articles) ; 2° autres objets. Boissons : 1° distillées (b², d, e, h);

---

¹ La taxe intérieure est cumulée avec le droit de Douane.

² Les alcools *autres que de vin et de cerises* étaient prohibés antérieurement à la loi du 24 mai 1834. — Voir aussi ci-après « Rhums ».

2° fermentées (d, e). Boîtes à musique (b, f, h). Boîtes : 1° en bois blanc (e, h) ; 2° en incrustations (b, e, h) ; 3° en carton (f, h) ; 4° de montres (voir « Cuvettes »). Bombardons (e,h). Bonbonnes de verre : 1° revêtues d'osier (e) ; 2° autres (voir « Bouteilles »). Bonbonnières : 1° en bois fin, ivoire, nacre, (b, e, h) ; 2° en bambou, paille, revêtues d'étoffe ou de dessins (e, h). Bonbons : 1° des colonies et possessions françaises (c, h) ; 2° des pays étrangers (e, h). Bondes pour futailles : 1° en acier, fer, fonte (b, e) ; 2° en bois. Bonneterie : 1° de chanvre, lin, poil, ramie (e, h) ; 2° de coton [béraudine, fil perse] (b, e, g, h) ; 3° de laine (b, e, h) ; 4° de soie ou de bourre de soie pure (e, h), — mélangée d'or, d'argent faux (b, e, h). Bonnets : 1° à poils (e, h) ; 2° de drap, de crin, de tissus (voir « Bonneterie ») ; 3° en étoffe caoutchoutée (b, e, h). Borax : 1° brut natif ou artificiel (e, i) ; 2° mi-raffiné ou raffiné (e). Bordures en poils de chèvre cachemire fabriquées : 1° dans un pays d'Europe (b, e, h) ; 2° hors d'Europe (b, f, h). Bottes et bottines (b, e, h). Bouchons : 1° de liège (c, h) ; 2° mécaniques, en porcelaine et fil de fer (b, e, h). Boucles : 1° pour vêtements, en métaux précieux (d, e, h), — en bijouterie fausse, en doublé, plaqué (b, e, h) ; 2° en cuivre, fer (e, h), — en acier, fonte (b, e, h). Boucs (f). Bouées de sauvetage : 1° en liège ; 2° en liège recouvert de toile (e, h). Bougeoirs (voir « Candélabres »). Bougies : 1° en paraffine (d, e, h) ; 2° autres (d) [1]. Bouilloires et bouillotes : 1° en cuivre pur ou allié (b, e, h) ; 2° en fer, tôle, acier (voir « Articles de ménage »). Bouillon blanc [fleurs ou feuilles] (e, h). Boulanges. Boules : 1° de bleu (e, i) ; 2° d'iris (e, h) ; 3° en bois pour jeux (e, h) ; 4° en verre (e, h). Boulets en fer, acier (voir « Articles de ménage, etc. »). Boulons : 1° en fer (b, e) ; 2° en cuivre (b, e, h). Bourrache (e, h). Bourre : 1° de soie : en masse (e, i), — peignée (e) ; 2° de laine (i). Bourrées : 1° transportées *directement d'une forêt* par des bêtes de trait (i) ; 2° autres. Bourrellerie [articles de] (b, e, h). Bourres de fusils : 1° en carton découpé (f) ; 2° en feutre (e, h). Bourses : 1° en cuir, peau (e, h) ; 2° en or, argent (d, e, h) ; 3° en bonneterie, broderie (voir ces mots) ; 4° en grains de verre (e, h). Boussoles : 1° pour la navigation (e, i) ; 2° jouets (e, h). Boutargue (h). Bouteilles : 1° de verre, vides (b), — pleines ; 2° en grès commun (e), — fin (b, e). Boutons : 1° en métaux précieux (b, d, e, h) ; 2° en passementerie, verre (e, h) ; 3° en porcelaine (e, h. — Droit de 25 fr.) ; 4° en toute autre matière (b, c, h). Bouvillons (f). Boyaux frais, secs ou salés. Bracelets (voir « Boucles »). Brai : 1° minéral (i) ; 2° végétal. Brancards de voitures : 1° munis de ferrures (e) ;

---

[1] Les bougies-veilleuses en huile de coco solidifiée et celles en acide stéarique ou en cire sont exonérées de la taxe intérieure.

2° sans ferrures. Brebis (*f*). Breloques en verre (*b*, *e*, *h*). Bretelles : 1° en cuir *ou* en tissu de coton (*b*, *e*, *h*) ; 2° en autres tissus *ou* élastiques (*e*, *h*). Brides en cuir pour sabots (*b*, *e*, *h*). Brillant : 1° pour cuir (v. « Encre ») ; 2° pour nettoyage d'ustensiles de cuisine (*e*, *h*[1]). Brillantés [tissus de coton] (*b*, *e*, *g*, *h*). Briques : 1° ordinaires ; 2° en terre réfractaire (*e*). Briquets : 1° en cuivre (*e*, *h*) ; 2° en fer, acier polis (*e*) ; 3° nickelés (*b*, *e*, *h*) ; 4° **briquets-amorces, briquets-allumoirs, cannes-briquets** (*a*). Briquettes de houille. Bristol (voir « Carte ou papier »). Brisures de riz. Broches : 1° à tricoter, en acier, fer, cuivre (*e*, *h*. — Droit de 25 fr.) ; 2° pour cuisine, en cuivre (*b*, *e*, *h*), — en fer, acier (*b*, *e*) ; 3° autres pour habillement (voir « Boucles »). Brochets (voir « Poissons d'eau douce »). Brochettes : 1° en bois (voir « Bobines pour filature ») ; 2° en fer *ou* en acier pour filature et tissage (voir « Pièces détachées de machines »). Brochures : 1° paginées, sans gravures (*f*, *g*, *i*) ; 2° avec gravures, chromos (*f*, *g*, *h*). Brodequins (*b*, *e*, *h*). Broderies sur tissus : 1° de chanvre, lin (*e*, *h*) ; 2° de coton, laine, soie (*b*, *e*, *h*). Brome (*b*, *e*, *h*). Bromures (*b*, *e*, *h*[1]). Bronze : 1° d'ornement [objets d'art] (*b*, *e*, *h*) ; 2° d'aluminium ne contenant pas plus de 20 o/o d'aluminium (*e*), — d'une teneur supérieure à 20 o/o (*e*, *h*). Brosserie : 1° à manche d'ivoire *ou* d'écaille (*b*, *e*, *h*) ; 2° en toute autre matière (*e*, *h*). Brouettes : 1° pour transport du lait (*f*) ; 2° autres, de tous genres (*e*). Brûloirs à café : 1° mus à l'aide d'une manivelle (*e*) ; 2° actionnés mécaniquement (*f*). Buccins (*e*, *h*). Bûches de 1^m10 longueur *ou* moins, en quartiers refendus *ou* en rondins de circonférence atteignant au maximum au gros bout o^m60 : 1° transportées directement de la forêt par des bêtes de trait (*i*) ; 2° autres. Buffets : 1° pour ameublement (voir « Meubles ») ; 2° d'orgues d'église : pièces tournées (voir « Tournerie »), — autres parties (voir « Portes »). Buffleteries (*b*, *e*, *h*). Bugles (*e*, *h*). Buis en bûches *ou* scié : 1° à plus de o^m20 épaisseur (*i*) ; 2° à o^m20 ou moins. Burettes : 1° en fer-blanc *ou* en cuivre (voir « Articles de ménage » ou « Lampisterie ») ; 2° en verre, à robinet (*e*, *i*). Burins (*e*, *h*). Buscs pour corsets, garnis *ou* non : 1° en acier (*b*, *e*, *h*) ; 2° en baleine (*e*, *h*). Busettes : 1° en bois (voir « Bobines pour filature ») ; 2° en carton (*f*, *h*. — Droit de 25 fr.). Buvards en carton recouvert : 1° de toile cirée, de papier colorié, de dessins (*f*, *h*) ; 2° de peau *ou* d'incrustations (*b*, *e*, *h*).

Cabestans : 1° en métal (*f*) ; 2° en bois. Cabines pour ascenseurs, pour appareils téléphoniques (voir « Portes »). Cabinets de pendules, horloges, réveils (Régime de la matière — bois, mar-

---

[1] Et *d*, si le produit contient de l'alcool.

bre *ou* métal --- entrant dans la composition de l'objet). Câbles :
1° en fils de fer, acier, les fils ayant moins d'un demi-millimètre
de diamètre (*b, e, h*), — autres (*b, e*) : 2° en fils de cuivre
(*b, e, h*) : 3° en végétaux (voir « Cordages »). Cabriolets (voir « Voitures »). Cabris *ou* chevreaux (*f*). Cacao : 1° en fèves et pellicules (*c, h*) ; 2° broyé (*e, h*). Cachemire (voir « Châles »). Cachecorsets (voir « Tissus »). Cache-nez en laine (*b, e, h*). Cache-pots :
1° en carton (voir « Carton ») : 2° en lamelles de bois réunies par
des clous (*e, h*) ; 3° en papier mâché, sciure de bois *ou* autre
matière analogue comprimée (voir « Objets en carton ») : 4° en
treillage de bois verni *ou* peint. Cachets : 1° en cristal de roche monté sur métaux communs (*b, i*). — sur métaux précieux
(*b, d, e, h*) ; 2° en aluminium, acier, cuivre, laiton, en vitrifications montées sur métal (*b, e, h*) ; 3° en or, argent (*d, e, h*) :
4° en papier (*e, h*). Cachou (*c, i*). Cadenas : 1° en cuivre, laiton
ou avec parties de cuivre (*e, h*. — Droit de 25 fr.) ; 2° en fer
(*e*) ; 3° en acier (*b, e*). Cadmium brut (*i*). Cadrans d'horloges,
de montres, de pendules, de réveils : 1° en bois commun tourné
(voir « Tournerie »), — non tourné : 2° en bois fin (*b, e, h*) : 3° en
métal (*e, h*) ; 4° en papier, carton (voir « Gravures », etc.). Cadres : 1° en bois (voir « Baguettes ») : 2° en carton (voir « Carton ») :
3° en cuivre (*b, e, h*) ; 4° en faïence (voir « Faïences »). Café : 1° en
fèves et pellicules (*c, h*) : 2° torréfié *ou* moulu (*e, h*). Cafetières :
1° en fer-blanc (voir « Articles de ménage ») ; 2° en d'autres métaux (voir le nom e ce métal). Cages : 1° de pendules, réveils
(voir « Cabinets ») ; 2° d'oiseaux, en bois peint *ou* verni (*e, h*), —
en bois tourné (voir « Tournerie »), — en fils de fer *ou* d'acier
peints, polis, vernissés *ou* non (*e*). Cahiers pour écoliers en
papier rayé *ou* non : 1° non cartonnés (voir « Papier ») ; 2° cartonnés *ou* avec impressions (*f, h*). Caisses : 1° à eau, en fer-blanc, tôle galvanisée de 0"001 épaisseur *ou* moins (voir « Articles de ménage »). — autres non galvanisées (*b, f*) ; 2° en bois
commun. Calèches : 1° pour enfants (*e, h*) ; 2° autres (voir
« Voitures »). Caleçons en coton (*b, e, g, h*). Calendriers (*f, h*). Calepins (*e, h*). Calicot (*b, e, g, h*). Calorifères : 1° en cuivre (*b, f, h*) ;
2° en fer, fonte, tôle (*b, f*). Cambouis, formé : 1° de plombagine et de graisses animales autres que de poisson *ou* de goudron de houille (*f*) ; 2° d'huiles végétales, de graisse de poisson. Camisoles (voir « Tissus »). Camomille [fleurs] (*e, h*). Camphre (*c*). Canapés (voir « Sièges »). Canards : 1° sauvages (voir
« Gibier ») ; 2° domestiques. Canastres en joncs, roseaux (*e*). Candélabres : 1° en cuivre, bronze (*b, e, h*) ; 2° en ferronnerie (voir
« Articles de ménage ») ; 3° en fonte moulée (*b, e*) ; 4° en or, argent
(*d, e, h*) : 5° en porcelaine (voir ce mot) ; 6° dorés, argentés,
nickelés (*b, e, h*). Canettes (voir « Bobines pour filature »). Canifs (*b, e, h*). Cannelle (*c, h*). Cannes-fusils (*h*). Cannes montées
(*b, e, h*). Canons de fusils (*h*). Canots (voir « Bateaux »). Canules

(*b*, *e*, *h*). Caouanes de tortues (*c*, *i*). Caoutchouc brut *ou* refondu en masses (*c*, *i*). Capelines en bonneterie *ou* tricot (voir « Bonneterie »). Capotes : 1° pour voitures d'enfants (*e*, *h*) ; 2° autres (*b*, *e*, *h*) ; 3° capotes chapeaux (*e*, *i*) : 4° capotes manteaux (voir « Tissus »). Capsules de poudre fulminante : 1° **de guerre** (*a*) ; 2° de chasse (*b*, *e*, *h*). Carabines de commerce (*h*). Caractères : 1° à jour, en cuivre (*b*, *e*, *h*). — en fer (voir « Articles de ménage ») ; 2° d'imprimerie, en caoutchouc *ou* colle forte appliquée sur bois (*e*, *h*). — en métal. Carafes (voir « Gobeleterie ou Poterie »). Carapaces de tortues (*c*, *i*). Carbonates : 1° de plomb, soude (*e*) : 2° de potasse (*e*, *i*) : 3° de baryte, natif (*i*), — artificiel (*b*, *i*) : 4° de magnésie, natif (*i*), — artificiel (*b*, *e*). Cardamomes (*e*, *h*). Cardes non garnies (*b f*). Cardeuses pour matelassiers : 1° mues à la main (*f*, *h*) : 2° mues mécaniquement (*f*). Carillons : 1° [instruments de musique] (*e*, *h*) ; 2° carillons et boîtes à musique (*b*, *f*, *h*). Carmin (*e*, *h*). Carnets (voir « Carton et Cartonnages »). Carottes. Carouges. Carpes (voir Poissons). Carreaux : 1° céramiques (*e*) : 2° en ciment comprimé, marbre *ou* pierre : 3° en verre (*b*, *e*). Carrelets [limes] (*e*, *h*). Carrobes. Carrosserie (voir « Voitures »). Carte *ou* papier : 1° de fantaisie (*f*, *h*) : 2° autre que de fantaisie (*f*). Cartes : 1° à **jouer** (*a*) : 2° géographiques *ou* marines (*f*, *i*) ; 3° postales *ou* pour souhaits : non imprimées (voir Carte *ou* Papier), — imprimées (*f*, *h*). Carton : 1° brut en feuilles, coupé *ou* façonné (*f*) : 2° assemblé en boîtes (*f*, *h*) : 3° moulé, *dit* papier mâché (*e*). Carton-ardoise : 1° simplement coupé (*f*) : 2° encadré (*f*, *h*). Carton-cuir (*e*, *h*). Cartonnages décorés (*f*, *h*). Cartons perforés pour musique (*e*, *h*). Cartouches : 1° de guerre et de chasse **pleines** (*a*), — vides (*b*, *e*, *h*) ; 2° pour sociétés de tir (*b*, *e*, *h*). Cartouchières en cuir (*b*, *e*, *h*). Casimirs (voir « Tissus de laine »). Casques : 1° de cavalerie (*b*, *e*, *h*) ; 2° pour enfants (*e*, *h*) ; 3° en liège (voir « Chapeaux ») ; 4° en cuir bouilli (*b*, *e*, *h*). Casquettes en drap, crin, etc. (voir Chapeaux). Casse naturelle [fruits et graines] (*i*). Casse-noix : 1° en bois tourné (voir Tournerie), — non tourné : 2° en fer *ou* acier (voir « Articles de ménage ») ; 3° nickelés (*b*, *e*, *h*). Casseroles : 1° en cuivre (*b*, *e*, *h*) ; 2° en fer, tôle (voir « Articles de ménage ») ; 3° en fonte (*b*, *e*) ; 4° en grès, terre (*e*). Cassia lignea (*c*, *h*). Cassonade (voir « Sucre »). Castagnettes (*e*, *h*). Catalogues (voir « Imprimés » *ou* « Gravures »). Cédrats : 1° frais ; 2° confits (voir « Fruits »). Ceintures : 1° en cuir (*b*, *e*, *h*) ; 2° en tissu caoutchouté (*b*, *e*, *h*). Ceinturons en cuir (*b*, *e*, *h*). Cellules pour le transport des œufs de vers à soie (*e*, *h*). Celluloïd brut en feuilles, masses, plaques (*e*, *h*). Cellulose. Cendres : 1° de houille ; 2° bleues *ou* vertes ; 3° d'orfèvre (*i*) ; 4° végétales (*i*). Cérats (*b*, *e*, *h*). Cerceaux : 1° de tambours de basque (*e*, *h*) ; 2° pour enfants (*e*, *h*). Cercles en bois pour tonneaux. Cercueils en bois (voir « Portes »). Céréales (grains et farines). Cerfs (voir « Gibier »). Cerfs-volants (e, h). Cerises (voir « Fruits »). Cervelas (e, h). Chaînes : 1° en métal (v. ci-dessus «Anneaux»); 2° en fil de coton (b, f, h). Chaînes-câbles en fer ou acier (b, e). Chaires en bois (voir «Portes »). Chaises : 1° ordinaires et chaises longues (voir « Sièges ») : 2° pour amusement des enfants et chaises à porteurs (e, h). Chalands (voir «Bateaux»). Châles : 1° fabriqués à la main dans les pays hors d'Europe, châles de cachemire (b, f, h): 2° fabriqués en Europe (b, e, h); 3° brochés ou façonnés autres que cachemires (b, e, h). Châlets suisses (e, h). Champignons : 1° frais (i); 2° confits ou conservés (voir « Légumes »). Chandeliers : 1° en acier peint, poli, vernissé ou non (b, e): 2° en cuivre, étain, verre (b, e, h): 3° en fer peint, poli, vernissé ou non (e); 4° en or, argent (d, e, h); 5° en plaqué (b, e, h); 6° en porcelaine (voir ce mot); 7° en sel gemme (e, h). Chandelles : 1° de suif à mèche tissée, tressée ou moulinée chimiquement préparée (d); 2° autres. Chanvre : 1° brut, broyé, teillé et étoupes (i); 2° peigné. Chapeaux : 1° d'écorce, fibres de palmier, paille, sparte, blanchis, apprêtés, dressés ou garnis (e, h), — non blanchis, etc. (e); 2° de crin, feutre, fourrure, laine, soie (e, h); 3° de coton (b, e, h). Chapeaux chinois (e, h). Chapelets : 1° en argent, or (d, e, h): 2° en ambre, corozo, dent de morse, défense de sanglier, écaille, ivoire, nacre, en grains d'acier ou de cuivre (b, e, h); 3° en bois (e, h); 4° en rocaille, verre ou vitrifications (e, h). Charbons de bois. Charbons artificiels pour filtres ou éclairage électrique (e, h). Charcuterie fabriquée (e, h). Chariots pour transport des bagages, des arbres en mottes, des caisses à fleurs, pour grues à main, pour pompes à incendie à bras (b, e). Charnières : 1° en acier, fer, tôle (b, e): 2° en cuivre (b, e, h). Charpentes ou pièces de charpentes : 1° en acier ou en fer (b, e); 2° en bois. Charrettes : 1° à bras ou agricoles (e): 2° de luxe [voitures anglaises] (b, e, h). Charrues pour l'agriculture (f). Chars à bancs (b, e, h). Châssis : 1° en bois, pour bâtiments, horticulture, peinture (voir « Portes »); 2° en fer ou acier pour serres, vérandas (b, e). Châssis-presses en bois pour la photographie (e, h). Chasubles (voir «Tissus»). Châtaignes et leurs farines. Chats vivants (i). Chaudières : 1° à vapeur (f); 2° autres (voir « Chaudronnerie »). Chaudronnerie : 1° de cuivre pur ou allié à d'autres métaux (b, e, h); 2° de fer ayant o^moo1 épaisseur ou moins (voir «Articles de ménage»), — plus de o^moo1 (b, f); 3° de plomb (e); 4° de zinc (voir « Zinc ouvré »). Chaudrons en fonte moulée (b, e). Chaufferettes : 1° en bois tourné (voir « Tournerie»), — en bois non tourné ; 2° en bois garni de tôle, ladite tôle peinte, polie, vernissée ou non (e), — émaillée, étamée (e, h). Chaussettes (voir « Bonneterie»). Chaussons : 1° en feutre, laine, lisière, tricot (b, e, h); 2° en cuir, peau (b, e, h). Chaux : 1° ordinaire (i); 2° hydraulique. Cheminées en ardoise,

en marbre. Chemises et chemisettes (voir « Tissus »). Cheneaux :
1° en plomb (e) : 2° en fer, acier galvanisés ou plombés (b, e),
— non plombés, ni galvanisés (voir « Chaudronnerie »). Chenets :
1° en cuivre (b, e, h) : 2° en fer (voir « Articles de ménage ») :
3° en fonte (b, e). Chevalets : 1° de guitares, mandolines (e, h) ;
2° de violons (b, e, h). Chevaux (f, h). Chevaux mécaniques
pour enfants (e, h). Cheveux : 1° naturels (i) : 2° appliqués sur
carton, tissu ou montés en bijoux (e, h — et d, s'il s'agit d'une
monture en or, argent, vermeil). Chèvres et chevreaux (f).
Chevreuils (voir « Gibier »). Chicorée brûlée ou moulue (b, e).
Chiendent (i). Chiens (i). Chiens : 1° pour armes (h) ; 2° de
mer (voir « Poissons »). Chiffons (i). Chiffres (voir « Caractères »).
Chignons : 1° en cheveux simples (i) ; 2° en cheveux mélangés
d'autres matières (e, h). China-grass (i) ; Chinois (voir « Fruits »).
Chiques : 1° en agate : 2° en faïence ordinaire (e), — fine (b, e) :
3° en marbre, pierre (voir « Albâtre » ou « Pierres ouvrées ») ; 4° en
porcelaine (voir ce mot) : 5° en verre (e, h). Chlorates (b, e, h).
Chlore (b, e). Chlorhydrate d'ammoniaque (e). Chloroforme
(b, d, e, h). Chlorures : 1° d'aluminium (b, e, h) : 2° de chaux,
de magnésium (b, e) : 3° de potassium (e, i) ; 4° de sodium (voir
« Sel ») : 5° double d'aluminium et de sodium (b, e, h. — Droit de
25 fr.). Chocolat (e, h). Choucroute. Choux. Christ : 1° en bois
fin, ivoire (b, e, h) : 2° en or, argent (d, e, h) ; 3° en carton
(voir « Objets en carton ») : 4° en métal nickelé, en plaqué
(b, e, h). Chromates : 1° de plomb, de potasse (e) : 2° autres (b, e). Chromé (b, e). Chromos : 1° sur papier, carte ou
carton (f, h) : 2° sur tissu de coton (b, e, h). — sur autres tissus (e, h). Chronographes et chronomètres : 1° de poche (b, f, h) ;
2° pour navires (e, i). Chrysolithes (i). Chrysoprases (voir
« Agates »). Cibles en fer, acier (voir « Articles de ménage », etc).
Cidre (d, e). Cierges : 1° en acide stéarique, cire animale ou
végétale (d) : 2° en cire minérale, en paraffine pures ou mélangées (d, e, h). **Cigares et cigarettes importés pour
compte particulier** (a, b). Ciments : 1° métalliques (b, e) ;
2° ordinaires : 3° vitreux (b, e). Cinabre (voir « Sulfure de mercure »). Cinématographes (e, i). Cirage : 1° ordinaire, sans alcool,
ni essence : 2° à l'alcool ou à l'essence (e, h — et d, s'il s'agit
d'alcool). Circulaires commerciales (voir « Gravures » ou « Imprimés »). Cire : 1° à cacheter (e, h) ; 2° brute animale ; 3° minérale (ozokérite), brute, — raffinée (e, h) ; 4° ouvrée autrement
qu'en bougies : 5° végétale ; 6° résidus de cire (i). Cisailles :
1° mécaniques (voir « Machines-outils ») ; 2° autres (voir « Outils »).
Ciseaux (b, e, h). Cithares (e, h). Citrate de chaux (e). Citrons
(voir « Fruits »). Citrouilles. Claies : 1° en lames de bois ; 2° en
bois brut, jonc, paille, osier ou rotin (e). Clairons (e, h). Cla-
pets : 1° en caoutchouc pur (e, h) : 2° en cuir (b, e, h). Claques
en cuir (b, e, h). Clarinettes (e, h). Clavecins (e, h). Claviers de

pianos, orgues (*e*, *h*). Clefs : 1° de montres (*e*, *h*) ; 2° en fer pour serrures (*b*, *e*) ; 3° en cuivre (*b*, *e*, *h*). Clichés : 1° en métaux (*f*, *i*) ; 2° photographiques [plaques négatives] (*e*, *i*). Clinquant (voir « Argent, Cuivre, Etain, Or, Plomb laminés, battus ou en feuilles »). Cloches et clochettes : 1° en acier, fer (voir « Articles de ménage ») ; 2° en cuivre, bronze (*b*, *e*, *h*) ; 3° pour jardins, en verre uni (*b*, *e*). Cloches de chapeaux (voir « Chapeaux »). Clôtures (voir « Câbles en fer, Grillages, Toiles métalliques »). Clous [1] : 1° en cuivre (*b*, *e*, *h*) ; 2° en fer ou acier, gros, moyens ou petits (*b*, *e*), — très petits [pesant moins de 200 grammes le mille] (*b*, *e*, *h*) ; 3° en fonte moulée (*b*, *e*). Clous de girofle (*c*, *h*). Coaltar (*i*). Cobalt [minerai] (*i*). Cocaïne (*b*, *e*, *h*). Cochenille (*c*, *i*). Cochons : 1° domestiques (*f*) ; 2° sauvages (voir « Gibier »). Cocos : 1° fruits ; 2° coques vides (*i*). Cocons de soie (*e*, *i*). Coffres : 1° en bois (voir « Meubles » ou « Coffrets ») ; 2° en fer ou acier (voir « Articles de ménage ») ; 3° en osier (*e*). Coffre-forts (voir « Coffres »). Coffrets : 1° en bois commun, verni, teint, sculpté (*e*, *h*) ; 2° en bois fin, ivoire, nacre (*b*, *e*, *h*) ; 3° en carton décoré (*f*, *h*) ; 4° en or, argent, vermeil (*d*, *e*, *h*) ; 5° en d'autres matières telles que coquillages, sel gemme, etc. (*e*, *h*). Cognées (voir « Outils »). Coiffes (voir « Tissus »). Coiffures (voir « Chapeaux »). Coins : 1° pour fendre le bois (voir « Outils ») ; 2° pour impression (*f*, *i*). Coings (voir « Fruits »). Coke. Colle de poisson (*e*, *h*). Colle forte (*i*). Collets : 1° en fourrures (*e*, *h*) ; 2° en tissus (voir ce mot). Colliers : 1° de parure (voir « Chapelets ») ; 2° pour animaux (*b*, *e*, *h*) ; 3° en acier, fer (voir « Articles de ménage »). Collodion (*b*, *d*, *e*, *h*). Collyres (*b*, *e*, *h*). Colonnes : 1° en fonte (*b*, *e*) ; 2° en marbre (voir ce mot). Colophane. Cols : 1° en papier doublé de tissu (*f*, *h*) ; 2° en celluloïd (*b*, *e*, *h*) ; 3° en tissu (voir ce mot). Cols-cravates (voir « Cravates »). Commodes (voir Meubles). Compas : 1° de bureau, de cordonnier, de navires (*e*, *i*) ; 2° de charpentiers, ciseleurs, menuisiers, tourneurs (voir « Outils ») ; 3° autres (*e*, *h*). Compotes (voir « Confitures »). Compte-gouttes en verre (*b*, *e*, *h*). Compteurs : 1° de marche [podomètres] (*b*, *f*, *h*) ; 2° de tours, d'électricité, de gaz, d'eau (*b*, *f*, *h*). Comptoirs pour magasins (voir « Meubles »). Concertinos (*e*, *h*). Concombres (voir « Fruits »). Condiments pour bestiaux, chevaux, oiseaux, volaille : 1° additionnés de poivre à plus de 3 o/o (*c*, *h*), — de sucre, mélasse (*e*) ; 2° autres. Conduites (voir « Tuyaux »). Conduits en papier bituminé (*f*). Confetti (*f*, *h*). Confitures : 1° au sucre ou au miel, des colonies et possessions françaises (*c*, *h*), — des pays étrangers (*e*, *h*) ; 2° sans sucre, ni miel. Congres (voir « Poissons »). Conserves en boîtes : 1° gibier

---

[1] Autres que ceux en acier ou fer pour cordonniers et que ceux en fer ou cuivre pour selliers, lesquels clous ne comportent pas la lettre *b*.

(*e, h* — Droit de 25 fr.) : 2° viandes[1]. Conserves (*e, h*). Constructions métalliques (*b, e*). Contrebasses en bois *ou* en cuivre (*e, h*). **Contrefaçons en librairie** (*a*). Contreforts pour chaussures : 1° en carton (voir « Objets en carton ») ; 2° en cuir (*b, e, h*). Copal taillé *ou* ouvragé (*e, h*). Copeaux : 1° d'acier, fer (*i*) ; 2° pour allumer le feu. Coqs : 1° de basse-cour ; 2° de forêt, de bruyère (voir « Gibier »). Coques : 1° de coco (*i*) ; 2° de navires en état de servir (*b. f*), — à dépecer. Coquillages : 1° pleins (*i*) ; 2° vides : haliotides et autres propres à l'industrie (*i*), — nacre de perle (*c, i*). Corahs : 1° d'origine extra-européenne, fabriqués avec de la soie écrue sans apprêt, teinture, ni impression (*e, i*) ; 2° autres (*e, h*). Corail : 1° naturel brut *ou* naturel taillé non monté (*i*) ; 2° monté (voir « Bijouterie ») ; 3° factice, en verre (*e, h*). Corbeilles : 1° en bambou, jonc, osier, paille, palmier, rotin (voir « Vannerie ») ; 2° en verre filé (*e, h*). Corbillards (voir « Voitures »). Cordages : 1° de chanvre, lin, jute, phormium, abaca, etc. (*e. h*) ; 2° de jonc, sparte, tilleul ; 3° en métal (voir « Câbles »). Cordes en cuir (*b, e, h*). Cordes harmoniques en boyaux *ou* filées (*e, h*). Cordonnets (voir « Passementerie »). Cornemuses (*e, h*). Cornes de bétail : 1° brutes (*i*) ; 2° préparées *ou* débitées en feuilles (*e*). Cornes et cornets d'appel (*e, h*). Cornets à piston (*e, h*). Cornets à jouer en corne *ou* cuir (*e, h*). Cornichons (voir « Fruits »). Cornues à gaz : 1° en fonte (*b, e*) ; 2° en terre réfractaire (*e*). Cors [instruments de musique] (*e, h*). Corsets (*e, h*). Cosses : 1° d'arachides (*i*) ; 2° d'autres végétaux ; 3° en fer *ou* acier pour voiles de navires (*b, e*). Coton : 1° en laine *ou* non égréné (*e, i*)[2] ; 2° en feuilles cardées *ou* gommées [ouate]. **Coton-poudre** (*a*). Couffins (voir « Vannerie »). Coulants : 1° en bois commun tourné (voir « Tournerie »). — non tourné ; 2° en bois fin, corne, os (*b, e, h*) ; 3° en métal (*b, e. h*). Couleurs : 1° à l'huile *ou* à l'eau ; 2° non dénommées (*e*). Coupe-boulons, coupe-pain, coupe-sucre, coupe-tubes, coupe-verre, couperets de bouchers (voir « Outils »). Coupe-papiers : 1° en bois *ou* en os (*e, h*) ; 2° en caoutchouc, corne, cuivre, écaille, étain, ivoire, nacre *ou* dorés, argentés, nickelés (*b, e, h*) ; 3° en fer, acier (voir « Articles de ménage ») ; 4° en fonte (*b, e*) ; 5° en métaux précieux (*d, e, h*). Couperose (*e*). Coupes en marbre, albâtre, verre *ou* cristal (voir chacun de ces mots). Coups-de-poing : 1° en acier *ou* fer (voir « Articles de ménage », etc.) ; 2° en cuivre *ou* nickelés (*b, e, h*). Courges (*i*). Couronnes en vitrifications (*e, h*). Courroies en tissu caoutchouté *ou* en cuir (*b, e, h*). Cous-

---

[1] Les pâtés de foie gras et les extraits de viandes sont spécialement repris ci-après.

[2] L'entrée du coton est permise, sur les frontières de terre, par tous les bureaux indistinctement.

sinets : 1° en fonte moulée (*b, e*) ; 2° autres (voir « Pièces détachées de machines »). Coussins : 1° pour voitures, wagons (voir « Tissus ») ; 2° paillassons (*e*). Coutellerie (*b, e, h*). Coutils : 1° de coton (*b, e, g, h*) ; 2° de chanvre, lin, ramie (*e, g, h*). Couverts : 1° de poche, en fer avec manche en bois (*b, e, h*) ; 2° en bois commun tourné (voir « Tournerie »), — non tourné ; 3° en bois fin, nacre, ivoire, écaille (*b, e, h*) ; 4° en or, argent (*d, e, h*) ; 5° en acier, nickel, étain *ou* plaqués (*b, e, h*) ; 6° en os (*e, h*). Couvertures : 1° d'albums à photographies, en peau, bois, étoffe, papier uni ou décoré et autres (*b, e, h*) ; 2° de coton (*b, e, g, h*) ; 3° de laine (*e, h*). Couveuses artificielles (*f*). Couvre-lits et couvre-pieds de coton (*b, e, g, h*). Craie (*i*). Cravaches : 1° en bois tourné (voir « Tournerie »), — non tourné ; 2° en cuir, peau (*e, h*) ; 3° cravaches-jouets (*e, h*). Cravates, cols-cravates en tissu de toute espèce (*e, h* — et *d*, s'il s'agit de coton). Crayons : 1° en craie, pierre (*i*) ; 2° en bois commun ou fin (*e, h*). Crécelles (*e, h*). Crème d'ossias (*e*). Créosote : 1° de bois, éther (*b, e, h*) ; 2° de houille (*b, e, i*). Crêpes de santé (voir « Tissus »). Crésol et crésylol : 1° purs (*b, e, i*) ; 2° [dérivés de] (*b, e*). Creusets : 1° en terre réfractaire, graphite *ou* plombagine (*e*) ; 2° pour laboratoires de chimie (*e, i*) ; 3° en fonte, fer, acier bruts *ou* grossièrement ébarbés (v. « Fonte, 3° »), — polis, peints, etc. (v. « Articles de ménage »). Crevettes : 1° fraîches ; 2° conservées (*h*). Cribles : 1° tout en bois ; 2° ayant le fond en crin, soie (*e, h*), — en toile métallique (voir ces mots), — en peau (*b, e, h*). Criblures de blé. Crics (*f*). Crin : 1° brut (*i*) ; 2° préparé *ou* frisé. Cristal de roche : 1° brut (*i*) ; 2° ouvré (*b, i*). Cristaux [verre] : 1° unis, moulés, blancs *ou* unicolores et teintés dans la masse, sommairement taillés et gravés (*b, e*) ; 2° décorés d'or *ou* de couleur (*e, h*). Cristaux : 1° de soude (*e*) ; 2° de tartre (*e, i*). Crochets : 1° à broder (*e, h*) ; 2° de traction (*b, e*) ; 3° en fer munis de pas de vis (*b, e*), — sans vis (voir « Pointes » *ou* « Clous ») ; 4° en cuivre (*b, e, h*). Crocs à fumier (voir « Outils »). Crocus minéral (*b, e, h*). Croissants : 1° pour la table ; 2° pour l'élagage (voir « Outils »). Croix : 1° en bois commun pour cercueils (voir « Baguettes ») ; 2° pour parure, en métaux précieux (*d, e, h*) ; 3° en bois fin, caoutchouc, corne, ivoire, nacre, nickel, os (*b, e, h*). Croquets (*e, h*). Crosses : 1° de cannes, parapluies, en bois commun non tourné, — en bois tourné (voir « Tournerie »), — en bois fin, corne, écaille, ivoire, nacre, nickel, en métaux nickelés, en doublé (*b, e, h*) ; 2° en bois simplement scié, pour fusils ; 3° pour armes d'enfants (*e, h*). Croupons et croûtes (voir « Peaux »). Cruches et cruchons (voir « Poteries »). Crucifix (voir « Croix »). Cubèbe (*e, h*). Cudbéard (*e*). Cuillers : 1° en bois commun tourné (voir « Tournerie »), — non tourné ; 2° en bois dur, corne, cuivre, os (*e, h*) ; 3° en fer, acier polis (*e*) ; 4° en étain, métal anglais, ivoire, nacre, écaille, métaux plaqués (*b*, *e*, *h*); 5° en métaux précieux (*d*, *e*, *h*). Cuirasses : 1° de date antérieure au XVIII° siècle (*e*, *i*); 2° pour enfants (*e*, *h*); 3° pour cavalerie (*b*, *h*). Cuir de veau odorant *dit* de Russie (*b* — voir « Peaux »). Cuir factice (*e*, *h*). Cuirs à rasoirs (*e*, *h*). Cuisines en fer pour navires (voir « Articles de ménage »). Cuivre : 1° allié de zinc, filé, poli [autre que pour cordes d'instruments] (*b*, *e*); 2° filé sur soie, doré et argenté (*b*, *e*, *h*); 3° fondu en barres, masses, plaques, saumons (*e*, *i*); 4° battu *ou* laminé, en barres, fils, planches (*e*); 5° limailles *ou* minerai (*e*, *i*); 6° ouvré, en objets simplement tournés (*e*, *h*), — en objets de travail plus soignés, *ou* dorés, vernis, bronzés (*b*, *e*, *h*). Culottes : 1° en peau (*b*, *e*, *h*); 2° en tissu (voir ce mot). Curcuma : 1° en poudre (*b*, *i*); 2° en racines (*i*). Cure-dents et cure-oreilles : 1° en bois peint *ou* verni, en os, plume (*e*, *h*); 2° en défense de sanglier, dent de morse, écaille, ivoire, nacre (*b*, *e*, *h*); 3° en bois commun non peint *ni* verni : tournés (voir « Tournerie »), — non tournés. Curvimètres (*e*, *i*). Cuveaux et cuves : 1° en bois blanc même cerclé en fer ; 2° en métal (voir le nom de ce métal). Cuvettes : 1° en caoutchouc durci (*e*, *h*); 2° en grès commun (*e*), — fin (*b*, *e*); 3° en cristal, porcelaine, verre (voir chacun de ces mots). Cuvettes de montres : 1° en or, argent (*d*, *f*, *h*); 2° en matières non précieuses (*f*, *h*). Cylindres : 1° en cuivre, laiton pour impression : gravés (*f*), — non gravés (*e*); 2° détachés d'instruments de musique (*e*, *h*). Cymbales (*e*, *h*).

Dagues (*b*, *e*, *h*). Dalles : 1° en ardoise, asphalte, béton, ciment, en gravier, marbre, sable agglomérés ; 2° en pierre, plâtre, stuc (voir « Pierres ouvrées ») ; 3° en verre coulé (*b*, *e*). Damassés (voir « Tissus », selon l'espèce). Damiers : 1° en bois commun (*e*, *h*); 2° en bois fin (*b*, *e*, *h*). Dames-jeannes (voir « Bonbonnes »). Dari [grains et farines]. Dattes : 1° fraîches *ou* sèches (voir « Fruits ») ; 2° entièrement torréfiées (*e*). Datura (*e*, *h*). Débris de vieux ouvrages : 1° en acier, fer, fonte (*b*, *e*); 2° en cuivre (*e*, *i*); 3° en étain, plomb, zinc (*i*). Décalcomanies (*f*, *h*). Déchets : 1° de laine (*i*); 2° végétaux non dénommés (*i*). Défenses : 1° d'éléphant (*e*, *i*); 2° de navires, en cordages et liège (*e*, *h*). Dégras de peaux. Démêloirs (voir « Peignes »). Dentelles : 1° de bourre de soie, chanvre, lin, ramie *ou* soie (*e*, *h*); 2° de coton laine, (*b*, *e*, *h*); 3° mélangées d'or ou d'argent faux (*b*, *e*, *h*). Dents : 1° d'éléphants (*e*, *i*); 2° d'autres animaux (*i*); 3° de rots en fer et en cuivre (*f*, *h*). Déplantoirs (voir « Outils »). Derle (*i*). Dés à coudre : 1° en argent, or (*d*, *e*, *h*); 2° en bijouterie fausse *ou* en doublé, plaqué *ou* nickelés (*b*, *e*, *h*); 3° en acier, fer, peints, polis, vernissés *ou* non (*e*); 4° en cuivre (*e*, *h*). Dés à jouer : 1° en bois commun *ou* en os (*e*, *h*); 2° en ivoire, nacre (*b*, *e*, *h*).

Désincrustants pour chaudières et autres : 1° à base de mélasse (voir ce mot), — d'extrait de bois de teinture rouge (e. h). — de soude (e) ; 2° autres (b. e). Dessertes (voir « Meubles »). Dessins (voir « Gravures »). Détonateurs de mines (e, h). Dévidoirs à main : 1° en bois tourné (voir « Tournerie ») ; 2° en bois non tourné. Dextrine. Diamants : 1° bruts (i) ; 2° montés (voir « Bijouterie ») ; 3° pour vitriers (voir « Outils »). Diapasons : 1° en acier poli ou vernissé (b, e) ; 2° en cuivre (b. e. h). Doloires (voir « Outils »). Dominos : 1° en bois commun (e. h) ; 2° en bois fin ou autres matières (b. e. h). Dossiers de sièges en bois (voir « Meubles en bois courbé »). Doubles-décimètres gradués, en bois (e. i). Douilles de cartouches (b. e. h). Douvelles de barriques. Dragées (voir « Bonbons »). Drap [laine] (b. e. h). Draps : 1° de coton (b. e. g. h) ; 2° de laine pour ameublement (b. e. h), — pour habillement (b. e. h) ; 3° feutrés pour machines. pianos (e. h). Drèches (i). Drilles de vieux tissus et de vieilles voiles de navires : 1° en balles pressées et cerclées en fer (i) ; 2° présentées autrement (f¹. i). Duvet (e, h). Dynamite (d. f². g. h). Dynamomètres : 1° en acier, fer, fonte (voir « Articles de ménage ») ; 2° en cuivre (b. e, h). Dynamos (f, h).

Eaux : 1° de senteur (voir « Parfumerie ») ; 2° distillées alcooliques (d, e, h), — non alcooliques ; 3° minérales [en bouteilles ou cruchons] provenant de sources autorisées (i). Eaux-de-vie : 1° de cerises ou de vin (d, e. h) ; 2° autres (b. d, e, h). Eaux-fortes (voir « Gravures »). Ebène (voir « Bois d'ébénisterie »). Ebonite : 1° brut ou refondu en masses (e, i) ; 2° travaillé (e, h). Ecaille factice (e, h). Ecailles naturelles : 1° de tortues (c. i) ; 2° d'huîtres (i). Ecaussines brutes ou polies, sculptées moulurées ³. Echalas bruts ou fabriqués. Echalottes. Echappements d'horlogerie (voir « Mouvements d'horlogerie ou de montres »). Echarpes en tissu de poil cachemire (b. f. h). Echecs : 1° en bois commun (e, h) ; 2° en bois fin, ivoire, nacre (b, e, h). Echelles en bois tourné (voir « Tournerie »), — non tourné. Echenilloirs (voir « Outils »). Ecorces : 1° à tan, moulues ou non ; 2° d'épine-vinette, de fustet, de sumac (i) ; 3° de tilleul pour cordages (i) ; 4° médicinales : de citrons, oranges et autres fruits de la même famille, — de quinquina et autres (i). Ecrans : 1° à main (e, h) ; 2° de foyer, à monture de bois tendue de cuir, papier, tissu (voir « Meubles autres qu'en bois courbé et que sièges »), — avec chromo,

---

¹ Voir lettre z de la liste n° 2.

² Les bureaux d'introduction sont spécialement désignés par décrets.

³ Si l'épaisseur des blocs taillés ou sciés atteint ou dépasse 0m16, les écaussines sont exemptes de droits.

papier peint, peintures (*e*, *h*). Ecrémeuses (*f*). Ecrevisses : 1º de mer (voir « Crevettes ») ; 2º autres (voir « Poissons d'eau douce »). Ecrins à bijoux : 1º en bois recouvert de papier, peluche, satin, velours (*c*, *h*) ; 2º en carton recouvert de toile, tissu (*f*, *h*). Ecritoires : 1º en albâtre, marbre ; 2º en bois, corne, os, verre (*e*, *h*) ; 3º en bronze, cuir, cuivre, écaille, étain, ivoire, nacre ou en métaux dorés, argentés, nickelés (*b*, *c*, *h*) ; 4º en carton (voir « Objets en carton ») ; 5º en fer (voir « Articles de ménage ») ; 6º en or, argent (*d*, *e*, *h*) ; 7º en plomb (*e*). Ecrous en fer (*b*, *c*). Ecuelles : 1º en bois commun tourné (voir « Tournerie »), — non tourné ; 2º en carton, papier mâché (voir « Objets en carton ») ; 3º en étain (*b*, *c*, *h*) ; 4º en fer (voir « Articles de ménage »). Ecume de mer : 1º brute (*i*) ; 2º travaillée (*e*, *h*). Ecumoires (voir « Articles de ménage »). Effets (voir « Vêtements »). Elixirs : 1º d'eucalyptus, de pepsine, de quinquina, de rhubarbe (*b*, *e*, *h*) ; 2º de Garus (*b*, *e*, *h*) ; 3º de menthe, de Chanten (*b*, *d*, *e*, *h*). Email en masse ou en tubes (*c*). Emaux cloisonnés en cuivre pur ou allié (*c*, *h*). Embarcations (voir « Bateaux »). Embouchures d'instruments de musique en cuivre (*c*, *h*). Emeraudes (*i*). Emeris : 1º bruts ou concassés irrégulièrement (*i*) ; 2º en grains ou pulvérisés ; 3º agglomérés ou appliqués sur papier, tissus (*e*, *h*). Emétique (*b*, *c*, *h*). Empeignes de chaussures (*b*, *c*, *h*). Encres : 1º à écrire, à dessiner, à imprimer (*e*, *h*. — Droit de 25 fr.) ; 2º pour marquer le linge (*b*, *c*). Encriers (voir « Ecritoires »). Engrais chimiques ou autres (*i*). Engrenages : 1º en bois ; 2º en métal (voir « Pièces détachées de machines »). Enseignes : 1º en verre (*b*, *c*, *h*) ; 2º en bois. Entonnoirs : 1º en cuivre (*b*, *c*, *h*) ; 2º en fer (voir « Articles de ménage ») ; 3º en verre pour laboratoires (*e*, *i*). Enveloppes : 1º de cartouches de chasse (*b*, *e*, *h*) ; 2º en carton (voir « Carton ») ; 3º en paille pour bouteilles (*e*) ; 4º pour correspondance (voir « Papier »). Epeautre. Epées (voir « Armes »). Eperons : 1º en acier ou en fer poli (*e*, *h*) ; 2º en argent (voir « Bijouterie ») ; 3º en nickel, métal nickelé, en plaqué, doublé (*b*, *c*, *h*). Epeulots en bois, carton (voir « Bobines pour filature »). Epices préparées : 1º moutarde (*e*) ; 2º sauces et autres (*e*, *h*). Epinettes [instruments de musique] (*e*, *h*). Epine-vinette (voir « Fruits »). Epingles : 1º en acier (*e*, *h*) ; 2º en laiton ou fer étamé (*e*, *h*) ; 3º en or, argent (*d*, *c*, *h*) ; 4º en bois pour attacher le linge ; 5º à cheveux ou pour parure, en bois fin, celluloïd, corne, écaille, ivoire, nacre, en métaux plaqués ou doublés (*b*, *c*, *h*). Eponges (*e*, *h*). Epoussetoirs pour meubles (*c*, *h*). Eprouvettes en verre pour laboratoires (*e*, *i*). Equerres pour architectes, dessinateurs (*e*, *i*). Escargots (*i*). Espadrilles : 1º en coton simple ou garni de cuir (*b*, *c*, *h*) ; 2º en alfa, jonc (voir « Vannerie »). Espars. Espingoles : 1º de fabrication antérieure au XVIIIᵉ siècle (*c*, *i*) ; 2º pour panoplies (*b*, *c*, *h*) ; 3º autres (*b*, *h*). Esprit de bois (voir « Alcool méthylique »). Essaims d'abeilles (*i*).

Essences : 1° de houille (*b*, *e*, *f*); 2° de térébenthine (*e*); 3° médicinales (voir « Médicaments »); 4° volatiles (*e*, *h*). Essieux : 1° en acier *ou* en fer forgé (*b*, *e*); 2° en bois. Essuie-plumes (*e*, *h*). Estagnons (voir « Chaudronnerie »). Estampes (voir « Gravures »). Esturgeons (voir « Poissons de mer »). Etablis en bois pour menuisiers. Etagères : 1° en bois commun (voir « Meubles autres qu'en bois courbé et que sièges »); 2° en bois fin (*e*, *h*); 3° en bois incrusté (*b*, *e*, *h*). Etain : 1° brut en barres, masses, plaques, saumons (*i*); 2° en lingots, battu *ou* laminé; 3° limaille, minerai et débris de vieux ouvrages (*i*); 4° travaillé (*b*, *e*, *h*). Etain de glace (*i*). Etambots en fer *ou* acier (*b*, *e*). Etamine : 1° de coton (*b*, *e*, *g*, *h*); 2° de laine (*b*, *e*, *h*). Etançons. Etaux (voir « Outils »). Ethers acétique et sulfurique (*b*, *d*, *e*, *h*). Ethyl, éthylaniline (*b*, *d*, *e*). Etiquettes : 1° en carton (*f*, *h*); 2° en bois; 3° en zinc (voir ce mot). Etoffes (voir « Tissus »). Etoiles à dévider : 1° en bois tourné (voir « Tournerie »), — non tourné; 2° en celluloïd, écaille, ivoire, nacre (*b*, *e*, *h*); 3° en os (*e*, *h*); 4° en carton (*f*, *h*. — Droit de 25 fr.). Etoles (v. « Tissus »). Etoupes de plantes textiles (*i*). Etriers (voir « Eperons »). Etrilles (voir « Outils »). Etrivières en cuir (*b*, *e*, *h*). Etuis : 1° en bois, laque non incrustée, os, verre (*e*, *h*); 2° en écaille, ivoire, nacre, laque incrustée, cuivre, nickel (*b*, *e*, *h*); 3° en carton *ou* papier mâché (voir « Objets en carton »); 4° en cuir [pour chapeaux] (*b*, *e*, *h*); 5° en fer, acier (voir « Articles de ménage »); 6° en peau *ou* en cuir verni, en paille [pour cigares, gaînerie, instruments de musique] (*e*, *h*). Eventails (*e*, *h*). Extraits : 1° alcooliques (voir « Médicaments »); 2° de bois de teinture autres que ceux de garance : noirs et violets (*b*, *e*), — rouges et jaunes (*b*, *e*, *h*); 3° de garance (*b*, *e*, *f*); 4° de châtaignier (*e*); 5° de quinquina (*b*, *e*); 6° de viandes (*e*, *h*).

Façonnés (voir « Tissus de coton *ou* de soie »). Fagots (voir « Bûches »). Faïences : 1° fines (*b*, *e*); 2° stannifères (*e*). Faisans (voir « Gibier »). Faneuses (*f*). Fanons de baleine : 1° bruts (*i*); 2° coupés et apprêtés (*e*, *h*). Fard (*e*). Fardiers (*e*). Farines de céréales, de fèves. Faucheuses (*f*). Faucilles (*e*, *h*). Fauteuils : 1° en bambou *ou* bois (voir « Sièges en bois courbé ou non »); 2° en fer pour jardins (voir « Articles de ménage », etc.); 3° pour chirurgiens (*f*). Faux (*e*, *h*). Faux-cols : 1° en celluloïd (*e*, *h*); 2° en papier *ou* carte doublé de tissu (*f*, *h*); 3° en tissu (voir ce mot). Fécules. Feldspath ordinaire *ou* brut (*i*). Fenêtres en bois (voir « Portes »). Fenouil (voir « Baies ou Fruits »). Fer : 1° brut en massiaux (*b*, *e*); 2° en barres, copeaux, feuillards, fils, rails, tôles (*e*); 3° étamé (*e*); 4° limailles, minerai (*i*); 5° ouvré (voir « Articles de ménage », etc., ou dans la présente liste, chaque objet nommément désigné); 6° objets en fer coulé (voir « Acier

— objets en acier coulé »). Fer *ou* acier-machine (*e*). Ferblante-rie (voir « Articles de ménage »). Ferrailles (*b, e*). Ferro-alumi-nium, ferro-chrome, ferro-manganèse, ferro-silicium, etc. (voir « Fonte »). Ferronnerie (*b, e.* — Voir aussi « Articles de ménage »). Ferrures : 1° de voitures (*b, e*) : 2° pour tissage (*f, h*). Fers : 1° en acier, fer ou fonte pour chevaux, pour souliers, vitrages (*b, e*) ; 2° pour repasser, friser, gaufrer, papilloter, pour raboter (voir « Outils ») : 3° pour socs de charrues (*e*). Feuillards : 1° bois ; 2° fer ou acier (*e*). Feuilles : 1° de bois ; 2° de livres (*f, h*) : 3° de métal (voir le nom de chaque métal) : 4° de papier pour l'em-paquetage des bouteilles (*f*). Feuilles médicinales : 1° des plantes spécialement dénommées à la présente liste (*e, h*) : 2° autres (*i*) ; 3° tinctoriales. Feutres [tissus] (*b, e, h.* — Voir aussi « Chapeaux »). Fèves, féverolles et farine de fèves. Fèves de Tonka (*e, h*). Fez (*e, h*). Fiacres (*b, e, h*) Fibres de coco *même tordues* (*i*). Ficelles (voir « Fils »). Fiches à jeu : 1° en bois com-mun *ou* en os (*e, h*) : 2° en bois fin, celluloïd, corne, dents d'animaux, ébonite, ivoire, nacre, verre (*b, e, h*). Fiches en acier, fer (*b, e*). Fichus pour dames (voir « Bonneterie »). Fiel : 1° de bœuf (*i*) ; 2° de verre à base de potasse (*e, i*), — à base de soude (*e*). Fientes (*i*). Fifres (*e, h*). Figues fraîches ou sèches. Figures et figurines (classement analogue à celui des Écri-toires). Filaments : 1° de platine (voir « Fils ») ; 2° végétaux (*i*). Filets pour la chasse, la pêche, le lawn-tennis, les chevaux (voir « Fils »). Filets-résilles (voir « Bonneterie »). Filières à faire les vis, etc. : 1° en acier *ou* en fer rechargé d'acier (*e, h*) ; 2° en fonte moulée, alésée (*b, e*). Fils : 1° d'acier (*e*) : 2° d'argent, d'or *ou* de platine, ayant moins de 0^m002 diamètre (*e, h*). — ayant 0^m002 de diamètre ou plus ; 3° de cuivre poli *ou* non (*e*), — doré *ou* argenté (*e, h*). — allié de zinc filé poli, autres que pour broderie *ou* cordes d'instruments (*b, e, h*) ; 4° de fer cui-vré, étamé, galvanisé, zingué ou non (*e*). Fils d'alpaga, lama, vigogne, yack, chèvre cachemire *ou* chameau : fils purs *ou* mélangés de laine *ou* autres filaments (voir « Fils de laine pure »). Fils de chanvre, lin, ramie purs *ou* mélangés [1] : 1° non polis, simples, écrus, en écheveaux, pelotes, cartes ou autres, mesu-rant, au kilogr. de fil simple, 5.000 mètres ou moins (*f, g*). — plus de 5.000 mètres (*f, g, h*) ; 2° non polis, simples, blanchis *ou* teints, en écheveaux, pelotes, cartes *ou* autres (*f, g, h*) ; 3° retors écrus, retors blanchis *ou* teints, en écheveaux, pelotes, cartes ou autres (*f, g, h*) ; 4° ficelles, cordes et cordages polis *ou* non, goudronnés *ou* non (*e, h*). Fils de coton pur *ou* mé-langé [2] : 1° simples, écrus, mesurant, au 1/2 kilogr., 20.500 mè-

---

[1] Le lin, chanvre, la ramie dominant en poids.

[2] Le coton dominant en poids.

tres ou moins (*b, f, g*), — plus de 20.500 mètres (*b, f, g, h*) ;
2° simples, blanchis, teints ou glacés, mesurant, au demi-kilogr.,
15.500 mètres ou moins (*b, f, g*), — plus de 15.500 mètres
(*b, f, g, h*) ; 3° simples, teints, chinés, glacés (*b, f, g, h*) ;
4° retors en échevettes, pelotes, bobines, cartes (*b, f, g, h*).
Fils de jute pur ou mélangé [1] non polis : 1° simples, écrus,
blanchis ou teints, retors écrus, en écheveaux, pelotes, cartes
ou autres, retors blanchis ou teints en écheveaux, lesdits fils
mesurant, au kilogr. de fil simple, 6.000 mètres ou moins (*e*),
— plus de 6.000 mètres (*e, h*) ; 2° retors blanchis ou teints, en
pelotes, cartes ou autres, mesurant au kilogr. de fil simple,
jusqu'à 4.000 mètres (*e*), — 4.001 ou plus (*e, h*) ; 3° polis (voir
ci-dessus « Fils de lin, 4° »). Fils de laine pure : 1° simples, blanchis ou non, peignés (*b, f, g, h*) ; 2° simples cardés, mesurant,
au kilogr., 10.000 mètres ou moins (*b, f, g*), — plus de 10.000 mètres (*b, f, g, h*) ; 3° simples, teints ou imprimés, peignés ou
cardés (*b, f, g, h*) ; 4° retors pour tissage ou tapisserie (*b, f, g, h*).
Fils de laine mélangée [2] de filaments autres que la laine d'alpaga, de lama, de vigogne, de yack et que le poil de chèvre
cachemire ou de chameau (v. « Fils de laine pure »). Fils de phormium tenax, abaca ou autres végétaux filamenteux : 1° non polis,
purs ou mélangés [3], écrus, blanchis ou teints (*e*) ; 2° polis (voir
ci-dessus « Fils de lin, 4° ») ; 3° câblés retors (*e, h*). Fils de poils :
1° de chèvre mohair, purs ou mélangés [4] (*i*) ; 2° de chien, vache,
veau ; 3° autres (*b*). Fils de soie, bourre de soie, bourrette, écrus
ou teints, simples ou retors (*e, h*). Fils de soie artificielle : 1° purs
(*b, d, e, h*) ; 2° mélangés (régime de la partie du mélange imposée le plus fortement). Filtres industriels de toute espèce : 1° en
cuivre (*b, e, h*) ; 2° en métaux communs autres que le cuivre
(*b, f*) ; 3° en tissu (voir « Bonneterie »). Fioles en verre (voir « Flacons »). Flacons vides : 1° en grès commun (*e*) ; 2° en verre uni
(*b*) ; 3° en verre gravé, taillé, décoré (voir « Cristaux ») ; 4° en verre
clissé d'osier ou de moelle de rotins (*b, e, h*) ; 5° en verre clissé
de tiges de roseau lavées et blanchies (*b, e*). Flageolets (*e, h*).
Flambeaux (voir « Chandeliers »). Flanelles (*b, e, h*). Flans à plom-
ber (*e*). Fléaux : 1° à battre le blé ; 2° de balances (*f, h*). Flèches
en bois pour arcs d'enfants (*e, h*). Fleuret (voir « Fils de soie
— bourre de soie »). Fleurets [armes] (*h*). Fleurs : 1° artificielles [5]
entières (*e, i*) ; 2° en perles, porcelaine (*e, h*) ; 3° médicinales

---

[1] Le jute dominant en poids.

[2] La laine dominant en poids.

[3] Le phormium, l'abaca, etc., dominant en poids

[4] Le poil de chèvre mohair dominant en poids.

[5] En papier, étoffe, plumes, bois, cuir, baleine, coquillages, cire.

nommément reprises à la présente liste (*e, h*), — non reprises à la liste (*f*) : 4º pour teinture et tannage. Flotteurs en liège, pour filets et autres. Flûtes (*e, h*). Foie : 1º d'antimoine (*b, e, h*) ; 2º de soufre (*b, e*). Foin. Fondants (voir « Bonbons »). Fonds : 1º de futailles en bois ; 2º de tamis, en crin, gaze de soie (*e, h*) ; — en cuivre (*b, e, h*), — en toile métallique (voir ces mots) ; 3ª de tonneaux en tôle (voir « Fûts »). Fontaines : 1º à filtrer, en grès commun (*e*), — en grès fin (*b, e*) : 2º en verre *ou* cristal (voir « Cristaux »). Fonte : 1º brute et mazée (*b, e*) : 2º moulée (*b, e*) : 3º malléable ouvrée : objets pesant plus de 1 kilogr. (*b, e*), — 1 kilogr. et moins (*b, e, h*. — Droit de 25 fr.). Forets (voir « Outils »). Forges : 1º mécaniques (*f*) : 2º pour amuser les enfants (*e, h*). Formes : 1º à souliers : en bois tourné (voir « Tournerie »), — en bois non tourné, — en fer, *ou* en bois garni de semelles de fer (voir « Articles de ménage », etc.), — en fonte moulée (*b, e*) ; 2º de boutons : en bois, — en cuivre, laiton, verre (*b, e, h*), — en iris, os, terre argileuse (*e, h*) : 3º de chapeaux (voir ce mot). Foudres (voir « Futailles »). Fouets (*e, h*). Fougères de serre. Foulards de soie (*b, e, h*). Fourches : 1º en bois ; 2º en fer (voir « Outils »). Fourchettes : 1º communes, en fer (*e*) ; 2º en corne, os (*e, h*) ; 3º en acier poli (*b, e*) ; 4º en d'autres matières (voir « Couverts »). Fourneaux : 1º en faïence (*e*) ; 2º en fonte, tôle (*b, f*). Fournitures d'horlogerie (*e, h*). Fourrages. Fourreaux : 1º d'épées (*e, h*) : 2º de baïonnettes, pistolets, sabres : en cuivre *ou* en peau (*b, e, h*), — en bois commun, — en bois fin, os, métal nickelé, doré *ou* argenté (*b, e, h*) : 3º de parapluies : en tissu (*e, h*) Fourrures : 1º brutes (*e, i*) ; 2º confectionnées [1] (*e, h*). Fraises (voir « Fruits »). Framboises (voir « Fruits »). Franges de poils de chèvre cachemire (*b, f, h*). Freins : 1º de voitures, wagons, en fer et fonte (*b, f*) : 2º de vélocipèdes (*e, h*). Frises en bois. Fromages (*e, h*. — Droit de 25 fr.). Froment. Fruits : 1º à distiller : anis, genièvre, fenouil, — baies de myrtille et figues de cactus (*i*) ; 2º à ouvrer (*i*) ; 3º confits *ou* conservés : à l'eau-de-vie (*d, e, h*), — au miel *ou* au sucre (*e, h*), — au vinaigre (*d*) ; 4º de table frais *ou* secs, autres que raisins et pistaches : 5º fruits forcés (*e, h*) ; 6º fruits médicinaux : baies d'airelle, de myrtille, de sureau (*e, h*), — casse, tamarin et autres (*i*) ; 7º oléagineux (*i*) : 8º propres à la teinture *ou* au tannage. Fuchsine (*b, e, h*). **Fulmi-coton** (*a*). Fulminates : 1º **de coton** (*a*) : 2º de cuivre, mercure, zinc (*b, e*). Fume-cigares (voir « Porte-cigares »). Fumier (*i*). Furets vivants (*i*). Fusils : 1º pour panoplies (*e, h*) ; 2º autres (voir « Armes »). Fusils de bouchers : 1º en émeri (*e, h*) : 2º en fer *ou* acier (voir « Outils »). Fustet (*i*). Fûts et futailles vides : 1º en bois ; 2º en tôle de fer *ou* d'acier :

---

[1] Voir aussi Pelleteries.

ayant plus de o^moo1 épaisseur, non galvanisée (*b, f*). — de o^moo1 épaisseur ou moins, *ou* galvanisée (voir « Articles de ménage », etc.).

Gabions (*e*). Gâchettes d'armes (*h*). Gaffes et gaffions en fer *ou* acier (voir « Articles de ménage »). Gainerie (*e, h*). Gaines de crayons : 1° en bois tourné (voir « Tournerie ») ; 2° en bois non tourné. Galipot. Galoches : 1° tout en bois (voir « Sabots ») : 2° en bois et étoffe *ou* cuir (*b, e, h*). Galons : 1° en état de servir (voir « Passementerie ») ; 2° en or, argent pour la refonte. Ganses (voir « Passementerie »). Ganterie : 1° de coton *ou* de laine (*b, e. h*) ; 2° de peau (*b, e. h*) : 3° de soie *ou* bourre de soie (*e, h*). Garance en racine *ou* moulue, *ou* en paille (*i*). Garancine (*b, e, i*). Garde-cendres et garde-feu : 1° en bronze, cuivre, doré *ou* nickelés (*b, e, h*) ; 2° autres (voir « Articles de ménage »). Garde-manger (*b, e*). Gargoulettes (*e*). Gargousses pleines : 1° pour bouches à feu (*a*) : 2° pour incendies (*e, h*). Gâteaux : 1° non sucrés : 2° sucrés (voir « Biscuits » ou « Bonbons »). Gaufrettes (voir « Biscuits »). Gazes : 1° de coton, façonnées (*b. e. g, h*) ; 2° de soie (*e, h*). Gazettes et publications périodiques (*f. i*). Gazomètres (*f*). Gélatine : 1° alimentaire (*i*) ; 2° en feuilles (voir « Carte *ou* papier » et « Carton »). Gelées de fruits (voir « Bonbons » et « Confitures »). Gélinottes (voir « Gibier »). Gemmes (voir « Résines brutes »). Genièvre : 1° naturel (voir « Baies ») : 2° sec *ou* confit au sucre (*e, h*) : 3° en confitures, gelées, marmelades (*e, h*) ; 4° en eau-de-vie *ou* liqueur (*d, e, h*). Génisses (*f*). Genouillères pour chevaux (*b, e, h*). Géranium rosat [essence de] (*e, h*). Gibecières (*e, h*). Gibernes en cuir (*b, e, h*). Gibier mort *ou* vivant (*e, h.* — Droit de 25 fr.). Gilets : 1° en peau (*b. e, h*) ; 2° en tissu (voir « Bonneterie » ou « Tissus »). Girofle (*c, h*). Glace [eau congelée] (*i*). Glaces [miroirs] : 1° étamées (*e*) ; 2° non étamées (*b, e*) : 3° ayant de superficie moins d'un demi-mètre carré (*e, h.* — Droit de 25 fr.). Glands de chêne : 1° verts *ou* secs ; 2° torréfiés (*b, e*). Glands [articles de passementerie] : 1° en grains, verroteries (*e, h*) ; 2° en fils (voir « Passementerie »). Globes : 1° célestes *ou* terrestres pour cabinets de physique (*e, i*). — pour amusement des enfants (*e, h*) ; 2° de lampes (voir « Cristaux »). Glu (*f*). Glucose (voir « Sirops »). Glycérine (*b, e*). Gobeleterie de verre et de cristal (*b, e* — voir « Cristaux-verre »). Gobelets : 1° en étain (*b, e. h*) ; 2° en fer, fer-blanc (*b, e, h*) ; 3° en or, argent (*d, e, h*) ; 4° en cristal, verre (voir « Cristaux »). Gobe-mouches (voir « Cristaux »). Godets : 1° en cuir (*b, e, h*) : 2° en porcelaine, verre (voir ces mots). Gommes : 1° d'Europe (*e, i*) ; 2° exotiques (*c, i*). Gonds en fer, fonte *ou* acier (*b, e*). Gongs chinois (*e, h*). Goniomètres (*e, i*). Goudron : 1° minéral [de houille] (*i*) ; 2° végétal. Gouges (voir « Outils »). Goupilles en fer

ou acier (*b, e*). Gourdes : 1° en cuir *ou* garnies de cuir (*e, h*) ;
2° en verre (*b, e, h*) : 3° autres communes [courges] (*i*). Gour-
mettes (*b, e, h*). Gournables. Gouvernails en fer ou acier (*e*).
Goyaves en pâte (voir « Bonbons » et « Confitures »). Graines : 1° à
ensemencer : 2° de betteraves, luzerne, trèfle (*e, h*) : 3° médicinales (voir « Feuilles médicinales ») ; 4° oléagineuses (*i*) ; 5° pour
teinture et tannage. Grains : 1° de céréales ; 2° perlés *ou* mon-
dés : 3° durs à tailler (*i*) ; 4° de jais, d'iris, d'ivoire, de corail
factice *ou* monté en bijoux (*e, h*) ; 5° de cuivre, de cristal ou
de verre (*b, e, h*) : 6° d'acier poli (*b, e*). Graisses : 1° alimentaires [margarine, oléo-margarine] (*e, h*) : 2° animales autres que
de poisson : saindoux (*h*), — suif et autres (*i*) ; 3° de poisson ;
4° liquides [huiles de poisson (*d*), — de pied de bœuf (*d, i*)] ; 5° pour
machines, voitures (voir « Cambouis »). Grammaires (*f, i*). Gram-
mophones (*e, h*). Granit : 1° brut (*i*) : 2° travaillé (voir « Pierres ouvrées »). Graphite *ou* plombagine (*i*). Grappins (*e*). Grattoirs (*b, e, h*).
Gravures : 1° en noir, collées sur carton, non vernies (*f, h*. — Droit
de 25 fr.), — sur papier, carte *ou* carton, vernies ou non (*f, h*) :
2° en couleur *ou* en or, sur papier, carte *ou* carton, ou collées
sur carton, vernies ou non vernies (*f, h*). Greffoirs (*b, e, h*).
Grelots : 1° en bronze, cuivre (*e, h*) : 2° en fer, acier peint, poli,
vernissé *ou* non (*e*) : 3° en nickel *ou* nickelés (*b, e, h*). Grenades
en fonte (voir « Projectiles »). Grenades (voir « Fruits »). Grenadiè-
res pour armes à feu (*h*). Grenadine de coton (*b, e, h*). Grenaille :
1° en fonte (*b, e*) : 2° en plomb (*e*). Grenat brut *ou* taillé (*i*).
Grenouilles (voir « Poissons frais ou conservés »). Griffes de
fleurs, plantes (*i*). Griffes à sertir le métal (*e, h*). Grignons d'olives
(voir « Amurca »). Grillages : 1° en cuivre (*b, e, h*) ; 2° en fer ou
acier (*b, e*). Grilles de foyer en fonte (*b, e*). Grives (voir « Gibier »).
Groisil [verre cassé] (*i*). Groseilles (voir « Fruits »). Grosses caisses (*e, h*). Gruaux. Grues [appareils de levage] (*f*). Gruyère (voir
« Fromages »). Guano (*i*). Guêpiers en verre (voir « Cristaux »).
Guéridons (voir « Meubles »). Guêtres : 1° en cuir (*b, e, h*) : 2° en
tissu (voir ce mot). Guides [rênes] en cuir (*b, e, h*). Guidons de
vélocipèdes (*e, h*). Guimauve : 1° feuilles *ou* fleurs (*e, h*) :
2° racines (voir « Althéa ») : 3° en pâte (voir « Bonbons »). Guimbar-
des [musiques] (*e, h*). Guimpes (voir « Tissus »). Guindeaux (*f*).
Guipures (voir « Dentelles »). Guirlandes de papier festonné, etc.
(*e, h*). Guitares et mécaniques de guitares (*e, h*). Gutta-percha
brut *ou* refondu en masse (*e, f*). Gypse : 1° pierre à plâtre (*i*) :
2° cristallisé (voir « Albâtre »).

Habillements (voir « Vêtements »). Haches : 1° d'abordage, an-
térieures au XVIII° siècle (*e, i*). — modernes (*h*) ; 2° autres (*e, h*).
Hache-brindilles, hache-maïs, hache-navets, hache-paille (*f*).
Hache-viande : 1° mécaniques (*f*) ; 2° autres (*e*). Haliotidés à

tailler (*i*). Hallebardes (*h*). Haltères montées (*b*, *e*). Hamacs :
1° en toile de lin, chanvre (*e*, *h*) ; 2° en toile de coton (*b*, *e*, *h*).
Hameçons (*e*, *h*). Haquets (*e*). Harengs (voir « Poissons de mer »).
Haricots (voir « Légumes »). Harmonicas à bouche (*e*, *h*). Harmo-
niums à anches libres (*e*, *h*). Harnais (*b*, *e*, *h*). Harpes (*e*, *h*).
Haschisch (*b*, *e*). Hausses : 1° en bois pour archets d'instruments de musique (*e*, *h*) ; 2° pour armes à feu (*h*). Hautbois
(*e*, *h*). Havresacs en cuir (*b*, *e*, *h*). Hélices (voir « Pièces détachées de machines »). Hélicons (*e*, *h*). Hématite (*i*). Hémiones
[Ânes sauvages] (*i*). Herbes : 1° médicinales (voir « Feuilles médicinales ») ; 2° pour teinture et tannage. Herses (*f*). Hochets :
1° en argent, or (*d*, *e*, *h*) ; 2° en ivoire, nacre (*b*, *e*, *h*) ; 3° en
os ou en métal commun (*e*, *h*). Homards (voir « Crevettes »).
Horlogerie montée : 1° chronographes, chronomètres et compteurs de poche, montres, compteurs à mouvement d'horlogerie
pour eau, électricité ou gaz, horloges d'édifice ou autres, pendules, réveils (*b*, *f*, *h*) ; 2° horloges en bois (*b*, *e*, *h*) ; 3° horloges
à eau ou à sable (*e*, *h*). Hottes (*e*). Houblon [fleurs ou cônes]
(*e*, *h*). Houes : 1° à combinaison (*f*) ; 2° autres (voir « Outils »).
Houille. Houlettes ou déplantoirs (voir « Outils »). Houppes :
1° pour la toilette (*e*, *h*) ; 2° pour soufrer la vigne (voir « Outils »).
Housses pour chevaux (*b*, *e*, *h*). Hoyaux (voir « Outils »). Huiles
de pétrole, de schiste et autres huiles minérales propres à
l'éclairage : 1° brutes (*f*) ; 2° raffinées et essences (*f*, *h*. — Droit
de 25 fr.) : 3° huiles minérales impropres à l'éclairage (*f*). Huiles végétales : 1° aromatisées (*e*, *h*) ; 2° d'olive, de palme, de
coco, etc. (*d*) ; 3° de résine ; 4° volatiles ou essences (*e*, *h*).
Huîtres : 1° comestibles ; 2° naissain (*i*). Hures de sangliers
fraîches ou salées (voir « Gibier »). Hydrate d'alumine (*b*, *e*).
Hydromel (*d*, *e*). Hygromètres : 1° de fantaisie (*e*, *h*) ; 2° de
précision (*e*, *i*). Hyposulfites (*b*, *e*). Hysope [feuilles ou fleurs]
(*e*, *h*).

Ichthyocolle (*e*, *h*). Illipé : 1° graines (*i*) ; 2° huile (*d*). Images : 1° en celluloïd, colle de poisson, gélatine, en verre pour
lanternes magiques (*e*, *h*) ; 2° autres de tout genre (*f*, *h*). Imprimés autres que gravures, en noir ou en couleur (*f*, *h*).
Incrustations de métal commun doré, argenté, nickelé ou de
matières telles que celluloïd, corne, écaille, ivoire, nacre, os
(*b*, *e*, *h*). Inde-plate (*e*, *i*). Indienne [tissu] (*b*, *e*, *g*, *h*). Indigo
(*c*, *i*). Indigo-pastel (*e*, *i*). Induits de machines dynamo-électriques (*f*, *h*). Injecteurs en caoutchouc (*b*, *e*, *h*). Insecticides (voir
« Pyrèthre ») ; — insecticides pour les plantes (*b*, *d*, *e*). Instruments :
1° aratoires (voir « Outils » ou « Boissellerie », selon que l'objet
est en fer, acier ou en bois) ; 2° de chimie ou physique pour laboratoires, de chirurgie, d'optique, d'observation, de calcul, etc.

(c, i) ; 3° de musique (voir. dans la liste. chaque genre d'instrument spécialement désigné). Iode (b. c. h). Iodoforme (b. d. c. h). Iodures (b. c. h — et d, s'il s'agit d'iodure d'éthyle). Iridium (voir « Or, Platine »). Iris de Florence : 1° en poudre. racines (i) : 2° ouvré [en boules. pois] (c. h). Irrigateurs en caoutchouc (b. c. h). Isolateurs : 1° en cuivre (b. c. h) : 2° en grès commun (c). — fin (b. c) : 3° en cristal, verre (b. c) : 4° en biscuit. porcelaine (voir ces mots). Istle [fibres et filaments de l'agavé] (i). Ivoire : 1° brut (c. i) : 2° factice (b. c. h) : 3° ouvré (b. c. h).

Jabloires (voir « Outils »). Jade (voir « Agates »). Jais (i). Jalap : 1° racines (i) : 2° résine purifiée à l'alcool (c. d). Jalons (c. i). Jalousies : 1° ordinaires (voir « Portes ») : 2° en tissu (c. h). Jambières : 1° en cuir (b. c. h) : 2° en tissu (voir « Tissus »). Jambons : 1° frais (f) : 2° salés (c. h. — Droit de 25 fr.). Jantes : 1° en bois : 2° en acier. fer. fonte pleins pour voitures. wagons (b. c) : 3° en acier creux non ouvré (b. c). — ouvré. pour vélocipèdes (c. h). Jardinières en bois ou en moelle de rotins (c. h). Jarres (voir « Poteries »). Jarretières : 1° élastiques (c. h) : 2° en caoutchouc ou en cuir (b. c. h) : 3° en tissu (voir « Passementerie »). Jas d'ancres : 1° en bois : 2° en acier ou fer (c). Jaunes d'œufs impropres aux usages alimentaires (i). Jerseys (voir « Bonneterie »). Jetons : 1° en carton (f. h) : 2° en os (c. h) : 3° en ivoire, nacre. métal (b. c. h). Jetons-adresses [1] (voir « Bijouterie »). Jeux : 1° d'échecs. de dominos (b. c. h) : 2° de loto. de l'oie et autres analogues (f. h). Joaillerie (voir « Bijouterie »). Joncs : 1° bruts (i) : 2° peints. teints, vernis (c. h). Jouets (c. h). Journaux (voir « Gazettes »). Jumelles : 1° de théâtre (c. h) : 2° autres (c. i). Juments (f. h). Jupes et jupons (voir « Tissus »). Jus : 1° de citron naturel ou concentré (c. i) : 2° de réglisse non sucré : 3° d'oranges fermentées (d. c). Jute brut. peigné, teillé. tordu. en brins ou étoupes (i).

Kaléidoscopes (c. h). Kaolin. Karakul [tissu de poils de chèvre mohair] (b. c. h). Kermès : 1° animal (i) : 2° minéral (b. c. h). Kina (voir Quinquina). Kino (c. i). Kirsch (d. c. h). Klippfish de pêche étrangère (h). Kousso (b. c. h). Koylos (voir « Verres de lunettes »). Kummel (d. c. h).

---

[1] L'introduction de ces objets est subordonnée à la formalité d'une autorisation préalable.

Lacets : 1° en caoutchouc (*b*, *e*, *h*); 2° en d'autres matières (voir « Passementerie »). Lactates de chaux, de fer *ou* de zinc (*b*, *e*, *h*). Lactine [huile de coco] : 1° pure (*d*); 2° mélangée de beurre, de graisses animales (voir « Graisses ») ; 3° additionnée de glucose ou de sucre (voir « Confitures » ou « Sirops »). Lactomètres (*e*, *i*). Lactose (*i*). Laine : 1° de bois : 2° minérale non fixée sur d'autres matières (*i*). Laines : 1° brutes, simplement lavées ou dégraissées, en masse ou en peaux (*i*); 2° en fils (voir « Fils »); 3° en masses *ou* blousses, *ou* teintes, peignées, cardées (*e*, *h*); 4° déchets (*i*)[1]. Lait : 1° concentré, additionné de sucre (*e*, *h*); 2° concentré pur; 3° naturel. Lait de soufre (*b*, *e*). Laitier en blocs, cailloux, masses (*i*). Laitues (voir « Légumes »). Lama [laine de] (voir « Laines »). Lambris en bois (voir « Portes »). Lamelles de bois exotiques ou de bambou, teintes *ou* non. Lames : 1° d'armes blanches (*h*); 2° de couteaux, ciseaux, rasoirs [limées et polies] (*b*, *e*, *h*); 3° de jalousies : simplement coupées et rabotées, — prêtes à poser (voir « Portes »); 4° de parquet, en bois; 5° de métal (voir le nom de ce métal) : 6° en fils de coton retors pour tissage (*b*, *e*, *h*). Laminoirs pour métaux, celluloïd (voir « Machines-outils »). Lampes : 1° à arc [régulateurs] (*f*, *h*); 2° électriques à incandescence (*e*, *h*). Lampisterie [articles de] en étain, en cuivre pur *ou* allié (*b*, *e*, *h*). Lances : 1° antérieures au XVIII° siècle (*e*, *i*); 2° autres (*h*); 3° pour jeux d'enfants (*e*, *h*); 4° pour conduites d'eau (voir « Pièces détachées de machines »). Lancettes (*e*, *i*). Landaus (*b*, *e*, *h*). Langoustes (voir « Crevettes »). Langues : 1° de bœuf et autres animaux, salées (voir « Viandes salées »), — en boîtes; 2° de morues, salées (*h*). Lanières : 1° de bois, pour la chapellerie ; 2° d'écorce de rotin : 3° de cuir, peau (*b*, *e*, *h*); 4° de feuilles végétales (*i*). Lanternes : 1° chinoises *ou* japonaises (*e*, *h*); 2° en bronze, cuivre *ou* garnies de ces métaux (*b*, *e*, *h*); 3° en ferronnerie (voir « Articles de ménage »); 4° magiques : à projection (*e*, *i*), — pour l'amusement des enfants (*e*, *h*); 5° pour photographie (*b*, *e*, *h*). Lapins vivants : 1° de garenne (voir « Gibier »); 2° domestiques (*i*). Laque en teinture *ou* en trochisques (*i*). Lard : 1° frais (*f*); 2° salé (*e*, *h*. — Droit de 25 fr.). Lasting (voir « Tissus de laine »). Lattes sciées, tranchées *ou* rabotées. Laudanum (*b*, *e*, *h*). Layettes (voir « Tissus »). Lazagnes. Légumes : 1° confits au vinaigre (*d*); 2° frais, salés, conservés *ou* desséchés ; 3° secs et leurs farines : pois pointus (*i*), — autres. Lentilles : 1° comestibles (v. « Légumes »); 2° pour l'optique (*e*, *h*). Lessiveuses en tôle de fer *ou* d'acier : 1° galvanisée (*b*, *e*); 2° non galvanisée (*b*, *f*). Let-

---

[1] Y compris les blousses non teintes, ni peignées, ni cardées.

tres : 1º en bois; 2º en verre (*b, e, h*) : 3º en papier (*f, h*); 4º en caoutchouc, colle *ou* glycérine (*e, h*); 5º pour imprimerie. Levure : 1º de bière [levain] (*i*); 2º de distillerie (*e, h*). Lichens médicinaux *ou* tinctoriaux (*i*). Licols en cuir *ou* garnis de cuir pour chevaux (*b, e, h*). Liège : 1º brut, en planches *ou* râpé; 2º ouvré : bouchons (*e, h*), — autres objets. Lies : 1º de vin (*e, i*); 2º d'huile de poisson *ou* végétales. Lièvres morts *ou* vivants (voir « Gibier »). Lignes de pêcheurs (*e, h*). Limaçons (*i*). Limailles : 1º de fer, étain, plomb, zinc (*i*); 2º de cuivre (*e, i*). Limes : 1º à ongles (*b, e, h*) : 2º chimiques pour les cors (*e, h*); 3º autres : ébauchées (*e*), — finies (*e, h*). Limes, limettes et limons (voir « Citrons »). Limonade : 1º ordinaire ou gazeuse (*e*); 2º médicamenteuse (*b, e*). Lin brut, peigné, teillé *ou* en étoupes (*i*). Linge de table : 1º en coton (*b, e, g, h*); 2º en chanvre, lin, ramie (*e, g, h*). Lingerie (v. « Tissus »). Lingots (voir le nom du métal). Linoléum (*e, h*). Linon (*e, g, h*). Liqueurs : 1º médicinales de Baudy, de Condy, d'opium, de quina, liqueur Villatte (*b, e, h*); 2º pour la table (*d, e, h*). Lisières de drap (*b, e, i*). Litharge. Lithographies (v. « Gravures »). Lithophanies : 1º en biscuit de porcelaine (*f, h*); 2º en carton moulé (voir « Objets en carton »). Lits : 1º en bois (voir « Meubles »); 2º entièrement en fer *ou* acier (voir « Articles de ménage »); 3º en fer *ou* acier et cuivre (*b, e, h*). Livres (*f, g, i*). Lochs de navires (*f, h*). Locomobiles (*f*). Locomotives (*f*). Longues-vues : 1º communes (*e, h*); 2º de précision (*e, i*). Loquets en fer (*b, e*). Lorgnettes et lorgnons : 1º en argent *ou* or (*d, e, h*) : 2º en corne *ou* métal commun (*e, h*). Loupes (*e, h*). Lunettes : 1º astronomiques (*e, i*); 2º autres (*e, h*). Lustres : 1º en verre garni de métal commun (*b, e, h*); 2º en autres matières (voir « Candélabres »). Lustrine pour chaussures (*b, e*). Luths (*e, h*). Luzerne. Lycopode naturel (*i*). Lyres (*e, h*).

Macaroni. Macarons (voir « Bonbons »). Mâchefer (*i*). Mâchelières (voir « Dents d'éléphant »). Machines : 1º à bouter les plaques et rubans de cardes, à imprimer, machines pour l'agriculture, la fabrication du papier, la filature et le tissage, la préparation des matières textiles (*f*); 2º à coudre : bâtis et transmissions (*f*), — têtes de machines (*f, h*); 3º à vapeur, à pétrole, à gaz, à air chaud *ou* comprimé : machines fixes pesant 250 kilogr. *ou* plus (*f*), — moins de 250 kilogr. (*f, h*), — demi-fixes *ou* locomobiles (*f*); 4º dynamo-électriques (*f, h*); 5º hydrauliques pesant 250 kilogr. et plus (*f*), — moins de 250 kilogr. (*f, h*, — Droit de 25 fr.); 6º machines-outils : grosses ou moyennes (*f*), — petites ou de précision, c'est-à-dire pesant moins de 250 kilogr. (*f, h*); 7º pièces détachées (voir ces mots). Macis (*c, h*). Madapolam (*b, e, g, h*). Madragues en alfa *ou* sparte. Madriers (voir « Bois »). Magnésie calcinée (*b*, *e*, *h*. — Droit de 25 fr.). Magnésium brut *ou* filé (*b*, *e*, *h*). Magots à tête oscillante (*e*, *h*). Maillechort : 1º brut (voir « Nickel »); 2º ouvré (*b*, *e*, *h*). Maillets : 1º en fer (*e*); 2º en bois. Mailloches pour instruments de musique (*b*, *e*, *h*). Maillons de chaînes (*b*, *e*). Maïs. Malachite : 1º pulvérisée ; 2º taillée pour bijoux *ou* propre à la fonte (*i*); 3º montée en bijoux sur métaux précieux (*d*, *e*, *h*); 4º en masses *ou* ouvrée en forme de socles, vases (voir « Albâtre »). Malles en bois *ou* carton : 1º recouvertes de cuir (*b*, *e*, *h*); 2º non recouvertes ni doublées. Malt. Manches : 1º de brosses, en bois commun (*e*, *h*), — en bois fin, corne, ivoire, nacre (*b*, *e*, *h*); 2º de cannes, ombrelles, parapluies, en acier, fer (voir « Articles de ménage »), — avec parties en corne, cuivre, ivoire, nacre (*b*, *e*, *h*); 3º d'instruments agricoles de moins de 2ᵐ40 longueur et moins de 0ᵐ055 diamètre (*i*), — supérieurs à ces dimensions ; 4º d'outils [petits manches] en bois commun : ayant moins de 0ᵐ10 longueur (*e*, *h*), — ayant 0ᵐ10 ou plus. Manchettes (voir « Cols »). Manchons : 1º en acier *ou* fer pour tubes (*b*, *e*); 2º en coton, pour lampes (*b*, *e*, *h*); 3º en fourrures (*e*, *h*) ; 4º pour tuyaux, en grès *ou* terre (*e*). Mandarines (voir « Fruits »). Mandolines (*e*, *h*). Manèges : 1º pour machines agricoles (*f*); 2º pour carrousels [manèges garnis] (*e*, *h*). Manganèse [minerai] (*i*). Manivelles pour instruments de musique (*e*, *h*). Manne [suc végétal]. Mannes en osier, jonc, rotins, etc. (*e*). Mannequins : 1º en osier brut ou pelé (*e*); 2º en carton, fils de fer garnis de tissus (*e*, *h*). Manopans (*e*, *h*). Manteaux (*e*, *h*). Mappemondes (voir « Globes »). Maquereaux (voir « Poissons »). Marbres (voir « Albâtre »). Marches d'escalier (voir « Ardoises, Marbres, Pièces de menuiserie *ou* Pierres », selon la matière employée). Marchepieds : 1º en acier, fer pour voitures (*b*, *e*); 2º en bois. Marcs : 1º de café, purs (*e*, *h*), — mélangés (*e*, *h*); 2º de roses (*i*) ; 3º de raisins. Margarine travaillée (*e*, *h*). Marjolaine [feuilles *ou* fleurs] (*e*, *h*). Marmelade de fruits (voir « Confitures » *ou* « Fruits »). Marmites (voir « Chaudrons »). Marne (*i*). Maroquinerie (*b*, *e*, *h*). Marques de jeux (voir « Jetons »). Marrons et leurs farines. Marteaux : 1º en bois tourné (voir « Tournerie »), — non tourné ; 2º en fer, acier (voir « Outils »). Martinets en cuir *ou* avec cuir (*b*, *e*, *h*). Martingales en cuir (*b*, *e*, *h*). Masques (*e*, *h*). Massepains (voir « Bonbons »). Massiaux de fer (*b*, *e*). Mastic : 1º dentaire (*b*, *e*, *h*); 2º pour vitriers. Matelas (voir « Tissus » pour ce qui concerne l'enveloppe et « Laines » *ou* « Plumes » pour le contenu). Matériel fixe de chemin de fer (*b*, *f*). Mâts et mâtereaux : 1º en acier *ou* fer (*e*); 2º en bois. Maurelle pour la teinture. Mauve [feuilles *ou* fleurs] (*e*, *h*). Mauviettes (voir « Gibier »). Mécanique générale [balances, transmissions] (*b*, *f*). Mécaniques de guitares *ou* de mandolines (*e*, *h*). Mèches : 1º de lampe, en coton (*b*, *e*, *h*); 2° pour veilleuses (*e*, *h*); 3° détonantes pour mines (*e*, *h*); 4° d'outils (*c*, *h*); 5° soufrées, en fils de coton (*b*, *f*), — en tissu de coton (*b*, *c*, *h*). Médailles : 1° antérieures au xviii° siècle (*e*, *f*); 2° de sainteté, à bélières et de petit module (*b*, *c*, *h*... et *d*, s'il s'agit d'or et d'argent); 3° **autres** (*a*). Médaillons (*e*, *h*... et *d*, s'il s'agit d'or, d'argent). Médicaments composés : 1° eaux distillées : alcooliques (*d*, *e*, *h*), — non alcooliques; 2° non dénommés, figurant dans une pharmacopée légale (*b*, *e*, *h*), — **ne figurant pas dans une pharmacopée officielle** (*a*). Mélasses : 1° pour la distillation : des colonies et possessions françaises (*c*, *i*), — des pays étrangers (*b*, *c*); 2° autres que pour la distillation [1] (*c* — et *b*, s'il s'agit de produits des pays étrangers). Mélilot, mélisse [feuilles et fleurs] (*e*, *h*). — eau de mélisse (*d*, *e*, *h*). Melons (voir « Fruits »). Ménages à poupées *ou* pour jeux d'enfants (*e*, *h*). Menottes de suspension en acier, fer, fonte (*b*, *c*). Menthe [feuilles et fleurs] (*e*, *h*). Menus de table : 1° non imprimés, pesant au mètre carré 350 gr. et plus (*f*); 2° en carton colorié *ou* non à la main, revêtu de dessins, fleurs, inscriptions, vignettes (*f*); 3° autres (*f*, *h*). Mercure natif (*i*). Merluches (voir « Poissons »). Merrains. Mesures de capacité : 1° en bois commun garni de cercles en fer-blanc (*e*, *h*); 2° en métal [mesures du système décimal] (voir le nom du métal dont l'objet est formé), — **autres que du système décimal** (*a*). Métal britannique (voir « Étain »). Métallophones (*e*, *h*). Méteil. Métiers : 1° à bonneterie et à tricots (*f*, *h*); 2° autres, pour filer, retordre, tisser, fabriquer le tulle et la dentelle (*f*). Mètres de poche : 1° en bois (*e*, *i*); 2° en toile cirée (*e*, *h*). Métronomes (*e*, *h*). Meubles autres que sièges : 1° en bois courbé : vernis (*e*, *h*), — non vernis (*e*); 2° massifs : en bois commun (*e*), — en bois d'ébénisterie, sculptés, marquetés, ornés de cuivre, dorés *ou* laqués (*e*, *h*), — autres, même ornés de moulures (*e*); 3° garnis et recouverts (*e*, *h*); 4° meubles antérieurs au xviii° siècle, meubles de Boule, meubles en vieux laque chinois *ou* japonais (*e*, *i*); 5° petits meubles pour enfants et poupées (*e*, *h*); 6° autres petits meubles en bois fin, corne, écaille, ivoire, nacre, os *ou* incrustés (*b*, *c*, *h*); 7° meubles genre objets de Spa *ou* en sel gemme (*e*, *h*); 8° sièges (voir ce mot). Meules à aiguiser : 1° en émeri pur *ou* mélangé (*e*, *h*); 2° en pierres diverses (*i*); 3° en acier, fonte [meules tournées *ou* limées], pour tailler le diamant, le verre (voir « Pièces détachées »). Mica : 1° en morceaux réguliers, en feuilles *ou* plaques polies (*e*, *h*); 2° brut en morceaux irréguliers

---

[1] Le droit peut être inférieur ou supérieur à 25 fr. les 100 kilog., suivant la richesse saccharine des produits.

(*i*) ; 3° objets en mica (*e*, *h*) ; 4° mica pulvérisé. Micromètres, microscopes, microtomes (*e*, *i*). Miel. Millet : 1° décortiqué et mondé ; 2° grains *ou* farines. Minerais : 1° d'antimoine, d'argent, d'arsenic, de cobalt, de cuivre, d'étain, de fer, de manganèse, de nickel, d'or, de platine, de plomb, de soufre, de zinc *ou* autres non dénommés (*i*) ; 2° de mercure (*e*, *i*). Mines pour crayons en graphite, plombagine, *ou* de couleur (*e*, *h*). Minium. Mires en bois, *ou* en bois et métal (*e*, *i*). Mirlitons (*e*, *h*). Miroirs : 1° d'alouettes (*e*, *h*) ; 2° d'optique *ou* pour phares (*e*, *i*) ; 3° autres, encadrés de carton (*f*, *h*), — d'autres matières (*e*, *h*). Mistels *ou* mistelles (*d*, *e*, *h*). Mitaines (voir « Bonneterie »). Mitraille de fer, fonte *ou* acier (*b*, *e*). Moelles de joncs, roseaux, rotins : 1° vernies (*e*, *h*) ; 2° non vernies. Moire de coton, de laine *ou* de soie (*b*, *e*, *h*). Moleskins (*b*, *e*, *g*, *h*). Molletons de laine (*b*, *e*, *h*). Monnaies : 1° d'or, d'argent, de cuivre ayant cours légal en France ; 2° **de billon ou de cuivre hors de cours**[1] (*a*) ; 3° anciennes, dépareillées, importées comme échantillon (*e*, *i*). Monocles (*e*, *h*). Montres (*b*, *f*, *h*). Montures en acier pour parapluies (*b*, *e*, *h*). Monuments funéraires en pierre. Moquettes (*b*, *e*, *h*). Morphine (*b*, *e*, *h*). Mors de bride (*b*, *e*, *h*). Mortiers à piler : 1° en bois tourné (voir « Tournerie »), — non tourné : 2° en grès fin (*b*, *e*) ; 3° en agate, marbre, porcelaine, verre (voir ces mots). Morues (voir « Poissons »). Mosaïques : 1° en ardoise, marbre, poterie commune ; 2° en cubes de verre (*b*, *e*, *h*) ; 3° en verre, émail sur carton *ou* papier (*e*, *h*). Moteurs (voir « Machines »). Mottes à brûler (*i*). Mouchettes : 1° en acier poli (*b*, *e*) ; 2° en fer (*e*) ; 3° en cuivre (*e*, *h*) ; 4° en fonte malléable (*e*, *h*. — Droit de 25 fr.) ; 5° coupantes *ou* tranchantes (*b*, *e*, *h*). Mouchoirs : 1° en lin, chanvre, ramie, brodés *ou* non (*e*, *g*, *h*) ; 2° en coton (*b*, *e*, *g*, *h*). Moufles en laine *ou* coton (*b*, *e*, *h*). Moules [coquillages pleins] (*i*). Moules : 1° à balles, en fer, acier, polis (*e*) ; 2° de boutons (v. « Formes, 2° »). Moulins : 1° à café, communs (*e*) ; 2° à poivre, communs (*e*), — destinés à servir à table (*e*, *h*) ; 3° à huile, à malt, à broyer les couleurs et autres, actionnés par le vent *ou* mécaniquement (*f*) ; 4° pour amuser les enfants (*e*, *h*). Moulures en bois (voir « Baguettes »). Mousselines : 1° de coton broché (*b*, *e*, *g*, *h*) ; 2° de laine imprimée (*b*, *e*, *h*). Mousses marines (*i*). Moutarde (*e*). Moutons (*f*). Moûts de vendange. Mouvements d'horlogerie (*f*, *h*). Mules et mulets (*f*, *h*). Mules (voir « Pantoufles »). **Munitions de guerre**[2] (*a*). Mûres (voir

---

[1] Y compris les monnaies divisionnaires d'argent italiennes.

[2] C'est-à-dire cartouches (de guerre ou de chasse) pleines de poudre fulminante, gargousses pour bouches à feu, balles explosibles, boîtes à balles chargées, cartouches chargées pour canons à balles, projectiles chargés, amorces Flobert munies de leurs projectiles.

« Fruits »). Musc : 1° naturel (*i*) ; 2° artificiel (*b, d, e, h*). Muscades (*c, h*). Musées forains (*e, i*). Muselières : 1° garnies de drap
(*e, h*) ; 2° non garnies de drap (voir « Articles de ménage »).
Musettes : 1° poches en tissu (voir « Tissus ») ; 2° instruments
de musique (*e, h*). Musique gravée *ou* imprimée (*f, i*). Myro-
bolans (*i*). Myrrhe (*c, i*). Myrtille (voir « Baies »).

Nacre de perle : 1° brute *ou* sciée (*c, i*) ; 2° travaillée (*b, c, h*).
Naissain d'huîtres (*i*). Nankin des Indes (*b, c, g, h*). Naphtaline
(*b, e, i*). Naphtylamine et naphtol (*b, e*). Nappes de table :
1° en coton (*b, c, g, h*) ; 2° en toile cirée (*b, c, h*)) ; 3° en chanvre, lin, ramie (*e, g, h*). Narcéine, narcotine et leurs sels (*b, e, h*).
Nard médicinal (*i*). Narghilehs (*c, h*). Natron (*e*). Nattes ou
tresses de bois blanc, d'écorce, de paille *ou* de sparte (*e*).
Nattes de Chine (*e*). Navettes pour tissage : 1° en bois (*e, h*) ;
2° en acier, fer et cuivre (*f, h*). Nécessaires : 1° en bois commun garni (*e, h*) ; 2° en bois fin, cuir, écaille, ivoire, nacre
(*b, c, h*) ; 3° en carton, papier mâché (voir « Objets en carton ») ;
4° en tissu de grains de verre (*e, h*). Nèfles (voir « Fruits »).
Néocors (*e, h*). Nerfs de bœuf et autres animaux (*i*). Nickel :
1° de première fusion *ou* affiné en lingots *ou* masses brutes (*i*) ;
2° pur ou allié, battu, laminé, étiré, en lingots *ou* masse ; 3° ouvré (*b, c, h*). Nicotine (*b, d, e, h*). Nielle [plante]. Nitrates :
1° d'ammoniaque (*e*) ; 2° d'argent (*b, c, h*) ; 3° de potasse ou de
soude, naturels (*e, i*) ; 4° autres (*b, c*). Nitrobenzine (*b, e*).
Nitrotoluène (*b, c*). Noir : 1° animal propre à servir d'engrais
(*i*), — autre ; 2° de fumée, d'Espagne, d'imprimeur, d'ivoire ;
3° minéral naturel (*i*). Noisettes et noix. Noix de galle (*i*). Nou-
gats (voir « Bonbons »). Noyaux de fruits : 1° bruts (*i*) ; 2° percés, taillés, peints *ou* vernis (*c, h*).

Objectifs en verre pour appareils photographiques (*e, i*).
Objets : 1° d'art et d'ornement en bronze (*b, c, h*) ; 2° de collection hors de commerce (*e, i*) ; 3° en carton et en cellulose :
moulés, avec ou sans reliefs (*f*). — décorés, laqués, vernis
(*f, h*) ; 4° en verre non dénommés (*b, e, h*) ; 5° en ciment moulé.
Ocarinas (*e, h*). Ocres : 1° à l'état naturel (*i*) ; 2° pulvérisés *ou*
autrement préparés pour la peinture. **Œnanthine** (*a*). Œufs :
1° de vers à soie (*i*) ; 2° de volaille et de gibier. Œufs de Pâ-
ques : 1° en bois, garnis (*b, e, h*) ; 2° en carton (voir « Objets
en carton ») ; 3° garnis d'étoffe (*b, e, h*) ; 4° en chocolat (*e, h*) ;
5° en sucre (voir « Bonbons »). Oies. Oignons (voir « Légumes »). Oléine : 1° de saindoux (*e, h*) ; 2° de suif (*i*). Oléo-marga-
rine (*e, h*). Olives : 1° confites à l'huile *ou* en saumure, — au vinaigre (*d*) ; 2° fraîches *ou* transportées dans de l'eau salée (*i*).

Ombrelles (*e*, *h*). Onglons de tortues (*c*, *l*). Onguents (voir « Médicaments »). Onyx (voir « Agates »). Ophicléides (*e*, *h*). Opium : 1° suc (*c*, *h*) ; 2° extrait (*b*, *e*, *h*). Opodeldoc (*b*, *e*, *h*). Or (voir « Argent »). Oranges (voir « Fruits »). Oreillères en tissu pour chevaux (*e*, *h*). Oreillers (voir « Matelas »). Oreillons (*l*). Orfèvrerie (voir « Bijouterie »). Orge : 1° grains et farines ; 2° germée [malt]. Ornements en vitrifications (*e*, *h*). Orgues de toute sorte (*e*, *h*). Orpiment (*e*). Orseille préparée (*c*). Os de bétail bruts *ou* calcinés à blanc (*l*). Osier : 1° brut ou écorcé ; 2° travaillé (voir « Vannerie »). Ouate de coton. Outils emmanchés ou non : 1° en fer pur (*e*, *g*) ; 2° en acier *ou* en fer rechargé d'acier (*e*, *g*, *h*) ; 3° en cuivre (*e*, *g*, *h*). Outremer naturel ou factice (*e*, *h*). Outres en peau (*e*, *h*). Ouvrages : 1° en amiante, mica (*e*, *h*) ; 2° en bois non dénommés ; 3° en caoutchouc *ou* gutta-percha purs (*e*, *h*), — combinés avec d'autres matières (*b*, *e*, *h*) ; 4° en carton (voir « Objets en carton ») ; 5° en ambre, bois fin, celluloïd, copal, corne, corozo, ébonite, écaille, ivoire, nacre (*b*, *e*, *h*) ; 6° en liège, autres que les bouchons ; 7° en métaux, cuir, en peau et cuir (voir chaque objet spécialement dénommé, ou le nom du métal entrant en majeure partie dans sa composition) ; 8° en sel gemme (*e*, *h*) ; 9° en verre non dénommés (*b*, *e*, *h*) ; 10° en toute matière, de fabrication antérieure au xviii° siècle (*e*, *l*). Ouvrages : 1° de modes (*e*, *l*) ; 2° de tournerie (voir ce mot). Oxalates : 1° d'ammoniaque (voir « Sels ammoniacaux ») ; 2° d'aniline (*b*, *e*) ; 3° d'antimoine (*b*, *e*, *h*) ; 4° de potasse ; 5° autres (*b*, *e*). Oxydes : 1° de cobalt pur (*e*, *h*) ; 2° de cobalt impur, de cuivre, d'étain, de zinc, d'urane (*l*) ; 3° de fer, plomb ; 4° de baryum (*b*, *e*) ; 5° de bismuth, de mercure, de nickel (*b*, *e*, *h*). Ozokérite (voir « Cire minérale »).

Pagnes : 1° grossiers (*b*, *e*) ; 2° fins (*b*, *e*, *h*). Paillassons : 1° pour escaliers, portes (*e*) ; 2° en plumes d'oies. Paille : 1° de bois ; 2° de céréales ; 3° de fer [copeaux] (*e*) ; 4° d'alpiste, de millet *ou* de riz pour balais. Pailles *ou* limailles métalliques (voir le nom du métal). Paillettes : 1° de bronze (*e*, *h*) ; 2° d'or, d'argent, de cuivre (voir ces mots) ; 3° pour costumes *ou* décors de théâtre (*e*, *h* — et *d*, s'il s'agit d'or, d'argent). Paillons (*e*). Pain. Pain d'épice : 1° ordinaire *ou* garni d'une faible quantité [moins du quart du poids] de fruits confits ; 2° contenant un quart ou plus de fruits confits (*e*, *h*). Pains à cacheter (*e*, *h*). Pains de résine. Palans (*f*). Palladium (voir « Or ou Platine »). Palmiers (voir « Plantes »). Panaches en crin (*e*, *h*). Panamas (voir « Chapeaux »). Paniers : 1° en bois brut, fibres végétales, jonc, osier, rotin (voir « Vannerie ») ; 2° en carton (*f*, *h*) ; 3° en coquillages (*e*, *h*) ; 4° en fils de fer (voir « Articles de ménage ») ; 5° en fils de laiton (*b*, *e*, *h*). Pannes en matériaux pour toitures. Pantalons (voir « Tissus »). Pantographes : 1° gradués ou de grandes dimensions (e, i) ; 2° sans graduation [jouets] (e, h). Pantoufles : 1° en cuir ou avec semelles en cuir (b, e, h) ; 2° en feutre, laine, tapisserie (b, e, h) ; 3° en jonc, roseaux, zoufła (e, h). Papeteries en bois d'olivier (b, e, h). Papier : 1° autre que de fantaisie (f) ; 2° de fantaisie (f, h) ; 3° de tenture (f) ; 4° photographique (f, h) ; 5° sulfurisé (f, h. — Droit de 25 fr.) ; 6° pâte à papier. Papiers perforés pour musique (e, h). Papillons : 1° pour collection (e, i) ; 2° pour garnir les vêtements, les chapeaux (e, h). Paraffine (e, h). Parapluies et parasols (e, h). Parasols-écrans (e, h). Paravents (voir « Meubles »). Parchemin (e, h). Parements au savon, lichen, à la fécule et autres pour l'encollage des fils et l'apprêt des tissus (e). Parfumerie : 1° alcoolique (d, e, h) ; 2° non alcoolique (e) ; 3° savons (voir ce mot). Parian [porcelaine] (e, h). Passe-cordonnets et passe-lacets en fer ou acier (e, h). Passe-lacets : 1° en or, argent (d, e, h) ; 2° en acier, corne, cuivre, fer, os (e, h) ; 3° en écaille, ivoire, nacre (b, e, h). Passementerie : 1° de bourre de soie (e, h) ; 2° de coton pur ou mélangé (b, e, g, h) ; 3° de crin, de laine, de lin, de chanvre, de ramie ou de soie (e, h) ; 4° de caoutchouc, de jute (b, e, h). Pastel : 1° en crayons (e, h) ; 2° en pâte grossière (i). Pastilles médicinales : 1° dont l'admission est autorisée (b, e, h) ; 2° **dont l'admission est interdite** (a). Pastilles : 1° à brûler (e) ; 2° bonbons (voir ce mot) ; 3° de chocolat (e, h) ; 4° odorantes *dites* de sérail (i). Patent-coal et patent-fuel. Patères : 1° en acier, fer, purs ou mélangés de fonte (voir « Articles de ménage ») ; 2° en bois commun tourné (voir « Tournerie ») ; 3° en bois fin, cuivre ou dorées, argentées, nickelées (b, e, h). Pâtes de bois, cellulose ou autres matières végétales : 1° en feuilles ou rouleaux non perforés (f) ; 2° en feuilles ou rouleaux perforés, en poudre, en masses, en planches de plus de 0ᵐ01 épaisseur. Pâtes : 1° alimentaires ; 2° phosphorées (b, e) ; 3° sucrées (voir « Bonbons »). Pâtes : 1° de noisettes, pignons pour la parfumerie (e) ; 2° de pastel, grossières (i) ; 3° de plombagine délayée dans l'essence ou l'huile de houille (i), — dans l'essence de pétrole ou de térébenthine (e, h) ; 4° de tripoli (i). Pâtés de foie gras ou de gibier en boîtes (e, h). Patins en acier ou fer : peints ou polis (e), — étamés, émaillés (e, h). Pâtisserie (voir « Biscuits, Gâteaux ou Pâtés »). Pattes : 1° d'ancres (e) ; 2° de flûtes (e, h). Paumelles en acier, fer ou tôle (b, e). Pavés : 1° céramiques (e) ; 2° en bois ; 3° en pierre. Pavillons d'instruments de musique (e, h). Pavillons [drapeaux] (voir « Tissus »). Paysages pour amusement des enfants (e, h). Peaux : 1° brutes [1] (i) ; 2° tannées ou mégissées :

---

[1] Y compris celles de chiens de mer et de phoques.

peaux de chevreau, d'agneau (c), — de chèvre, de mouton (b, e),
— autres y compris les croupons, dépouilles et croûtes (b, c, h) :
3° corroyées, vernies, chamoisées ou parcheminées, teintes ou
non, mégissées teintes (b, c, h). Pêche (voir « Poissons »). Pêches
(voir « Fruits »). Pédales de vélocipèdes et pédaliers d'instruments de musique (e, h). Peignes : 1° pour la chevelure, en
ambre, caoutchouc, écaille, ivoire, métaux plaqués, nacre, os
(b, c, h), — en bois, corne (c, h), — en or, argent (d, c, h) :
2° pour le tissage, en fer ou en cuivre (f, h). Peignoirs (voir « Tissus »). Peintures : 1° à l'essence et à l'huile (c, h) ; 2° isolantes
pour câbles électriques (b, c). — voir aussi « Couleurs ». Peintures artistiques : 1° sur bois, cuivre, marbre, toile (c, i) : 2° sur
verre (e, h). Pékins [tissus de coton] (b, c, g, h). Pèlerines et
pelisses (voir « Bonneterie, Pelleteries ou Tissus »). Pelles à
feu : 1° en cuivre simplement tourné (c, h), — en cuivre travaillé (b, c, h) ; 2° en acier, fer (voir « Articles de ménage ») :
3° bronzées, dorées, nickelées (b, c, h). Pelles agricoles : 1° entièrement en bois ; 2° en bois et fer ou acier (voir « Outils »). Pelleteries : 1° brutes (c, i) : 2° confectionnées (c, h) ; 3° préparées ou
en morceaux cousus : pelleteries dénommées ci-dessous[1] (c, i),
— autres que celles dénommées ci-dessous (c, h). Pellicules :
1° de cacao, de café (voir ces mots) ; 2° photographiques (voir
« Papier »). Pelotes à épingles : 1° en carton garni d'étoffe, etc.
(f, h) ; 2° en feutre, tissu, velours, etc. (e, h). Pelotes-bougies
(voir « Bougies »). Peluches : 1° de lin pour ameublement
(c, h) : 2° de poils, de jute, de coton ou de soie mélangée de
coton (b, c, h). Pendants d'oreilles (voir « Boucles »). Pendelo-
ques : 1° pour parure (voir « Bijouterie ») ; 2° pour lustres, en
cristal ou en verre taillé (b, c, h). Pendules de toute taille [y
compris les *pendules-bijoux, pendules-mignonnettes, pendules-
miniatures, pendules-veilleuses*] (b, f, h). Pênes en acier, fer ou
fonte moulée (b, c). Pensées [fleurs] (c, h). Pentures de fenêtres,
portes (v. « Serrurerie »). Pépins de fruits (i). Pepsine, peptonate et
peptone (v. « Médicaments »). Percale de coton (b, e, g, h). Percaline
enduite pour cartonnages, maroquinerie, reliure (b, c, g, h). Per-
ches en bois. Perdreaux et perdrix (voir « Gibier »). Perles :
1° fausses, en celluloïd, nacre, verre (c, h), — en cire : 2° fines
(i) : 3° montées en bijoux (voir « Bijouterie »). Permanganates :
1° de baryte, de chaux, de potasse (b, c, h) : 2° de caféine (b, d, c, h).
Perroquets et perruches (i). Perruques : 1° exclusivement en
cheveux (i) : 2° autres (e, h). Perse [bonneterie de fil] (b, c, g, h).

---

[1] C'est-à-dire peaux de loups marins, loutres de mer, phoques, blue-
backs, petits-gris, hamsters, lapins blancs, astrakans, lièvres blancs, de
chèvres, moutons et mouflons du Caucase.

Persiennes en bois (voir « Portes »). Pèse-lettres : 1° en cuivre (*b, e, h*) ; 2° en fer. fonte *ou* acier (voir « Articles de ménage ») : 3° nickelés (*b. e. h*). Pèse-liqueurs (*e, i*). Pesons en cuivre (*b. e. h*). Pessaires en caoutchouc (*e, i*). Pétards (*e, h*). Pétrifications (*e, i*). Pétrins et pétrisseurs mécaniques (*f*). Pétrole (voir « Huiles minérales »). Pétunzé (*i*). Phénol (*b. e. i*). Phonographes (*f. h*). Phormium tenax (voir « Abaca »). Phosphates : 1° artificiels (*b. e*) ; 2° d'alumine, de chaux, de cuivre. de fer, de plomb, natifs (*i*) ; 3° métallurgiques (*i*). Phosphore (*b. e. h*). Photographies : 1° ordinaires (*f. i*) ; 2° fixées sur verre, pour cartonnages. meubles. vitraux (*e. h*) ; 3° sur verre [clichés négatifs] (*e, i*) ; 4° encadrées sur papier *ou* carton (*f. h*). Photogravures, photolithographies (v. « Gravures »). Photomètres (*e. i*). Pianista. pianiste (*e. h*). Pianos (*e, h*). Plassava (*i*). **Picrates** (*a*). Pics (voir « Outils »). Pièces : 1° d'armes (*h*) ; 2° de charpente. en fer (*b, e*) : 3° de charpente et de charronnage en bois ; 4° de lingerie (voir « Tissus ») : 5° de menuiserie (voir « Portes ») ; 6° de vélocipèdes (*e. h*). Pièces coulées en fonte. non tournées ni polies (*b, e*). Pièces d'intérieur de métiers à tulle (*b. f. h*). Pièces détachées d'instruments de musique (*e, h*). Pièces détachées de machines et mécaniques : 1° en cuivre pur *ou* allié, coulé en moule : pièces brutes pesant moins de 10 kilogr. (*b, f*), — pesant 10 kilogr. et plus (*b, f, h*. — Droit de 25 fr.), — travaillées (*b. f, h*) : 2° en deux *ou* plusieurs métaux tels que fonte, fer, acier. cuivre pur *ou* allié : pièces pesant 300 kilogr. *ou* plus (*b, f*), — moins de 300 kilogr. (*b, f. h*) ; 3° en fer forgé *ou* en acier forgé *ou* moulé : pièces alésées. tournées. limées *ou* ajustées pesant 300 kilogr. *ou* plus (*b, f*), — de 100 à 300 kil. (*b, f, h*. — Droit de 25 fr.). — moins de 100 kilogr. (*b, f, h*) ; 4° en fonte tournée, limée *ou* ajustée : pesant 200 kilogr. *ou* plus (*b, f*). — moins de 200 kil. (*b, f, h*. — Droit de 25 fr.). Pièges : 1° à loirs. loups et autres animaux nuisibles, en fer, acier. peints. polis *ou* non (*e*), — étamés (*e, h*) : 2° à rats. souris : en bois avec petites parties métalliques, — avec parties notables en cuivre (*b. e. h*). Pierres : 1° à aiguiser brutes ou taillées ; 2° à bijoux [pierres fausses] (*e, h* — et *d* si ces pierres sont montées sur métaux précieux) ; 3° gemmes *ou* autres pierres précieuses brutes *ou* taillées (*i*) ; 4° lithographiques (*f, i*) : 5° ouvrées. taillées *ou* sciées de 0^m16 épaisseur ou plus (*i*). — autres *ou* sculptées, moulurées. polies ; 6° pour la bâtisse [pierres brutes] (*i*) ; 7° pour l'empierrement (*i*) ; 8° pour les arts et métiers [pierres non dénommées [1]] (*i*). Pigeons : 1° morts ; 2° vivants : pigeons

---

[1] C'est-à-dire pierres à feu. pierres de touche, pierres ponces. pierres ferrugineuses autres que l'émeri.

voyageurs (*f*), — autres. Pigouilles : 1° ferrées (*e*) : 2° non ferrées. Piles électriques : 1° ordinaires (voir « Zinc ouvré ») : 2° pour laboratoires (*e, i*). Pilules (voir « Médicaments »). Piment (*c, h*). Pinceaux (*e, h*). Pince-nez (*c, h*). Pinces : 1° à casser le sucre : en acier *ou* fer, peint, poli *ou* non (*c*), — en cuivre (*e, h*) : 2° à feu (voir « Pelles à feu ») : 3° à ongles (*e, h*) : 4° pour bijoutiers, coiffeurs, horlogers et autres servant aux arts et métiers (voir « Outils ») ; 5° en or, argent (*d. e. h*) : 6° dorées, nickelées (*b. c. h*). Pincettes (voir « Pinces »). Pioches (voir « Outils »). Pipes : 1° entièrement en bois *ou* roseau (*e, h*. — Droit de 25 fr.) ; 2° entièrement en terre cuite (*e, i*) ; 3° en faïence (*e*) ; 4° garnies d'or ou d'argent (*d. e. h*) ; 5° en toute autre matière (*e, h*). Pipes (voir « Futailles »). Piques d'abordage (voir « Haches »). Piques de grilles pour jardins, parcs, en acier, fer, fonte moulée (*b, e*). Piqués de coton (*b, e. g, h*). **Piquettes** (*a*). Pistaches: 1° fruits oléagineux (*i*) ; 2° sèches, pour la table (*e, h*). Pistolets : 1° de poche (*b. h*) ; 2° autres (*h*) : 3° pour amusement des enfants (*e, h*) ; 4° pour tracé des courbes (*e, i*). Pistons : 1° de machines à vapeur (voir « Pièces détachées ») ; 2° d'instruments de musique (*e, h*) : 3° mécaniques pour enfants (*e, h*). Pitons : 1° en acier, fer, fonte : avec vis (*b, c*). — sans vis (voir « Clous » ou « Pointes », selon leur forme) ; 2° en cuivre, laiton (*b, c, h*) ; 3° pour chaînes de sûreté de wagons (*b, c*). Planchers mobiles en lames de bois sur toile. Planches rabotées. Planches gravées pour impression sur papier (*f, i*). Planchettes : 1° en bois tourné (voir « Tournerie ») : 2° en bois commun garni de papier: 3° ajourées (voir « Baguettes »). Plantes de serres et de pépinières : 1° Aroïdées, Amaryllidées, Araliacées, Aspidistra, Azalea indica, Begonia, Broméliacées, Camélia, Cycadées, Cyclamens, Crotons, Dracœna, Fougères de serre et Sélaginelles, Maranta, Ophiopogon, Orchidées, Palmiers, Pandanées, Phormium : 2° autres (*i*). Plantoirs (voir « Outils »). Plaqué or, argent *ou* nickel (*b, e, h*). Plaques : 1° de cardes boutées (*b. f. h*) : 2° de cuir non bouté pour cardes (*b, e, h*) : 3° de foyers, en fonte (*b, e*) ; 4° en fonte (*b, e*) ; 5° en acier, caoutchouc, étain, fer, nickel, plomb, zinc, verre (voir chacun de ces mots). Plastrons de chemises : 1° en tissu doublé de papier sur une seule face (*f, h*), — sur chaque face (*b, c, h*) ; 2° en tissu naturel *ou* enduit de celluloïd (*c, h*). Plateaux de balances : 1° en bois ; 2° en cuivre (*b, e, h*) ; 3° en fer ou acier (voir « Articles de ménage »). Platine (mêmes classifications que pour l'argent). Plâtre (*i*). Plats : 1° en carton (voir « Objets en carton ») ; 2° en étain (*b, c, h*) ; 3° en faïence, grès, porcelaine, terre (voir « Faïence, Poteries, Porcelaine ») ; 4° en acier, fer, tôle (voir « Articles de ménage ») ; 5° en argent, or (*d, c, h*). Plomb : 1° argentifère en masses brutes, saumons, barres ou plaques (*i*) : 2° non argentifère [1] ; 3° battu, laminé, allié d'antimoine, en masses : 4° minerai, scories, limaille et débris de vieux ouvrages (*i*) ; 5° ouvré (voir « Bijouterie fausse » ou les autres objets nommément désignés à cette liste). Plombage dentaire : 1° à base d'argent (*c, h*) : 2° à base d'oxyde de fer et de magnésie (*b, c, h*). Plombagine : 1° naturelle (*i*) : 2° en crayons (*c, h*) : 3° en creusets (*c*). Plumeaux et plumasseaux (*c, h*). Plumes d'oiseaux : 1° pour écrire (*i*) : 2° pour lit [duvet et autres] (*c, h*) : 3° pour parure (*i*). Plumes pour écrire : 1° en or, argent (*d, c, h*) : 2° **en or, argent, à bas titre** (*a*) ; 3° en autres métaux (*c, h*). Plumetis de coton (*b, c, g, h*). Plumiers : 1° en bois (*c, h*) : 2° en carton, ordinaire (*f, h*). — comprimé (voir « Objets en carton »). Pochettes : 1° en carton gaufré ou revêtu de chromos (*f, h*) : 2° en fils de coton, pour chapelets (*b, c, h*) : 3° en papier d'emballage (*f*) ; 4° en papier de fantaisie (*f, h*). Podomètres (*b, f, h*). Poêlerie en fonte [articles de] (*b, c*). Poêles à chauffage, en fonte et tôle (*b, f*). Poêlons (voir « Chaudronnerie »). Poids : 1° brisés (voir « Ferraille ») : 2° neufs, en fer, fonte (*b, c*). — en cuivre (*b, c, h*) : 3° pour horloges, en fer ou acier (voir « Articles de ménage »), — en fonte (*b, c*), — en plomb (*c*). Poignards : 1° de luxe ou ordinaires (*b, c, h*) ; 2° japonais ou chinois pour panoplies, avec fourreau en bois (*h*), — avec fourreau en os ou en dent de morse sculptés (*b, c, h*). Poignées : 1° d'armes (*h*) : 2° de cannes, parapluies, ombrelles : en ambre, bois fin, bois de cerf, celluloïd, corne, cristal, écaille, ivoire, nacre, os ou verre (*b, c, h*), — en agate, albâtre, métal commun (voir « Agates, Albâtre, Bijouterie fausse »), — en or, argent (*d, c, h*) : 3° en cuir, pour filets à provisions, fers à repasser, articles de vannerie (*b, c, h*) ; 4° de poêles, tiroirs de meubles, en fer ou acier (voir « Articles de ménage ») ; 5° de portes, fenêtres, en corne, os (*b, c, h*), — en faïence fine, métal nickelé, porcelaine (voir « Faïences, Nickel, Porcelaine ») : 6° de vélocipèdes (*c, h*). Poil de Messine (*i*). Poils : 1° bruts (*i*) : 2° peignés ou cardés : de chèvre mohair (*i*), — autres : 3° en bottes. Poinçons : 1° à broder (*c, h*) ; 2° de bureaux et magasins, montés sur écaille, ivoire, nacre (*b, c, h*). Pointes en acier ou en fer : 1° de o^m^ooi diamètre ou moins (*b, c, h*) ; 2° de plus de o^m^ooi diamètre (*b, c*). Poiré (*d, c*). Poires à poudre : 1° en bois, caoutchouc, corne, cuir ou cuivre (*c, h*) : 2° en métal nickelé, en os (*b, c, h*). Poires d'appel en caoutchouc durci (*c, h*). Poires fraîches ou sèches, tapées, écrasées. Pois (voir « Légumes »). Poissons : 1° de pêche française (*i*) ; 2° de pêche étrangère :

---

[1] Ces plombs sont exempts de droits s'ils sont originaires de pays où les plombs argentifères sont exempts de droits de sortie.

poissons de mer frais (*h*. — Droit de 25 fr.), — d'eau douce, — poissons conservés marinés *ou* autrement préparés (*h*), — secs, salés *ou* fumés : morues, klippfish, stockfish (*h*), — harengs, — autres (*h*). Poivre et poivron (*c*, *h*). Poix : 1º minérale (*i*) : 2º végétales. Polichinelles pour amusement des enfants (*c*, *h*). Polygraphes (*b*, *e*, *h*). Polyphons (*b*, *f*, *h*). Pommades : 1º de parfumerie *ou* pour la toilette, à base de vaseline (*c*, *h*). — autres (voir « Parfumerie »); 2º pharmaceutiques (voir « Médicaments »); 3º pour nettoyer et polir les métaux (voir « Pâtes »). Pommeaux : 1º de cannes, etc. (voir « Poignées »); 2º de meubles, en bois tourné (voir « Tournerie »); 3º de rampes d'escaliers : en cuivre (*b*, *e*, *h*), — en poterie (*b*, *e*), — en verre (*b*, *e*, *h*). Pommes (voir « Poires »). Pommes de terre. Pompes : 1º de ménage, en fonte et fer, *ou* en fer-blanc et bois, ne pesant pas plus de 20 kilogr. (*c*) : 2º à vapeur *ou* hydrauliques (voir « Machines »). Pompons (voir « Passementerie »). Poneys (*f*, *h*). Pongées (voir « Corahs »). Porcelaines : 1º blanches (*e*) : 2º décorées (*e*, *h*. — Droit de 25 fr.) : 3º décorées et d'épaisseur renforcée (*e*) : 4º biscuit (voir ce mot). Porcs (*f*). Porte-aiguilles : 1º ordinaires, en bois commun, vernis (*e*, *h*) : 2º pour métiers à tapisserie : en bois et métal non nickelé (voir « Outils »), — nickelé (*b*, *e*, *h*). Porte-alènes (voir « Outils »). Porte-allumettes : 1º en bois, en caoutchouc durci *ou* en paille (*e*, *h*): 2º en cuivre *ou* en bronze (*b*, *e*, *h*); 3º en fonte moulée (*b*, *e*) : 4º en porcelaine (voir ce mot). Porte-bouquets : 1º en bois commun (voir « Meubles ») : 2º en bois fin (*b*, *e*, *h*); 3º en papier *ou* carte (*f*, *h*); 4º garnis de tulle, dentelle (*b*, *e*, *h*); 5º en moelle de rotins, osier, paille, rubans de bois (*e*, *h*) ; 6º en verre *ou* cristal (voir « Gobeleterie »). Porte-burettes *ou* Porte-huiliers : 1º en bois commun tourné (voir « Tournerie »), — non tourné : 2º en zinc (voir ce mot) : 3º en métaux dorés, argentés, nickelés (*b*, *e*, *h*): 4º en argent (*d*, *e*, *h*). Porte-cartes : 1º en bois incrusté, corne, os, celluloïd, écaille, ivoire, nacre, peau *ou* cuir (*b*, *e*, *h*) : 2º en carton, papier mâché ou comprimé (voir « Objets en carton ») : 3º en or, argent (*d*, *e*, *h*) : 4º en métaux dorés, argentés (*b*, *e*, *h*) : 5º en tissu, feutre (*b*, *e*, *h*). Porte-chapeaux *ou* porte-manteaux : 1º en bois commun tourné (voir « Tournerie »), — non tourné: 2º en cuivre (*b*, *e*, *h*): 3º en fer, acier (voir « Articles de ménage ») : 4º genre Interlaken (voir « Meubles massifs en bois d'ébénisterie »). Porte-cigares *ou* porte-cigarettes en ambre, bois fin, ébonite, écaille, ivoire, jais, nacre *ou* autres matières fines (*b*, *e*, *h*). Porte-crayons : 1º en or, argent (*d*, *e*, *h*) ; 2º en doublé, écaille, ivoire, nacre (*b*, *e*, *h*) : 3º autres, pour bureaux, écoles (*e*, *h*). Porte-épingles (*e*, *h*). Porte-éponges en caoutchouc (*e*, *h*). Porte-feuilles : 1º en carton (*f*, *h*) : 2º en cuir (*e*, *h*). Porte-journaux en feutre de laine garni (*b*, *e*, *h*). Porte-lettres en étain (*b*, *e*, *h*). Porte-livres pour écoliers (*e*, *h*). Porte-manteaux : 1º pour poser sur le sol *ou* genre Interlaken (voir « Meubles ») : 2° à suspendre, en bois commun tourné (voir « Tournerie »), — non tourné, — en bois fin (*b*, *c*, *h*) : 3° articulés (*e*, *h*) : 4° en fonte moulée (*b*, *c*) : 5° en fer *ou* acier (voir « Articles de ménage ») : 6° en métal nickelé (*b*, *c*, *h*). Porte-mines (voir « Porte-crayons »). Porte-monnaies (voir « Bourses »). Porte-montres : 1° en carton moulé (voir « Objets en carton ») ; 2° en autres matières (*e*, *h*). Porte-outils (voir « Outils »). Porte-parapluies : 1° en fonte moulée (*b*, *c*) ; 2° en porcelaine (voir ce mot). Porte-pipes (voir « Étagères »). Porte-plumes : 1° en or, argent (*d*, *e*, *h*) : 2° en bois commun tourné (voir « Tournerie »), — non tourné ; 3° en bois fin, caoutchouc, celluloïd, corne, corozo, cuivre, écaille, ivoire, nacre, os (*b*, *c*, *h*) : 4° en fer, acier (voir « Articles de ménage ») : 5° en roseau (*c*, *h*) : 6° en autres matières (*c*, *h*). Portes et pièces de menuiserie : 1° en bois dur (*e*, *h*. — Droit de 25 fr.) : 2° en bois tendre. Portières : 1° en tissu (*b*, *e*, *h*) ; 2° en roseaux, bambous garnis de verroterie (*e*, *h*). Potasse et carbonate de potasse (*c*, *i*). Potences [accessoires d'instruments de musique] (*c*, *h*). Poteries : 1° de bâtiment (briques, tuiles et autres matériaux) : communes, sans ornementation, non vernissées ni émaillées, — autres (*e*) ; 2° de grès ou de terre (*c*) : 3° de faïence (v. ce mot) : 4° réfractaires (*c*) : 5° d'étain (*b*, *c*, *h*) : 6° de fonte (*b*, *c*). Potiches en faïence, porcelaine (voir ces mots). Potirons (voir « Légumes »). Pots à fleurs en terre commune (*e*). **Poudre à tirer** [1] (*a*). Poudres : 1° d'argent ou d'or : 2° de senteur ou de toilette (*e*) : 3° de pyrèthre naturelle (*i*) : 4° de sucre (*c*, *h*) : 5° **de tabac** (voir ce mot). Poulains (*f*, *h*). Poules d'eau (voir « Gibier »). Poulies : 1° en bois tourné (voir « Tournerie »), — non tourné ; 2° en fonte, fer, acier (*b*, *f*). Poupées (*c*, *h*). Poutres et poutrelles : 1° en bois : 2° en fonte (*b*, *c*). **Praiss** (*a*). Pralines (voir « Bonbons »). Préparations médicinales ou vétérinaires (voir « Médicaments »). Presses à confitures, à viande (*e*). Presses mécaniques : 1° pour l'industrie (*f*) : 2° pour jeux d'enfants (*c*, *h*). Presse-papiers : 1° en fonte moulée (*b*, *c*) : 2° en bois fin, bronze, métaux dorés *ou* argentés (*b*, *c*, *h*). Pressoirs à cidre, à huile : 1° entièrement en bois : bois tourné (voir « Tournerie »), — non tourné : 2° en métal (*f*). Présure salée (*d*). Prismes de fer (*b*, *c*). Produits chimiques : 1° tirés du goudron de houille par distillation directe (*b*, *c*, *i*), — dérivés des produits de cette distillation (*b*, *c*) : 2° non dénommés, à base d'alcool (*b*, *d*, *c*), — autres (*b*, *c*). Produits résineux : 1° exotiques, autres que de pin et de sapin (*c*, *i*) : 2° indi-

---

[1] La prohibition s'étend au coton-poudre ou fulmicoton, aux cordeaux détonants, à la nitro-glycérine, à la nitro-cellulose sèche ou imbibée, aux picrates et fulminates, à la cellulose nitrée.

gènes [1]. **Projectiles chargés** [2] (*a*), — non chargés (voir « Fonte moulée », « Plomb » *ou* « Articles de ménage », selon la nature du métal). Prospectus imprimés (*f. h*). Protecteurs : 1° de jupes *ou* corsets (*b, e, h*) : 2° de niveaux d'eau (*b, e*) : 3° de parquet (*e, h*) ; 4° pour chaussures (voir « Fonte malléable ») ; 5° pour préserver le poitrail des chevaux (*e. h*) : 6° pour lanternes-tempêtes [protecteurs en fer-blanc] (voir « Articles de ménage »). Prunes et pruneaux (voir « Fruits »). Prussiate de potasse jaune (*e. h*. — Droit de 25 fr.), — rouge (*e, h*). Psalmodions et psaltérions (*e, h*). Psyché (voir « Miroirs »). Publications périodiques (*f, i*). Pulghère : 1° grains (*i*) : 2° huile. Pulpes de betteraves *ou* de pommes de terre (*i*). Pulvérisateurs : 1° en caoutchouc (*e, h*) : 2° en cuivre (*b, e, h*). Punaises : 1° en cuivre (*b, e, h*) : 2° en fer, acier (voir « Clous »). Punch (*d, e, h*). Pupitres à musique (*e, h*). Pyrèthre eu feuilles, fleurs, poudre. racines (*i*). Pyrites de cuivre, fer, plomb, soufre (*i*). Pyrolignites : 1° de fer (voir « Acétates ») : 2° de plomb *ou* de chaux (*b, e*). Pyromètres (*e, i*).

Quarts de cercles (*e, i*). Quartz : 1° brut (*i*) ; 2° pulvérisé *ou* taillé. Quassia amara en bois *ou* racines (*i*). Quercitron (*e, i*). Queues de billard (*b, e, h*). Quilles en bois (*e, h*). Quina (*b. e, h*). Quinine (*b, e. h*). Quinquets : 1° en cuivre *ou* avec parties de cuivre (*b, e, h*) ; 2° en fer-blanc (voir « Articles de ménage »). Quinquina : 1° écorces (*i*) ; 2° extrait (*b, e. h*).

Rabanes en raphia (voir « Pagnes »). Rabots montés (*e. h*). Raccords de tubes *ou* de tuyaux : 1° en acier, fer. fonte (*b, e*) ; 2° en cuir, cuivre (*b, e. h*) : 3° en caoutchouc (*e. h*) : 4° en grès, terre (*e*). Racines : 1° de chicorée : vertes *ou* sèches non torréfiées, — torréfiées, pures (*b, e*) ; 2° médicinales : althéa et guimauve, fraîches, — sèches (*e, h*), — autres (*i*) ; 3° propres à la teinture et au tannage : curcuma, garance (*i*), — autres. Rack (*b, d, e, h*). Racles. raclettes, racloirs (*e, h*). Raclures : 1° d'écaille naturelle (*c, i*) ; 2° de celluloïd (*e, h*). Rails (*e*). Raisiné. Raisins : 1° de vendange ; 2° forcés (*e, h*) ; 3° frais ; 4° secs (*e, h*. — Droit de 25 fr.) ; 5° confits (voir « Fruits »). Ramasse-miettes : 1° en bois verni (*e, h*) ; 2° en carton (voir « Objets en carton »). Ramie brute (*i*). Rampes d'escaliers : 1° en bois (voir « Portes ») ; 2° en cuivre (*b, e, h*) ; 3° en fer, acier (voir « Ser-

---

[1] Voir aussi « Essence de térébenthine ».
[2] Biscaïens, bombes, boulets, grenades, obus.

rurerie »). Rapatelle [toile à tamis en crin] (*e. h*). Râpes : 1° de
ménage : à manivelle (*c*),— autres (voir « Articles de ménage ») :
2° outils (voir ce mot). Raphia [feuilles et fibres] (*i*). Râpures :
1° de cornes et os de bétail, de libres *ou* d'écorce de coco (*i*) ;
2° de liège. Raquettes pour jeux (*e, h*). Rasoirs : 1° de micro-
tome (*e. i*) ; 2° ordinaires (*b, c, h*). Ratafia (*d, e. h*). Râteaux à
main (voir « Pelles agricoles »). Râteliers : 1° à bobines en
bois ; 2° d'écurie, en acier *ou* fer (*b, c*), — en bois ; 3° pour pipes (voir « Meubles »). Râteliers de fausses dents (*b. e, h*). Ra-
tières (voir « Pièges »). Ratissoires (voir « Outils »). Rats de
cave : 1° en paraffine (*c. h*) : 2° autres. Rayons de cire *ou* de
miel. Réas (*b, f*). Réchauds : 1° en cuivre (*b, c, h*) ; 2° en fer-
blanc (voir « Articles de ménage »). Récipients en tôle de fer
ou d'acier (voir « Chaudronnerie »). Réclames : 1° sur carton
ou papier (*f. h*) : 2° sur tissu de coton, tôle, zinc (*b, c. h*). Recueils de gravures, images (*f, h*). Réflecteurs : 1° en cuivre
(*b, c, h*) ; 2° en fer-blanc (voir « Articles de ménage ») ; 3° en
verre (voir « Cristaux ») : 4° en zinc (*b, c, h*) ; 5° dorés, argentés. nickelés (*b, c, h*). Registres : 1° neufs, reliés en carton (*f. h*),
— en cuir (*b, c. h*) ; 2° vieux (*i*). Règles : 1° en bois commun
même verni ; 2° en bois fin, verre *ou* autres matières non métalliques (*b. c, h*) ; 3° en cuivre (*b, c, h*) : 4° en fer, acier (v. « Articles
de ménage ») : 5° graduées ou en forme de T (*c, i*). Réglisse :
1° bois. racines (*i*) ; 2° bâtons non sucrés ; 3° bâtons sucrés *ou*
pâte (*e, h*) ; 4° extrait (*b. c. h*). Régule (voir « Antimoine »).
Reliures instantanées (*f. h*). Remèdes (voir « Médicaments »).
Reps [tissu de coton] (*b, c, g. h*). Réservoirs pour water-closets
(*b. c*). Résidus : 1° de cire animale (*i*) ; 2° de cire végétale :
3° de noir animal (*i*) ; 4° de pétrole et d'huiles minérales (*f*).
Résilles (voir « Bonneterie »). Résines : 1° exotiques, de mé-
lèze, pin, sapin. — autres (*c, i*) ; 2° indigènes, brutes : 3° puri-
fiées à l'aide d'alcool (*d*) : 4° mélangées d'huile *ou* d'essence
(*c, h*). Ressorts : 1° en acier forgé, non polis, pour carrosserie, locomotives. wagons (*b, f*) ; 2° pour armes (*b, h*) : 3° pour
bandages herniaires (*c. i*) ; 4° pour corsets (*b, c, h*) : 5° pour
horlogerie (*c. h*). Revalescière du Barry et autres produits analogues : 1° assaisonnés (*c. h*) : 2° non assaisonnés. Réveils (voir
« Horlogerie »). Revolvers (*h*). Revues littéraires *ou* autres (*f, i*).
Rhubarbe : 1° en racines (*i*) : 2° en sirop, poudre, extrait, élixir
(*b, c, h*). Rhum : 1° des pays étrangers (*b, d, c, h*) ; 2° des
colonies françaises soumises au tarif de la métropole (*d, c, i*).
— des autres colonies (*d, c, h*). Ricin [huile de]. Rideaux :
1° de grenadine, tulle, mousseline de coton, brodés *ou* encadrés (*b, e. g, h*) ; 2° de moquette (*b. c. h*). Ridicules [sacs à
main] (*c. h*). Rillettes (*e. h*). Rince-bouteilles (voir « Articles
de ménage »). Rivets : 1° en acier *ou* en fer (*b. c*) : 2° en cuivre,
laiton, bruts (*b, f*). — travaillés (*b. f, h*). Riz. Robes (voir

« Tissus »). Robinets : 1° en bois (voir « Tournerie ») ; 2° en étain (b, c, h) : 3° en fonte, fer, acier ou cuivre pour chaudières ou machines à vapeur (voir « Pièces détachées de machines »). Rocou préparé (c, i). Rognures d'écailles de tortues (c, i — voir aussi « Râpures »). Rogues de maquereau et de morue. Ronces artificielles (voir « Câbles en fer »). Rondins (voir « Bois »). Ronds de serviettes : 1° en argent, or, vermeil (d, e, h) ; 2° en bois (voir « Tournerie ») : 3° en cuivre simplement tourné (c, h) : 4° en carton (voir « Objets en carton ») ; 5° en étain, ivoire, écaille ou nacre, en métaux argentés, dorés ou nickelés (b, c, h). Roseaux bruts (i). Roses [fleurs] de Provins (c, h). Rotins : 1° pour la vannerie [1] (f) ; 2° pour cannage des chaises [rotins filés] ; 3° vernis (c, h). Rots [pièces de machines] (b, f, h). Rouages : 1° de machines, d'instruments de musique (voir « Pièces détachées ») : 2° d'horlogerie (f, h). Rouannes (voir « Outils »). Roues : 1° en acier, fer, fonte (b, c) ; 2° de voitures (même régime que les « Voitures »). Roulettes : 1° en bois (voir « Tournerie ») : 2° en fonte (b, c) : 3° en fer, acier (voir « Articles de ménage »). Rubannerie : 1° de chanvre, laine, lin, ramie, soie ou bourre de soie (c, h) ; 2° de jute, (b, c, h) : 3° de coton pur ou mélangé (b, c, g, h). Rubans de cardes en fils de fer ou d'acier, en cuir, etc. (b, f, h). Rubis (i). Ruches à miel : 1° pleines (i) : 2° vides : en osier ou en paille (c), — en bois, liège. Rue [feuilles de] (c, h).

Sables de toute espèce (i). Sabliers [horloges de sable] (c, h). Sabots de bétail bruts (i). Sabots de freins : 1° en caoutchouc (c, h) : 2° en fonte moulée (b, c). Sabots [chaussures] : 1° en bois commun ; 2° peints, vernis ou garnis (c, h) ; 3° avec tiges en cuir (b, c, h). Sabres : 1° de fabrication antérieure au xviii° siècle (e, i [2]) : 2° autres (h [2]) : 3° pour enfants (e, h). Sabres-baïonnettes (voir « Sabres »). **Saccharine et saccharinate de soude** (a). Sachets : 1° à bonbons ou à odeur en papier, carte (f, h) : 2° en tissu (voir « Tissus ») ; 3° **médicinaux** (a). Sacoches en cuir (c, h). Sacs : 1° à tabac : en verroterie ou vessie (c, h), — en peau (b, c, h) : 2° en carton recouvert de peluche, satin, velours (f, h) : 3° en paille (c, h) : 4° en peau, cuir ou en carton recouvert de peau, cuir, toile cirée, caoutchouc (b, c, h) ; 5° en tissus de jute ou autres tissus (voir « Tissus »). Safran

---

[1] Les rotins bruts de 0ᵐ009 ou moins de diamètre ne peuvent être importés que par les bureaux de Bordeaux, Dunkerque, Le Havre, Marseille, Nantes, Paris, Saint-Nazaire.

[2] Et d s'ils sont enrichis d'or ou d'argent.

d'antimoine (*b. c. h*). Safre (*i*). Sagou naturel *ou* factice. Saindoux *ou* graisse de porc (*e, h*). Sainfoin. Saladiers : 1° en faïence, porcelaine (voir ces mots) : 2" en fer-blanc, fer, acier (voir « Articles de ménage ») : 3° en or, argent (*d, c, h*) ; 4° dorés, argentés (*b, c, h*). Salep. Salières : 1° en sel gemme (*e, h*) : 2" en verre *ou* cristal (voir « Cristaux ») : 3° en d'autres matières (voir « Saladiers »). Salin de betterave (*e*). Salpêtre (voir « Nitrate de potasse »). Salsepareille : 1" racines (*i*) ; 2" sirop (*b. c. h*). Sandales (voir « Pantoufles »). Sandaraque (*c. i*). Sang de bétail (*h*). Sang-dragon [résine] (*c. i*). Sangles : 1° en caoutchouc, cuir (*b, c. h*) : 2" en ficelles *ou* fils (voir « Passementerie »). Sangliers (voir « Gibier »). Sangsues (*i*). Sanguine : 1° à l'état naturel (*i*) ; 2° débitée en crayons (*e, h*) : 3° pulvérisée (voir « Couleurs » ou « Vernis »). Santonine (*b, c. h*). Saphirs (*i*). Saponaire : 1° fleurs (*e. h*) : 2° racines (*i*). Saponine (*b, d, e, h*). Sarcelles (voir « Gibier »). Sarcloirs (voir « Outils »). Sarcocolle (*c. i*). Sardines (voir « Poissons »). Sardoines (voir « Agates »). Sarrasin. Sarraux en tissu (voir « Tissus »). Sarriette [fleurs] (*e, h*). Sarrusophones (*e. h*). Satin et satinette (voir « Tissus »). **Sauce de tabac** (*a*). Sauces (voir « Épices préparées »). Saucisses et saucissons (*e. h*). Sauge (*e, h*). Saumons (voir « Poissons »). Saumons métalliques (voir le nom du métal). Savons : 1° de parfumerie : transparents fabriqués à l'alcool *ou* au sucre (*e, h*). — autres (*e*). — non transparents (*e*) : 2° autres que ceux de parfumerie (*h, e*). Saxhorns et saxophones (*e, h*). Scalpels (*c. i*). Scammonée [gomme] (*c. i*). Scarificateurs (*f*). Schappe (voir « Bourre de soie »). Schistes : 1" en masse, broyés *ou* à l'état de mastic (*i*) : 2° en huiles (voir « Huiles minérales »). Scies : 1° circulaires (voir « Machines-outils ») : 2" pour travaux manuels (voir « Outils ») : 3° pour amusement des enfants (*e. h*). Sciures : 1" de bois de teinture *ou* d'écailles de tortues (*c, i*) ; 2° d'écorce *ou* de bois de quinquina (*b.i*) : 3° de celluloïd, d'écaille factice (*c, h*) ; 4° de bois commun pour allumer le feu, d'écorce à tan. Scories : 1" de cuivre, de fer *ou* de plomb (*i*) : 2" de forge (*i*). Sealskin [tissus de poils de chèvre] (voir « Tissus »). Seaux : 1° en bois, même cerclés en fer ; 2" en cuir (*b, e, h*) ; 3° en cuivre (*b, e, h*) : 4° en fer *ou* acier (voir « Articles de ménage ») ; 5° en toile (*e, h*) : 6° en zinc (voir ce mot) : 7° pour l'amusement des enfants (*e, h*). Sébiles : 1° en bois fin, ivoire, écaille *ou* laquées (*b, e, h*) : 2° en papier, carton moulé (voir « Objets en carton ») : 3" en bois commun (voir « Tournerie »). Sécateurs (*b. c, h*). Séchoirs : 1° à cigares : en bois commun (*e. h*). — en bois fin (*b, c, h*) ; 2° à linge, à kaolin, à laitier de hauts fourneaux (*f*) : 3° de malt (voir « Articles de ménage »). Secrétaires (voir « Meubles »). Seigle. Sellerie : 1° grossière (voir « Bâts ») ; 2° autre (*b, c, h*). Sel médicinal de Kreutznach (*b, c*). Sel de verre (voir « Fiel »). Sel d'oseille. Sels : 1° de marais, de salines (*b*, *d*, *e*) : 2° gemmes (*d*. *e*). Sels : 1° ammoniacaux [sulfate d'ammoniaque] bruts (*e*, *i*). — raffinés, sels de Glauber et autres sels ammoniacaux (*e*) : 2° d'antimoine, d'argent, de cobalt, de quinine (*b*, *e*, *h*) : 3° de soude, dénommés ou non dénommés (*e*). Semainiers en forme d'albums (*f*, *h*). Semelles : 1° en bois, écorce, liège : 2° en cuir (*b*, *e*, *h*) ; 3° en carton ordinaire (*f*), — en carton moulé (voir « Objets en carton ») ; 4° en caoutchouc, feutre, fibres végétales, fils de jute, paille, zoulfa (*e*, *h*). Semences (voir « Graines »). Semen-contra : 1° fleurs et pédoncules (*i*) ; 2° huile ou essence (*e*, *h*). Semoirs : 1° à main (voir « Articles de ménage ») ; 2° pour l'agriculture (*f*). Semoules. Séné [feuilles et fruits] (*i*). Sépia [encre de seiche] (*e*). Serans pour peigner le chanvre (voir « Outils en acier ou en cuivre », selon que les dents de l'instrument sont en l'un ou l'autre de ces métaux). Serfouettes (voir « Outils »). Serge du Berry [tissu de laine mélangée] (*b*, *e*, *h*). Scrinettes (*e*, *h*). Seringues : 1° à injection (*e*, *i*) ; 2° en étain (*b*, *e*, *h*). Serpentine : 1° en blocs (voir « Marbres ») ; 2° en poudre mélangée de bleu de Prusse (*e*, *h*). Serpentine [tissu] (voir ce mot). Serpentins : 1° en cuivre (*b*, *e*, *h*) : 2° en grès (*e*) ; 3° en papier (*f*, *h*). Serpes et serpettes : 1° en forme de couteaux (*b*, *e*, *h*) ; 2° autres (voir « Outils »). Serres (voir « Charpentes »). Serrurerie : 1° en acier, fer, tôle (*b*, *e*) : 2° avec parties de cuivre ou de laiton, ou entièrement composée de ces métaux (*b*, *e*, *h*. — Droit de 25 fr.). Services : 1° de fumeurs, en bois et métal nickelé (*b*, *e*, *h*) ; 2° de table, en cristal, faïence, porcelaine, verre, zinc (voir ces mots) : 3° en or, argent (*d*, *e*, *h*) ; 4° en doublé, plaqué (*b*, *e*, *h*). Serviettes : 1° de table, de toilette, en coton (*b*, *e*, *g*, *h*) ; — en chanvre, lin, ramie (*e*, *g*, *h*) : 2° d'avocats, en cuir, peau (*b*, *e*, *h*). Sésame [graines de] (*i*). Sextants (*e*, *i*). Shakos : 1° en cuir (*b*, *e*, *h*) : 2° en feutre (voir « Chapeaux »). Shirting [toile de coton] (*b*, *e*, *g*, *h*). Siccatifs : 1° sans alcool, huile, ni essence (*b*, *e*) : 2° autres (voir « Vernis »). Sièges : 1° sculptés, marquetés, ornés de cuivre, dorés ou laqués (*e*, *h*) ; 2° autres, en bois commun ou en bois d'ébénisterie : 3° garnis et recouverts (*e*, *h*). Sifflets : 1° en bois, os (*e*, *h*) ; 2° en étain, ivoire, métaux plaqués, nickel (*b*, *e*, *h*) ; 3° en or, argent (*d*, *e*, *h*). Signaux pour voies ferrées (*b*, *f*). Silésienne [tissu] (*b*, *e*, *h*). Silex (*i*). Silicates de soude ou de potasse (*b*, *e*). Silico-spiegel (voir « Fonte »). Simili-piassava. Sinapismes médicinaux (*b*, *e*, *h*). Singes vivants (*i*). Siphons : 1° en grès (*e*) ; 2° en verre (voir « Bouteilles »). Sirops : 1° de sucre (*e*, *h*) ; 2° médicinaux non prohibés (*b*, *e*, *h*). Sistres (*e*, *h*). Small (*i*). Snow-boots (*b*, *e*, *h*). Socles de pendules : 1° en albâtre, marbre ; 2° avec motifs en bronze (*b*, *e*, *h*) : 3° en bois tourné (voir « Tournerie ») : 4° en verre ou cristal (voir « Cristaux »). Socs de charrues : 1° en acier ou fer (*f*, *h*) ; 2° en fonte (*f*, *h*. — Droit de 25 fr.). Soda-water (*i*). Sodium (*b*, *e*, *h*). Soies : 1° en cocons *ou* grèges (*e*, *i*) ; 2° ouvrées *ou* moulinées (*e*, *h*. — voir aussi « Bourre »). Soie artificielle (voir « Fils » ou « Tissus »). Soldats : 1° en bois, plomb (*e*, *h*) ; 2° en étain, zinc (*b*, *e*, *h*). Solives : 1° en bois (voir « Bois ») ; 2° en acier *ou* fer (*b*, *e*). Sommiers : 1° sans toile (voir « Articles de ménage ») ; 2° avec toile (voir « Tissus »). Son. Sondes : 1° de mineurs (*f*) ; 2° pour la chirurgie, la marine, les laboratoires (*e*, *i*) ; 3° pour fromages (voir « Outils ») ; 4° autres (voir « Articles de ménage »). Sonnailles : 1° en fonte moulée (*b*, *e*) ; 2° autres (voir « Cloches »). Sonneries électriques montées (*f*, *h*). Sorbets (voir « Confitures »). Sorgho (en farine, grains, paille). Souches d'arbres (voir « Bûches »). Soucoupes (voir « Assiettes »). Soudes (*e*). Soufflets : 1° à poudre insecticide (*e*, *h*) ; 2° de forge (*f*) ; 3° de main, avec cuir (*e*, *h*) ; 4° d'orgues d'églises (*e*, *h*). Soufre : 1° non épuré, minerai et pyrites (*i*) ; 2° épuré, raffiné *ou* sublimé. Souliers en cuir, peau *ou* caoutchouc (*b*, *e*, *h*). Soupapes : 1° en caoutchouc pur (*e*, *h*) ; 2° en métal (voir « Pièces détachées »). Soupières (v. « Services de table »). Souricières (voir « Pièges »). Sous-ventrières en cuir (*b*, *e*, *h*). Soutaches (voir « Passementerie »). Sparadrap (*b*, *e*, *h*). Sparte brut *ou* tordu (*i*). Spath (*i*). Spatules pour la peinture (*e*, *h*). Speiss [nickel de première fusion] (*i*). Sphères : 1° célestes *ou* terrestres (*e*, *i*) ; 2° en porcelaine (voir ce mot). Spiraux pour horlogerie (*e*, *h*). Spiritueux (*d*, *e*, *h*). Sprats salés (*h*). Statues modernes : 1° en albâtre, marbre, pierre ; 2° en métal (voir le nom du métal entrant dans la composition de ces statues). Stéarine (voir « Graisses » et « Acide stéarique »). Stéatite : 1° brute (*i*) ; 2° ouvrée, pour pipes (*e*, *h*). Stéréoscopes et stéréoramas (*e*, *h*). Sticks garnis de crin ou de cuir (*b*, *e*, *h*). Stockfish (*h*). Storax (*e*). Stores : 1° en bambou, bois, moelles de rotin, tissu, vitrifications (*e*, *h*) ; 2° en papier imprimé en couleurs (*f*, *h*). Strychnine et ses sels (*b*, *d*, *e*, *h*). Stuc : 1° en poudre (*i*) ; 2° moulé, non colorié (voir « Pierres ouvrées ») ; 3° colorié (voir « Faïences »). Stylets (*b*, *e*, *h*). Sublimé corrosif (*b*, *e*, *h*). Substances animales brutes [autres que les éponges] propres à la médecine *ou* à la parfumerie (*i*). Succin (*i*). Sucre de lait (*i*). Sucres : 1° bruts et terrés (*e*, *h*) ; 2° raffinés et assimilés aux raffinés (*b*, *e*, *h*). Sucriers : 1° en bois de figuier (*e*, *h*) ; 2° en faïence (*e*) ; 3° en porcelaine, verre *ou* cristal (voir ces mots) ; 4° en or, argent (*d*, *e*, *h*) ; 5° en métal doré, argenté ou nickelé (*b*, *e*, *h*). Sucs tannins (*b*, *e*). Sucs végétaux autres que le camphre, le caoutchouc, la glu, la gutta-percha, la manne, l'aloès, l'opium, le jus de réglisse, la sarcocolle, le kino (*e*, *i*). Suifs (*i*). Sulfates : 1° d'ammoniaque : bruts (*e*, *i*), — raffinés (*e*) ; 2° de quinine (*b*, *e*, *h*) ; 3° doubles de fer et de cuivre, de manganèse, de mercure, de plomb (*b*, *e*) ; 4° de magnésie, potasse (*e*, *i*) ; 5° autres (*e*). Sulfites de chaux, de soude (*b*, *e*). Sulfo-conjugués du naphtol et autres (*b, c, h*). **Sulfonamide benzoïque** (*a*). Sulfures : 1° de mercure : naturel (*c, i*). — artificiel (*c, h*) ; 2° d'arsenic (*c*). Sumac [écorces, feuilles *ou* brindilles] (*i*). Superphosphates de chaux (*i*). Supports pour couverts de table : 1° en or, argent (*d, c, h*) ; 2° en métaux argentés, nickelés (*b, c, h*) ; 3° en verre *ou* cristal (voir « Cristaux »). Suppositoires (*b, c, h*). Sureau [baies *ou* fleurs] (*c, h*). Suspensions : 1° en bronze, cuivre, en métaux dorés, argentés, nickelés (*b, c, h*) ; 2° en ferronnerie d'art (voir « Articles de ménage ») ; 3° en terre commune (*c*). **Sycose** (*a*).

Tabacs : 1° en feuilles ou en côtes (*a*) ; **2° fabriqués** [cigares, cigarettes, scaferlati, tabacs à priser et à mâcher] **importés pour usage personnel** (*a, b*). Tabatières : 1° en or, argent (*d, c, h*) ; 2° en métaux dorés, argentés *ou* nickelés (*b, c, h*) ; 3° en bois commun [tabatières *dites* queues-de-rat] (*c, h*) ; 4° en bois fin, caoutchouc durci, coquilles, corne, cuir bouilli, écaille, étain, ivoire, nacre (*b, c, h*) ; 5° en papier mâché, carton comprimé (voir « Objets en carton »). Tableaux : 1° peints à la main (*c, i*) ; 2° pour bazars (voir « Baguettes ») ; 3° en carton décoré de sujets coloriés (*f, h*). Tableaux-réclames entre deux plaques de verre (*b, c, h*). Tables : 1° en bambou, bois [tables à jeu, à ouvrage, tables de nuit, tables de machines à coudre] (voir « Meubles ») ; 2° d'harmonie, pour harpes, pianos. Tabletterie : objets autres que les billes de billard en ivoire, et que les peignes en ivoire *ou* écaille (*b, c, h*). Tablettes : 1° de bonbons, de cacao, chocolat, thé (voir chacun de ces mots) ; 2° pharmaceutiques (voir « Médicaments ») ; 3° pour polir les métaux : tablettes à base d'émeri (*c, h*), — autres ; 4° pour potages, purées, etc. : préparées (*c, h*). — simplement salées. Tabliers en caoutchouc, coton (*b, c, h*). Tabourets : 1° en fer (voir « Articles de ménage ») ; 2° russes (*c, h*) ; 3° autres (voir « Sièges »). Taffetas (*c, h*). Tafia (voir « Rhum »). Taies d'oreillers (voir « Tissus »). Taille-crayons : 1° à lame en acier (*c, h*) ; 2° en forme de tubes coniques (voir « Articles de ménage »). Talc : 1° brut (*i*) ; 2° pulvérisé. Talons de chaussures en cuir (*b, c, h*). Tamarin [gousses et graines] (*i*). Tambours, tambourins (*c, h*). Tambours [récipients] en tôle de fer ou d'acier (*b, f*). Tamis : 1° en crin, soie (*c, h*) ; 2° en toile métallique (voir ce mot) ; 3° pour machine à bluter (voir « Pièces détachées de machines »). Tampons de choc *ou* d'arrêt pour wagons (*b, c*). Tampons-buvards : 1° en bois et étoffe (*c, h*) ; 2° en carton (*f, h*). Tamtams (*c, h*). Tan. Tanaisie (*i*). Tandems (*c, h*). Tanin [acide tannique] : 1° à l'alcool *ou* à l'éther (*c, d, h*) ; 2° à l'eau (*c*). Tannins [sucs] (*c*). Tapioca indigène. Tapis : 1° de feutre (*c, h*) ; 2° de jute, laine (*b, c, h*) ; 3° en aloès, coco, sparte (*c, h*). Tapisseries de laine (*b, c, h*).

Taquets en cuir (*b*, *e*, *h*). Tarares [machines] (*f*). Targettes : 1ᵒ en cuivre (*b*, *e*, *h*. — Droit de 25 fr.); 2ᵒ en fer, acier (*b*, *e*). Tarières (v. « Outils »). Tartans (*b*, *e*, *h*). Tartrates : 1ᵒ de potasse (*e*, *i*); 2ᵒ de soude (*e*); 3ᵒ autres (*b*, *e*). Tartre brut (*e*, *i*). Tasses (voir « Assiettes »). Tate-vin (voir « Pièces détachées de machines »). Tattings [dentelles de coton] (*b*, *e*, *g*, *h*). Taupières (voir « Piéges »). Taureaux, taurillons (*f*). Teintures et tanins bruts *ou* simplement broyés *ou* moulus (voir « Avelanèdes, Curcuma, Épinevinette, Garance, Fustet, Lichens, Noix de galle, Quercitron, Sumac »). Teintures préparées (v. « Acide picrique, Cachou, Cochenille, Garancine, Indigo, Kermès, Laque, Maurelle, Orseille, Pastel, Rocou »). Teintures dérivées du goudron de houille : 1ᵒ acide picrique (*b*, *e*, *h*. — Droit de 25 fr.); 2ᵒ autres (*e*, *h*). Télégraphes : 1ᵒ industriels (*e*, *i*); 2ᵒ pour amusement des enfants (*e*, *h*). Télémètres, télescopes (*e*, *i*). Tellure, tellurites (*b*, *e*). Tenailles (voir « Outils »). Tenders de locomotives (*f*). Tentes de campement *ou* de plage (*e*, *h*). Térébenthine (voir « Essence de »). Terres : 1ᵒ de Cassel, de Cologne, de Sienne, d'Italie, d'Ombre : délayées à l'huile, *ou* en poudre, *ou* à demi pulvérisées, — additionnées d'essence (*e*, *h*); 2ᵒ autres terres servant aux arts et métiers (*i*) [1]. Terrines : 1ᵒ en grès commun *ou* terre (*e*); 2ᵒ en grès fin (*b*, *e*). Têtes : 1ᵒ de machines à coudre (*f*, *h*); 2ᵒ de marteaux (voir « Outils »); 3ᵒ de poupées (*e*, *h*). Tétines en caoutchouc (*e*, *h*). Thapsia : 1ᵒ écorces *ou* racines (*i*); 2ᵒ extrait (*b*, *e*). Thé (*e*, *h*). Théâtres enfantins (*e*, *h*). Théières : 1ᵒ en faïence *ou* porcelaine (voir ces mots); 2ᵒ en métal (voir « Bijouterie »). Théine (*b*, *d*, *e*, *h*). Thériaque (*b*, *e*, *h*). Thermomètres : 1ᵒ industriels (*e*, *i*); 2ᵒ de fantaisie (*e*, *h*). Thons (voir « Poissons de mer »). Tiges de bottes *ou* bottines en cuir (*b*, *e*, *h*). Tiges végétales à ouvrer [filaments, fruits, etc.] (voir « Abaca, Aloès, Chanvre, Chiendent, China-grass, Coques de coco *ou* de calebasses vides, Coton, Écorces de tilleul, Fibres de coco, Istle, Joncs bruts, Jute, Lin, Osier, Phormium tenax, Piassava, Ramie, Roseaux bruts, Sparte »). Tilburys (*b*, *e*, *h*). Tilles (voir « Outils »). Timbales : 1ᵒ gobelets : en fer (voir « Articles de ménage »), — en étain (*b*, *e*, *h*), — en zinc (voir ce mot), — en métaux précieux, *ou* dorés, argentés (voir « Bijouterie »); 2ᵒ instruments de musique (*e*, *h*). Timbres : 1ᵒ de sonnerie pour horlogerie, vélocipèdes (*e*, *h*), — autres (voir « Cloches »); 2ᵒ pour impression (*e*, *h*). Timbres-poste : 1ᵒ neufs (*f*, *h*);

---

[1] Notamment : amiante ou asbeste bruts, bol d'Arménie et terre de Lemnos, cailloux à faïence et à porcelaine, carbonates de baryte et de magnésie [natifs], craie, derle ou terre à porcelaine, écume de mer brute, groison, mica, ocres, phosphates naturels, sables à verre et à faïence, spath, talc, terre à pipes, tripoli.

2° oblitérés (e. i). Tire-balles : 1° en acier, fer (voir « Articles de ménage ») ; 2° en cuivre ou nickelés (b, e, h). Tire-bondes (voir « Outils »). Tire-bottes : 1° en acier ou fer, peints, polis ou non (e) ; 2° en bois garni de caoutchouc, de viroles métalliques (e. h) ; 3° en bois simple. Tire-bouchons : 1° à crochet tranchant (b, e, h) ; 2° autres, avec poignée : en bois ou en fer poli, peint ou non (e), — en fer, cuivre ou laiton, dorés, argentés, nickelés (b, e, h), — en corne ou os (e, h). Tire-bourres : 1° en acier, fer (e) ; 2° en cuivre (e, h). Tire-boutons (e, h). Tirefonds (b, e). Tire-lignes : 1° communs, en acier, fer, peints, polis, vernissés ou non (e), — en cuivre (e, h) ; 2° fins (e, i). Tire-lires (e, h). Tirettes [dentelles de coton] (b, e, g, h). Tiroirs de meubles (voir « Meubles »). Tisanes concentrées dont l'admission n'est pas interdite (b, e, h).

Tissus de coton pur [ou mélangé, le coton dominant en poids] (b, e, g, h). *Pour la bonneterie, la passementerie, la rubanerie, le linge de table ou autre, les basins, les couvertures et couvre-pieds, les damassés, dentelles, gazes, mousselines, percalines, piqués, plumetis, reps, rideaux, tulles, velours, voir chacun de ces mots.* — Tissus de crin pur [ou mélangés, le crin dominant en poids] : 1° chapeaux, passementerie, toile à tamis (e. h) ; 2° autres tissus de crin (b, e, h). — Tissus d'écorce ou de fibres de palmier (voir « Pagnes » ou « Rabanes »). — Tissus élastiques en caoutchouc ou gutta-percha (b, e, h). — Tissus feutrés pour papeterie (voir « Tissus de coton ou de laine », selon la nature de l'objet). — Tissus de jute pur [ou mélangé, le jute dominant en poids] : tissus simples ou doubles, unis ou croisés : 1° écrus, présentant en chaîne et en trame, dans un carré de 0m05 de côté, après division du total par 2, moins de 26 fils (b, e), — 26 fils ou plus (b, e, h) ; 2° tissus blanchis ou teints, ayant 15 fils ou moins (b, e), — 16 fils ou plus (b, e, h) ; 3° imprimés (b, e, h). *Pour la passementerie, la rubanerie, les lacets, peluches, sacs, semelles, tapis, tresses, velours, voir chacun de ces mots.* — Tissus de laine pure [ou mélangée, la laine dominant en poids], ou de laine d'alpaga, de lama, de vigogne : 1° burail, couvertures, passementerie, rubanerie, toile à blutoir (e, h) ; 2° bonneterie, draps, casimirs, châles, dentelles, ganterie, guipures, moires, tapis, tapisseries (b, e, h) ; 3° lisières de drap (b, e, i). *Pour les chaussons, les fez, voir ces mots.* — Tissus de lin, chanvre ou ramie purs [ou mélangés, le lin, chanvre, la ramie dominant en poids] (e, h). *Pour la bonneterie, les coutils, dentelles, guipures, le linge, la toile, la passementerie, la peluche, la rubanerie, les sangles, tulles, velours, voir chacun de ces mots.* — Tissus de phormium tenax, abaca ou autres végétaux filamenteux non dénommés (b) : voir ci-dessus « Tissus de jute ». — Tissus de poils de chèvre, purs [ou mélangés, le poil de chèvre dominant en poids] :

1° châles de cachemire, bordures, écharpes, franges, galeries (voir chacun de ces mots) ; 2° bonneterie, couvertures, tapis (*e, h*) ; 3° autres tissus fabriqués hors d'Europe (*b, f, h*), — en Europe (*b, e, h*). — Tissus de soie, bourre de soie : 1° tissus bourre de soie façon cachemire ou mélangés d'or et d'argent faux (*b, e, h*) ; 2° dentelles et passementerie de soie *de toute nature* (*e, h*) ; 3° autres soieries mélangées d'or ou d'argent faux (*b, e, h*) ; 4° tissus pongées, corah et tussah ou tussor (voir « Corahs ») ; 5° autres (*e, h*). — Tissus de soie artificielle : 1° purs (*b, d, e*) ; 2° mélangés (voir le nom du tissu dominant). — Tissus de yack, poils de chameau (*b, e, h*).

Toiles : 1° à blutoir sans couture (*e, h*) ; 2° à matelas (*e, g, h* — et *b* s'il s'agit de coton) ; 3° bituminées pour murailles, toitures (*e*) ; 4° caoutchoutées (*b, e, h*) ; 5° cirées : en coton, pour emballages (*b, e, g*), — autres [légères *ou* fortes] (*b, e, g, h*), — en lin, chanvre [linoleum] (*e, g, h*), — en jute (*b, e, h*) ; 6° d'amiante (*e, h*) ; 7° de crin (voir « Tissus ») ; 8° d'emballage, en lin, chanvre (*e, g, h*) ; 9° enduites d'émeri, de poudre de silex *ou* de verre (*e, h*) ; 10° goudronnées, en coton (*b, e, g*), — en jute (*b, e*) ; 11° imperméabilisées, en coton (*b, e, g, h*), — en lin, chanvre (*e, g, h*) ; 12° pour bâches, même teintes en vert (*e, g, h*) ; 13° pour travaux artistiques [peinture], en lin, chanvre (*e, g, h*), — en coton (*b, e, g, h*) ; 14° pour bouées de sauvetage, seaux à incendie, tentes de campement, voiles de navires *ou* de moulins à vent, en lin, chanvre (*e, g, h*), — en coton (*b, e, g, h*) ; 15° autres toiles unies *ou* croisées, écrues *ou* blanchies, *ou* peintes, teintes, imprimées, damassées (*g* — voir le nom du tissu). Toiles métalliques peintes, vernissées *ou* autrement ouvrées : 1° en cuivre, laiton (*b, e, h*) ; 2° en fer, acier, les fils ayant un demi-millimètre de diamètre *ou* plus (*b, e*), — les fils étant de dimension moindre (*b, e, h*, — voir aussi « Grillages ») ; 3° en aluminium, maillechort, nickel, *ou* argentées, dorées, nickelées (*b, e, h*) ; 4° en plomb (*e*). Toiles métalliques en acier *ou* cuivre naturels, non ouvrées (mêmes classifications qu'à l'article précédent, à part la lettre *b*). Toilettes [meubles] : 1° en bois (voir « Meubles ») ; 2° en fer *ou* acier (voir « Articles de ménage »). Toilettes de poupées *ou* autres (voir « Tissus »). Tôles : 1° d'acier *ou* de fer, laminées *ou* martelées, découpées *ou* non (*e*) ;[1] 2° perforées,[2] en acier, cuivre, fer, laiton, zinc *ou* autres métaux (*b, e* — et *h* s'il s'agit de tôles en acier blanches, laminées à froid). Tolidine et toluidine (*b, e*). Tolu [sirop de] (*b, e, h*).

---

[1] Le même régime est applicable aux tôles perforées comptant moins de 500 trous au mètre carré.

[2] D'au moins 500 trous au mètre carré.

Toluène (b, c, i). Tomates : 1° fraîches ou sèches, conservées au naturel ou confites au vinaigre ou au sel (voir « Légumes ») ; 2° en sauces, marmelades ou tablettes (e, h). Tombereaux (e). Tondeuses : 1° mécaniques (f) ; 2° pour chevaux (voir « Outils ») ; 3° pour chiens, coiffeurs (b, c, h). Tonka (fèves de) (e, h). Tonneaux : 1° en bois, même cerclés en fer ; 2° en tôle de fer ou d'acier, galvanisés ou étamés (voir « Fûts en tôle »). Tonneaux-arrosoirs (e). Tonnelets : 1° en bois tourné (voir « Tournerie ») ; 2° en bois non tourné. Topazes (i). Topinambours (i). Toques en fourrures (e, h). Torches : 1° pour feux d'artifice (e, h) ; 2° pour l'éclairage [résine]. Torchons (voir « Tissus », selon l'espèce). Torpilles de guerre en acier, avec parties en fonte et en cuivre (voir « Articles de ménage, etc. »). Torréfacteurs (f). Torsades : 1° de bois, écorce, paille pour paillassons ou pour la chapellerie (e) ; 2° de coton, laine, lin, poils, ramie, soie ou bourre de soie (voir « Passementerie ») ; 3° de fils de cuivre (b, e, h) ; 4° de fils de fer ou d'acier (voir « Câbles ») ; 5° de sparte, alfa non rouis, ni battus (i), — autres (e). Tortues (e, h. — Droit de 25 fr.). Touches de piano, d'orgues, etc. : 1° en celluloïd, corne, ébène, ivoire, os (b, c, h) ; 2° en porcelaine (voir ce mot). Toupies : 1° pour amusement des enfants (e, h) ; 2° pour l'industrie (voir « Machines-outils »). Touraillés (f). Tourbe (i). Touries : 1° en grès (e) ; 2° en verre (voir « Bonbonnes »). Tourillons : 1° de scie (voir « Articles de ménage ») ; 2° pour armes à feu (h). Tournage [articles de] en marbre. Tourne-à-gauche (voir « Outils »). Tournebroches (b, e). Tournerie [ouvrages de] : 1° non vernis (e, h. — Droit de 25 fr.) ; 2° vernis (e, h). Tournevis (voir « Outils »). Tours (voir « Machines-outils »). Tours de cou en bonneterie (voir ce mot). Tourteaux de graines oléagineuses (i). Traîneaux : 1° pour enfants (e, h) ; 2° pour voyageurs (b, e, h) ; 3° pour marchandises (e). Tranche-papiers (voir « Coupe-papiers »). Tranchets (e, h). Transmission [organes pour transmission du mouvement dans les installations industrielles ou maritimes [1]] : 1° en acier, fer, fonte bruts (b, e), — limés, tournés, ajustés (b, f) ; 2° en cuivre, laiton (voir « Pièces détachées »). Trèfle [graines de] (e, h). Trépieds d'appareils photographiques : 1° en bois tourné (voir « Tournerie »). — en bois non tourné ; 2° garnis de métal (e, h). Tresses : 1° de bois blanc, d'écorce ou de paille (voir « Torsades ») ; 2° de coton (b, c, h) ; 3° de crin, laine, soie,

---

[1] Notamment : arbres de couche simples ou coudés à manivelles, pignons, bielles, cames, consoles murales de machines, crapaudines, déclics, engrenages, langues d'arbres, manivelles manettes, manchons, paliers, pédales, poulies, réas, volants [lorsque lesdites pièces sont importées isolément].

bourre de soie (e, h): 4° de sparte (e) : 5° en fils de jute mesurant, au kilogramme, moins de 100 mètres (b. e). — 100 mètres ou plus (b. e. h). Treuils : 1° à bras (f) ; 2° à vapeur (voir « Machines à vapeur fixes »). Triangles [instruments de musique] (e, h). Tricoises (voir « Outils »). Tricots (voir « Bonneterie »). Tricoteuses (f, h.) Trictracs : 1° avec pied (voir « Meubles ») : 2° sans pied (b. e. h). Tricycles (e. h). Tridents (voir « Outils »). Trimmings [tissu de coton] (b. e. g, h). Tringles : 1° d'acier trempant (e. h) : 2° en cuivre ou laiton (b. e, h) : 3° en fer ou acier, pour cadres de lames à tisser (voir « Pièces détachées ») : 4° pour d'autres usages (voir « Articles de ménage »). Tripoli : 1° artificiel (b. e) : 2° naturel (i). Trois-six (voir « Alcools »). Tromblons (voir « Espingoles »). Trombones (e, h). Trompes de brume ou de chasse (e. h). Trompettes de chasse, d'harmonie, d'ordonnance (e. h). Trophées : 1° en bois fin (b. e. h) : 2° en bois sculpté (voir « Meubles »). Trousseaux (voir « Tissus »). Trousses : 1° recouvertes de cuir, de tissu caoutchouté (b. e. h) : 2° recouvertes de toile cirée (e. h). Truelles pour l'industrie (voir « Outils »). Truffes fraîches, sèches ou marinées (e, h). Trusquins (voir « Outils »). Tubes : 1° en bois (voir « Bobines pour filature ») : 2° en carton (voir « Busettes ») : 3° en papier ou carton verni (f. h) : 4° en cuivre (b, e, h) : 5° en fer, acier : soudés ou non (b. e). — emboutis ou sans soudure (b, e, h). Tubes pour la fabrication du verre (voir « Outils »). Tue-bœufs (e, h). Tue-mouches : 1° préparation dite le Destructeur (f, h) : 2° **préparation dite papier arsenical** (a). Tuiles (voir « Poteries »). Tulipes en verre ou en cristal pour lampes (voir « Cristaux-verre »). Tulles : 1° de coton [bobins, bobinots, etc.] (b. e. g. h) : 2° de lin ou de soie (b. e. h). Tungstates : 1° doubles de fer et de manganèse (i) : 2° de soude (e) : 3° autres (b. e). Turbines (voir « Machines hydrauliques »). Turbots (voir « Poissons »). Turquoises (i). Tussah ou Tussor (voir « Corahs »). Tuteurs : 1° en bois : 2° en fer (b, e). Tuyauteuses à linge (voir « Machines-outils »). Tuyaux : 1° de pipes, en bois (voir « Pipes ») : 2° d'orgue, muets, en étoffe (e, h. — Droit de 25 fr.). — en étain (b. e. h) : 3° en caoutchouc pur (e, h) : 4° en ciment : 5° en cuir (b. e. h) : 6° en fonte (b. e) : 7° en papier bituminé (f) : 8° en plomb (e) : 9° en poterie[1] (e) ; 10° en acier, cuivre (v. « Tubes »). Tuyères : 1° en cuivre (b. e. h) : 2° en fonte et fer ou acier (voir « Articles de ménage »). Tympanons : 1° boîtes à musique (b. f. h) ; 2° pianos mécaniques (e. h).

Urée (b, e, h). Ustensiles : 1° en cuivre pur ou allié (b. e, h) : 2° en grès, commun (e), — fin (b, e) ; 3° en terre commune (e) ;

---

[1] Pour drainage et autres emplois.

4° en fer, fer-blanc, acier, tôle (voir « Articles de ménage ») ;
5° en fonte moulée [même étamés, émaillés, vernissés] (b, e) ;
6° en étain (b, e, h) ; 7° nickelés (b, e, h).

Vaches (f). Vadrouilles [balais pour navires], avec tête : 1° en
chiffons, fil de poil ; 2° en lisière de drap (e) ; 3° en fils de laine
(e, h). Vaisselle (voir « Services de table »). Valets de menuisiers (voir « Outils »). Valises en cuir ou en bois recouvert de
cuir (b, e, h). Vanille (e, h). Vannerie : 1° en végétaux bruts
ou en rubans de bois (e) ; 2° fine, en osier, paille, etc., moelle
de rotins (e, h). Vannes : 1° pour barrages, écluses, en fer ou
acier (b, e) ; 2° robinets (voir « Pièces détachées »). Vans en
osier simplement pelé (c). Vaporisateurs (e, h). Varechs (i). —
soude de varech (e). Vaseline (e, h). Vases : 1° pour laboratoires (e, i) ; 2° autres (voir « Albâtre, Cristal, Faïence, Porcelaine », selon l'espèce). Veaux (f). Végétaux filamenteux :
1° bruts, teillés, peignés ou tordus (voir « Abaca, Aloès, Phormium tenax ») ; 2° non dénommés [tissus] (voir « Tissus de
jute »). Veilleuses [mèches de lampes de nuit] (e, h). Vélin :
1° peau (e, h) ; 2° papier (f, h. — Droit de 25 fr.). Vélocipèdes
et pièces de vélocipèdes (e, h). Velours : 1° de coton (b, e, g, h) ;
2° de jute ou de laine (b, e, h) ; 3° de lin pour ameublo-
ment (e, h) ; 4° de soie (e, h). Velvets [velours de coton]
(b, e, g, h). Ventilateurs : 1° hydrauliques ou mécaniques à
force centrifuge, vis, hélice ou piston (voir « Machines hydrauliques ») ; 2° mus par l'électricité (f, h) ; 3° pour appartements :
en cuivre (b, e, h), — en fer (voir « Articles de ménage »), — en
fonte (b, c). Vergeoises (e, h). Verges de tréfilerie (e). Vergettes
[brosserie] (e, h). Vergues (voir « Mâts »). Vérins hydrauliques et
autres (f). Vermicelle. Vermillon (e, h). Vermouts : 1° concen-
trés ou fabriqués avec des vins artificiels ou des raisins secs
(d, e, h) ; 2° autres (d, e). Vernis : 1° à l'alcool ou à l'éther
(d, e, h) ; 2° autres (e, h). Verre cassé (i) ; verre filé (e, h).
Verres : 1° à boire (voir « Cristaux ») ; 2° à liqueur, en porcelaine (voir ce mot) ; 3° à vitres, ordinaires (b, c), — teintés, de
couleur ou ondés (b, e, h. — Droit de 25 fr.), — assemblés en
vitraux ou émaillés, gravés, décorés (e, h) ; 4° bruts, coulés ou
moulés (b, e) ; 5° de lampes (b, e) ; 6° de lunettes et d'optique
(e, h) ; 7° de montres et de pendules, bruts (e). — taillés et polis (e, h) ; 8° verres antiques dits de Venise (e, i) ; 9° verres en
peau souple, pour la chasse (b, e, h). Verrières d'églises : 1° antérieures au XVIII° siècle (e, i) ; 2° modernes (voir « Verres à vitres »). Verrines en verre ou en cristal (voir « Cristaux »). Verroteries (voir « Vitrifications »). Verrous (voir « Serrurerie »).
Vers artificiels : 1° pour la pêche ; 2° pour amusement des enfants (e, h). Verts de Schweinfurt et vert métis (voir « Terres

de Cassel », etc.). Verveine [huile de] (e, h). Vesou [jus de
cannes à sucre] (e, h). Vessies : 1° de poissons, brutes ou simplement desséchées ou en lanières (i), — mouillées, séchées et laminées (e, h); 2° de porc et autres en saumure (d, i). Vestes :
1° en cuir, peau (b, e, h); 2° en tissu (voir le nom de ce tissu).
Vêtements confectionnés : 1° en caoutchouc ou en gutta-percha
(b, e, h); 2° en tissu (voir le nom du tissu dont l'objet est
formé). Viandes : 1° fraîches : de porc (f), — de mouton (f, h),
— de bœuf et autres (f, h. — Droit de 25 fr.); 2° salées : de
porc [1] (e, h. — Droit de 25 fr.). — autres (e, h). Victorias (voir
« Voitures »). Vide-poches : 1° en carton estampé : brut (f), —
colorié, métallisé (f, h); 2° en carton moulé (voir « Objets en
carton ») ; 3° en carton agrémenté de chromos (f, h) ; 4° en bois
teint et sculpté, ou en verre, porcelaine (e, h); 5° en bronze,
cuivre ou étain (b, e, h). Vielles (e, h). Vif-argent (i). Vignettes : 1° à la main, sur papier, carte ou carton (e, i); 2° autres
(voir « Gravures »). Vigogne [laine de] (voir « Laines »). Vile-
brequins (voir « Outils »). Vinaigres : 1° de toilette (voir « Parfumerie ») ; 2° autres que ceux de parfumerie (d, e). Vins :
1° médicamenteux (voir « Médicaments ») ; 2° ordinaires (d, e).
Violes, violons, violoncelles (e, h). Violets chimiques (b, e, h).
Violettes : 1° fleurs (i); 2° huile (e, h). Viroles (voir le nom de
la matière dont l'objet est formé). Vis : 1° en cuivre (b, e, h);
2° en fer, acier pour l'horlogerie ou les vélocipèdes (e, h). —
pour les machines de précision (voir « Pièces détachées de
machines »). — autres, ordinaires (b, e). Visières : 1° en carton
et toile cirée, sans cuir (f, h); 2° avec cuir (b, e, h); 3° en celluloïd (b, e, h). Vitrages en verre simplement coulé, moulé,
avec ou sans stries, reliefs (b, e). Vitrifications : 1° en masses ou
en tubes (e); 2° en grains percés ou taillés [breloques, couronnes, fleurs, ornements et autres objets fins] (e, h). Vitrines
[meubles] (voir ce mot). Vitriol : 1° rouge dit Colcotar; 2° autres (e) ; 3° en huile ou esprit (e, i). Voiles (voir « Tissus »).
Voilettes pour femmes (voir « Bonneterie, Dentelles, Tulles »,
selon l'espèce de l'objet). Voitures : 1° à bras pour enfants
(e, h); 2° de luxe [carrosserie suspendue] (b, e, h) ; 3° pour chemin de fer (voir « Wagons ») ; 4° pour tramways : à voies
étroites (b, e, h. — Droit de 25 fr.), — à voies ordinaires (b, e);
5° pour l'agriculture, le commerce, le roulage (e). Voitures-
jouets (e, h). Voiturettes-automobiles (voir « Automobiles »).
Volailles mortes ou vivantes. Volants : 1° de raquettes (e, h);
2° en fonte moulée brute ou grossièrement ébarbée, pour ma-

---

[1] Les viandes salées de porc, provenant des États-Unis d'Amérique, ne
peuvent être importées que par les ports de Bordeaux, Boulogne,
Dieppe, Dunkerque, Le Havre, Marseille.

chines (*b, e*) : 3" en fonte dégrossie, polie, etc. (*b, f*). Volets en bois (voir « Portes »). Volières pour basses-cours (voir « Articles de ménage, etc. »). Voltmètres (*e, i*). Vrilles (voir « Outils »). Vues lithographiées : 1° en albums (*f. h*) : 2° en feuilles, cahiers (voir « Gravures »). Vulcanite (voir « Caoutchouc »). Vulnéraires (*i*).

Wagons : 1° de voyageurs, pour chemins de fer à voies étroites (*b. e, h*. — Droit de 25 fr.) ; 2° autres et wagonnets (*e*). Wagons-jouets (*e. h*). Whisky (*d, e. h*). Wotka [liqueur *dite*] (*d, e. h*).

Xylène (*b. e. i*). Xylidine (*b, e*). Xylonite (voir « Celluloïd »).

Yack (voir « Fils. Laines. Tissus »). Yachts (voir « Bateaux »). Yatagans (voir « Sabres »). Yeux : 1° d'écrevisse (*i*) : 2° en émail ou en verre (*e, h*). Yttrium [métal] (voir « Platine, Or »).

Zédoaire [racine médicinale] (*i*). Zéphyrs [tissus de coton] (*b. e. g. h*). Zestes de fruits. Zinc : 1° en masses brutes, saumons, plaques, minerai, limailles et débris de vieux ouvrages (*i*) : 2° laminé : 3° ouvré : objets ordinaires. unis *ou* estampés (*b, e*). — vernis. polis. nickelés. imprimés en couleur, décorés. dorés (*b. e. h*). Zircone (*b, e*). Zircons (*i*). Zoédone [limonade] (voir « Bière »). Zostère marine (*i*). Zoufl'a [plante] : 1° non découpée, ni garnie, ni cousue (*i*) : 2° travaillée (*e, h*). Zythars ou Zythers (voir « Cithares »).

ERRATUM

Page 294. — Article « Graisses animales autres que de poisson » : Saindoux (*e, h*), au lieu de (*h*).

LISTE N° 2

Attributions spéciales des principaux bureaux ou postes de Douane.

(*a*) Bureau ouvert aux marchandises figurant à la liste n° 1 sous les lettres *b*, *d*, *e*.

(*b*) Bureau ouvert aux marchandises figurant à la liste n° 1 sous la lettre *c*.

(*c*) Entrepôt réel pour marchandises prohibées et non prohibées.

(*d*) — pour marchandises non prohibées.

(*e*) Entrepôt fictif.

(*f*) Entrepôt spécial à certaines marchandises.

(*g*) Entrepôts réels et généraux pour les sels.

(*h*) Transit du prohibé.

(*i*) Transit du non-prohibé.

(*j*) Transit international.

(*k*) Bureau des frontières de terre ouvert à la sortie des boissons[1].

(*l*) Bureau ouvert à l'importation et au transit des chevaux, bêtes de somme et animaux vivants, ainsi qu'à leurs viandes.

(*m*) Bureau ouvert à l'importation des animaux de l'espèce bovine introduits pour d'autres destinations que la boucherie.

(*n*) Ports de France et bureaux d'Algérie ouverts à l'exportation des chevaux et du bétail.

(*o*) Bureau ouvert à l'importation des vignes et à l'exportation des plants et végétaux autres que la vigne.

(*p*) Bureau ouvert à l'importation des machines et mécaniques ou pièces détachées de machines, — des bâtiments de mer ou coques de ces bâtiments, — des bateaux de rivière.

(*q*) Bureau ouvert à l'importation des fils de lin, chanvre, ramie.

(*r*) — — de laine, d'alpaga, de lama, de vigogne, de poils de chameau.

(*s*) Bureau ouvert à l'importation des fils de coton.

(*t*) Bureau ouvert à l'importation : des châles de cachemire fabriqués hors d'Europe, — des mouvements d'horlogerie autres que les montres, — et des carillons à musique.

(*u*) Bureau ouvert à l'importation des articles d'horlogerie de petit volume, tels que montres, chronomètres, etc.

(*v*) Bureau ouvert à l'importation des huiles et essences minérales.

---

[1] Alcools, acides acétiques, bière, cidre, hydromel, poiré, vinaigres et vins. La sortie par mer est autorisée par tous les bureaux.

(*x*) Bureau ouvert à l'importation et au transit : des articles de librairie en langue française, des dessins, estampes, gravures, lithographies, albums à images ou à dessins, — de la musique gravée ou imprimée, — des journaux, gazettes introduits par une autre voie que celle de la Poste, — des clichés, planches et coins gravés pour impression sur papier.

(*y*) Bureau ouvert à l'importation et au transit des livres en langue morte ou étrangère.

(*z*) Bureaux maritimes ouverts à l'importation des drilles et chiffons.

NOTA. — L'auteur a dû recourir, pour la mise au point de cette liste, à l'obligeance de plusieurs de ses collègues des frontières de terre. Il est heureux d'exprimer à ces camarades toute sa gratitude pour le bienveillant concours qu'ils se sont empressés de lui prêter à cette occasion.

Abbeville (*a, b, d, e, g, i, j, o, p, q*).
Abbevillers (*k, l*).
Abondance (*k*).
Abriès (*l*).
Agde (*a, b, d, e, g, i, o, q*).
Aigues-Mortes (*a, j* [1]).
Ainhoa (*a. b. i* [2], *l*).
Ajaccio (*a, b. l, m, n, o, v* [3], *x, y*).
Annecy (*a, b, h, i, j, l, p, q, r, s, t, x, y*).
Annemasse (*k*).
Anor [station] (*a. b, h, i, j, k, l, m, o, p. r, t, x, y*).
Antibes (*a*).
Arles (*a, b, d* [4], *e* [4], *g, i, j* [5], *o, q*).
Armentières (*a, b, i, j* [6], *k, l, o, p, q, x, y*).
Arnaville (*a. b, i, k*).
Arnéguy (*a, b, i* [2], *l*).
Arracourt (*k*).

Auboué (*a, b, k*).
Audun-le-Roman (*a, b, h, i, j, k, o, p, q, r, s, t*).
Auzat (*l*).
Avricourt (*a, b, h, i. j. k, l, m. o, p, q, r, s, t, v, x, y*).
Avril (*k*).

Bachy [gare] (*a, b, i, k, l*).
Baigorry (*l*).
Bailleul (*a, b, k, l, m*).
Baisieux (*a, b, h. i, j, k, l, o, p, q, t, x, y*).
Bastia (*a, b, l, m, n. o, v, x. y*).
Batilly [gare] (*a, b, h, i, j, k, l, m, o, p, q, r, s, t, x, y*).
Bavay [gare] (*a, b, h, i, k, p, t*).
Bayonne (*a, b, c, e, g, h, i, j. l. n. o, p, q, t, v, x, y*).
Beaurieux (*l*).

---

[1] Pour les sels destinés à la Suisse.
[2] Fermé au transit et à la réexportation des denrées coloniales.
[3] Huiles raffinées.
[4] Avec interdiction de réexportation par mer.
[5] Pour les farines provenant d'admission temporaire et pour les grains et les sels à destination de la Suisse.
[6] Pour les fils et tissus de lin, les machines et mécaniques, les déchets de riz, les lins bruts et les tissus de coton.

Béhobie (a, b, h, i, k, l, m, t, x, y).
Belfort (a, b, h, i, j, k, o, p, q, r, s, t, v, x, y).
Bellegarde (a, b, h, i, j, k, l, m, o, p, r, s, t, u, v, x, y).
Belval (k).
Bertrambois (k).
Besançon (a, b, d, i, j, q, u, v, x, y).
Bettignies (k).
Beuvillers (k).
Binic (a, n).
Blamont (a, b, k).
Blancheroche (l).
Blanemis-seron { gare (a, b, h, i, j, k, l, m, o, p, q, t, x, y). route (a, b, h, i, k, l, m, o, p, q, t, x, y).
Blaye (a).
Boëschèpe (l).
Bois-d'Amont (a, b, k, l).
Bonifacio (a, b, l, n, v [1]).
Bordeaux (a, b, c, e, g, h, i, j, l, m, n, o, p, q, r, s, t, u, v, x, y).
Boulogne (a, b, c, e, f, g, h, i, j, l, m, n, o, p, q, r, s, t, v, x, y).
Bourg-Madame (a, h [2], i [3], l, m).
Bourogne (k).
Breil (k).
Brest (a, b, c, e, g, h, i, l, m, n, o, p, q, t).
Bry (l).
Bussang (a, b, h, i, k, t).

Caen (a, b, c, e, g, h, i, j, l, n, o, p, q, r, s, t, y).
Calais (a, b, c, e, f, g, h, i, j, l, m, n, o, p, q, r, s, t, v, x, y).
Calvi (a, b, o, v [1]).
Cambrai (a, b, d, q, v).

Cannes (a, g, i [4]).
Carentan (a).
Centuri (a, b).
Cerbère (a, h, i, j, k, l, m, o, p, t, x, y).
Cervione (a, b).
Cette (a, b, c, e, g, h, i, j, l, n, o, p, q, t, v, y [5], z).
Challex (k).
Chambéry (a, b, d, g, h, i, p, q, r, s, t, u, v, x, y).
Chamonnix (k).
Champey (a, b, k).
Charente (a, g, i).
Charleville (a, b, c, h, i, q, v).
Chavanne-les-Grands (k, o).
Chens (k).
Cherbourg (a, b, d, e, f, g, i, j, l, m, n, o, p, q, x, y, z).
Cirey (k).
Collonges-sur-Salèves (k).
Comines { gare (a [6], b, j [7], k, l [6], o, q). route (a [6], b, k, l [6], o, q).
Condé-sur-l'Escaut (a, b, i, q).
Conflans (l).
Courtelevant (a, b, h, i, k, l, t).
Cousolre (l).
Crusnes (k).

Dahouet (a, g).
Delle (a, b, h, i, j, k, l, m, o, p, q, r, s, t, u, v).
Dieppe (a, b, c, e, f, g, h, i, j, l, m, n, o, p, q, r, s, t, v, x, y).
Dijon (a, b, c, h, i, q, t, v).
Divonne (k).
Doncourt (a, b, k).
Douai (a, b, d, i, j, q, v).

---

[1] Huiles raffinées.
[2] Par Prades, pour la sortie seulement.
[3] Ce bureau est ouvert à l'entrée des vins, huiles, pommes de terre et autres produits agricoles, mais fermé au transit et à la réexportation des denrées coloniales. Sortie en transit par Prades seulement.
[4] A l'entrée seulement.
[5] Transit des livres, manuscrits et musique venant de l'étranger.
[6] Décision ministérielle du 8 mars 1879.
[7] Pour les envois sur Lille seulement.
[8] Importation des viandes fraîches seulement.

Douarnenez [entrepôt] (*a*).
Douvaine (*k*).

Dunkerque { Bureau principal (*a, b, c, e, f, g, h, i, j, l, m, n, o, p, q, r, s, t, v, x, y, z*).
route (*k, l*).
station (*a, b, h, i, k, l, o, t*).

Ecouviez [gare] (*a, b, h, i, j, k, l, o, p, t*).
Emberménil (*a*).
Eppe-Sauvage (*l*[1]).
Estavar (*l*).
Etaples (*g*).
Evian (*k*).

Fécamp (*a, b, c, e, f, g, h, i, o, p, q, r, s, t*).
Feignies (*a, b, h, i, j, k, l, o, p, q, s, t, r, x, y*).
Ferney (*k*).
Fontan (*a, b, h, i, k, l, m, t*).
Forens (*l*).
Fos [Bur de Perpignan](*i*[2], *l*).
Foussemagne (*k, l*[1]).
Fumay (*l*).

Gabas (*l*).
Garavan-Menton (*a, b, i, k, l, o, t*).
Gérardmer (*a, b*).
Gespunsart (*l*).
Ghyvelde { gare (*a, b, j, k, l, o*).
route (*k, l*).
Givet { gare (*a, b, h, i, j, k, l, m, o, p, q, r, s, t, v, x, y*).
routes de Beauraing et de Philippeville (*k, l*).
route de Namur (*l*).

Godewaersvelde (*a, b, j, k, o*).
Goumois (*k, l*).
Granville (*a, b, c, e, g, h, i, j, l, m, n, o, p, q, t, v, x, y*).
Gravelines (*a, b, c, e, f, g, h, i, o, q, t*).
Grimonpont (*i*).
Gué d'Hossus (*k*).

Halluin { gare (*a, b, i, j, k, q, s, t*).
route (*a, b, i, k, l, q, s, t*).
Hargnies (*l*).
Hendaye [gare] (*a, h, i, j, k, l, m, o, p, t, x, y*).
Hergnies (*l*).
Hestrud (*l, o*).
Hondschoote (*l*).
Honfleur (*a, b, c, e, g, h, i, j, l, m, n, o, p, q, r, s, t*).
Houplines (*o*).

Igney (*l*).
Ile-Rousse (*a, b, v*[3]).
Indevillers (*k, l*).
Isigny (*a*).
Isola (*k, l*).

Jeumont { route (*a, b, h, i, k, l*[1], *m, o, p, q, r, s, t, v, x, y*).
ville (*a, b, h, i, j, k, l, m, o, p, q, r, s, t, v, x, y*).
Jœuf (*a, b, k*).
Jougne (*a, b, h, i, k, l, o, t*).

La Bresse (*k*).
La Chapelle (*i, k, l, o*).
La Chapelle-sous-Rougemont (*a, b, h, i, k, o, t*).
La Chaux-Neuve (*l*).

---

1 A l'importation seulement.
2 Ouvert à l'entrée seulement et pour les vins, huiles, pommes de terre et autres produits agricoles.
3 Huiles raffinées.

La Cheminée (k, l).
La Ciotat (a).
La Goule (k, l).
La Malmaison (k).
La Marlière (l[1], o).
Lanfroicourt (k).
Lannion (a).
La Nouvelle [Direc^n de Perpignan] (a, g, i).
Lans-le-Bourg (k, l, p, q).
Lans-le-Villard (l).
La Pallice (a, b, c, h, i, j, l[2], m, p, q, r, s, t, v).
Larche (a, b, l).
La Rochelle (a, b, c, e, g, h, i, j, l[1], m, o, p, q, r, s, t, v, x, y).
Laruns (l).
Lascoux (l).
La Seyne (a).
La Tour-de-Carol (l).
La Vachette (a. b. k. l).
Le Bizet (l).
Le Coq (k, l, o).
Le Havre (a, b, c, e, g, h, i, j, l, m, n, o, p, q, r, s, t, u, v, x, y).
Le Légué (a, b, d, e, g, i, l, m, n, o, q).
Le Parc (l[3]).
Le Perthus (a, i[4], l, y).
Les Aldudes (l).
Lescun (i[4]).
Le Seau (k, l).
Les Fourgs (a, b, h, i, k, l, t).
Les Hôpitaux-Neufs (a, b, h, i. k, o, t).
Les Rousses (a, b, k, l).
Les Sables (a, g, i, v[3]).
Les Verrières de Joux (a, b, h, i, k, l, o, p, t, y).

Le Touquet (l[1]).
Le Tréport (a, g, i, j, o, p).
Létricourt (k, o).
Le Villers (k, l, m, o).
L'Hospitalet (i[6], l, m).
Libourne (a, g, v).
Lille { entrepôt (a, b, c, h, i, j, k, p, q, r, s, t, v). grande vitesse et bureau de St-Sauveur (a, b, h, i, j, k, o, p, q, r, s, t, v, x, y).
Limoges [entrepôt] (a, b, c, h, i, j, q, t, v, x, y).
Longwy (a, b, h, i, j, k, l, m, o, p, q, s, t, v, x, y).
Lorient (a, b, c[1], e, g, h[1], i, o, p, q).
Lyon [intérieur] (a, b, c, g, h, i, j, q, r, s, t, u, v).

Machilly (k).
Macinaggio (a, b).
Malplaquet (l, o).
Marans (a, g).
Margny (k, l, o).
Marseille (a, b, c, e, g, h, i, j, l, m, n, o, p, q, r, s, t, u, v, x, y, z).
Mars-la-Tour (a, b, k).
Maulde (k, l, o).
Maulde-Mortagne (a, b, h, i, k, l).
Meillerie (k).
Menton [port] (a, o).
Messempré (l).
Messery (k).
Mijoux (l).
Modane (a, b, h, i, j, k, l, m, o, p, q, t, x, y).

---

[1] Importation des viandes fraîches seulement.
[2] Importation des animaux seulement.
[3] Importation et transit du bétail provenant de la zone neutralisée (Haute-Savoie).
[4] Fermé au transit et à la réexportation des denrées coloniales.
[5] Huiles raffinées.
[6] Transit à la sortie pour l'huile minérale et la morue sèche ou salée.
[7] Pour le tabac en feuilles seulement, en ce qui concerne le « prohibé ».

Mogues (*k*, *l*, *m*, *o*).
Moille-Sulaz (*k*).
Molines-en-Queyras (*l* [1]).
Monaco (*a*, *j* [2], *k*).
Moncel { gare (*a*, *b*, *h*, *i*, *j*, *k*, *l*, *o*, *p*, *t*). route (*a*, *b*, *k*, *o*).
Montreux-Château (*a*, *b*, *h*, *i*, *k*, *t*).
Mont-Genèvre (*a*).
Mont-Saint-Martin [route] (*a*, *b*, *k*, *l*, *o*).
Morlaix (*a*, *b*, *c* [2], *e*, *f*, *g*, *h* [3], *i*, *o*, *p*, *q*).
Mortagne (*i*, *k*).
Morteau (*a*, *b*, *h*, *i*, *j*, *k*, *l*, *m*, *p*, *t*, *u*).
Mouchin (*l*).
Mouthe (*l*).

Nancy (*a*, *b*, *c*, *h*, *i*, *j*, *o*, *p*, *q*, *r*, *s*, *t*, *u*, *v*).
Nantes { (*a*, *b*, *c*, *e*, *g*, *h*, *i*, *j*, *l*, *m*, *n*, *o*, *p*, *q*, *r*, *s*, *t*, *v*, *x*, *y*).
Narbonne (*g*).
Neuville (*l* [4]).
Nice (*a*, *b*, *c*, *e*, *g*, *h*, *i*, *j*, *k*, *l*, *n*, *o*, *p*, *q*, *t*, *u*, *x*, *y*).
Nouveau-Saales (*k*, *l*).

Ohain (*l*).
Olette (*l*).
Oost-Cappel (*k*, *l*).
Orléans [intérieur] (*a*, *b*, *c*, *g*, *h*, *i*, *j*, *o*, *q*, *t*, *v*).
Osséja (*l*).

Pagny-sur-Moselle (*a*, *b*, *h*, *i*, *j*, *k*, *l*, *o*, *p*, *q*, *r*, *s*, *t*, *v*, *x*, *y*).

Palmbœuf (*a*, *g*, *p*, *q*, *r*, *s*, *v*, *x* [5]).
Paimpol (*a*, *g*).
Paris (*a*, *b*, *c*, *g*, *h*, *i*, *j*, *o*, *p*, *q*, *r*, *s*, *t*, *u*, *v*).
Pauillac (*a*, *h*, *i*, *l*, *n*, *t*, *x*).
Perpignan (*y*).
Petit-Croix (*a*, *b*, *h*, *i*, *j*, *k*, *l*, *m*, *o*, *p*, *q*, *r*, *s*, *t*, *v*, *x*, *y*).
Petite-Fontaine (*k*).
Petit-Saint-Bernard (*l*).
Pierre-Grang (*k*).
Plainfaing (*a*, *b*, *k*, *l*).
Plampinet (*l* [1]).
Pontarlier (*a*, *b*, *h*, *i*, *j*, *k*, *l*, *m*, *o*, *p*, *t*, *u*, *x*, *y*).
Pont-Audemer (*a*, *i*, *p*).
Pont-de-Confort (*l* [6]).
Pont-de-Nieppe (*l* [1]).
Pontrieux (*a*, *g*).
Pont-Rouge (*a*, *b*, *i*, *l*).
Portbail (*a*, *g*, *l* [1], *n*).
Port-de-Bouc (*a*, *r*).
Porto-Vecchio (*a*, *b*).
Portrieux (*a*, *n*).
Port-Vendres (*a*, *b*, *d*, *e*, *i*, *j*, *l*, *n*, *o*, *q*).
Pougny-Chancy (*k*).
Pouillis-Saint-Genis (*k*).
Prats-de-Mollo (*l*).
Propriano (*a*, *b*, *l*, *r*).
Provenchères (*a*, *b*, *h*, *i*, *s*, *t*).

Quimper (*a*).

Raon-sur-Plaine (*k*).
Raucourt (*k*).
Réchésy (*k*, *l*).
Redon (*g*).
Régneville (*g*).
Riscontout (*l*, *o*).

---

[1] Ouvert seulement à l'importation des animaux.
[2] Pour les bagages des voyageurs seulement.
[3] Pour le tabac en feuilles seulement, en ce qui concerne le « prohibé ».
[4] Ouvert seulement à l'importation des viandes fraîches.
[5] Ouvert seulement à l'importation des cartons, imprimés et papiers autres que les livres.
[6] Ouvert seulement aux animaux provenant de la commune de Confort.

Roanne (a, b, i, j).
Rochefort (a, b, c[1], e, g, h[1], i, j, o, p, q, v).
Rocroi (a, b).
Roscoff (a, f, o).
Roubaix [gare] (a, b, h, i, j, k, p, q, r, s, t).
Roubaix-Watrelos [gare] (a, b, i, k, p, q, r, s, t).
Rouen (a, b, c, e, g, h, i, j, l, m, n, o, p, q, r, s, t, v, y).
Rougemont (a, b, k).
Rumegies (o).

Sagone [en Cargèse] (a, b).
Saillagousse (l).
Saint-Cergues (k).
Saint-Dié (a, b, h, i, j[2], o, p, r, s, t).
Saint-Étienne [Dir° de Lyon] (a, b, c, h, i, j, q, t, v).
Saint-Florent (a, b).
Saint-Gingolph (k).
Saint-Jean-de-Luz (a, l).
Saint-Jean-Pied-de-Port (l).
Saint-Julien (k).
Saint-Laurent-de-Cerdans (l).
Saint-Louis-du-Rhône (a, j, l, r).
Saint-Malo (a, b, c, e, f, g, h, i, l, m, n, o, p, q, t, v[1], x, y).
Saint-Mamet (l).
Saint-Martin-de-Ré (a).
Saint-Martin-Vésubie (a, b, l).
Saint-Menges (l).
Saint-Nazaire (a, b, c, e, g, h, i, j, l, m, n, o, p, q, r, s, t, v, x, y, z).
Saint-Ouen [entrepôt] (a, b, c, h, i, j, q, t, v).
Saint-Quentin (a, b, c, h, i, q, t, v).
Saint-Raphaël (a).

Saint-Sauveur (l).
Saint-Servan (a, b, c, e, g, h, i, n, o, q, t).
Saint-Tropez (a).
Saint-Valéry-en-Caux (g).
Saint-Valéry-sur-Somme (a, b, c, e, g, h, i, o, q, t, v[3]).
Sare (l).
Sciez (k).
Séez (k, l).
Serzin (a, b).
Stenwoorde (l).

Thonon (k).
Toufflers (l).
Toulon (a, b, d, e, g, i, o, p, q).
Toulouse (a, b, c, g, h, i, j, q, t, u, v, x, y).
Tourcoing (a, b, h, i, j, k, l, m, o, p, q, r, s, t, x, y).
Tours (a, b, c, h, i, j, o, q, t, v, x, y).
Tour-Saint-Louis (a).
Tréguier (a, g).
Trouville-Deauville (a, i).

Urdos (a, i[4], l).

Valenciennes (a, b, c, h, i, j, k, p, q, r, s, t, v, x, y).
Valleiry (k).
Vannes (a, b, e, g, o).
Vaucourt (k).
Vaulrey (k, l).
Veigy-Foncenex (k).
Ventron (a, b, k).
Vieux-Condé { gare (a, b, h, i, j, k, o, p, q, t). route (o).
Villars-sous-Blamont (k, l).
Ville-la-Grand (k).

[1] Le « prohibé » autorisé seulement pour les tabacs destinés à l'avitaillement des navires.
[2] Par Provenchères et Wisembach.
[3] Huiles raffinées.
[4] Bureau fermé au transit et à la réexportation des denrées coloniales.

Villerupt (*k*, *l*[1]).
Vintimille (*a*, *b*, *h*, *i*, *j*, *k*, *l*, *m*, *o*, *p*, *q*, *r*, *s*, *t*, *x*, *y*).
Vireux (*a*, *b*, *h*, *i*, *j*, *k*, *l*, *o*, *p*, *t*, *v*).
Viry (*k*).

Watrelos [route] (*a*, *b*, *i*, *k*, *l*, *p*, *q*, *r*, *s*).
Wervicq-Sud (*l*, *m*).
Willems (*l*).
Wisembach (*a*, *b*, *h*, *i*, *k*, *l*).

Xures (*a*, *b*, *h*, *i*, *k*, *p*, *t*).

Algérie.

Alger et Oran (*a*, *b*, *c*, *e*, *h*, *i*, *l*[2], *n*, *p*, *q*, *r*, *s*, *t*, *u*, *v*, *x*, *y*).
Arzew, Beni-Saff, Bône, Bougie, Djidjelli, El-Oued, La Calle, Lalla-Maghrnia, Mostaganem, Philippeville, Soukaras, Tébessa, Tenez (*a*, *b*, *e*[3], *i*, *l*[2], *n*, *p*, *q*, *r*, *s*, *t*, *u*, *v*, *x*, *y*).
Biskra, Cherchell, Collo, Constantine, Dellys, El-Aricha, Gardimaïa, Nemours, Tuggurth (*a*, *b*, *e*[3], *i*[4], *p*, *q*, *r*, *s*, *t*, *u*, *v*, *x*, *y*).

Ghardimaou (*a*, *b*, *e*[3], *j*, *p*, *q*, *r*, *s*, *t*, *u*, *v*, *x*, *y*).

Nota. — Est interdite l'importation en Algérie des ceps et feuilles de vignes, des sarments, boutures, marcs de raisins, et de tous autres débris de vignes, des échalas et tuteurs déjà employés et de tous engrais autres que les engrais animaux et minéraux.

---

[1] Ouvert seulement à l'importation des viandes fraîches.
[2] Animaux des espèces chevaline, asine, ovine, caprine et porcine.
[3] Entrepôts fictifs spéciaux.
[4] Transit à l'entrée pour marchandises tarifées à 25 francs ou moins les 100 kilogr., à condition qu'elles sortent par l'un des bureaux suivants : Ghardimaou, La Calle, Lalla-Maghrnia, Nemours, Soukaras, Tébessa.

LISTE N° 3

Des diverses infractions rappelées dans cet ouvrage.

TABLE ALPHABÉTIQUE DES MATIÈRES